SCHULZ/GRIESBACH
DEUTSCHE SPRACHLEHRE FÜR AUSLÄNDER
MITTELSTUFE

MODERNER
DEUTSCHER SPRACHGEBRAUCH

Ein Lehrgang für Fortgeschrittene

von Heinz Griesbach

D1557354

MAX HUEBER VERLAG

Zu diesem Lehrbuch ist als Zusatzmaterial erhältlich:

Lehrerheft
84 Seiten, kart., Hueber-Nr. 2.1010

Schülerheft
(mit Schlüssel zu den Übungen)
152 Seiten, kart., Hueber-Nr. 3.1010

2 Schallplatten
(Aufnahme von 26 Lesetexten des Lehrbuches)
25 cm ⌀, 33 UpM, Hueber-Nr. 5.1010

1 Tonband
(Aufnahme von 28 Lesetexten des Lehrbuches)
13 cm ⌀, Geschw. 9,5 cm/sec, Laufzeit 66 Min., beide Halbspuren
bespielt, Hueber-Nr. 4.1010

Umschlaggestaltung: Peter Schiffelholz, München

7. Auflage

6. 5.	Die letzten Ziffern
1987 86 85	bezeichnen Zahl und Jahr des Druckes.

Alle Drucke dieser Auflage können, da unverändert, nebeneinander benutzt werden.
© 1966 Max Hueber Verlag München
Gesamtherstellung: Druckerei Manz, Dillingen
Printed in Germany

ISBN 3-19-001010-2

Vorwort

Dieses Lehrbuch gibt eine Anleitung zum Gebrauch deutschen Wortmaterials und seines Formenbestandes und ist für den Mittelstufenunterricht angelegt. Es setzt voraus, daß der Lernende die Formalgrammatik kennt, und schließt an alle Lehrbücher an, die eine zuverlässige Kenntnis der Formenlehre des Deutschen vermitteln konnten *.

Ziel des Mittelstufenunterrichts ist es, den Lernenden darüber aufzuklären, wie er Wortschatz und Wortformen einzusetzen hat, um zu einer der Sprechsituation angemessenen Beschreibung der Sachverhalte zu gelangen, die er mitzuteilen wünscht. Da bei sprachlichen Äußerungen neben dem Mitteilungsinhalt auch ein Mitteilungsanlaß, ein Mitteilungszweck, die subjektive Stellung des Sprechenden und seine subjektive Betrachtung des Mitzuteilenden zugrunde liegen und in den Äußerungen ihre sprachliche Ausformung erfahren, muß der Benutzer der Sprache auch die Mittel kennenlernen, die zum Ausdruck dieser Dinge beitragen. Auch für denjenigen, der die Fremdsprache nicht so sehr für den aktiven Gebrauch als zum Verstehen von Gesprochenem und Geschriebenem erlernt, sind diese Kenntnisse von großer Wichtigkeit, denn schon einfache Äußerungen in einer Sprache enthalten einen ‚Hintergrund‘, dessen Erkennen erst den Unterschied zwischen dem Gesagten und dem Gemeinten deutlich macht. Diese Tatsache ist der Sprachwissenschaft schon seit langem bekannt, doch wurde sie im praktischen Sprachunterricht weitgehend ignoriert, obwohl erst durch sie eine Sprache wirklich verstanden wird. Dieses Lehrbuch versucht nun, die Erkenntnisse der modernen Sprachwissenschaft für den praktischen Sprachunterricht nutzbar zu machen, um damit den Lernenden der Beherrschung der deutschen Sprache näherzubringen.

Damit dieses Ziel erreicht werden kann, muß der Unterricht von einem anderen Ausgangspunkt ausgehen, als ihn Lehrer und Schüler bisher gewohnt waren. Der Verfasser hofft, daß der Lehrer dem hier vorbereiteten Weg gutmeinend folgt. Die Schüler werden den Lehrer auf diesem Weg in dem Maße willig und begeistert begleiten, wie er selbst bereit ist, in Neuland vorzudringen. Sie werden ihn dann sicherlich nicht im Stiche lassen, denn die Überzeugung vom Nutzen aller angestellten Überlegungen stellt sich sehr bald ein.

---

* z. B.: Schulz-Griesbach, Deutsche Sprachlehre für Ausländer (Grundstufe in einem Band), Hueber-Nr. 1006.

Während des Lehrganges werden dem Lernenden Einsichten in den Bau der Sprache gegeben und eine Abgrenzung der Arbeitsbegriffe für Inhalte, Funktionen, Formen und Wortklassen vorgenommen. Dabei ist daran gedacht, daß der Lernende den dargebotenen Stoff möglichst oft mit seiner Muttersprache vergleicht, denn an der Muttersprache lassen sich viele Inhalte deutlicher erkennen. Seine Aufgabe ist es sodann, sich die strukturellen, funktionalen und formalen Unterschiede, die sich zwischen der Muttersprache und dem Deutschen zeigen, einzuprägen und zu seinem aktiven Wissen zu verarbeiten. Der Lehrgang geht von den Inhalten der Äußerungen aus und zeigt, wie sich die Inhalte auf die Satzfunktionsteile verteilen und durch welches Wortmaterial und durch welche Wortformen Inhalte wiedergegeben und Satzfunktionsteile zusammengesetzt werden. Im Verlauf des Lehrgangs wird gezeigt, wie die deutsche Satzintonation von den Inhalten her erfaßbar ist und welchen Einfluß sie auf den Mitteilungswert und den Mitteilungsgehalt einer Äußerung hat. Klare Stellungsregeln zeigen, wie der deutsche Satz von der Sprechsituation her aufgebaut ist und wie die Folge der Satzglieder durch den Mitteilungszweck bestimmt wird. Immer wieder werden die formalgrammatischen Kenntnisse, die der Lernende von der Grundstufe mitbringt, in die inhaltsbezogenen Kategorien eingeordnet.

Der Übungsteil besteht im wesentlichen aus vier Übungsgruppen:

1. Übungen zur Erschließung von Inhalten im Zusammenhang mit der inhaltsbezogenen Sprachbetrachtung,
2. Übungen für den Gebrauch grammatischer Formen zum Ausdruck bestimmter Inhalte,
3. Übungen zur Erweiterung der Ausdrucksmittel des Lernenden,
4. Übungen zur Förderung aktiver Fähigkeiten im Gebrauch der Sprache.

Die gründliche Durcharbeit dieses Lehrgangs soll den Lernenden in die Lage versetzen, sich mündlich und schriftlich so zu äußern, wie es dem allgemeinen deutschen Sprachgebrauch entspricht.

Oft ist es nicht zu umgehen, daß die Erklärungen schwieriger erscheinen als der erklärte Gegenstand. Hier sind die Erklärungen als Aufgabe zu verstehen, den sprachlichen Gegenstand zu durchschauen und den Lernenden daran zu gewöhnen, sich mit Definitionen auseinanderzusetzen, was ihm später beim Studium anderer Fächer immer zugute kommt. Überhaupt ist von einem Schüler in der Mittelstufe eine größere Selbständigkeit bei der Arbeit zu fordern als in der Grundstufe. Auch Lücken und

Unsicherheit in der Formenlehre muß der Teilnehmer einer Mittelstufenklasse in eigener Arbeit überwinden. Der Umfang des sich ständig erweiternden Lernstoffes macht es dem Lehrer unmöglich, den ganzen zu verarbeitenden Stoff im Unterricht darzustellen. Das kann nur das Lehrbuch. Der Lehrer einer Mittelstufenklasse soll dem Lernenden bei der Einarbeitung in den Stoff nur noch helfen, indem er die gegebenen Erklärungen interpretiert, durch Beispiele und Vergleiche deutlicher macht und die Übungen und Aufgaben überprüft. Dies schon sichert den erfolgreichen Verlauf des Lehrganges.

Die Anordnung des dargestellten Stoffes macht es möglich, das Lehrbuch den verschiedenen Unterrichtssituationen anzupassen. Der Teil A führt in den neuen Stoff ein, der Teil B bringt vorwiegend bekannten Grammatikstoff, der unter bestimmten Gesichtspunkten zusammengefaßt und den Abschnitten im Teil A sachlich zugeordnet ist, der Teil C besteht aus Übungsmaterial zur Erschließung von Inhalten und zum Einsatz der erworbenen Kenntnisse. Der Teil A sollte möglichst im Klassenunterricht besprochen werden, während der im Teil B und C dargebotene Stoff vom Lernenden selbständig verarbeitet werden soll. Der Lehrer ist nicht gehalten, genau dem im Lehrbuch durch das Ziffernsystem und die Verweise vorgezeigten Weg zu folgen, obwohl dem Verfasser dieser Arbeitsverlauf als der beste erscheint. Der Lehrer kann einige Kapitel im Teil A nacheinander behandeln und den in den Teilen B und C angebotenen Stoff nachziehen. Als Lehr- und Lernhilfe gibt ein Begleitheft * Lehrern wie Schülern ausführliche Erläuterungen zu den in diesem Lehrbuch festgelegten Regeln und die Lösungen der Übungen. Die Korrekturen der vielen vom Schüler frei durchzuführenden Aufgaben müssen jedoch dem Lehrer überlassen bleiben.

Die Hinweise auf Grammatikabschnitte (z. B.: Grammatik G 1) beziehen sich auf die ‚Grammatik der deutschen Sprache‘ von Heinz Griesbach und Dora Schulz **.

Heinz Griesbach

Hinweis: Der Ländername „Deutschland" gliedert sich im offiziellen Sprachgebrauch auf in „Bundesrepublik Deutschland" und „Deutsche Demokratische Republik". In den umgangssprachlichen Texten dieses Buches ist die Benennung „Berlin" gleichzusetzen mit „Berlin (West)".

---

* Moderner deutscher Sprachgebrauch – Lehrerheft, Hueber-Nr. 2.1010.
  Moderner deutscher Sprachgebrauch – Schülerheft, Hueber-Nr. 3.1010.
** 9. Auflage, Hueber-Nr. 1011.

Erklärungen zu den Textgerüsten

Die fortlaufenden Zahlen geben die Anzahl der zu beschreibenden Sachverhalte an, die für den Fortgang der wiederherzustellenden Geschichte notwendig sind.

H (= Handlung): der zu beschreibende Sachverhalt ist *als Handlung darzustellen*

V (= Vorgang): der zu beschreibende Sachverhalt ist *als Vorgang darzustellen*

S (= Sein): der zu beschreibende Sachverhalt ist *als ein Sein darzustellen*

E (= Prädikatsergänzung): der angegebene Ausdruck soll *als Prädikatsergänzung* eingesetzt werden

R (= Rolle): die angegebenen Wörter nenen die *Rollen;* die zuerst genannte Rolle ist als Subjekt einzusetzen; in Klammern stehende Rollen treten als Pronomen auf oder werden ausgelassen, wenn es der Textzusammenhang zuläßt

U-t, U-l, U-k, U-m

(= Umstände der Zeit, des Ortes, des Grundes, der Art und Weise): die angegebenen Wortinhalte sollen zum *Ausdruck der Umstände* eingesetzt werden; -t (temporal), -l (lokal), -k (kausal), -m (modal)

sA (= subjektiver Ausdruck): die angegebenen Wörter sollen zum Ausdruck der *subjektiven Stellung des Sprechers oder Erzählers* eingesetzt werden

(R:) die Beschreibung des folgenden Sachverhalts ist in die Beschreibung des mitzuteilenden Sachverhalts einzufügen; sie tritt syntaktisch als *Gliedsatz* mit Rollencharakter auf und ist daher Subjekt- oder Objektsatz

(U-t:), (U-l:), (U-k:), (U-m:)

die Beschreibung des folgenden Sachverhalts ist in die Beschreibung des mitzuteilenden Sachverhalts einzufügen; sie tritt syntaktisch als *Gliedsatz* auf, *der die Umstände beschreibt,* unter denen der mitzuteilende Sachverhalt zustande kommt, und ist der Funktion nach eine freie Angabe

(„–") die Beschreibung des folgenden Sachverhalts ist als *‚direkte Rede'* einzufügen

(–?) die Beschreibung des folgenden Sachverhalts ist als *Frage* zu formulieren

(–!) die Beschreibung des folgenden Sachverhalts ist als *Aufforderung* oder als *Ausruf* zu formulieren

(Attr.) die Beschreibung des folgenden Sachverhalts ist als *Attributsatz* in die Beschreibung des vorangegangenen Sachverhalts einzufügen; das Bezugswort steht in Klammern

(irr.) der folgende Sachverhalt ist als *nicht wirklich bestehender (irrealer) Sachverhalt* zu beschreiben

Außerhalb des Satzverbandes stehende Konjunktionen und Anreden, die zu direkten Reden gehören, stehen vor den Zahlen. Mitunter sind auch Gliedsatzkonjunktionen als Hilfen angegeben.

Die richtige grammatische Form für den Einsatz des angegebenen Wortmaterials und die für die Gesamtmitteilung geeignete Folge der Satzglieder ist vom Lernenden selbst zu finden.

Inhalt

Teil A

IX

X

XIV

XVI

XVIII

XIX

XX

XXII

Ein Bär wurde gestohlen

1

„Wie sahen die Jungen aus?" fragte der Kommissar.

Der Wärter sagte: „Sie trugen blaue Hosen und gelbe Hemden; sie waren so groß –", und er hielt dabei die Hand über den Tisch.

„Sonst haben Sie keinen Anhaltspunkt?"

„Nein, sonst habe ich keinen Anhaltspunkt", sagte der Wärter.   5

Am nächsten Tag stand in der Zeitung unter „Lokales" mit fettgedruckter Überschrift:

ÜBERMÜTIGER DIEBSTAHL IM TIERGARTEN

Drei Jungen im Alter von 10 bis 12 Jahren gelang es gestern am späten Nachmittag, den im März zur Welt gekommenen Jungbären Puh an sich   10
zu nehmen und zu entführen. Die Täter entkamen über den Zaun zur Flußseite. Nach Aussagen des Wärters trugen die Jungen blaue Hosen und gelbe Hemden. Der Verein für Tierschutz e. V. bittet die Bevölkerung, bei der Suche behilflich zu sein und zweckdienliche Angaben an ihn direkt oder an das nächstliegende Polizeirevier zu machen.   15

Alle, die die Notiz gelesen hatten, sahen auf der Straße nach den Jungen aus.

Die Jungen klingelten mit ihren verchromten Fahrrädern durch die Stadt, sie standen vor den Schaukästen der Kinos und betrachteten die Cowboy-Plakate, sie lehnten vor der Eisdiele an der Mauer und redeten über die   20
PS der Autos und Motorräder; auf den Wiesen, unten am Fluß, spielten sie Fußball; im Vorort legten sie Konservendosen auf die Straßenbahnschienen; sie trugen die Ledermappen zur Schule und die Geigenkästen zur Violinstunde, sie holten Romane von der Leihbibliothek und Kaugummi vom Kiosk, und alle trugen blaue Hosen und gelbe Hemden, und   25
niemand konnte gegen irgendeinen der Jungen eine Anzeige erstatten.

Hans Bender

Hans Bender, geb. 1919 in Mühlhausen/Kraichgau

13 – e.V. = eingetragener Verein; jeder offiziell anerkannte Verein muß im Vereinsregister eingetragen werden.

21 – PS = Pferdestärke

1.1 Die Sprache dient zur Mitteilung
(Grammatik G 2, E 63)

Die Sprache dient zur Mitteilung. Die Mitteilung enthält eigene oder fremde Schilderungen von Erlebtem, Geplantem oder Gedachtem. Sie setzt einen Gesprächspartner voraus und wird ausgelöst von der Sprechsituation oder von einer Frage des Gesprächspartners.

| Die Sprechsituation | führt | zur Mitteilung. |
| Die Frage | ersetzt | die fehlende Sprechsituation. |

1.2 Die Schrift legt sprachliche Äußerungen fest. Sie ist jedoch ein unvollkommenes Mittel, denn in ihr wird die Satzintonation, die zum Verstehen der Mitteilung wichtig ist, nur mangelhaft wiedergegeben. Satzzeichen, Interpunktionsregeln und die Schreibweise der Wörter sind nur sehr unvollkommene Lesehilfen. Beispiele:

Peter kann mit uns zusammen arbeiten.
Peter kann mit uns zusammenarbeiten.

Wo sind die Bälle? Wir wollen sie zusammen suchen.
Dort liegen sie umher. Wir wollen sie zusammensuchen.

Hast du die ganze Nacht durch gearbeitet?
Hast du die ganze Nacht durchgearbeitet?

1.3 Eine Mitteilung besteht aus einer Folge von Beschreibungen von Einzelsachverhalten
(Grammatik E 50 ff.)

Der Mitteilende erfaßt bei einer Schilderung nacheinander einzelne Sachverhalte und beschreibt sie dem Zuhörenden in gleicher Folge. Der Zuhörende setzt dabei in seiner Vorstellung Sachverhalt für Sachverhalt wie ein Mosaik zusammen, bis der Sprechende seine Mitteilung beendet hat. Damit ist der Zuhörende ‚im Bilde', d. h. informiert.

Sachverhalt + Sachverhalt + Sachverhalt usw. ergibt die Mitteilung.

Im gestohlenen Wagen gefangen
Eine Zeitungsmeldung

(1) Wie ein Fuchs in der Falle, so fing sich ein Autodieb in einem gestohlenen Wagen. (2) Der Jugendliche H. P. aus Bad Ischl stahl vor einigen Tagen einem Mechaniker einen Personenwagen. (3) Der Dieb kam

aber mit seiner Beute nicht weit. (4) Auf der *Pötschenpaßstraße* geriet er mit dem Auto zwischen das Straßengeländer und einen Zaun und (5) blieb dort stecken. (6) Der Bursche mußte mühsam aus dem beschädigten Fahrzeug befreit werden und (7) konnte dann erst von der Gendarmerie verhaftet werden.

Die kürzeste Form einer Mitteilung besteht aus der Beschreibung nur **1.4** *eines* Sachverhalts, z. B.

> *Heute ist es kalt.*
> *Morgen gehe ich ins Kino.*

Die Beschreibung eines Einzelsachverhalts hat die grammatische Form **1.5** eines Satzes. Demnach beschreibt jeder Satz einen Sachverhalt. Die obige Zeitungsmeldung besteht aus der Beschreibung von sieben Sachverhalten (1–7). Der erste Sachverhalt nimmt das Ende der Ereignisse vorweg. Die Sachverhalte 2–7 schildern den Ablauf der Ereignisse.

Übung: *Beschreiben Sie das Bild Nr. 2 im Anhang so, daß jeder, der dieses Bild nicht kennt, weiß, was darauf zu sehen ist!*

→ **26.1**

In einer Jugendherberge

2

Von der Bundesstraße führen zwei Feldwege über Höhen und durch Niederungen zu den nördlich von Mittenwald gelegenen Bergwiesen im Brunntal. Hier wurde 1957 die Ganghofer-Jugendherberge errichtet.

Die jungen Wanderer, die hier einkehren, können gleich in der Eingangshalle ihr Gepäck abstellen und sich zur ersten Rast auf bequemen Sesseln 5 und Bänken niederlassen. Der Raum ist geschmückt mit Grünpflanzen, Bildern und Wanderkarten unter Glas. Ein Helfer hinter dem Anmeldeschalter überschaut in der Halle das Kommen und Gehen und macht die ankommenden Jugendlichen mit den Räumen vertraut. Der Speiseraum zur Linken ist durch Sitzecken unterteilt, so daß man hier auch gemütlich 10 beieinander sitzen kann.

In der Eingangshalle herrscht reger Betrieb. Jungen und Mädchen umringen den Herbergsvater und überschütten ihn mit Fragen und Wün-

3

schen. Ein blonder Junge schiebt sich an einer Reihe wartender Mädchen
vorbei. „Herbergsvater, können wir jetzt die Decken abgeben?" fragt er
und weist auf den wirren Haufen von Wolldecken, die er lässig über den
Rücken geworfen hat. Der Herbergsvater antwortet ruhig, aber bestimmt:
„Zunächst werdet ihr die Decken sauber ausschütteln, und dann legt ihr sie
ordentlich zusammen. Danach wartest du in der Reihe, bis du dran bist."
Der Junge geht davon. „Herbergsvater, ist Post für mich da? Für Nord-
mann, Zimmer 14?" fragt ein Mädchen. Ein Griff ins Fach, der Brief ist
da. „Hier hast du ihn", sagt der Herbergsvater, und schon blickt er wieder
zur Eingangstür, wo soeben eine neue Gruppe ankommt. „Grüß Gott,
wie viele seid ihr denn? – sieben, acht, neun, zehn, elf. Wer ist der Grup-
penleiter? Ach du, na, dann geht zunächst einmal in den Keller und macht
eure Schuhe sauber. Danach bringt ihr mir eure Ausweise. Ich will dann
sehen, wo ich euch unterbringe." Die Gruppe stapft mit dem Gepäck in
den Keller.

Die Herbergseltern und ihre Helfer haben alle Hände voll zu tun, denn
bald wird das Abendessen ausgegeben. Danach richten die Jungen den
Speisesaal her, während die Mädchen der Herbergsmutter in der Küche
zur Hand gehen – Geschirr spülen, abtrocknen und alles für den nächsten
Tag vorbereiten. Aus allen Räumen werden Stühle herbeigetragen; die
Tische werden in der Eingangshalle gestapelt. Schon bald sitzen 100 Mädchen und Jungen im großen Kreis zusammen. Der Herbergsvater eröffnet
den Abend mit einem Lied zur Laute, und alle singen mit. Dann beginnt
ein lustiges Gemeinschaftsspiel. Lautes Lachen erschallt, bis endlich auch
der letzte den Trick durchschaut hat. Spiel und Quiz lösen einander ab,
dazwischen werden neue Lieder geprobt.

Die Zeit vergeht wie im Fluge, die zehnte Stunde rückt heran. Nach ge-
meinsamem Schlußgesang wird die Ordnung im Speiseraum wieder-
hergestellt. Kurz nach zehn Uhr geht der Herbergsvater noch einmal
durch das ganze Haus, schließt die Türen und löscht das Licht. Hier und
da ist noch ein Tuscheln und Wispern zu hören, aber bald liegt alles in
tiefem Schlaf.

Jugendherbergen bieten der wandernden Jugend billige Übernachtungsmöglichkeiten. Zutritt haben alle Jungen und Mädchen unter 25 Jahren, die im Besitz
eines *Jugendherbergsausweises* sind. Der Leiter einer Jugendherberge ist der
Herbergsvater.

1 – *Bundesstraßen* sind Fernverkehrsstraßen zwischen den Städten.

3 – *Ludwig Ganghofer,* süddeutscher Unterhaltungsschriftsteller, 1855–1920.

4

Gleicher Sachverhalt — Verschiedene Beschreibungen

(Grammatik B 87 ff., 93 f., G 8, 15 ff., 38 f.)

In jeder Sprache gibt es die Möglichkeit, den *gleichen* Sachverhalt mit *verschiedenen* grammatischen und sprachlichen Mitteln zu beschreiben, z. B.

Hans geht jetzt heim.	*Hans geht jetzt nach Hause.*
Er hat Hunger.	*Er ist hungrig.*
Die Bäume blühen im Mai.	*Die Bäume stehen im Mai in Blüte.*
Mir schmerzt der Kopf.	*Ich habe Kopfschmerzen.*
Man klagte den Mann an.	*Man stellte den Mann unter Anklage.*
Ich räume mein Zimmer auf.	*Ich bringe mein Zimmer in Ordnung.*
Der Lehrer fragt den Schüler.	*Der Lehrer stellt dem Schüler eine Frage.*
Wir übernachten heute in einem Hotel.	*Wir bleiben heute in einem Hotel über Nacht.*
Den Forschern ist das Experiment gelungen.	*Die Forscher haben mit dem Experiment Erfolg gehabt.*
Die Kinder freuen sich über das Geschenk.	*Das Geschenk macht den Kindern Freude.*
Man repariert meinen Wagen.	*Mein Wagen wird repariert.*
Plötzlich öffnete sich die Tür.	*Plötzlich wurde die Tür geöffnet.*

Welche grammatischen oder sprachlichen Mittel zur Beschreibung eines Sachverhalts gebraucht werden müssen, hängt von der Sprechsituation, vom Zusammenhang der Sachverhalte innerhalb einer Mitteilung und von der Mitteilungsabsicht ab.

Übung: *Beschreiben Sie die Sachverhalte mit anderen sprachlichen Mitteln!*

1. Die Straße geht direkt zum Bahnhof. *(führen)* – 2. Die Männer gehen in ein Gasthaus. *(einkehren)* – 3. Der Junge zeigt auf die Uhr. *(weisen)* – 4. Die Frau faltet die Decke zusammen. *(zusammenlegen)* – 5. Der Gast setzt sich in den Sessel. *(niederlassen)* – 6. Die Frau schaut zur Tür. *(blicken)* – 7. Jetzt treffen neue Gäste ein. *(ankommen)* – 8. Das Mädchen bereitet den Saal für das Fest vor. *(herrichten)* – 9. Wir sind jetzt an der Reihe. *(dran)* – 10. Das Mädchen reinigt die Zimmer. *(sauber)* – 11. Herr

Müller hat einen Ausweis. *(im Besitz)* – 12. Er hat Arbeit. *(tun)* – 13. Inge hilft ihrer Mutter. *(zur Hand)* – 14. Das Spiel nimmt seinen Anfang. *(beginnen)* – 15. Die Jungen stellen die Tische aufeinander. *(stapeln)* – 16. Im Saal wird aufgeräumt. *(Ordnung)* – 17. Die Kinder schlafen tief. *(im Schlaf)* – 18. Die Zuschauer sind hinter den Trick gekommen. *(durchschauen)* – 19. Jungen und Mädchen wechseln sich beim Singen ab. *(ablösen)* – 20. Das Hotel bietet für 100 Gäste Übernachtungsmöglichkeiten. *(es gibt)*

Die Liebe

3

Ich hatte mich heftig verliebt. Ihr Vater hatte eine Konservenfabrik und war auch sonst ein verschlossener Mensch. Es war daher schwer, mit der Familie bekannt zu werden.

Ich kannte sie nur vom Sehen. Dreimal in der Woche begegnete ich ihr in
5   der Lützowstraße und folgte ihr dann bis zum Konservatorium für höheres Klavierspiel.
Der Zustand war unhaltbar, und ich entschloß mich zu einer verzweifelten Tat.

Ich hatte wiederholt bemerkt, daß sie ein kleines goldenes Geldbeutelchen,
10   wenn sie aus einem Laden heraustrat, ganz leichtsinnig in die Tasche ihres Jacketts steckte.

Hierauf baute ich meinen Plan. Ich näherte mich ihr langsam und unmerklich, und als ich an ihrer Seite schritt, stahl ich ihr das kleine kostbare Ding aus der Tasche.

15   Ich wollte es gerade fallen lassen, mich dann bücken, es aufheben und ihr bringen, woran sich dann sofort ein neckisches Gespräch über ihren jugendlichen Leichtsinn geknüpft haben würde – als mich plötzlich ein Schutzmann beim Arm nahm und mich für ertappt erklärte.

Vergebens suchte ich ihm den wahren Sachverhalt auseinanderzusetzen,
20   daß ich das Fräulein liebe und daß ihr Vater sehr reich sei, daß ich sie heiraten würde und daß deshalb Geld zwischen uns gar keine Rolle spiele – er erklärte mich für verhaftet und wollte mich gerade zur Wache bringen – als ich, Gott sei Dank noch rechtzeitig, in Schweiß gebadet, erwachte.

Otto Erich Hartleben

Otto Erich Hartleben, geb. 1864 in Clausthal

6

Das Sein und das Geschehen

(Grammatik G 8)

Bei Sachverhalten kann man zweierlei unterscheiden; ein Sachverhalt ist entweder ein SEIN oder ein GESCHEHEN. Er gilt als Sein, wenn er eine Zeitlang unverändert ruht, wenn er statisch ist. Er gilt als ein Geschehen, wenn er Bewegung oder Veränderung zeigt.

> Sein: *Der Mann schläft. Die Uhr steht.*
> Geschehen: *Der Mann arbeitet. Die Uhr geht.*

Übung: *Welcher Sachverhalt ist ein Sein, und welcher ist ein Geschehen?*
1. Diese Straße geht zum Bahnhof. – 2. Der Junge geht zur Post. – 3. Der Ingenieur macht den neuen Arbeiter mit seiner Arbeit vertraut. – 4. Wir sind mit unserer Arbeit vertraut. – 5. Der König herrscht über sein Land. – 6. Auf den Straßen herrschte lebhafter Verkehr. – 7. Heute hat der Koch alle Hände voll zu tun. – 8. Die Zeit vergeht schnell. – 9. Die Türen sind geschlossen. – 10. Die Kinder liegen im Schlaf. – 11. Plötzlich öffnete sich die Tür. – 12. Hans hat sich in Inge verliebt. – 13. Hans ist in Inge verliebt. – 14. Hans liebt Inge. – 15. Das Kind erwacht.

Ein Geschehen läßt sich aus einem Sein herleiten und endet wieder in einem Sein. Die beiden Sein sind in diesem Fall Gegensätze. **3.2**

Sein	→	Geschehen	→	Sein
er lebt		*er stirbt*		*er ist tot*
er schläft		*er erwacht*		*er ist wach*
er ist wach		*er schläft ein*		*er schläft*
er ist hier		*er fährt nach Berlin*		*er ist in Berlin*
die Tür ist offen		*die Tür wird geschlossen*		*die Tür ist zu*
		die Tür schließt sich		
die Tür ist zu		*die Tür wird geöffnet*		*die Tür ist offen*
		die Tür öffnet sich		

Übung 1: *Nennen Sie das Sein, in dem folgende Geschehen enden!*
1. Die Wanderer kehren in diesem Gasthaus ein. – 2. Das Gepäck wird in der Halle abgestellt. – 3. Die Jungen lassen sich auf den Bänken nieder. – 4. Herr Müller kommt. – 5. Der junge Mann wird verhaftet. – 6. Die Jungen und Mädchen setzen sich in einem großen Kreis zusammen. – 7. Die Kinder schlafen ein. – 8. Das Mädchen verliebt sich in den jungen Mann. – 9. Der Junge geht zur Post. – 10. Wir lernen Herrn Müller kennen.

Übung 2: *Nennen Sie das Sein, aus dem sich folgende Geschehen her-*
leiten lassen!

1. Hans kommt zurück. – 2. Das Mädchen reinigt das Kleid. – 3. Der
Mann wird befreit. – 4. Das Wetter bessert sich. – 5. Die Kinder wachen
plötzlich aus tiefem Schlaf auf. – 6. Hans kommt von zu Hause. –
7. Meine Uhr wird repariert. – 8. Sie trat aus dem Laden heraus. – 9. Hans
heiratet Inge. – 10. Das Fenster wird geöffnet.

→ 28.1

4

Aus ‚Leben des Galilei‘

(Die Szene spielt in der Studierstube des Galilei. Andrea, der Sohn der
Wirtin Sarti, ist bei ihm. Galilei will ihm seine Theorie vom Umlauf der
Erde um die Sonne erklären.)

GALILEI: Hast du, was ich dir gestern sagte, inzwischen begriffen?

5 ANDREA: Was? Das mit dem Kippernikus seinem Drehen?

GALILEI: Ja.

ANDREA: Nein. Warum wollen Sie denn, daß ich es begreife? Es ist sehr
schwer, und ich bin im Oktober erst elf.

GALILEI: Ich will gerade, daß auch du es begreifst. Dazu, daß man es

10 begreift, arbeite ich und kaufe die Bücher, statt den Milchmann zu bezahlen.

ANDREA: Aber ich sehe doch, daß die Sonne abends woanders hält als
morgens. Da kann sie doch nicht stillstehn! Nie und nimmer.

GALILEI: Du siehst! Was siehst du? Du siehst gar nichts. Du glotzt nur.
Glotzen ist nicht sehen. *Er stellt den eisernen Waschschüsselständer in die*

15 *Mitte des Zimmers.* Also das ist die Sonne. Setz dich. *Andrea setzt sich*
auf den einen Stuhl. Galilei steht hinter ihm. Wo ist die Sonne, rechts
oder links?

ANDREA: Links.

GALILEI: Und wie kommt sie nach rechts?

20 ANDREA: Wenn Sie sie nach rechts tragen, natürlich.

GALILEI: Nur so? *Er nimmt ihn mitsamt dem Stuhl auf und trägt ihn auf*
die andere Seite des Waschständers. Wo ist jetzt die Sonne?

ANDREA: Rechts.

GALILEI: Und hat sie sich bewegt?

8

ANDREA: Das nicht.

GALILEI: Was hat sich bewegt?

ANDREA: Ich.

GALILEI *brüllt:* Falsch! Dummkopf! Der Stuhl!

ANDREA: Aber ich mit ihm!

GALILEI: Natürlich. Der Stuhl ist die Erde. Du sitzt drauf.

FRAU SARTI *ist eingetreten, das Bett zu machen. Sie hat zugeschaut.* Was machen Sie eigentlich mit meinem Jungen, Herr Galilei?

GALILEI: Ich lehre ihn sehen, Sarti.

FRAU SARTI: Indem Sie ihn im Zimmer herumschleppen?

ANDREA: Laß doch, Mutter. Das verstehst du nicht.

FRAU SARTI: So? Aber du verstehst es, wie? Sie bringen ihn noch so weit, daß er behauptet, zwei mal zwei ist fünf. Er verwechselt alles, was Sie ihm sagen. Gestern abend bewies er mir schon, daß die Erde sich um die Sonne dreht. Er ist fest überzeugt, daß ein Herr namens Kippernikus das ausgerechnet hat.

ANDREA: Hat es der Kippernikus nicht ausgerechnet, Herr Galilei? Sagen Sie es ihr selber!

FRAU SARTI: Was, Sie sagen ihm wirklich einen solchen Unsinn? Daß er es in der Schule herumplappert und die geistlichen Herren zu mir kommen, weil er lauter unheiliges Zeug vorbringt. Sie sollten sich schämen, Herr Galilei.

GALILEI *frühstückend:* Auf Grund unserer Forschungen, Frau Sarti, haben, nach heftigem Disput, Andrea und ich Entdeckungen gemacht, die wir nicht länger der Welt gegenüber geheimhalten können. Eine neue Zeit ist angebrochen, ein großes Zeitalter, in dem zu leben eine Lust ist.

FRAU SARTI: So. Hoffentlich können wir auch den Milchmann bezahlen in dieser neuen Zeit, Herr Galilei. Ein junger Herr, der Unterricht wünscht, ist draußen. Sehr gut angezogen und bringt einen Empfehlungsbrief. *Übergibt diesen.* Tun Sie mir den einzigen Gefallen und schicken Sie den nicht auch wieder weg. Ich denke an die Milchrechnung. *Ab.*

Bertolt Brecht

Bertolt Brecht, deutscher Dramatiker, geb. 1898 in Augsburg, gest. 1956 in Berlin
Galileo Galilei, italienischer Naturforscher, geb. 1564 in Pisa, gest. 1642.
5 – Nikolaus Kopernikus (im Text: Kippernikus), Astronom und Begründer des
heliozentrischen Weltbildes, geb. 1473 in Thorn, gest. 1543.

Die Rollen
(Grammatik G 9)

Im allgemeinen sind bei allen Sachverhalten ROLLEN erkennbar. Die Rollen haben diejenigen Personen (Wesen) oder Dinge, die den Sachverhalt verwirklichen. Das heißt also: ohne diese Rollen ist der Sachverhalt nicht denkbar. An einem Einzelsachverhalt können bis zu drei Rollen beteiligt sein. Die Zahl der Rollen hängt von der Art des Sachverhalts ab. Gleiche Sachverhalte haben stets die gleiche Zahl der Rollen. Beispiele:

Der Vater hat *seinem Sohn das Buch* geschenkt.
Der Vater hat *das Buch seinem Sohn* zum Geschenk gemacht.

Dieser Sachverhalt ist ein Geschehen. Das Geschehen ,schenken' kann nur durch drei Rollen verwirklicht werden:
1. eine Person, die schenkt *(Vater)*;
2. eine Sache, die geschenkt wird *(Buch)*;
3. eine Person, der etwas geschenkt wird *(sein Sohn)*.

Der Lehrer fragt *den Schüler.*
Der Lehrer stellt *dem Schüler* eine Frage.

Das Geschehen ,fragen' wird durch zwei Rollen verwirklicht:
1. eine Person, die fragt *(Lehrer)*;
2. eine Person, die gefragt wird *(Schüler)*.

Der Junge lügt.
Der Junge sagt die Unwahrheit.

Das Geschehen ,lügen' (= die Unwahrheit sagen) wird durch eine Rolle verwirklicht.

Es regnet.

Bei dem Geschehen ,regnen' ist keine Rolle erkennbar.

Peter liebt *Inge.*
Peter ist in *Inge* verliebt.

Dieser Sachverhalt ist ein Sein. Das Sein ,lieben' (= verliebt sein) ist nur mit zwei Rollen denkbar.
1. Eine Person, die liebt oder verliebt ist *(Peter)*;
2. eine Person (oder Sache), die geliebt wird oder in die jemand verliebt ist *(Inge)*.

Das Kind friert.
Dem Kind ist kalt.

Das Sein ‚frieren' kann nur eine Rolle haben.

Hans **ist hungrig.**
Hans **hat Hunger.**

Das Sein ‚hungrig sein' erfordert nur eine Rolle.

Übung: *Stellen Sie bei den folgenden Sachverhalten fest, ob es sich um ein Geschehen oder ein Sein handelt, und unterstreichen Sie die Rollen!*

1. Der Professor erklärt den Studenten seine Theorie. – 2. Die Studenten haben die Theorie begriffen. – 3. Die Erde bewegt sich. – 4. Die Sonne steht still. – 5. Der junge Mann bringt dem Professor einen Empfehlungsbrief. – 6. Die Frau denkt an die Rechnung. – 7. Günter ist ein verschlossener Junge. – 8. Die junge Dame hatte einen Geldbeutel. – 9. Der Geldbeutel fiel auf den Boden. – 10. Ich hob den Geldbeutel auf. – 11. Ich setzte dem Schutzmann den Sachverhalt auseinander. – 12. Der junge Mann heiratete das Mädchen. – 13. Die Köchin bereitet das Mittagessen vor. – 14. Alles liegt in tiefem Schlaf. – 15. Die Kinder erwachten.

→ 29.1

Ein Zug fährt durch

5

(Der Bahnwärter Thiel hat seinen Kollegen abgelöst und in der Wärterbude alles für den Nachtdienst vorbereitet.)

Als dies geschehen war, meldete die Glocke mit drei schrillen Schlägen, die sich wiederholten, daß ein Zug in der Richtung von Breslau her aus der nächstliegenden Station abgelassen sei. Ohne die mindeste Hast zu zeigen, blieb Thiel noch eine gute Weile im Innern der Bude, trat endlich, Fahne und Patronentasche in der Hand, langsam ins Freie und bewegte sich trägen und schlürfenden Ganges über den schmalen Sandpfad dem etwa zwanzig Schritt entfernten Bahnübergang zu. Seine Barrieren schloß und öffnete Thiel vor und nach jedem Zuge gewissenhaft, obgleich der Weg nur selten von jemand passiert wurde. 10

Er hatte seine Arbeit beendet und lehnte jetzt wartend an der schwarzweißen Sperrstange.

. . . .

Der Wind hatte sich erhoben und trieb leise Wellen den Waldrand 15 hinunter und in die Ferne hinein. Aus den Telegraphenstangen, die die

11

Strecke begleiteten, tönten summende Akkorde. Auf den Drähten, die sich wie das Gewebe einer Riesenspinne von Stange zu Stange fortrankten, klebten in dichten Reihen Scharen zwitschernder Vögel. . . . .

20 Die Sonne, welche soeben unter dem Rande mächtiger Wolken herabhing, um in das schwarzgrüne Wipfelmeer zu versinken, goß Ströme von Purpur über den Forst. Die Säulenarkaden der Kiefernstämme jenseits des Dammes entzündeten sich gleichsam von innen heraus und glühten wie Eisen.

25 . . . . Der Wärter stand noch immer regungslos an der Barriere. Endlich trat er einen Schritt vor. Ein dunkler Punkt am Horizont, da, wo die Geleise sich trafen, vergrößerte sich. Von Sekunde zu Sekunde wachsend, schien er doch auf einer Stelle zu stehen. Plötzlich bekam er Bewegung und näherte sich. Durch die Geleise ging ein Vibrieren und
30 Summen, ein rhythmisches Geklirr, ein dumpfes Getöse, das, lauter und lauter werdend, zuletzt den Hufschlägen eines heranbrausenden Reitergeschwaders nicht unähnlich war.

Ein Keuchen und Brausen schwoll stoßweise fernher durch die Luft. Dann plötzlich zerriß die Stille. Ein rasendes Tosen und Toben erfüllte den
35 Raum, die Geleise bogen sich, die Erde zitterte – ein starker Luftdruck – eine Wolke von Staub, Dampf und Qualm, und das schwarze, schnaubende Ungetüm war vorüber. So wie sie anwuchsen, starben nach und nach die Geräusche. Der Dunst verzog sich. Zum Punkte eingeschrumpft, schwand der Zug in die Ferne, und das alte heilige Schweigen schlug über
40 dem Waldwinkel zusammen.

Gerhart Hauptmann

Gerhart Hauptmann, deutscher Dichter, geb. 1862 in Ober-Salzbrunn, gest. 1946

5.1 Die Handlung und der Vorgang
(Grammatik B 1, E 46 ff., G 8, 38 f.)

Bei allen Geschehen kann man zwischen HANDLUNG und VORGANG unterscheiden. HANDLUNGEN sind alle jene Geschehen, für die die Person, die als Satzsubjekt erscheint, die Verantwortung trägt. Handlungen werden demnach mehr oder weniger vom Subjekt des Satzes bestimmt oder kontrolliert. Alle übrigen Geschehen sind Vorgänge. Bei VORGÄNGEN hat das Satzsubjekt keinen Einfluß auf das Geschehen.

12

Beispiele:

Handlungen	Vorgänge
Der Direktor leitet die Schule.	*Der Blitzableiter leitet den Blitz in die Erde.*
Der Gärtner arbeitet im Garten.	*Wenn Holz trocknet, arbeitet es.*
Peter kam ins Krankenhaus, um seinen Freund zu besuchen.	*Der Verletzte kam sofort ins Krankenhaus.*
Die feindliche Armee rückte schnell heran.	*Das Ende unserer Ferien rückte schnell heran.*
Der Mann trat aus dem Laden heraus.	*Aus dem Boden trat Öl heraus.*
Plötzlich trat sein Vater ins Zimmer ein.	*Plötzlich trat Stille ein.*
Unser Gastgeber hat eine neue Flasche Wein angebrochen.	*Mit der Erfindung des Benzinmotors ist eine neue Zeit angebrochen.*

Die Beispiele zeigen, daß die gleichen Verben sowohl zur Beschreibung von Handlungen als auch zur Beschreibung von Vorgängen gebraucht werden können.

Übung: *Welche Geschehen sind Handlungen und welche sind Vorgänge?*
1. Die Züge passieren täglich die Grenze. – 2. Gestern passierte hier ein Verkehrsunfall. – 3. Die Fußgänger passieren an dieser Stelle die Straße. – 4. Der Hirt trieb seine Schafe auf die Weide. – 5. Das Boot trieb flußabwärts. – 6. Schließlich trieb die Strömung das Boot an Land. – 7. Ein Junge fiel aus dem Boot und versank im Wasser. – 8. Der Baum wächst jährlich um 10 Zentimeter. – 9. Das Kind wird jedes Jahr größer. – 10. Der Lehrer zerriß das Papier. – 11. Eine Explosion zerriß die Stille. – 12. Die Leute zitterten vor Angst. – 13. Von dem starken Luftdruck zitterte die Erde. – 14. Eine Frau schlug vor Schreck die Hände über dem Kopf zusammen. – 15. Die Sonne geht im Westen unter. – 16. Die Gewitterwolken ziehen nach Osten. – 17. Fritz geht in die Schule. – 18. Die Pferde ziehen den Wagen. – 19. Im Frühjahr wechselt oft das Wetter. – 20. Der Postbeamte wechselte mir den Hundertmarkschein.

Gleiche Geschehen lassen sich als Handlungen oder Vorgänge beschreiben, **5.2** je nachdem, wie die *Mitteilungsperspektive* es verlangt. Um eine Handlung als Vorgang darzustellen, bedient man sich verschiedener grammatischer Mittel. Ein solches grammatisches Mittel ist das Passiv.

Beispiele:

<table>
<tr><td>Handlungen</td><td>Vorgänge</td></tr>
<tr><td>Der Koch bereitet von 10 bis 11 Uhr das Mittagessen vor.</td><td>Von 10 bis 11 Uhr wird das Mittagessen vorbereitet.</td></tr>
<tr><td>Die Grenzbeamten kontrollieren an der Grenze die Pässe der Reisenden.</td><td>An der Grenze werden die Pässe der Reisenden kontrolliert.</td></tr>
<tr><td>Auf der Autobahn fährt man sehr schnell.</td><td>Auf der Autobahn wird sehr schnell gefahren.</td></tr>
<tr><td>Nach meinem Unfall halfen mir die Passanten sofort.</td><td>Nach meinem Unfall wurde mir sofort geholfen.</td></tr>
<tr><td>Der Redner gedachte bei der Feier der Verdienste des Präsidenten.</td><td>Bei der Feier wurde der Verdienste des Präsidenten gedacht.</td></tr>
<tr><td>Die Leute warteten zwei Stunden auf die Abfahrt des Zuges.</td><td>Zwei Stunden wurde auf die Abfahrt des Zuges gewartet.</td></tr>
<tr><td>Sonntags arbeitet man in den Fabriken nicht.</td><td>Sonntags wird in den Fabriken nicht gearbeitet.</td></tr>
</table>

5.3 Ein anderes grammatisches Mittel, das dem gleichen Zweck dient, ist das REFLEXIVPRONOMEN. Doch wird im Deutschen davon nicht so viel Gebrauch gemacht wie in anderen Sprachen.

<table>
<tr><td>Handlungen</td><td>Vorgänge</td></tr>
<tr><td>Man öffnet den Vorhang.</td><td>Der Vorhang öffnet sich.</td></tr>
<tr><td>Man verkauft den neuen Roman gut.</td><td>Der neue Roman verkauft sich gut.</td></tr>
</table>

Bemerkung:

Beim Gebrauch des Passivs ist im ‚Hintergrund‘ die eigentliche Handlung noch erkennbar. Man kann in solchen Passivsätzen auch noch den Handelnden erwähnen: *An der Grenze werden (von den Beamten) die Pässe kontrolliert. Nach dem Unfall wurde mir (von den Passanten) sofort geholfen.*

5.4 Weitere Möglichkeiten, ein Geschehen als Vorgang darzustellen, bieten die NOMINALKONSTRUKTIONEN.

Beispiele:

<table>
<tr><td>Handlungen</td><td>Vorgänge</td></tr>
<tr><td>Man hat mir alle meine Wünsche erfüllt.</td><td>Alle meine Wünsche sind in Erfüllung gegangen.</td></tr>
</table>

14

Gestern schloß man die Verhand-
lungen ab.
Am Sonntag führte man ein neues
Theaterstück auf.
Viele Studenten kauften den Ro-
man dieses Autors.

Gestern kamen die Verhandlungen
zum Abschluß.
Am Sonntag gelangte ein neues
Theaterstück zur Aufführung.
Der Roman dieses Autors hat unter
den Studenten große Verbrei-
tung gefunden.

Bemerkung:

Diese Konstruktionen werden wegen ihres unpersönlichen, allgemeinen Mittei-
lungsgehalts von den Zeitungen, vom Rundfunk und Fernsehen bevorzugt.

Übung 1: *Wie werden die folgenden Vorgänge beschrieben? 1. durch das*
Verb allein, 2. durch die Passivkonstruktion, 3. durch ein Re-
flexivpronomen oder 4. durch die Nominalkonstruktion?

1. Die Erde bewegt sich um die Sonne. – 2. Ich verwechsle immer die
beiden Zwillingsschwestern. – 3. Eine neue Zeit ist angebrochen. – 4. Am
Abend wird das Zimmer aufgeräumt. – 5. Langsam setzte sich der Zug
in Bewegung. – 6. Der junge Mann hat einen wichtigen Brief bekommen.
– 7. In dieser Fabrik wird die ganze Nacht durch gearbeitet. – 8. Die
Streitenden gerieten immer mehr in Erregung. – 9. Das Wetter bessert
sich. – 10. Die Kinder fielen in tiefen Schlaf.

Übung 2: *Beschreiben Sie folgende Vorgänge als Handlungen! Setzen Sie*
einen passenden Urheber für diese Handlungen ein!

1. An Sonntagen wird in den Fabriken nicht gearbeitet. – 2. In der Küche
werden vormittags Kartoffeln geschält. – 3. Im Theater kam ein neues
Stück zur Aufführung. – 4. In der Bahnhofstraße wird ein neues Hotel
gebaut. – 5. Aus dem Kinderzimmer erschallt lautes Lachen. – 6. Der
Schwerkranke kam sofort ins Krankenhaus. – 7. Die Türen des Konzert-
saals schlossen sich. – 8. Das Konzert begann. – 9. Im Zuhörerraum ver-
löschte das Licht. – 10. Nach dem Konzert wurde begeistert applaudiert.

→ 30.1

Über das Sprachenlernen

...So warf ich mich denn mit besonderem Fleiß auf das Studium des Englischen, und hierbei ließ mich die Not einen Weg ausfindig machen, welcher die Erlernung jeder Sprache bedeutend erleichtert.

Dieser einfache Weg besteht darin, daß man sehr viel laut liest, keine
5 Übersetzungen macht, täglich eine Stunde nimmt, immer Ausarbeitungen über interessante Dinge niederschreibt und sie unter Aufsicht des Lehrers verbessert, auswendig lernt und in der nächsten Stunde aufsagt, was man am Tage verbessert hat. Mein Gedächtnis war, da ich es seit meiner Kindheit gar nicht geübt hatte, schwach, doch benutzte ich jeden Augenblick
10 und stahl sogar Zeit zum Lernen. Um mir sobald als möglich eine gute Aussprache anzueignen, besuchte ich regelmäßig zweimal den englischen Gottesdienst und sprach beim Anhören der Predigt jedes Wort leise für mich nach. Bei allen meinen Botengängen trug ich, selbst wenn es regnete, ein Buch in der Hand, aus dem ich irgend etwas auswendig lernte; auf dem
15 Postamt wartete ich nie, ohne zu lesen. So stärkte ich allmählich mein Gedächtnis und konnte schon nach drei Monaten meinem Lehrer mit Leichtigkeit alle Tage in jeder Unterrichtsstunde zwanzig gedruckte Seiten englischer Prosa wörtlich hersagen, wenn ich sie vorher dreimal aufmerksam durchgelesen hatte. Vor übergroßer Aufregung schlief ich nur wenig,
20 und alle wachen Nachtstunden brachte ich damit zu, das am Abend Gelesene in Gedanken noch einmal zu wiederholen. Da das Gedächtnis bei Nacht viel gesammelter ist als bei Tage, fand ich auch diese nächtlichen Wiederholungen von größtem Nutzen; ich empfehle dieses Verfahren jedermann. So gelang es mir, in einem halben Jahre eine gründliche
25 Kenntnis der englischen Sprache mir anzueignen.

Heinrich Schliemann

Heinrich Schliemann, Kaufmann und Archäologe, geb. 1822 in Neubukow (Mecklenburg), gest. 1890.

6.1 Die Umstände

(Grammatik G 10 ff.)

Die Zeit:

Jeder Sachverhalt besteht in einer mehr oder weniger bestimmbaren ZEIT. Zur Bestimmung der Zeit, in der ein Sachverhalt vorzufinden ist, unterscheidet man DREI ZEITRÄUME:

1. die Vergangenheit – 2. die Gegenwart – 3. die Zukunft

Demnach kann ein Sachverhalt in der Gegenwart vorzufinden sein, er kann in der Vergangenheit bestanden haben, oder er kann in der Zukunft zu erwarten sein. Ebenso kann sich ein Sachverhalt über zwei oder über alle drei Zeiträume erstrecken.

Beispiele:

Gegenwart:	*Ich bin in der Schule.*
Vergangenheit:	*Ich habe in Berlin gewohnt.*
Zukunft:	*Ich gehe morgen ins Theater.*
Vergangenheit und Gegenwart:	*Ich wohne schon drei Jahre hier.*
Gegenwart und Zukunft:	*Ich bleibe drei Jahre hier.*
Vergangenheit, Gegenwart und Zukunft:	*Ich gehe jeden Tag ins Büro.*

Im Deutschen wird die Zeit durch grammatische Formen (Zeitformen des Verbs) nur sehr ungenau ausgedrückt. Im allgemeinen läßt sich an den Verbformen nur die Vergangenheit erkennen (vgl. Grammatik B 509 – B 584). Im übrigen gibt ein Funktionsteil im Satz die GENAUE ZEIT an; dies ist die TEMPORALANGABE.   **6.2**

> *Ich fahre* **jetzt (in einer Stunde – übermorgen – im nächsten Jahr)** *nach Berlin.*

> *Ich war* **gestern (letzte Woche – Montag – im Dezember)** *im Theater.*

> *Ich habe mir* **neulich (gestern – zu Pfingsten – am 5. März)** *einen neuen Anzug gekauft.*

Der Ort: **6.3**

Die Angabe des ORTES (LOKALANGABE) nennt den Ort, an dem der beschriebene Sachverhalt vorzufinden ist.

> *Ich schreibe* **hier (im Büro – bei dir – zu Hause)** *einen Brief.*

Der Grund: **6.4**

Die Angabe des GRUNDES (KAUSALANGABE) nennt den Grund, der den Sachverhalt herbeiführte.

> *Peter blieb* **wegen des schlechten Wetters (deinetwegen – vor Angst)** *zu Hause.*

6.5 **Die Art und Weise:**

Die Angabe der ART UND WEISE (MODALANGABE) nennt alle sonstigen
Umstände, die den Sachverhalt begleiten oder ihn kennzeichnen.

Ich bleibe ungern (mit dem größten Vergnügen – allein) *zu Hause.*

6.6 Alle diese Angaben kennzeichnen den Sachverhalt; sie sind aber *nicht*
Teil des beschriebenen Sachverhalts.

Bemerkung:

In einem Satz kann man die Umstände durch die *Auslassungsprobe* feststellen.
Alle Satzglieder, die ausgelassen werden können, ohne daß sich an der Beschrei-
bung des Sachverhalts etwas ändert, sind Beschreibungen der Umstände.
*Das Kind schläft (in seinem Bettchen). – Mein Freund wohnt (seit gestern nach-
mittag) in einem Hotel. – Hans schenkte mir (zum Geburtstag) einen Füller. –
Ich bin (gestern allein) spazierengegangen.*

Übung: *Stellen Sie in den folgenden Sätzen die Umstände fest!*

1. Wir sind gestern im Unterricht gewesen. – 2. Ich habe in der Stadt
Bücher gekauft. – 3. Die Frau machte zu Hause die Betten. – 4. Wir schliefen vor Aufregung nur wenig. – 5. Die Männer kehren in einem Gasthaus
ein. – 6. Die Reisenden stellen hier in der Eingangshalle ihr Gepäck ab. –
7. Der Dieb kam mit seiner Beute nicht weit. – 8. Die Gendarmen befreiten den Burschen mühsam aus dem beschädigten Fahrzeug. – 9. In der
Küche gingen die Mädchen der Mutter zur Hand. – 10. Karl liest fleißig
Bücher. – 11. Bei schlechtem Wetter bleiben wir zu Hause. – 12. Der
Satellit umkreist mit großer Geschwindigkeit die Erde.

→ 31.1

---

7 **Das Glück des Einzelnen und das Wohl des Ganzen**

Unsere Unterhaltung wendete sich bald auf andere Dinge, und Goethe
bat mich, ihm meine Meinung über die Saint-Simonisten zu sagen.

„Die Hauptrichtung ihrer Lehre", erwiderte ich, „scheint dahin zu gehen,
daß jeder für das Glück des Ganzen arbeiten solle, als unerläßliche Be-
5 dingung seines eignen Glücks."

„Ich dächte", erwiderte Goethe, „jeder müsse bei sich selber anfangen und
zunächst sein eigenes Glück machen, woraus denn zuletzt das Glück des
Ganzen unfehlbar entstehen wird. Übrigens erscheint jene Lehre mir

durchaus unpraktisch und unausführbar. Sie widerspricht aller Natur, aller Erfahrung und allem Gang der Dinge seit Jahrtausenden. Wenn 10 jeder nur als einzelner seine Pflicht tut und jeder nur in dem Kreise seines nächsten Berufs brav und tüchtig ist, so wird es um das Wohl des Ganzen gut stehen. Ich habe in meinem Berufe als Schriftsteller nie gefragt: was will die große Masse, und wie nütze ich dem Ganzen? Sondern ich 15 habe immer nur dahin getrachtet, mich selbst einsichtiger und besser zu machen, den Gehalt meiner eigenen Persönlichkeit zu steigern und dann immer nur auszusprechen, was ich als gut und wahr erkannt hatte. Dieses hat freilich, wie ich nicht leugnen will, in einem großen Kreise gewirkt und genützt; aber dieses war nicht Zweck, sondern ganz notwendige 20 *Folge*, wie sie bei allen Wirkungen natürlicher Kräfte stattfindet. Hätte ich als Schriftsteller die Wünsche des großen Haufens mir zum Ziele machen und diese zu befriedigen trachten wollen, so hätte ich ihnen Histörchen erzählen und sie zum besten haben müssen, wie der selige Kotzebue getan."

„Meine Hauptlehre aber ist vorläufig diese: Der Vater sorge für sein 25 Haus, der Handwerker für seine Kunden, der Geistliche für gegenseitige Liebe, und die Polizei störe die Freude nicht!"   Johann Peter Eckermann

Johann Peter Eckermann, 1792–1854, Goethes Sekretär seit 1823.
  2 – Der *Saint-Simonismus*, benannt nach Claude Henry de Rouvroy, dem Grafen von Saint-Simon (1760–1825), stellte in den Mittelpunkt seiner Lehre die Kritik des Eigentums, forderte Abschaffung des Erbrechts, Überführung der Produktionsmittel **an** die Gesamtheit und ihre Verwaltung durch eine Hierarchie, die nach den Fähigkeiten des einzelnen gebildet wird.
 23 – *August Kotzebue* (1761–1819) deutscher Schriftsteller, zeitweise Theaterdirektor im damaligen St. Petersburg. Er wurde aus politischen Gründen ermordet.

Der Berichtende und der Sachverhalt   7.1
(Grammatik G 15 ff.)

Wenn der Berichtende einen Sachverhalt mitteilt, kann er ihn objektiv, also ohne eigene Stellungnahme, mitteilen, oder er kann selbst Stellung zu dem Sachverhalt nehmen. Diese Stellungnahme kann er an den Anfang seiner Mitteilung stellen; z. B.

Ich bin sicher, daß ...	*Ich vermute, daß* ...
Ich bin überzeugt, daß ...	*Ich bezweifle, daß* ...
Ich halte es für möglich, daß ...	*Ich hoffe, daß* ...
Ich glaube, daß ...	*Ich befürchte, daß* ...

7.2 Meistens wird aber die subjektive Stellung des Berichtenden durch grammatische Mittel ausgedrückt. Diese Mittel sind vor allem das FUTUR, die MODALVERBEN, die MODALGLIEDER (→ 10. 1 u. 2) und andere. Die häufigsten Stellungnahmen des Berichtenden sind folgende:

1. Der Sachverhalt wird OBJEKTIV berichtet; keine Stellungnahme:

   Gestern hat sich in der Stadt ein Verkehrsunfall ereignet.

2. Der Sachverhalt wird VERMUTET: *Suppose, presume*

   a) Die Vermutung stützt sich auf eine SCHLUSSFOLGERUNG:

   Gestern **scheint** *sich in der Stadt ein Verkehrsunfall ereignet zu haben.*

   Gestern **wird** *sich in der Stadt ein Verkehrsunfall ereignet haben.*

   Gestern hat sich in der Stadt **wahrscheinlich** *ein Verkehrsunfall ereignet.*

   Gestern hat sich in der Stadt **wohl** *ein Verkehrsunfall ereignet.*

   b) Die Vermutung stützt sich auf eine REIFLICHE ÜBERLEGUNG:

   Gestern **dürfte** *sich in der Stadt ein Verkehrsunfall ereignet haben.*

   c) Die Vermutung stützt sich auf die BEOBACHTUNG ÄUSSERER UMSTÄNDE:

   Gestern **muß** *sich in der Stadt ein Verkehrsunfall ereignet haben.*

   d) Die Vermutung stützt sich auf die EINSCHÄTZUNG EINER MÖGLICHKEIT:

   Gestern **kann** *sich in der Stadt ein Verkehrsunfall ereignet haben.*

3. Der Sachverhalt wird KRITISCH berichtet:

   Gestern hat sich in der Stadt **schon wieder** *ein Verkehrsunfall ereignet.*

4. Der Sachverhalt wird BEZWEIFELT:

   Gestern hat sich **kaum** *ein Verkehrsunfall ereignet.*
   Peter **wird** *die Prüfung* **kaum** *bestanden haben.*

5. Der EMPFOHLENE Sachverhalt:

   Die Straßen **sollten** *bald repariert werden.*
   Hans **sollte möglichst** *nach Berlin fahren.*

6. Der ERWÜNSCHTE Sachverhalt:

   Hoffentlich *ist bei dem Verkehrsunfall niemand verletzt worden.*
   Peter hat dir das Geld **hoffentlich** *zurückgegeben.*

20

7. Der BEFÜRCHTETE Sachverhalt:

*Hat sich gestern **etwa** ein Verkehrsunfall ereignet?*

*Gestern hat sich **doch nicht etwa** ein Verkehrsunfall ereignet?*

8. Der GLEICHGÜLTIGE Sachverhalt:

*Hans **mag ruhig** nach Berlin fahren.*

Übung: *Unterstreichen Sie die Formen und die Satzglieder, die zum subjektiven Ausdruck dienen! Nennen Sie den Sachverhalt ohne den subjektiven Ausdruck!*

1. Unsere Nachbarn scheinen Besuch bekommen zu haben. – 2. Jeder sollte auch an seine Mitmenschen denken. – 3. Die Arbeit erscheint mir schwierig. – 4. Deine neue Küchenmaschine ist wirklich praktisch. – 5. Du kannst mit dieser Maschine durchaus Zeit sparen. – 6. Wenn jeder seine Pflicht tut, wird es um ihn gut stehen und auch um das Wohl des Ganzen. – 7. Deine Hilfe hat meinem Freund freilich genützt. – 8. Der Vater sorge für seine Familie. – 9. Das Kind hat mich doch wirklich belogen. – 10. Du solltest die Wahrheit sagen. – 11. Peter ist vielleicht in die Schule gegangen. – 12. Mein Freund hat uns gestern leider nicht besucht. – 13. Im nächsten Monat beginnen Gott sei Dank unsere Ferien. – 14. Die Straße vor unserem Haus ist endlich repariert worden. – 15. Das Haus muß sehr teuer gewesen sein. – 16. Du scheinst viel Geld zu haben. – 17. Ihr kommt morgen hoffentlich zu uns. – 18. Frau Meier hat kaum das Geld, sich einen so teuren Mantel zu kaufen. – 19. Morgen regnet es sicherlich. – 20. Sicher ist, daß wir nächste Woche nach München fahren.

Die Stellung zur Mitteilung eines Dritten 7.3

(Der weiterberichtete Sachverhalt)
(Grammatik G 20 ff.)

Wenn jemandem ein Sachverhalt mitgeteilt wird, so kann er diesen mit oder ohne eigene Stellungnahme weiterberichten. Die hierfür gebrauchten grammatischen Mittel sind der Konjunktiv und einige Modalverben.

1. Eine Mitteilung wird OHNE EIGENE STELLUNGNAHME weiterberichtet:

   a) Mit Angabe der Informationsquelle:

   Peter erzählte mir, daß sich gestern ein Verkehrsunfall ereignet habe.

   b) Ohne Angabe der Informationsquelle:

   *Gestern **soll** sich in der Stadt ein Verkehrsunfall ereignet haben.*

21

2. Eine Mitteilung wird OHNE BEDENKEN so weiterberichtet, als hätte der Sprecher den Sachverhalt selbst gesehen:

a) Mit Angabe der Informationsquelle:

Peter erzählte mir, daß sich gestern ein Verkehrsunfall ereignet hat.

b) Ohne Angabe der Informationsquelle:

Gestern hat sich in der Stadt ein Verkehrsunfall ereignet.

3. Eine Mitteilung wird BEZWEIFELT: (questionable)

Peter will gestern einen Verkehrsunfall gesehen haben.

→ 32.1

---

8   Nachruf auf einen großen Mann

Gestern wurde hierorts August Knotenbrink zu Grabe getragen. Ein großer Mann ist mit ihm dahingegangen.

Knotenbrink hat nicht das Schießpulver erfunden und nicht die kleinste Atombombe. Er hat keinen Weltverbesserungsplan entworfen und keinen
5 Menschheitsbeglückungsplan, nicht einmal eine Ansprache. Er hat überhaupt nichts erfunden oder entworfen.

Niemals hat es ihm gefallen, über andere zu bestimmen, abgesehen von seinen Kindern und bisweilen von seiner Frau, die allerdings gelegentlich auch über ihn bestimmte, so daß es sich wieder ausglich.
10 Er hat keinen Grenzstein versetzt und auf keiner Ebene an einem Treffen oder an einer Konferenz teilgenommen. Nie hat er von sich reden gemacht, geschweige denn Reden gehalten. Kein Reporter fand jemals Anlaß, ihn zu besuchen, kein Kommentator, sich mit ihm zu befassen. Nur einmal ist er in die Zeitung gekommen, bei seiner goldenen Hochzeit.
15 Ergriffen und ehrfurchtsvoll, beseelt von Bewunderung und Dankbarkeit, stehen wir an der Bahre des Mannes, der sein Leben lang so vieles unterlassen hat. Welche Größe! All das hat er unterlassen, weil er einfach nicht dazu kam. Er hatte zuviel zu tun. Er hat die Familie ernährt, die Kinder erzogen, den Garten umgegraben, Bäume gepflanzt, die Hecke geschnitten,
20 Steuern gezahlt und manchmal ein Viertel Wein getrunken.

Ja, er war ein wahrhaft großer Mann, ein Leitbild der Jugend, des Gedächtnisses der Nachwelt würdig! Wir wissen, was wir ihm verdanken, und wollen ihm ein Denkmal setzen, und darauf soll stehen: Das Volk

dem Wohltäter der Menschheit, dem großen Knotenbrink, der keinem
etwas getan hat – der sich nie wichtig gemacht, die Mitwelt in Ruhe gelassen, seine Zeitgenossen nicht gequält, nicht geängstigt, nicht belästigt
und nicht gelangweilt hat!

Hellmut Holthaus

Die Arten sprachlicher Äußerung

Die Mitteilung: (Grammatik G 1 ff.)   **8.1**

Die Mitteilung gibt objektiv oder subjektiv einen Sachverhalt bekannt
und nennt die ihn begleitenden Umstände. Im allgemeinen besteht die
Mitteilung aus der Beschreibung einer Reihe von Sachverhalten. Sie er-
geben die Gesamtmitteilung (vgl. 1.3). Im Alltagsleben beschränkt man
sich jedoch häufig auf Kurzmitteilungen. Sie bestehen aus der Beschreibung nur eines Sachverhalts. Demnach ist die kürzeste Form einer Mitteilung die Beschreibung *eines* Sachverhalts.

Die Mitteilung wird ausgelöst durch die Sprechsituation. Sie gibt den
Anstoß zur Mitteilung. Der Mitteilungszweck beeinflußt die Wortwahl
und die Mitteilungsform. Bei fehlender Sprechsituation für den Berichtenden kann der Gesprächspartner durch eine Aufforderung die Mitteilung
herbeiführen. Diese Aufforderung zur Mitteilung ist *die Frage.*

Die Frage: **8.2**

1. *Hat dir dein Freund einen Brief geschrieben?*
2. *Gehst du jetzt ins Büro?*
3. *Was hast du gestern gemacht?*
4. *Wohin bist du gestern gegangen?*
5. *Wer hat dir den Brief geschrieben?*
6. *Wann hast du den Brief bekommen?*

Bei den Fragen sind zwei Arten zu unterscheiden:

1. Man erfragt einen VOLLSTÄNDIGEN SACHVERHALT. Der Fragende nennt
den Sachverhalt. Satzform und Satzintonation lassen diese Äußerung als
Frage erkennen. Der Gefragte antwortet je nach Sachlage mit *ja, nein*
oder *doch.* Diese Fragen sind ENTSCHEIDUNGSFRAGEN (Satz 1 und 2).

2. Man erfragt nur den UNBEKANNTEN TEIL EINES SONST BEKANNTEN
SACHVERHALTS, oder man erfragt die UMSTÄNDE EINES BEKANNTEN SACH-
VERHALTS. Diese Fragen sind ERGÄNZUNGSFRAGEN. Im Deutschen werden

Ergänzungsfragen stets mit Wörtern eingeleitet, die mit w- beginnen. Der Gefragte antwortet mit der ganzen Mitteilung, oder er beschränkt sich nur darauf, mit dem erfragten Teil zu antworten:

> *Wann hast du den Brief bekommen? – (Ich habe ihn) gestern nachmittag (bekommen).*
> *Wer hat dir den Brief geschrieben? – Karl (hat ihn mir geschrieben).*
> *Wohin bist du gestern gegangen? – (Ich bin) ins Kino (gegangen).*

Nach den Teilen einer Mitteilung fragt man wie folgt:

1. Die **Handlung** ist unbekannt: *Was hast du gestern (mit . . .) gemacht?*
   Was hast du gestern getan?

2. Der **Vorgang** ist unbekannt: *Was ist gestern (mit . . .) geschehen (passiert)?*
   Was war gestern los?

3. **Das Sein** ist unbekannt: *Was war gestern?*
   Was war gestern mit dir?
   Was hattest du gestern?

4. **Eine Rolle** ist unbekannt: *Wer hat den Brief geschrieben?*
   Wen hast du gesehen?
   Wem hat Peter den Brief geschrieben?
   Auf wen habt ihr gewartet?

5. **Ein Umstand** ist unbekannt: *Wann (warum – wo – in welcher Absicht usw.) hat dir Peter den Brief geschrieben?*

In der Schrift werden alle Fragen durch ein Fragezeichen (?) gekennzeichnet. Es ist das Zeichen für den Frageton.

Übung: *Fragen Sie nach den kursiv gedruckten Inhalten!*

1. Peter ist *in Inge* verliebt. – 2. Herr Müller ist *Fabrikbesitzer.* – 3. Der Polizist *verhaftete* den Autodieb. – 4. Der Autodieb *wurde* gestern *verhaftet.* – 5. Inge *hat* heute *einen Brief bekommen.* – 6. Die jungen Leute *spielen Ziehharmonika.* – 7. Die Kinder *liegen in tiefem Schlaf.* – 8. *Kurz nach zehn* gingen wir zu Bett. – 9. Mein Freund hat *ein schönes Auto.* – 10. Der Bettler *hat großen Hunger.* – 11. Meine Uhr *ist kaputt.* – 12. Wir sind heute morgen *einkaufen* gegangen.

8.3   **Die Aufforderung:** (order)

1. *Iß!*
2. *Seid ruhig!*
3. *Besuchen Sie mich einmal!*

4. *Schließen Sie bitte die Tür!*
5. *Ihr geht jetzt ins Bett, Kinder!*
6. *Du wirst morgen einen Brief an deine Eltern schreiben!*
7. *Laßt uns morgen ins Theater gehen!*
8. *Gehen wir jetzt ein wenig in den Garten!*
9. *Herr Müller, Sie sollen zum Direktor kommen!*
10. *Du möchtest morgen bei Hans vorbeikommen!*

Die Aufforderung verlangt von dem Angesprochenen ein bestimmtes Verhalten und damit die Herstellung des genannten Sachverhalts. Eine Aufforderung ist an der Intonation zu erkennen. In der Schrift wird die Intonation durch ein Ausrufungszeichen (!) angegeben.

Die Aufforderung richtet sich an den Angesprochenen (Satz 1–6); sie kann aber auch den Sprechenden mit einschließen (Satz 7 und 8). Die Aufforderung kommt vom Sprecher (Satz 1–8) oder von einer dritten, nicht anwesenden Person (Satz 9 und 10).

Übung: *Bestimmen Sie in den Sätzen 1–10 die Verbformen, die dem Ausdruck der Aufforderung dienen!*

Der Ausruf: 8.4

1. *Welch schöner Tag!*
2. *Wie schön ist doch die Landschaft hier!*
3. *Habt ihr schon einmal einen besseren Wein getrunken?!*
4. *Heute gibt es doch schon wieder Nudeln!*
5. *Hat doch der Mann sein schönes Haus verkauft!*
6. *Da sind doch die Kinder schon wieder in unseren Garten gekommen!*

Der Ausruf ist die Feststellung eines bestehenden, allerseits bekannten Sachverhalts in Form einer spontanen Gefühlsäußerung. Er ist also *keine* Mitteilung. Der Sprecher erwartet vom Zuhörer nur eine Bestätigung oder eine Zustimmung. Ein Ausruf ist an der Intonation zu erkennen. In der Schrift wird die Intonation durch ein Ausrufungszeichen (!) angegeben.

Übung 1: *Bestimmen Sie die Arten der sprachlichen Äußerung und ergänzen Sie die Satzzeichen, die den Intonationsverlauf kennzeichnen!*

1. Aller Anfang ist schwer – 2. Wie es heute regnet – 3. Wie komme ich am schnellsten zur Staatsbibliothek – 4. Seien Sie vorsichtig beim Überqueren der Straße – 5. Letzte Woche ist hier eine alte Frau angefahren

worden – 6. Ist die heutige Zeitung schon gekommen – 7. Laßt uns heute
abend in den Lichtbildervortrag gehen – 8. Hast du heute aber ein schönes
Kleid an – 9. Haben Sie Feuer – 10. Leider nein, ich bin Nichtraucher –
11. Um wieviel Uhr schließen die Geschäfte – 12. Was mache ich, wenn
ich heute kein Brot mehr kaufen kann – 13. Gehen Sie doch in den ‚Goldenen Löwen‘ zum Essen – 14. Man ißt dort gut und preiswert – 15. Da
hat doch Frau Schwarz wirklich schon wieder einen neuen Hut auf –
16. Die Temperatur betrug 35 Grad im Schatten – 17. Bei einer solchen
Hitze muß einer doch müde werden – 18. Du wirst dich sofort bei deinem
Lehrer für deine Frechheit entschuldigen – 19. Dieser Staubsauger erleichtert die Arbeit der Hausfrau ganz bedeutend – 20. Bitte, beachten Sie
genau die Gebrauchsanweisung – 21. Herr Ober, ich bekam noch ein Glas
Bier – 22. Wie alt ist deine Schwester –.

Übung 2: *Suchen Sie in den folgenden Texten alle Sätze heraus, die eine
Aufforderung enthalten! Von wem gehen diese Aufforderun-
gen aus und an wen sind sie gerichtet?*

1. In einer Jugendherberge (S. 3): 7 Aufforderungen
2. Aus ‚Leben des Galilei‘ (S. 8/9): 5 Aufforderungen
3. Das Glück des Einzelnen (S. 18): 5 Aufforderungen

→ 33.1

Paperbacks

9

Die Buchgattung des „paperback“ – leider gibt es keinen deutschen Ausdruck für die „papiergebundenen“ Bücher – haben wir von Anfang an
aufs lebhafteste begrüßt. Der Glaube der Verleger an die wachsende
Lese- und Bildungsbereitschaft breiter Schichten hat sich bewahrheitet.
5 Vielleicht hat das Taschenbuch hier Pionierarbeit geleistet und den Wunsch
nach umfangreicheren Werken und Texten in einer ebenfalls preiswerten
Form wachgerufen. Wie dem auch sei, die Buchform des „paperback“ hat
sich auch in Deutschland durchgesetzt, und zwar bezeichnenderweise nicht
so sehr mit Themen, die auf den Geschmack der breiten Masse ausgerichtet
10 sind. Im Gegenteil: blickt man auf unsere Bücherliste, so stellt man fest,
daß das anspruchsvolle Buch absolut vorherrscht. Dabei zeigt sich weiter,
daß sich für das Aktuelle, Politische diese Buchform geradezu anbietet. Der-
artige Themen stellen den Hauptanteil der „paperbacks“. Merkwürdig

genug zu beobachten ist aber auch, daß schwierige literarhistorische Themen wie etwa „Der Sonderling in der deutschen Dichtung" oder eine so   **15**
wichtige Ausgabe wie die der Kritischen Schriften A. W. Schlegels in dieser Form erscheinen. Gilt das als Zeichen dafür, daß man es schon wagen
kann, solche Texte in großen Auflagen herauszubringen? Das wäre eines
der erfreulichsten Zeichen der Zeit am deutschen Büchermarkt. Es wäre
auch ein Beweis dafür, daß Qualität und Preis in einer Zeit, da alles im-   **20**
mer teurer wird, ausnahmsweise in umgekehrtem Verhältnis zueinander
stehen. Gerade heute wirft man dem Staat vor, er vernachlässige die Bildung. Die deutschen Verleger haben aus eigener Initiative etwas Ent-
scheidendes für die Bildung getan. Man soll das nicht unterschätzen.

16 – *August Wilhelm Schlegel,* Literaturhistoriker, geb. 1767 in Hannover, gest.
1845.

Sachverhalt — Satz   **9.1**
(Grammatik E 40 ff.)

Die Beschreibung eines Sachverhalts erscheint in der grammatischen Form
eines Satzes, das heißt also, daß ein Satz stets einen Sachverhalt beschreibt.

Inhalt	grammatische Form
Sachverhalt	Satz

Der Minister ist nach London abgereist. Gestern stand es in der   **9.2**
Zeitung.

Gestern stand in der Zeitung, daß der Minister nach London ab-
gereist ist.

Wann kehrt er wieder zurück? – Das ist noch unbekannt.

Wann er zurückkehrt, ist noch unbekannt.

Die Erde dreht sich um die Sonne. Galilei hat das Andrea bewiesen.

Galilei hat Andrea bewiesen, daß sich die Erde um die Sonne dreht.

Wo wohnt Peter? – Ich weiß es nicht.

Ich weiß nicht, wo Peter wohnt.

Innerhalb eines Sachverhalts kann ein anderer Sachverhalt eine ROLLE
vertreten. Dieser Sachverhalt erscheint ebenfalls in der grammatischen
Form eines Satzes. In der Schrift werden die beiden Satzsysteme durch
ein Komma abgetrennt. Die Abhängigkeit des einen Satzsystems vom
anderen wird durch die Nebensatzform kenntlich gemacht.

Die Jungen richteten den Speisesaal her. Währenddessen halfen die Mädchen in der Küche.

Die Jungen richteten den Speisesaal her, während die Mädchen in der Küche halfen.

Wir kamen um 5 Uhr in München an. Unsere Freunde erwarteten uns dort schon.

Als wir um 5 Uhr in München ankamen, erwarteten uns schon unsere Freunde.

Heute ist das Wetter schlecht. Wir bleiben zu Hause.

Wir bleiben heute zu Hause, weil das Wetter schlecht ist.

Ebenso kann ein Sachverhalt auch die UMSTÄNDE beschreiben, die einen anderen Sachverhalt begleiten. Auch hier werden die beiden Satzsysteme durch ein Komma kenntlich gemacht.

9.4   *Dort sitzt ein Herr am Tisch. Kennst du ihn?*

Kennst du den Herrn, der dort am Tisch sitzt?

Ich zeige dir die Schule. Ich habe dort Deutsch gelernt.

Ich zeige dir die Schule, wo (in der) ich Deutsch gelernt habe.

Ein Sachverhalt kann auch ein Nomen näher erklären. Auch hier trennen Kommas den Satz vom übrigen Satzsystem.

Übung: *Trennen Sie die einzelnen Satzsysteme durch Kommas ab! Vor der Konjunktion ‚und‘ steht kein Komma!*

1. Der einfache Weg den Heinrich Schliemann für das Erlernen der Sprachen empfiehlt besteht darin daß man sehr viel laut liest keine Übersetzungen macht täglich eine Stunde nimmt immer Ausarbeitungen über interessante Dinge niederschreibt und sie unter Aufsicht des Lehrers verbessert auswendig lernt und in der nächsten Stunde aufsagt was man am Tage vorher verbessert hat.

2. Er schrieb daß er bei seinen Botengängen selbst wenn es regnete ein Buch bei sich gehabt habe aus dem er irgend etwas auswendig lernte.

3. So konnte Heinrich Schliemann wie er uns berichtet schon nach drei Monaten in jeder Unterrichtsstunde zwanzig Seiten englischer Prosa hersagen wenn er sie vorher dreimal aufmerksam durchgelesen hatte.

Inhalte und Funktionen
(Grammatik E 1)

9.5   **1. Das Prädikat und die Prädikatsergänzung** (Grammatik E 2 ff.):

1. *Die Kinder* schlafen.

2. *Peter* hat *zum Geburtstag ein Buch* bekommen.

3. *Hans* hat *seinem Freund ein Buch* **geschenkt**.
4. *Hans* hat *seinem Freund ein Buch* **zum Geschenk gemacht**.
5. *Wir* haben *vor zwei Jahren* in Berlin **gewohnt**.
6. *Die Mutter* hat *ihr Kind* in die Schule **gebracht**.
7. *Der Mann* hat *den Jungen* in Gefahr **gebracht**.
8. *Ich* habe *meinem Lehrer* einen Besuch **gemacht**.
9. *Gestern* ist *unserem Koch* ein Mißgeschick **passiert**.
10. *Heute nacht* **drohte** *den Kindern* ein Unheil.

Die Teile in der Beschreibung eines Sachverhalts, die das Geschehen oder das Sein zum Inhalt haben, erscheinen im Satz 1. als P̲r̲ä̲d̲i̲k̲a̲t̲ (Satz 1–3) oder 2. als Prädikatsergänzung (Satz 4–10). P̲r̲ä̲d̲i̲k̲a̲t̲ und P̲r̲ä̲d̲i̲k̲a̲t̲s̲- E̲R̲G̲Ä̲N̲Z̲U̲N̲G̲E̲N̲ sind also SATZFUNKTIONSTEILE, die das Geschehen oder das Sein beschreiben. Dem Prädikat kommt im Satz noch eine weitere formale Aufgabe zu; es bildet das GERÜST DES SATZES, das für die Ordnung der übrigen Funktionsteile des Satzes maßgebend ist.

Prädikatsergänzungen sind alle jene Funktionsteile im Satz, die das Ge- **9.6** schehen oder das Sein mit beschreiben, aber nicht selbst Prädikat sind. Das Prädikat hat in Verbindung mit Prädikatsergänzungen häufig nur noch seine formale Aufgabe im Satz und trägt nicht mehr zur Beschreibung des Geschehens oder des Seins bei. Beispiele:

Der Lehrer hat mir eine Frage **gestellt**.
Der Mann ist bei dem Unfall ums Leben **gekommen**.
Der Arzt hat dem Verletzten Hilfe **geleistet**.

Doch sind beim Gebrauch von Prädikatsergänzungen immer bestimmte Verben im Prädikat zu finden. Sie gehen mit den Prädikatsergänzungen feste Verbindungen ein: *eine Frage stellen, Hilfe leisten, unrecht tun, einen Besuch machen*. Im Laufe der Zeit sind bestimmte Prädikatsergänzungen mit dem Verb im Prädikat zusammengewachsen und werden als Verbzusätze betrachtet: **statt**finden, **rad**fahren, **kopf**stehen, **dank**sagen, **zugrunde** gehen, **instand** setzen.

Bemerkung:

Die im DUDEN, dem ,offiziellen' Wörterbuch, festgelegte Rechtschreibung ist oft willkürlich.

Beispiele:

Wir wollen radfahren.	*Wir wollen Auto fahren.*
Wir fahren Rad.	*Wir fahren Auto.*

9.7 Mitunter können in Verbindung mit Prädikatsergänzungen verschiedene Verben ins Prädikat eingesetzt werden, ohne daß ein anderer Sachverhalt beschrieben wird. Die Verben im Prädikat geben lediglich Auskunft über den Ablauf des Sachverhalts.

Herr X begibt sich	*zum Bahnhof.*	*Die Räuber sind*	*im Wald.*
Herr X geht	*zum Bahnhof.*	*Die Räuber wohnen*	*im Wald.*
Herr X fährt	*zum Bahnhof.*	*Die Räuber hausen*	*im Wald.*
Herr X läuft	*zum Bahnhof.*	*Die Räuber zelten*	*im Wald.*
Herr X rennt	*zum Bahnhof.*	*Die Räuber kampieren im Wald.*	

Beachten Sie: Bei folgenden ‚Sätzen‘ kann man den Sachverhalt nicht erkennen, weil das Prädikat im Satz fehlt:

> *Der Lehrer . . . . den Schüler.*
> *Der Mann . . . . dem Kind das Geld.*

Bei den folgenden ‚Sätzen‘ läßt sich der Sachverhalt erkennen, obwohl das Prädikat fehlt. Hier beschreibt die Prädikatsergänzung das Geschehen oder das Sein:

> *Der Lehrer . . . . dem Schüler eine Frage.*
> *Das Mädchen . . . . das Zimmer in Ordnung.*
> *Peter . . . . den Roman interessant.*
> *Mein Vater . . . . Arzt.*
> *Meine Freunde . . . . mich zum Bahnhof.*

Bei Änderung der Prädikatsergänzung beschreibt der Satz einen anderen Sachverhalt, obwohl das Verb im Prädikat das gleiche geblieben ist:

> *Der Mann bringt die Leute* **ins Zimmer.**
> *Der Mann bringt die Leute* **zum Lachen.**
> *Der Mann bringt die Leute* **in Verlegenheit.**
> *Der Mann bringt die Leute* **in Gefahr.**

> *Peter macht* **einen Spaziergang.**
> *Peter macht* **eine Verbeugung.**
> *Peter macht* **lange Finger.**
> *Peter macht* **große Augen.**

> *Letztes Jahr brach dort* **ein Feuer** *aus.*
> *Letztes Jahr brach dort* **eine Epidemie** *aus.*
> *Letztes Jahr brach dort* **ein Krieg** *aus.*

30

2. Subjekt — Objekt (Grammatik E 10 ff.):

1. Der Lehrer *fragte* den Schüler.
   – Der Lehrer *stellte* dem Schüler *eine Frage.*
2. Der Mann *half* dem Verletzten.
   – Der Mann *leistete* dem Verletzten *Hilfe.*
3. Das Kind *friert.*
   – Dem Kind *ist kalt.*
4. Der Dieb *ist geflohen.*
   – Der Dieb *hat die Flucht ergriffen.*
5. *Bei der Konstruktion hat* der Ingenieur *Fehler gemacht.*
   – *Bei der Konstruktion sind* dem Ingenieur *Fehler unterlaufen.*
6. Die Mutter *ängstigt sich* um ihr Kind.
   – Die Mutter *hat* um ihr Kind *Angst.*

Die Rollen (→ 4.1) erscheinen im Satz als SUBJEKT und OBJEKT. Die Unterscheidung zwischen Subjekt und Objekt hat formale Gründe. Sie betreffen die Funktionskennzeichen (Deklinationsform und Stellung; → 26. 4). Das Subjekt hat im allgemeinen die Nominativform und steht in formaler Übereinstimmung (Kongruenz) mit der Personalform des Verbs.

Beachten Sie, daß Beschreibungen gleicher Sachverhalte stets die gleiche Anzahl von Rollen enthalten! Die Funktionskennzeichen können sich aber ändern; vergleichen Sie die Beispiele 1–6!

Beachten Sie auch, daß viele Prädikatsergänzungen scheinbar als Subjekt oder Objekt auftreten können! Sie sind aber KEINE Rollen!

Übung 1: *Ergänzen Sie das fehlende Prädikat! Sie können die Sachverhalte trotz der hier fehlenden Prädikate erkennen, weil diese Sätze Prädikatsergänzungen enthalten.*

1. Dieser Weg ..... durch den Wald ins Brunntal. – 2. Sonntags ..... auf den Autostraßen reger Betrieb. – 3. Die Reisenden ..... den Auskunftsbeamten mit tausend Fragen. – 4. Das Mädchen, das die kostbare Vase zerbrochen hatte, ... den ganzen Tag ein schlechtes Gewissen. – 5. Inge ..... in die Küche, um ihrer Mutter zu helfen. – 6. Die Frau ..... die Kartoffeln in den Keller. – 7. Als die Mutter nach der Vase fragte, ... das Mädchen einen roten Kopf. – 8. Peter ..... vor der Haustür und ..... seine Schuhe sauber. – 9. Das Auto ..... wegen zu hoher Geschwindigkeit von der Straße ab. – 10. Heinz ..... hungrig. – Peter ..... keinen Hunger. – 11. Im Mai ..... hier alle Bäume in Blüte. – 12. Das Zimmermädchen ..... mein Zimmer in Ordnung. – 13. Während der

Prüfung . . . . . der Lehrer dem Schüler viele Fragen. – 14. Die Reisenden . . . . . heute in diesem Hotel über Nacht. – 15. Dein Geschenk . . . . . mir große Freude. – 16. Inge . . . . . Peter sehr lieb. – 17. Immer wenn der Komiker einen Witz macht, ... im Saal ein lautes Lachen. – 18. Heinz . . . . . das Bild schön. – 19. Die Tochter . . . . . in der Küche ihrer Mutter zur Hand. – 20. Der Redner . . . . . den Zuhörern eine Übersicht über das Programm seiner Partei. – 21. Die Zeit . . . . . im Fluge. – 22. Mein Freund tun. mir mit seiner Hilfe einen großen Gefallen.

Übung 2: *Beschreiben die kursiv gedruckten Funktionsteile Rollen, oder sind sie an der Beschreibung des Geschehens beteiligt; sind es also Objekte oder Prädikatsergänzungen?*

1. Der Lehrer hielt *ein Buch* in der Hand. – 2. Gestern hielt der Politiker *eine Rede*. – 3. Ich habe *ein Auto*. – 4. Hans hat *Hunger*. – 5. Der Mann hat *sein Wort* gebrochen. – 6. Der Skiläufer hat sich beim Sprung *seinen Fuß* gebrochen. – 7. Herr Müller fährt *sein Auto* in die Garage. – 8. Können Sie schon lange *Auto* fahren? – 9. Du gibst deinen Geschwistern *ein schlechtes Beispiel*. – 10. Warum willst du deinem Bruder *das Buch* nicht geben? – 11. Der Zug hat in München 25 Minuten *Aufenthalt*. – 12. Peters Eltern haben in der Vorstadt *einen schönen Garten*. – 13. Die Hirten treiben *ihre Schafe* auf die Weiden. – 14. Die Kinder treiben auf dem Schulhof *Unfug*. – 15. Der Soldat nahm vor dem Offizier *Haltung* an. – 16. Der Beamte hat *das Geschenk* nicht angenommen. – 17. Der fromme Mann hat der Kirche *Geld* gestiftet. – 18. Der Junge muß immer wieder *Unfrieden* stiften. – 19. Wir sind arm. Wir können uns *kein Auto* leisten. – 20. Der Arzt leistete dem Verletzten sofort *Hilfe*.

Übung 3: *Beschreiben die kursiv gedruckten Funktionsteile Rollen, oder sind sie an der Beschreibung des Geschehens oder des Seins beteiligt; sind es also Subjekte oder Prädikatsergänzungen?*

1. Gestern sind *drei Gefangene* aus dem Gefängnis ausgebrochen. – 2. Gestern brach in dem kleinen Dorf *Feuer* aus. – 3. Im Herbst ist in diesem Bergwerk *ein schweres Unglück* passiert. – 4. Heute morgen passierte *der Schnellzug* pünktlich die Grenze. – 5. Nach langer Regenzeit trat endlich *Wetterbesserung* ein. – 6. Lachend trat *der Herr* ins Zimmer ein. – 7. Nach langer Krankheit ist *die Schauspielerin* gestern wieder im Theater aufgetreten. – 8. In einigen Ländern sind seit vielen Jahrzehnten wieder einmal *die Pocken* aufgetreten. – 9. Hast du gesehen, wie *der Mann* dem Kind mit dem Finger drohte? – 10. Ich fühlte, daß dem Mann *ein Unheil*

drohte. – 11. In Genf stellten sich während der Verhandlungen plötzlich wieder *Schwierigkeiten* ein. – 12. Gestern hat *der Hotelier* in seinem Haus neue Zimmermädchen eingestellt. – 13. Wegen des plötzlichen Kälteeinbruchs hat *Herr Müller* seinen Wagen in meiner Garage eingestellt. – 14. Vorhin habe *ich* auf der Straße einen wertvollen Ring gefunden. – 15. Kurt sagte uns, daß sich in den nächsten Tagen bald wieder *Gelegenheit zu einem Theaterbesuch* finden würde.

3. Die freien Angaben (Grammatik E 23 ff.):   **9.9**

   1. *Herr Müller ist* **gestern nachmittag** *nach Köln gereist.*
   2. *Das Geschäft ist* **heute** *wegen Krankheit des Inhabers* geschlossen.
   3. *Wir haben uns* **in Süddeutschland** *ein Haus gekauft.*
   4. *Peter ist* **in größter Eile** *zu seinen Eltern gefahren.*
     Der Mann hat **eilig** *das Haus verlassen.*
     Wir gehen **gern** *ins Kino.*

Die UMSTÄNDE (→ 6.1) stehen im Satz als FREIE ANGABEN. Nach ihrem Inhalt unterscheidet man TEMPORALangaben, LOKALangaben, KAUSALangaben und MODALangaben. Zu den Modalangaben kann man alle Angaben rechnen, die nicht eindeutig temporalen, lokalen oder kausalen Inhalt haben.

Unterscheiden Sie zwischen freien Angaben und Prädikatsergänzungen! Freie Angaben nennen die Umstände, die einen Sachverhalt charakterisieren. Prädikatsergänzungen beschreiben Geschehen und Sein. Man kann die freien Angaben durch die Auslassungsprobe erkennen. Wenn man eine Angabe aus dem Satz herausnimmt und sich dabei die Beschreibung des Sachverhalts nicht ändert, handelt es sich um eine freie Angabe. Eine Prädikatsergänzung kann man nicht aus dem Satz entfernen.

   Herr Müller ist *(gestern nachmittag)* **nach Köln gereist.**
   Das Geschäft ist *(heute wegen Krankheit des Inhabers)*
   geschlossen.
   Wir haben uns *(in Süddeutschland)* **ein Haus gekauft.**

Übung 1: *Stellen Sie in den folgenden Sätzen die freien Angaben fest! Klammern Sie die entbehrlichen Satzglieder ein!*

1. Der Weg führt durch den Wald zum nächsten Dorf. – 2. Heinz fährt mit dem Zug nach Berlin. – 3. Wir lernen fleißig Deutsch. – 4. Die Schüler sind in der Schule fleißig. – 5. Wir haben gestern zehn Minuten vor dem Theater gewartet. – 6. Um Mitternacht lag alles in tiefem Schlaf. – 7. Ich

habe dich gerne zu uns eingeladen. – 8. Der alte Mann ist vorhin wegen eines plötzlichen Schwächeanfalls ins Krankenhaus gekommen. – 9. Der Orkan hat auf seinem Weg über den Kontinent großen Schaden verursacht. – 10. Jedermann hat bei den Rettungsarbeiten seine Pflicht getan. – 11. Die Frau hat uns mit ihrem dummen Geschwätz gelangweilt. – 12. In den letzten Wochen hat sich die politische Lage gebessert.

Übung 2: *Unterscheiden Sie freie Angaben und Prädikatsergänzungen!*
1. Ein Mann verkaufte vor dem Hotel Postkarten. – Er hielt sich zwei Stunden vor dem Hotel auf. – 2. Der Junge zeigte sich uns gegenüber dankbar. – Er nahm dankbar das Geld an. – 3. Peter wollte Inge glücklich machen. – Inge kam glücklich heim. – 4. Ein plötzlicher Windstoß riß mir den Hut vom Kopf. – Der Mann kleidete sich von Kopf bis Fuß neu ein. – 5. Wir warteten gespannt auf den neuen Roman. – Wir waren auf den neuen Roman gespannt.

→ 34.1

Leisure

Muße und Mußelosigkeit

Arbeitspause, Freizeit, Wochenend, Urlaub – du wirst doch nicht etwa glauben, dies alles sei schon Muße? Nein, Muße ist ein Zustand der Seele; jene Dinge aber besagen zunächst nicht mehr als einen äußeren Sachverhalt, ein objektives Faktum. Muße ist ja mit der äußeren Tatsache des bloßen Zeithabens keineswegs schon gegeben. Vielleicht ist sie nicht einmal daran gebunden, jedenfalls nicht immer, und wenn nicht immer, dann also nicht notwendigerweise.

Ein Besonderes hingegen ist der Feierabend: dieses einzige deutsche Wort spricht nicht bloß das faktische Freisein von der Arbeit aus. Feierabend meint zugleich die innere Festlichkeit des abendlich feiernden Menschen selbst. Und solche Festlichkeit gehört zum Kern dessen, was wir Muße nennen.

Die bloße Arbeitspause aber, mag sie nun eine Stunde dauern oder eine Woche oder noch länger, die bloße Arbeitspause ist durchaus dem Bereich des werktäglichen Arbeitslebens zugehörig. Sie ist eingekettet in den zeitlichen Ablauf des Arbeitstages; sie ist ein Stück von ihm. Die Pause ist um der Arbeit willen da. Sie soll ‚neue Kraft‘ geben zu ‚neuer Arbeit‘. Entspricht dem nicht auch in völlig klarer Zuordnung der Begriff ‚Erholung‘? Erholt man sich nicht sowohl von der Arbeit wie für die Arbeit?

Josef Pieper

34

Die Modalglieder (Grammatik E 27):   **10.1**

1. Ich **vermute,** *daß Peter sein Studium inzwischen beendet hat.*
2. *Peter* **wird** *sein Studium inzwischen beendet haben.*
3. *Peter* **dürfte** *sein Studium inzwischen beendet haben.*
4. *Peter hat sein Studium* **vielleicht** *inzwischen beendet.*

Die subjektive Stellung des Berichtenden zu seiner Mitteilung (→ 1.1)
kann der Berichtende auf verschiedene Weise zum Ausdruck bringen:

1. kann er seine Meinung deutlich an den Anfang seiner Mitteilung stellen (Beispiel 1);
2. kann er sie durch das Futur (Beispiel 2) oder durch ein Modalverb (Beispiel 3) ausdrücken;
3. kann er seine subjektive Stellung durch ein Satzglied, das Modalglied, zum Ausdruck bringen (Beispiel 4).

1. *Dein Freund kommt* **ja** *zu uns.*   **10.2**
2. *Die Kinder schlafen* **hoffentlich.**
3. *Heute scheint* **glücklicherweise** *die Sonne.*
4. *Jetzt regnet es* **glücklich.**
5. *Wir machen morgen* **aller Wahrscheinlichkeit nach** *einen Ausflug.*
6. *Dein Freund hat es gestern* **aber** *sehr eilig gehabt.*

Wörter verschiedener Wortklassen können als Modalglieder eingesetzt
werden, wie z. B. Adverbien (Beispiele 1–3), Adjektive (Beispiel 4),
Nomen (Beispiel 5) und auch Konjunktionen (Beispiel 6).

Übung: *Stellen Sie fest, mit welchen Mitteln der Berichtende zu den folgenden Mitteilungen Stellung nimmt: 1. durch einen Vordersatz, 2. durch das Futur, 3. durch ein Modalverb oder 4. durch ein Modalglied! Unterstreichen Sie die Modalglieder!*

1. Die Jungen sind meines Wissens in einer Jugendherberge eingekehrt. –
2. Bei euch herrscht ja ein reger Betrieb. – 3. Du hast ja endlich deine
Arbeit beendet. – 4. Otto ist aber sehr verliebt. – 5. Der Polizist hat ihn
Gott sei Dank nicht verhaftet. – 6. Warum wollen denn deine Eltern, daß
du Deutsch lernst? – 7. Frage bloß nicht so viel! Du siehst doch, daß ich
Freude am Lernen habe. – 8. Lernst du etwa allein? – Nein, ich gehe
natürlich in die Schule. – 9. Warum fragst du mich eigentlich? – Ich interessiere mich ja schließlich für deine Arbeit. – 10. Ich bin überzeugt, daß
Otto ein guter Schüler ist. – 11. Gestern hat es ausgerechnet geregnet, als
wir zum Schwimmen fahren wollten. – 12. Herr Breuer hat sich gestern
wirklich ein neues Auto gekauft. – 13. Hoffentlich kann er den neuen

Wagen auch bezahlen. – 14. Bald dürfte es ein Gewitter geben. – 15. Das Gewitter wird bald vorübergehen. – 16. Du hast deinem Freund meiner Meinung nach Unrecht getan. – 17. Hans scheint heute nicht mehr zu kommen. – 18. Er wird jetzt noch in der Universität arbeiten. – 19. Er hatte in der letzten Zeit wahrhaftig viel zu tun. – 20. Seid ihr gestern etwa bei Otto gewesen?

11   Menschliche ‚Reife'

Die Überzeugung, daß wir im Leben darum zu ringen haben, so denkend und empfindend zu bleiben, wie wir es in unserer Jugend waren, hat mich wie ein treuer Begleiter auf meinem Weg geleitet. Instinktiv habe ich mich dagegen gewehrt, das zu werden, was man gewöhnlich unter
5   einem ‚reifen' Menschen versteht.

Der Ausdruck ‚reif', auf den Menschen angewandt, war mir und ist mir noch immer etwas Unheimliches. Was wir gewöhnlich als Reife an einem Menschen zu sehen bekommen, ist eine resignierte Vernünftigkeit. Einer erwirbt sie sich nach dem Vorbilde anderer, indem er Stück um Stück die
10   Gedanken und Überzeugungen preisgibt, die ihm in seiner Jugend teuer waren. Er glaubte an den Sieg der Wahrheit; jetzt nicht mehr. Er glaubte an die Menschen; jetzt nicht mehr. Er glaubte an das Gute; jetzt nicht mehr. Er eiferte für Gerechtigkeit; jetzt nicht mehr. Er konnte sich begeistern; jetzt nicht mehr. Um besser durch die Fährnisse und Stürme des
15   Lebens zu schiffen, hat er sein Boot erleichtert. Er warf Güter aus, die er für entbehrlich hielt. Aber es war Mundvorrat, dessen er sich entledigte. Nun schiffte er leichter dahin, aber als verschmachtender Mensch.

In meiner Jugend habe ich Unterhaltungen von Erwachsenen mit angehört, aus denen mir eine das Herz beklemmende Wehmut entgegenwehte. Sie
20   schauten auf den Idealismus und die Begeisterungsfähigkeit ihrer Jugend als auf etwas Kostbares zurück, das man hätte festhalten sollen. Zugleich aber betrachteten sie es als eine Art Naturgesetz, daß man das nicht könne.

Ich beschloß, mich diesem tragischen Vernünftigsein nicht zu unterwerfen.

Albert Schweitzer

Albert Schweitzer, evangelischer Theologe, Arzt und Musiker, geb. 1875 in Kaysersberg im Elsaß, gest. 1965, Lambarene.

36

Denken und Sprechen sind Vorgänge, die gleichzeitig ablaufen. In der Denkfolge, an die der Angehörige einer Sprachgemeinschaft gewöhnt ist, laufen die Schilderungen der einzelnen Inhalte eines Satzes ab. Theoretisch sind hier drei Prinzipien möglich:

1. Die Beschreibung des Geschehens oder des Seins steht am Beginn, dann folgen die Rollen und zuletzt die Umstände.

   Geschehen/Sein. – Rollen – Umstände

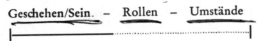

2. Die Beschreibung des Geschehens oder des Seins beschließt den Satz, davor stehen die Umstände, und der Satz beginnt mit der Beschreibung der Rollen:

   Rollen – Umstände – Geschehen/Sein

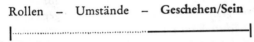

3. Die Beschreibung des Geschehens oder des Seins befindet sich weder am Anfang noch am Ende des Satzes, sondern innerhalb des Satzes.

   Rollen   – Geschehen/Sein   – Umstände
   Umstände   – Geschehen/Sein   – Rollen

Innerhalb dieser drei Prinzipien sind natürlich Varianten möglich. In jedem Fall richten sich alle Satzfunktionsteile nach der Stellung des Prädikats, des Satzteils, dem die Beschreibung des Geschehens oder des Seins zukommt. Das Deutsche folgt dem zweiten Prinzip, d. h. also, der deutsche Satz endet mit der Beschreibung des Geschehens oder des Seins. Doch tritt ein Formteil des Prädikats, nämlich die Personalform des Verbs, an den Anfang des Satzes. Der sinngebende Teil des Prädikats steht am Ende des Satzes. Nur bei einteiligem Prädikat steht der sinngebende Teil am Anfang des Satzes:

Machen Sie bitte die Tür   (?) **auf!**
Stellt   der Ingenieur morgen die Arbeit   (?) **ein?**
Ist   der Arbeiter gestern morgen bei der Arbeit   (?) **verunglückt?**
Haben Sie mich heute morgen in der Straßenbahn   (?) **gesehen?**
Wird   Herr Müller deinem Freund das Auto   (?) **leihen?**
Werden meine Kinder in die nächste Klasse   (?) **versetzt?**
Will   dich Frau Müller nächste Woche in Wien   (?) **besuchen?**

Übung: *Unterstreichen Sie die sinngebenden Teile des Prädikats!*
1. Wurde hier die Jugendherberge errichtet? – 2. Können wir hier in der Eingangshalle unser Gepäck abstellen? – 3. Habt ihr lange gewartet, bis ihr drangekommen seid? – 4. Gebt euer Gepäck dort hinten am Gepäckschalter ab! – 5. Habt ihr den Mann gesehen, der das Auto gestohlen hat? – 6. Hätten wir nur mehr Geld, so könnten wir uns ein neues Auto kaufen!

11.2 Das Gerüst des deutschen Satzes

Das Prädikat: (Grammatik E 50 ff.)

(Satzfeld)

	P¹	. . . .	P²
1.	**Fährt**	*der Zug um 5 Uhr von München*	ab?
2.	**Ist**	*Hans gestern abend ins Kino*	gegangen?
3.	**Wirst**	*du nächste Woche deinen Bruder*	besuchen?
4.	**Nehmt**	*mich bitte auf euren Ausflug*	mit!
5.	**Steigen**	*Sie schnell in den Zug*	ein!

Der Satz wird von den Prädikatsteilen begrenzt. Die vordere Begrenzung bildet der erste Prädikatsteil (P¹), und die hintere Begrenzung bildet der zweite Prädikatsteil (P²). Dies wird besonders deutlich bei den Entscheidungsfragen (Beispiele 1–3) und den Imperativsätzen (Beispiele 4 und 5). Im P¹ steht immer die Personalform des Verb und im P² stehen die Infinitivformen und der Verbzusatz.

6.	**Hörte**	*doch nur dieser endlose Regen*	auf!
7.	**Hätte**	*Hans doch in der Schule besser*	gelernt!
8.	**Wird**	*Hans nicht in die nächste Klasse*	versetzt, muß er …
9.	**Hätte**	*Hans in der Schule besser*	gelernt, hätte er …

Wunschsätze und Bedingungssätze folgen dem gleichen Satzbauplan.

Bemerkung:

a) P¹ . . . . (P²)
b) P¹ . . . . P²

a)	Gehst	*du mit Peter ins Theater*	( )?
	Besuchte	*dich Peter gestern*	( )?
b)	Willst	*du mit Peter ins Theater*	gehen?
	Hat	*dich Peter gestern*	besucht?

Sollte das Prädikat aus formalen Gründen nicht teilbar sein, bleibt der Platz für den zweiten Prädikatsteil unbesetzt.

Sprichst	*du besser Deutsch*	( )	als Peter?
Kannst	*du besser Deutsch*	sprechen	als Peter?
Hast	*du besser Deutsch*	gesprochen	als Peter?

Der Verbindungsteil und das Prädikat: 11.3

(Satzfeld)

		V	. . . . P	
1.	. . . . .,	daß	*der Zug um 5 Uhr von München*	abfährt.
2.	. . . . .,	weil	*ich nächste Woche meinen Bruder*	besuche.
3.		Wenn	*Peter nicht in die nächste Klasse*	versetzt wird,
4.		Wenn	*doch dieser endlose Regen*	aufhörte!
5.	der Junge,	dem	*wir gestern bei der Arbeit*	geholfen haben, ...
6.	etwas,	was	*uns allen große Freude*	bereitet.
7.		Wer	*die Unwahrheit*	sagt, *ist ein . . .*
8.	. . . . .,	wer	*uns morgen in unserer Wohnung*	besuchen will.
9.	. . . . .,	wo	*wir viele Jahre*	gewohnt haben.
10.	. . . . .,	wann	*der nächste Zug nach Berlin*	abfährt.
11.	. . . . .,	mit welchem Zug *er nach Berlin*		fährt.

Abhängige Sätze (Gliedsätze und Attributsätze) werden von dem Verbindungsteil (V) und vom Prädikat begrenzt. Die vordere Begrenzung bildet der Verbindungsteil, der die Funktion und die Abhängigkeit des folgenden Satzes kennzeichnet, und die hintere Begrenzung bildet das vollständige Prädikat (P). Der Verbindungsteil kann eine Konjunktion (Satz 1–4), ein Relativpronomen (Satz 5–7), ein Fragepronomen (Satz 8), ein Frageadverb (Satz 9 und 10) oder ein Satzglied mit Frageattributen (Satz 11) sein.

→ 36.1

Die beinahe tödliche Dosis

12

(Ein junger Arzt hatte einem Patienten eine zu große Dosis eines Medikaments gegeben. Voller Angst wegen der Wirkung dieses Medikaments besucht er am nächsten Tag den Patienten.)

Ich ging nun geraden Weges zu meinem Kranken. Die Wohnungstür war nur angelehnt, der Vorraum menschenleer. Jeder Gegenstand sprach mich

bedeutsamer an als sonst, ja manchen nahm ich erst jetzt wahr. Neben
der Kleiderablage war unter Glas und breitem Rahmen die bekannte
5 Szene zu sehen, wo ein höfisch unterwürfiger Goethe an einer Straßenseite
steht und, sich verbeugend, mit entblößtem Haupt irgendwelche kaiserlichen Hoheiten, die ihn keines Blickes würdigen, an sich vorübergehen
läßt, während ein betont rüpelhafter Beethoven, den Hut auf dem Kopf,
sich gleichsam mit den Ellenbogen durch die feinen Leute hindurch-
10 lümmelt. Es ist immer eine bestimmte Sorte von Kleinbürgern, die sich
bei solchen Bildern wohlfühlt, etwas dergleichen zuckte mir durch den
Sinn, während ich auf das Krankenzimmer zuging, und Anklopfen und
Eintreten waren eins. Der Leidende lag nicht im Bett, sondern saß im
Lehnstuhl am Fenster und las die Donauzeitung. Sobald er mich er-
15 kannte, drohte er mit der Faust: „Auf Sie bin ich böse – sagen Sie doch:
warum haben Sie mir diese Wunderspritze nicht schon längst versetzt?
Man muß sich wochenlang martern lassen, um endlich das richtige Mittel
zu kriegen?" Lachend gab er mir die Hand, und nun erst wagte ich zu
fragen: „Wie geht es Ihnen, Herr Oberbaurat?" – „Lo - bens - wert!" rief
20 er, jede Silbe hervorhebend; aber schon kam seine Gattin mit zwei Töch-
tern aus dem Nebenzimmer, alle drei lachten, weinten, nannten mich
Lebensretter, Engel in Menschengestalt und baten mich, noch ein Viertel-
stündchen zu bleiben; ein Gesundheitskuchen sei eben fertig geworden,
und gleich käme auch ein guter Kaffee. Nicht leicht fiel es mir, die jäh
25 eintretende seelische Entspannung zu verbergen; doch ernüchterte mich
zum Glück ein wenig die ungeduldige Neugier meines Kranken, der nicht
nur den Namen des Mittels erfahren, sondern sich auch gleich einen größeren Vorrat verschreiben lassen wollte. Daß wohl nur seiner ungewöhn-
lichen und eigentlich abnormen Toleranz gegen das Narkotikum der gute
30 Ausgang zu verdanken war, konnte er nicht wissen, und ich selbst mußte
darüber schweigen.

Hans Carossa

Hans Carossa, Schriftsteller, geb. 1878 in Tölz, gest. 1956.

12.1   Mitteilung – Rede

Eine Mitteilung erscheint in der GRAMMATISCHEN FORM DER REDE. Die
Länge der Mitteilung entspricht der Länge der Rede. Die Anzahl der in
einer Mitteilung genannten Sachverhalte entspricht der Anzahl der Sätze
in einer Rede.

Inhalt	grammatische Form
Mitteilung	Rede
Sachverhalt	Satz

Mitteilung =
1. Sachverhalt + 2. Sachverhalt + 3. Sachverhalt + 4. Sachverhalt
Rede = 1. Satz + 2. Satz + 3. Satz + 4. Satz

Da die Mitteilung von der Sprechsituation (oder einer Frage) ausgelöst wird, bezieht sich der Inhalt des ersten Satzes auf diese, und jeder weitere Satz bezieht sich auf die vorhergehenden Inhalte. Also knüpft jeder Satz an Bekanntes an und informiert Satz für Satz weiter.

Sprechsituation ⎫
Frage ⎬ 1. Satz – 2. Satz – 3. Satz – 4. Satz usw.

Diese Anknüpfung zeigt sich auch in der Satzform. So wird nur eine bestimmte Satzform zur Mitteilung gebraucht, dies ist der Mitteilungssatz (oder Aussagesatz).

Der Mitteilungssatz (Aussagesatz) (Grammatik E 59 f., 63 ff.):

Mein Vater hat mir (mein Vater) letztes Jahr ein Buch zum
Geburtstag **geschenkt.**

Mir hat (mir) mein Vater letztes Jahr ein Buch zum
Geburtstag **geschenkt.**

Letztes Jahr hat mir mein Vater (letztes Jahr) ein Buch zum
Geburtstag **geschenkt.**

Ein Buch hat mir mein Vater letztes Jahr (ein Buch) zum
Geburtstag **geschenkt.**

Zum Geburtstag hat mir mein Vater letztes Jahr ein Buch
(zum Geburtstag) **geschenkt.**

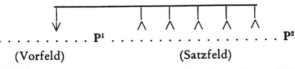

. . . . P¹ . . . . P²
(Vorfeld)   (Satzfeld)

Innerhalb einer Rede sind die Sätze Bauteile der Rede und führen als Sinnschritte zum Abschluß der Mitteilung hin. Der innere Zusammenhang der Sätze in einer Rede kommt auch in der äußeren Form der Sätze zum

Ausdruck. Diese Form wird dadurch hergestellt, daß **ein** Satzglied dem ersten Prädikatsteil (P¹) vorangestellt wird. Dieses Satzglied im Vorfeld hat neben seiner Funktion im eigenen Satz eine weitere, zusätzliche, dem eigenen Satz übergeordnete Funktion erhalten, nämlich die Kontaktfunktion. Das Satzglied im Vorfeld eines Satzes bezeichnet man deshalb als KONTAKTGLIED.

12.4 DIE KONTAKTFUNKTION kann vielfältiger Art sein. Die wichtigsten Aufgaben des Kontaktglieds sind folgende:

I. Im ersten Satz einer Rede

a) knüpft es an die Sprechsituation oder an die Frage an;
b) führt es den Zuhörer in den Beginn der Rede ein und löst damit beim Zuhörer die Spannung aus, die seine Aufmerksamkeit gewährleistet. Folgende Inhalte eignen sich dafür besonders: allgemeine Zeit- oder Ortsangaben; bestimmte Ortsangaben, zu denen der Zuhörer eine Beziehung hat; Personen oder Dinge, die der Zuhörer kennt oder von denen er schon gehört hat.

II. In den weiteren Sätzen der Rede

c) knüpft es an die Schilderungen der vorhergegangenen Sachverhalte an;
d) nennt es weitere Zeit- und Ortsangaben, die den zeitlichen oder örtlichen Fortgang der Ereignisse bezeichnen;
e) führt es weitere Personen oder Dinge ein, die aber (besonders durch geeignete Attribute) in Beziehung zu den bisher geschilderten Ereignissen gebracht werden müssen;
f) führt es einen neuen Gedanken ein, auf den man auf Grund der Kenntnis der allgemeinen Situation oder des bisher Geschilderten kommen muß.

Übung: *Unterstreichen Sie im folgenden Text die Kontaktglieder und versuchen Sie sie nach den genannten Gesichtspunkten (a–f) zu bestimmen!*

. . . .

Bis vor kurzem mochte eine technische Ausnutzung der in den Atom-
kernen schlummernden Energie utopisch erscheinen. Seit etwa 1942 jedoch
hat die großartige Zusammenarbeit englisch-amerikanischer Wissenschaftler mit der amerikanischen, durch enorme Staatsmittel unterstützten Industrie sie verwirklicht. Zur Zeit brennen jenseits des Atlantischen Ozeans   5
schon mehrere ‚Uran-Meiler', und die Wärme, welche einer davon fort-
laufend erzeugt, genügt, den Victoria-Strom im Staate Washington, der
größer ist als der Rhein bei Köln, um 1° Celsius zu erwärmen. Noch bleiben, soweit die Berichte reichen, diese Energiemengen ungenutzt; man
hat Mühe, sie auf unschädliche Art loszuwerden. Aber dieselben Meiler   10
liefern auch die Grundstoffe für die Atombomben, in denen sich große
Mengen von Atomenergie in einem kleinen Bruchteil einer Sekunde ent-
laden und zu Explosionen führen, welche alle chemischen Sprengstoff-
explosionen in ihrer Fürchterlichkeit weit hinter sich lassen. Die Gefahr
der Selbstausrottung, welche der gesamten Menschheit droht, falls ein   15
zukünftiger Krieg zur Anwendung solcher Bomben in größerer Zahl führen sollte, kann man nicht ernst genug nehmen; keine Phantasie vermag
sich die Folgen auszumalen. Eine überaus eindringliche Friedensmahnung
liegt in den 80 000 Toten von Hiroshima, den 40 000 Toten von Nagasaki
für alle Völker, vornehmlich für ihre verantwortlichen Staatsmänner.   20

Angesichts solcher Tatsachen wird vielleicht mancher von denen, die sich
das Wundern mit der Zeit gänzlich abgewöhnt haben, Veranlassung nehmen, es von neuem zu lernen. Und in der Tat: der unermeßlich reichen,
stets sich erneuernden Natur gegenüber wird der Mensch, so weit er auch
in der wissenschaftlichen Erkenntnis fortgeschritten sein mag, immer das   25
sich wundernde Kind bleiben und muß sich stets auf neue Überraschungen
gefaßt machen.

Max Planck

Max Planck, theoretischer Physiker, geb. 1858 in Kiel, gest. 1947.

Es sind gestern viele Leute im Theater gewesen.   **12.6**
Es wurde dem Verletzten sofort geholfen.
Es ist dem Wissenschaftler das Experiment endlich gelungen.

Wenn kein Kontaktglied im Vorfeld stehen soll, z. B. bei einfachen Fest-
stellungen, oder wenn innerhalb einer Rede kein unmittelbarer Zusam-

menhang mit dem bisher Geschilderten besteht, tritt ‚es‘ ins Vorfeld, damit die Form des Mitteilungssatzes erhalten bleibt. Dieses ‚es‘ hat keine grammatische Funktion, es ist nur *Füllwort*. Dieses Füllwort verschwindet wieder, sobald ein anderes Satzglied ins Vorfeld tritt oder wenn der Satz eine andere Form erhält (z. B. Fragesatz, Nebensatz).

Gestern sind viele Leute im Theater gewesen.

Wurde dem Verletzten sofort geholfen?

Wir haben gelesen, daß dem Wissenschaftler das Experiment endlich gelungen ist.

Übung 1: *Stellen Sie das geeignete Satzglied als Kontaktglied ins Vorfeld!*

..... konnten meine beiden Freunde, Fritz und Peter, im letzten Jahr eine Reise nach Italien machen. ..... hatte sich damit ein lang gehegter Wunsch der beiden endlich erfüllt. ..... wollten sie an einem schönen Morgen aufbrechen. ..... war es endlich so weit. ..... holte Peter seinen Motorroller aus dem Schuppen hinter dem Haus und lud hinten auf den Gepäckträger sein Gepäck und sein Zeltzeug auf. ..... fuhr danach zur nächsten Tankstelle zum Auftanken. ..... fuhr er dann zu Fritz, um ihn abzuholen. ..... lud Fritz auch noch sein Gepäck auf und setzte sich auf den Soziussitz. ..... fuhren sie mit lautem Geknatter los. ..... winkten die Eltern von Fritz den beiden aus den Fenstern nach. ..... machten sie nach drei Stunden Fahrt die erste kurze Rast. ..... holten sie ihre Brote aus den Taschen und stärkten sich etwas. ..... mußten sie an der Grenze nach Österreich noch einmal halten. ..... holten sie ihre Pässe aus den Seitentaschen ihres Rollers. ..... prüften die Grenzbeamten die Pässe genau und fragten beide nach ihrem Reiseziel. ..... öffnete ein Grenzbeamter dann den Schlagbaum. ..... konnten Peter und Fritz jetzt ihrem lang ersehnten Ziel entgegenfahren.

Übung 2: *Stellen Sie das richtige Kontaktglied ins Vorfeld!*

Zwei Sträflinge sind vor kurzem am hellichten Tag aus dem Gefängnis einer kleinen Stadt entwichen. Die Flucht ereignete sich nach Berichten von Augenzeugen auf folgende Weise: Sportwettkämpfe fanden an einem Sonntag in dem Städtchen statt. Die beiden hatten vor dem Sprung über die Gefängnismauer ihre Gefängniskleidung abgelegt und waren nur noch mit einem Trikot und einer Kniehose bekleidet. Sie liefen dann in sportlicher Haltung durch die belebten Straßen des Städtchens. Die Leute, die in ihnen Sportler vermuteten, jubelten den entwichenen Gefangenen zu und spornten sie zu schnellerem Laufen an. Ein Schutzmann stoppte sogar an einer Straßenkreuzung den lebhaften Verkehr, um die vermeintlichen Sportler passieren zu lassen. – Das Ziel der beiden Läufer ist bisher leider noch unbekannt geblieben.

Übung 3: *Stellen Sie das Kontaktglied ins Vorfeld!*

DIE RACHE DES FUCHSES

..... war die Sonne kaum hervorgekommen, als der Fuchs den Zug aus der Försterei durch den Schnee herannahen sah. ...... ging der Förster mit seinem Gewehr an der Spitze. ..... führte er die beiden neuen Hunde an der Leine oder richtiger: ..... zogen sie ihn. Denn ..... waren sie eifrig bemüht vorwärtszukommen, so daß er sie beinahe nicht halten konnte. ..... kam der Gehilfe mit seinem Gewehr dahinter. Und ..... folgten die beiden anderen Hunde dann; ..... hatte man sie der Sicherheit wegen mitgenommen, und weil sie davon profitieren konnten, wie ein alter Fuchs in seiner Höhle gefangen wurde. Und ..... kam der alte Asko, der Hund, den der Fuchs seinerzeit zum Krüppel gebissen hatte, zuallerletzt, ein wenig hinter den anderen, dahergehinkt. ..... hatte er vermutlich gemerkt, daß es sich um seinen Todfeind handelte, dessen Niederlage er mitansehen wollte. 5 10

..... sagte der Förster: „..... kriegen wir ihn diesmal." „..... ist nicht eher Friede im Wald, bis der alte Fuchs tot ist." 15

..... sagte der Fuchs vor sich hin: „Auch er!" „..... ist mir das ein netter Kerl. ..... ißt er selber einen Tag über den andern junge Hühnchen und Hasenbraten und Rehrücken und Ochsen- oder Kalbs- oder Lammbraten. Und ..... nennt er mich da einen Räuber und Banditen. ...... ist er alles in allem kein bißchen besser als ich." 20

..... verschwand der Zug nun im Wald, und ..... erhob sich der Fuchs aus dem Gebüsch. ..... hatte er einen langen Umweg gemacht, so daß er sicher war, daß ihm keiner der Hunde auf die Spur kam. Und ..... ging er an sein Werk, als der letzte Laut verstummt war.

..... lief er über das Stoppelfeld geradewegs auf die Försterei zu. ..... brauchte er nicht Angst zu haben, denn alle Hunde waren ja im Wald, und ..... war kein anderes Haus in der Nähe. ...... schliefen die Leute in der Försterei gewiß wieder, nachdem sie zum Aufbruch des Försters aufgestanden waren. ..... konnten bis zur Rückkehr der Jäger ja gut ein paar Stunden oder mehr vergehen. 25 30

..... drang der Fuchs ruhig in die Försterei ein. ...... benutzte er einen

schmalen Weg, der zum Hühnerstall führte. . . . . . wußte er recht gut,
daß alle Hühner auf der Stange saßen und schliefen. Aber . . . . . wußte
er auch, daß sie bald wach werden und alle Leute in der Försterei durch
35 ihr Geschrei wecken würden. . . . . . tat Eile darum not. . . . . . stand die
Hütte dicht vor dem Hühnerstall, in der Asko wohnte; . . . . . war sie also
heute leer. Und . . . . . war dann da eine kleine Tür, durch die die Hühner
ins Freie gelangten. Aber . . . . . war die Öffnung auch für einen Fuchs
groß genug. . . . . . biß er binnen fünf Minuten allen Hühnern den Hals
40 durch. . . . . . fraß er keines von ihnen, denn . . . . . war er nicht hungrig.
. . . . . wollte er dem Förster nur zeigen, was der alte Fuchs fertigbrachte.
. . . . . schlich er dann über das Stoppelfeld zum Wald zurück, lief in einem
großen Bogen zu seiner neuen Höhle und schlief bald fest wie ein Stein.

→ 37.1

Sonnenaufgang im Harz

13

Hast du noch nie die Sonne aufgehen sehen über eine Gegend, zu welcher
du gekommen warst im Dunkel der Nacht? Ich aber habe es. Es war im
Harz. Ich erstieg um Mitternacht den Stufenberg hinter Gernrode. Da
stand ich schaudernd unter den Nachtgestalten wie zwischen Leichen-
5 steinen, und kalt wehte mich die Luft an, wie ein Geist, und öde schien
mir der Berg, wie ein Kirchhof. Aber ich irrte nur, solange die Finsternis
über mich waltete. Denn als die Sonne hinter den Bergen heraufstieg und
ihr Licht ausgoß über die freundlichen Fluren und ihre Strahlen senkte
in die grünen Täler und ihren Schimmer heftete um die Häupter der
10 Berge und ihre Farben malte an die Blätter der Blumen und an die Blü-
ten der Bäume – ja, da hob sich das Herz mir unter dem Busen; denn da
sah ich und hörte und fühlte und empfand nun mit allen meinen Sinnen,
daß ich ein Paradies vor mir hatte.

Heinrich von Kleist

Heinrich von Kleist, Dichter, geb. **1777** in Frankfurt/Oder, gest. **1811** in Berlin.

13.1 **Das Nachfeld** (Grammatik E 61 f.):

(Vorfeld   (Satzfeld)   (Nachfeld)

. . . . P¹ . . . . P² . . . .

P¹ . . . . P² . . . .

V . . . . P . . . .

Peter	hat	*keinem Menschen mehr*	getraut	*als dir.*
Du	hast	*ebenso gut Englisch*	gesprochen	*wie dein Bruder.*
Wir	sind	*noch nie im Ausland*	gewesen	*außer in Italien.*
	Treten	*Sie bitte*	ein	*in unsere schöne Wohnung!*
	Fangen	*Sie nicht heute*	an	*sondern morgen!*
	Wäre	*er doch nach München*	gefahren	*anstatt zu mir!*

Peter sagte mir,

	daß	*er niemandem mehr*	getraut habe	*als dir.*
. . .,	weil	*du ebenso gut Englisch*	sprechen kannst	*wie dein Bruder.*
	Wenn	*er doch nach München*	gefahren wäre	*statt zu mir!*

Ein weiterer Platz für Satzglieder oder Gliedsätze ist das Nachfeld. Das Nachfeld ist der Platz für Gliedsätze und für Attributsätze, die zum letzten Satzglied auf dem Satzfeld gehören, sowie auch für Satzglieder mit *wie, als, außer, statt, anstatt, sondern.* Außer diesen können zuweilen auch andere Satzglieder im Nachfeld stehen. Diese sind entweder Nachträge oder sollen dort auf den Hörer nachhaltig wirken.

Übung 1: *Unterstreichen Sie im Lesetext alle Satzglieder, Gliedsätze und Infinitivsätze, die im Nachfeld stehen!*

Übung 2: *Bilden Sie mit folgenden Sätzen das Perfekt! Achten Sie dabei auf die richtige Stellung der Prädikatsteile!*

1. Der Autodieb fing sich selbst wie ein Fuchs in der Falle. – 2. Die Jungen und Mädchen sangen lustige Lieder bis in die Nacht hinein. – 3. Die jungen Leute unterhielten sich über den Sport wie schon so oft. – 4. Es gefiel mir sehr gut das gestrige Konzert. – 5. Nicht Peter kaufte sich ein Auto, sondern sein Bruder. – 6. Niemand besuchte uns gestern außer Herrn Müller. – 7. Der Mann sorgte sich um das Kind wie ein Vater. – 8. Wir fuhren in die Stadt, weil wir noch Einkäufe machen mußten. – 9. Ich sah den Mann, der dir das Geld gestohlen hat. – 10. Viele Leute waren gestern im Theater bei der Opernpremiere. – 11. Wir hatten schon viele Jahre den Wunsch, einmal ins Ausland zu reisen. – 12. Auf unserer Reise besuchten wir viele Museen, besonders in München.

→ 38.1

14

Nihilit

Ein Mann namens Rotnagel erfand einen neuen Klebstoff, der sehr vertrauenswürdig aussah und nach Oleander duftete; viele Frauen bedienten sich seiner, um angenehm zu riechen. Gegen diese Unsitte kämpfte Rotnagel heftig an – er wünschte, daß seine Erfindung sinngemäß verwendet

5 werde. Gerade das aber machte Schwierigkeiten, denn der neue Klebstoff klebte nichts, jedenfalls nichts Bekanntes. Weder Papier noch Metall, Holz oder Porzellan – keines von ihnen haftete am gleichen oder an einem fremden Material. Bestrich man einen Gegenstand mit dem Klebstoff, so glitzerte dieser vielversprechend, aber er klebte nicht, und darauf kam es

10 ja eigentlich an. Trotzdem wurde er viel benutzt, weniger aus praktischen Gründen, sondern wegen des herrlichen Oleanderduftes.

Rotnagel war kein Narr. Er sagte sich: ein Klebstoff, der nicht klebt, verfehlt seinen Zweck; es muß also etwas erfunden werden, das sich von ihm kleben läßt. Sicherlich wäre es einfacher gewesen, die Erzeugung ein

15 zustellen oder seinen Mißbrauch durch die Frauen weiter zu dulden, doch der bequeme Weg ist verächtlich. Darum gab Rotnagel drei Jahre seines Lebens daran, einen Werkstoff zu erfinden, der sich von dem Klebstoff kleben ließ, allerdings nur von diesem.

Nach langem Überlegen nannte Rotnagel den neuen Stoff Nihilit. In der

20 Natur kam Nihilit nicht rein vor, man hat auch nie einen Stoff finden können, der ihm nur annähernd glich; es wurde mit Hilfe eines überaus verwickelten Verfahrens künstlich erzeugt. Nihilit hatte ungewöhnliche Eigenschaften. Es ließ sich nicht schneiden, nicht hämmern, nicht bohren, nicht schweißen, nicht pressen, nicht walzen. Versuchte man dies, so brök

25 kelte es, wurde flüssig oder zerfiel zu Staub; manchmal freilich explodierte es. Kurz gesagt, man mußte von jeder Verarbeitung absehen.

Für Zwecke der Isolation kam Nihilit nicht recht in Frage, weil es sehr unzuverlässig war. Zuweilen isolierte es Strom oder Wärme, zuweilen nicht; auf seine Unzuverlässigkeit konnte man sich allerdings verlassen.

30 Ob Nihilit brennbar sei, blieb umstritten; fest stand nur, daß es im Feuer schmorte und einen ekelhaften Geruch verbreitete. Dem Wasser gegenüber verhielt sich Nihilit abwechslungsreich. Im allgemeinen war es wasserfest, doch kam es auch vor, daß es Wasser gierig in sich aufsog und weitergab. Ins Feuchte gebracht, weichte es auf oder verhärtete, je nachdem.

35 Von Säuren wurde es nicht angegriffen, griff aber seinerseits die Säuren heftig an. Sehr oft wurde festgestellt, daß sich der neue Stoff nicht aus Atomen zusammensetzte; sein spezifisches Gewicht schwankte ständig.

Wie man sieht, wies Nihilit im Grunde wenig nützliche Eigenschaften auf, doch ließ es sich mit Hilfe des Klebstoffs – und dazu war es ja erfunden worden – kleben. Rotnagel stellte den neuen Werkstoff in großen Mengen her, und wer den Klebstoff kaufte, erwarb auch Nihilit; zumal er so herrlich nach Oleander duftete.

40

Kurt Kusenberg

Die Stellung der Satzglieder auf dem Satzfeld

14.1

(Grammatik E 50 ff., E 66)

Die Ordnung der Satzglieder auf dem Satzfeld richtet sich nach dem Mitteilungswert der Inhalte. Bei den Inhalten der Satzglieder kann man zwei Gruppen unterscheiden: 1. Inhalte, die sich auf bereits Bekanntes beziehen, und 2. Inhalte, die Neues enthalten. Dementsprechend lassen sich auf dem Satzfeld zwei Bereiche unterscheiden: 1. der KONTAKTBEREICH und 2. der INFORMATIONSBEREICH.

Kontaktbereich | Informationsbereich

P^1 (V) . . . . | . . . . P^2 (P)

Satzfeld

Danach stehen Satzglieder, deren Inhalte sich auf Bekanntes beziehen, im Kontaktbereich und Satzglieder, die Neues bringen, im Informationsbereich. Für die einzelnen Satzglieder gelten folgende Regeln:

1. Prädikatsergänzung (E):

14.2

Die Prädikatsergänzung steht als Satzteil, der das Geschehen oder das Sein beschreibt. Ihrer Wichtigkeit entsprechend nimmt sie den letzten Platz auf dem Satzfeld ein, das ist auch die letzte Stelle im Informationsbereich, unmittelbar vor P^2 oder P.

Kb | Ib

P^1 (V) . . . . | . . . . E – P^2 (P)

Übung: *Unterstreichen Sie die Prädikatsergänzungen (E) und den Prädikatsteil am Ende des Satzes (P^2 oder P)!*
1. Der Autofahrer ist mit seinem Wagen in den Straßengraben geraten. – 2. Inge geht in der Küche ihrer Mutter zur Hand. – 3. Die Kinder liegen schon seit über einer Stunde in tiefem Schlaf. – 4. Unser Gastgeber nahm mich bei der Begrüßung am Arm und führte mich ins Zimmer. – 5. Der Polizist erklärte den Mann für verhaftet. – 6. Die Wissenschaftler haben nach einer Reihe erfolgloser Experimente endlich wichtige Entdeckungen

49

gemacht. – 7. Wir haben nach langer Diskussion Ihre Meinung als richtig erkannt. – 8. In letzter Zeit hat die Schauspielerin durch neue Skandale wieder von sich reden gemacht. – 9. Bei der Feier hat der Professor vor einem interessierten Publikum einen Vortrag gehalten. – 10. Herr Müller ist gestern wegen seiner Verdienste um die Interessen der Bürger in die Zeitung gekommen. – 11. Lassen Sie mich doch endlich in Ruhe! – 12. Seit gestern hat sich an dem Zustand unseres Patienten eine Besserung gezeigt. – 13. Wir müssen immer wieder feststellen, daß im politischen Leben der Ehrgeiz vorherrscht. – 14. In den letzten Jahren sind die Lebensmittel teurer geworden. – 15. Beim Verlassen des Saales würdigte der Politiker seine Gegner keines Blickes. – 16. Plötzlich kam dem Mann ein rettender Gedanke. – 17. Der Patient nannte den Arzt seinen Lebensretter. – 18. Beim Bergsteigen drohte den Alpinisten sehr oft große Gefahr. – 19. Der Sohn nahm die Ratschläge seines Vaters ernst. – 20. In der Technik ist während der letzten Jahre die Entwicklung fortgeschritten. – 21. Letztes Jahr fanden in unserer Stadt Sportwettkämpfe statt. – 22. Wir haben auf unserem Weg nach Salzburg einen Umweg gemacht. – 23. Auf der Autobahn passierte gestern zwischen Rosenheim und München ein Verkehrsunfall. – 24. Ich finde diesen Roman interessant. – 25. Die Polizei war mit ihren Maßnahmen so schnell, daß der Dieb trotz aller Bemühungen nicht die Flucht ergreifen konnte.

→ 39.1

15

Aus ‚Die Probe‘

(Jens Redluff befindet sich auf der Flucht vor der Polizei. Bisher ist es ihm geglückt, sich in der großen Stadt dem Zugriff der Polizei zu entziehen. Mehrere Polizeikontrollen hat er mit Hilfe seiner gefälschten Papiere glücklich überstanden.)

Langsam kam er wieder in belebtere Straßen, die Lichter nahmen zu, die Läden, die Leuchtzeichen an den Wänden. Aus einem Kino kam ein Knäuel Menschen, sie lachten und schwatzten, er mitten unter ihnen. Es tat ihm wohl, wenn sie ihn streiften. „Hans", hörte er eine Frauenstimme
5 hinter sich, jemand faßte seinen Arm. „Tut mir leid", sagte er und lächelte in das enttäuschte Gesicht. Verdammt hübsch, sagte er zu sich. Im Weitergehen nestelte er an seiner Krawatte. Dunkelglänzende Wagen sangen über den blanken Asphalt, Kaskaden wechselnden Lichts ergossen sich von

50

den Fassaden, Zeitungsverkäufer riefen die Abendausgaben aus. Hinter
einer großen, leicht beschlagenen Spiegelglasscheibe sah er undeutlich   10
tanzende Paare; pulsierend drang die Musik abgedämpft bis auf die
Straße. Ihm war wie nach Sekt. Ewig hätte er so gehen können, so wie
jetzt. Er gehörte wieder dazu, er hatte den Schritt der vielen, es machte
ihm keine Mühe mehr. Im Sog der Menge ging er über den großen Platz
auf die große Halle zu mit ihren Ketten von Glühlampen und riesigen   15
Transparenten. Um die Kassen vor dem Einlaß drängten sich Menschen.
Von irgendwoher flutete Lautsprechermusik. Stand dort nicht das Mädchen von vorhin? Redluff stellte sich hinter sie in die Reihe. Sie wandte
den Kopf, er spürte einen Hauch von Parfüm. Dicht hinter ihr zwängte
er sich durch den Einlaß. Immer noch flutete die Musik, er hörte ein Ge-   20
wirr von Hunderten von Stimmen. Ein paar Polizisten suchten etwas
Ordnung in das Gedränge zu bringen. Ein Mann in einer Art von Portiers-
uniform nahm ihm seine Einlaßkarte ab. „Der, der!“ rief er auf einmal
und deutete aufgeregt hinter ihm her. Gesichter wandten sich, jemand im
schwarzen Anzug kam auf ihn zu, ein blitzendes Ding in der Hand.   25
Gleißendes Scheinwerferlicht übergoß ihn. Jemand drückte ihm einen
Riesenblumenstrauß in die Hände. Zwei strahlend lächelnde Mädchen
hakten ihn rechts und links unter, Fotoblitze zuckten. Und zu allem
dröhnte eine geölte Stimme, die vor innerer Freudigkeit fast zu bersten
schien. „Ich darf Ihnen im Namen der Direktion von ganzem Herzen   30
gratulieren, Sie sind der hunderttausendste Besucher der Ausstellung!“
Redluff stand wie betäubt. „Und jetzt sagen Sie uns Ihren werten Namen“, schmalzte die Stimme unwiderstehlich weiter. „Redluff, Jens Redluff“, sagte er, noch ehe er wußte, was er sagte, und schon hatten es die
Lautsprecher dröhnend bis in den letzten Winkel der riesigen Halle   35
getragen.
Der Kordon der Polizisten, der eben noch die applaudierende Menge
zurückgehalten hatte, löste sich langsam auf. Sie kamen auf ihn zu.

auflösen – break up   Herbert Malecha
crowd; endo, until

2. Subjekt-Objekte (Rollen) (Grammatik E 67 ff.):   **15.1**

$$P^1 \; (V) - S - Od - Oa - Op - P^2 \; (P)$$

Gestern hat *der Lehrer dem Schüler das Buch* gegeben.
...., daß *der Lehrer dem Schüler das Buch* gegeben hat.
Gestern hat *der Lehrer den Schüler* gesehen.
...., daß *der Lehrer den Schüler* gesehen hat.

51

Gestern hat *die Frau dem Mädchen* geholfen.
. . . . ., daß *die Frau dem Mädchen* geholfen hat.
Gestern hat *der Sohn den Vater um Geld* gebeten.
. . . . ., daß *der Sohn den Vater um Geld* gebeten hat.
Gestern hat *der Junge seinem Freund für den Brief* gedankt.
. . . . ., daß *der Junge seinem Freund für den Brief* gedankt hat.

Die Rollen, die im Satz in der Subjekt-Objekt-Funktion erscheinen, stehen auf dem Satzfeld in der folgenden Reihe: Subjekt (S) – Dativobjekt (Od) – Akkusativobjekt (Oa) – Präpositionalobjekt (Op).

15.2 P^1 (V) – s – oa – od – op – P^2 (P)

Gestern hat *er es ihm* gegeben.   *(Lehrer, Buch, Schüler)*
. . . . ., daß *er es ihm* gegeben hat.
Gestern hat *er ihn* gesehen.   *(Lehrer, Schüler)*
. . . . ., daß *er ihn* gesehen hat.
Gestern hat *sie ihm* geholfen.   *(Frau, Mädchen)*
. . . . ., daß *sie ihm* geholfen hat.
Gestern hat *er ihn darum* gebeten.   *(Sohn, Vater, Geld)*
. . . . ., daß *er ihn darum* gebeten hat.
Gestern hat *er ihm dafür* gedankt.   *(Junge, sein Freund, Brief)*
. . . . ., daß *er ihm dafür* gedankt hat.

Wenn die Rollen durch Personalpronomen oder Pronominaladverbien genannt werden, weil sie bereits bekannte Personen oder Dinge meinen, stehen sie auf dem Satzfeld in folgender Reihe: Subjekt (s) – Akkusativobjekt (oa) – Dativobjekt (od) – Präpositionalobjekt (op).

15.3 P^1 (V) – s – oa – od – | – S – Od – Oa – op – Op – P^2 (P)

	Kontaktbereich	Informationsbereich		
(der Mann)	*Gestern* hat *er*	| *dem Jungen*	*den Ball*	gebracht.
(der Junge)	*Gestern* hat *ihm*	| *der Mann*	*den Ball*	gebracht.
(der Ball)	*Gestern* hat *ihn*	| *der Mann*	*dem Jungen*	gebracht.
(Mann, Junge)	*Gestern* hat *er*	*ihm* |	*den Ball*	gebracht.
(Mann, Ball)	*Gestern* hat *er*	*ihn* |	*dem Jungen*	gebracht.
(Junge, Ball)	*Gestern* hat *ihm*	*ihm* |	*der Mann*	gebracht.
(der Sohn)	*Gestern* hat *er*	| *den Vater*	*um Geld*	gebeten.
(der Vater)	*Gestern* hat *ihn*	| *der Sohn*	*um Geld*	gebeten.
(das Geld)	*Gestern* hat	| *der Sohn den Vater darum*		gebeten.

(Vater, Sohn)	*Gestern* hat *er*	*ihn* |		*um Geld*	**gebeten.**
(Vater, Geld)	*Gestern* hat *ihn*	| *der Sohn*		*darum*	**gebeten.**
(Sohn, Geld)	*Gestern* hat *er*	| *den Vater*		*darum*	**gebeten.**
(der Junge)	*Gestern* hat *er*	| *seinem Freund*		*für den Brief*	**gedankt.**
(der Freund)	*Gestern* hat *ihm*	| *der Junge*		*für den Brief*	**gedankt.**
(der Brief)	*Gestern* hat	| *der Junge seinem Freund*		*dafür*	**gedankt.**
(Junge, Freund)	*Gestern* hat *er*	*ihm* |		*für den Brief*	**gedankt.**
(Junge, Brief)	*Gestern* hat *er*	| *seinem Freund*		*dafür*	**gedankt.**
(Freund, Brief)	*Gestern* hat *ihm*	| *der Junge*		*dafür*	**gedankt.**

Rollen, die als Personalpronomen auf dem Satzfeld erscheinen, stehen im Kontaktbereich. Personalpronomen beziehen sich ihrer Natur nach auf Bekanntes. Lediglich das Präpositionalobjekt steht, wohl aus formalen Gründen, immer am Ende der ganzen Subjekt-Objektgruppe.

Übung: *Setzen Sie jeweils im zweiten Satz für die bekannten Rollen Personalpronomen ein und beachten Sie die Stellungsregeln!*

1. Hier ist ein Schüler. Gestern hat der Lehrer dem Schüler ein Buch gegeben. – 2. Hier stehen unsere neuen Möbel. Gestern hat uns die Firma Müller & Co. die Möbel geschickt. – 3. Frau Meier hat keine Handtasche mehr. Als Frau Meier Lebensmittel einkaufte, hat ein Mann Frau Meier die Handtasche gestohlen. – 4. Haben die Studenten ihre Diplome schon bekommen? Nein, in der kommenden Woche wird der Rektor der Universität den Studenten die Diplome überreichen. – 5. Wo hat der Junge seinen Ball? Vorhin hat der Junge einem Mädchen den Ball geschenkt. – 6. Die Lehrerin hat Inge gesagt, am Montag wolle die Lehrerin Inge das Heft zurückgeben. – 7. Kennt Hans diesen Herrn? Vorhin hat Hans diesen Herrn gegrüßt. – 8. Mir fehlen hundert Mark. Gestern hat mich ein Mann um diese hundert Mark betrogen. – 9. Mein Freund hat sein Examen bestanden. Morgen will ich meinen Freund zu dem Examen beglückwünschen. – 10. Der Angeklagte ist wieder auf freiem Fuß. Gestern hat das Gericht den Angeklagten freigesprochen. – 11. Interessiert sich der junge Mann für Malerei? Schon seit Jahren interessiert sich der junge Mann für die Malerei. – 12. Hat man deinem Freund für die Hilfe gedankt? Ich glaube nicht, daß der junge Mann meinem Freund für die Hilfe gedankt hat.

    (Hat die Mutter ihre Tochter   *gesehen?)*
    Hat die Mutter sie   *gesehen?*
    (Haben die Kinder die Eltern *um den Ball gebeten?)*
    Haben die Kinder sie   *um den Ball gebeten?*
    (Sieht die Frau die Blumen?)
    Sieht die Frau   sie?

Wenn Subjekt und Objekt nicht durch Deklinationsformen zu unterscheiden sind, muß die Stellung die Funktionen kennzeichnen. In diesem Falle tritt das pronominale Objekt hinter das nominale Subjekt.

Übung: *Ersetzen Sie die kursiv gedruckten Rollen durch Personalpronomen und achten Sie dabei auf die Stellungsregeln!*

1. Gestern hat die Lehrerin *meine Schwester* um ein Buch gebeten. – 2. Heute hat die Lehrerin *meiner Schwester* für das Buch gedankt. – 3. Gestern hat der Lehrer *meinen Bruder* um ein Buch gebeten. – 4. Heute hat Inge *ihren Vetter* besucht. – 5. Heute hat Inge *ihre Kusine* besucht. – 6. Heute hat Peter *Inge* besucht. – 7. Hat Sie *der Mann* gesehen? – 8. Haben Sie *die Sängerin* gehört? – 9. Vorhin grüßten die Kinder *die Lehrerin*. – 10. Gestern hat das Mädchen *das Museum* besucht. – 11. Gestern haben sich meine Eltern *das Theaterstück* angesehen. – 12. Baut die Firma Müller & Co. *das Haus?*

15.5   **P¹ (V)** – S – oa – od – | – S – Od – Oa – op – Op – **P² (P)**

Kontaktbereich	Informationsbereich
1. *Warum weint der Junge?*	*Vorhin hat Peter ihn geschlagen.*
	Weil Peter ihn geschlagen hat.
Wie kommst du zu dem Füller?	*Gestern hat der Lehrer ihn mir gegeben.*
Woher hast du das Fahrrad?	*Gestern hat mein Freund es mir geliehen.*
	Ich sagte es dir doch, daß mein Freund es mir geliehen hat.
2. *Warum weint der Junge?*	*Vorhin hat ihn ein Mann geschlagen.*
	Weil ihn ein Mann geschlagen hat.
Wie kommst du zu dem Füller?	*Gestern hat ihn mir ein Lehrer gegeben.*

Woher hast du das Fahrrad?   *Gestern hat es mir ein Bekannter*
verkauft.
Ich erzählte es dir doch, daß es mir ein
Bekannter verkauft hat.

Obwohl die Rollen im Kontakbereich im allgemeinen von Pronomen vertreten werden, wird das Subjekt oft auch als Nomen wiederholt. Dieses Nomen hat an dieser Stelle nur die Aufgabe, den Zuhörer zu orientieren, besonders wenn mehrere Personalpronomen zusammentreffen. Dieses Nomen kann sich nur auf eine bekannte oder bereits genannte Person oder Sache beziehen.

→ **40.1**

Zivilcourage und Menschlichkeit

16

In den letzten Monaten hat sich in Berlin in aller Stille etwas ereignet, von wenigen bemerkt und in seiner grundlegenden Bedeutung meines Wissens noch nirgends gewürdigt. Deutsche Beamte, Uniformträger sogar, haben ein Gesetz, eine Verordnung, einen Befehl liberal ausgelegt, dabei persönliche Verantwortung übernommen, ganz einfach Menschlichkeit bewiesen. Dabei war der Anlaß – tierisch.   5

In Berlin hatten wir bis in diesen schönen Monat Mai hinein Leinenzwang für Hunde wegen Tollwutgefahr. Seit anderthalb Jahren ging diese Tortur, mit einer kurzen Unterbrechung. Vor dieser Unterbrechung war sogar auch noch Maulkorbzwang, und die Polizei war streng; einige hohe Geldstrafen wurden ausgesprochen. In der zweiten Phase der „Hundesperre"   10 aber geschah das Unerwartete: die Polizisten drückten ein Auge zu. Sie drückten manchmal sogar beide zu. Oft zum Ärger von Passanten, die wieder einmal päpstlicher als der Papst sein wollten und auf genauer Durchführung des Befehls bestanden; denn Befehl ist hierzulande Befehl.   15

Tatsächlich war die Anordnung „Leinenzwang" eine recht harte Maßnahme der Gesundheitsbehörde, denn es handelte sich um wenige Tollwutfälle in einem Teil nur des riesigen Stadtgebietes. Man kann sie aber wegen ihrer Vorsicht im Grunde kaum tadeln. Um so mehr muß man die Berliner Polizisten loben, die mit geradezu südländischer Großzügigkeit   20 dem strengen Gebot eine menschenfreundliche, eine tierfreundliche, eine hundebesitzerfreundliche Auslegung gaben. Sie hatten den Mut, selbstän-

Tadeln wegen – blame

55

dig eine Situation zu beurteilen und einen Befehl sinngemäß auszulegen. Es ist nicht ein einziger Unfall vorgekommen durch diese Freizügigkeit; aber es ist zwischen vielen Berlinern und ihrer Polizei ein ganz nettes Vertrauensverhältnis entstanden.

Thilo Koch

16.1 **3. Freie Angaben (A)** (Grammatik E 73 ff.):

Die freien Angaben sind die Funktionsteile, die die Umstände beschreiben. Ihrem Inhalt nach unterscheidet man die TEMPORALANGABEN (At), die LOKALANGABEN (Al) und die KAUSALANGABEN (Ak). Alle übrigen Inhalte vereinigen sich unter die MODALANGABEN (Am).

16.2 Die freien Angaben ordnen sich auf dem Satzfeld in folgende Reihe:

$$P^1 (V) - At - Ak - Am - Al - P^2 (P)$$

Die Schüler spielten gestern wegen des schlechten Wetters in der Turnhalle Faustball.

Der Zug kam heute nachmittag wegen eines Maschinenschadens mit Verspätung in München an.

Ich habe gelesen, daß im letzten Herbst durch die Unvorsichtigkeit eines Arbeiters in eurer Fabrik ein schwerer Brand ausgebrochen ist.

16.3

$$- At - Ak - Am - Al -$$

Jede der Angaben kann ans Ende der Angabengruppe rücken, wenn ihr ein höherer Mitteilungswert zukommt, als dies bei den übrigen Angaben der Fall ist.

Die Post ist gestern bei uns mit Verspätung eingetroffen.
Wir müssen uns bei dem Schutzmann sofort nach dem Weg erkundigen.

16.4 $P^1 (V) - \underbrace{s - oa - od}_{\text{Kontaktbereich}} - | - \underbrace{S - A - Od - Oa - op - Op}_{\text{Informationsbereich}} - E - P^2 (P)$

Alle Angaben stehen im Informationsbereich hinter dem Subjekt, wenn sie einen Mitteilungswert enthalten.

56

P¹ (V) – s – oa – od – A – | – S – A – Od – Oa – op – Op – E – P² (P)

<u>Kontaktbereich</u>   <u>Informationsbereich</u>

Angaben, die den Zuhörer lediglich orientieren, stehen am Ende des Kontaktbereichs hinter den Personalpronomen.

Karl erzählte mir, daß ihm gestern der Lehrer ein Buch gegeben habe.

Unterscheiden Sie bei der Stellung der Angaben zwischen Orientierung und Information:

Wegen einer wichtigen Sache hat uns gestern Peter von Berlin aus angerufen.

Wegen einer wichtigen Sache hat uns Peter gestern von Berlin aus angerufen.

Übung 1: *Setzen Sie die Angaben richtig ins Satzfeld ein!*

1. Der Minister fährt weiter. (Berlin, Sonderzug, heute nachmittag) – 2. Der Rundfunk überträgt ein interessantes Konzert. (aus dem städtischen Konzerthaus, seit zwei Stunden) – 3. Der Physikprofessor sprach über den Nutzen von Atomreaktoren. (Aula der Universität, gestern, zahlreiche Zuhörer) – 4. Die Landstraße nach Obersdorf wurde gesperrt. (Montag, Bauarbeiten, vorübergehend) – 5. Geht ihr schwimmen? (Sommer, Schwimmbad, oft) – 6. Viele Touristen kommen nach Oberbayern. (Winter, Wintersport, regelmäßig) – 7. Die Bundespost will die Gebührensätze für Briefe und Pakete erhöhen. (Bundesrepublik, wegen der hohen Betriebskosten) – 8. Ein Auto fuhr gegen einen Baum. (in der Nähe der Ortschaft Anger, mit hoher Geschwindigkeit, in den späten Nachmittagsstunden) – 9. Die Verhandlungen wurden beendet. (erfolgreich, trotz vieler Schwierigkeiten, am gestrigen Tage) – 10. Das Autobahnnetz wird dichter. (im Bereich der Bundesrepublik, im Laufe der nächsten drei Jahre)

Übung 2: *Setzen Sie bei den folgenden Sätzen das Füllwort ‚es‘ ins Vorfeld!*

1. Gestern waren viele Leute im Theater. – 2. Im Stadion haben heute vormittag Sportwettkämpfe stattgefunden. – 3. Am Ende der Sportwettkämpfe wurden die Preise an die Sieger verteilt. – 4. Während des Karnevals wird oft bis zum frühen Morgen gesungen und getanzt. – 5. Seit gestern ist in den Alpen wieder viel Schnee gefallen. – 6. Im Laufe der Jahre sind viele Seeleute auf dem Meer umgekommen. – 7. Zwei Bettler

haben sich vor dem Haus um ein Stück Brot gestritten. – 8. Gestern hatte sich niemand freiwillig zu dieser schweren Arbeit gemeldet. – 9. Auf der Autobahn dürfen keine Fahrzeuge fahren, die weniger als 40 km/st Höchstgeschwindigkeit fahren. – 10. Vor den Weihnachtsfeiertagen haben die Kaufleute wieder gute Geschäfte gemacht.

→ 41.1

Zur Reform der Schöffengerichte

17

Weil jetzt so viel von den Schöffengerichten gesprochen wird, möchte ich erzählen, wie es mir ergangen ist, als ich einmal selber für zwei Tage Schöffe gewesen bin.

Das war lange vor dem Kriege. Damals war ich noch ein anständiger
5 Mensch mit eigenem Herd und konnte zu solchen Ehrenämtern gewählt werden. Heute wäre das vollständig ausgeschlossen.

Bevor ich auf das Gericht ging, überlegte ich, in welchem Kostüm man wohl als Schöffe zu erscheinen hätte. Der Frack war natürlich unmöglich, aber irgend etwas Feierliches mußte es doch sein. So zog ich meinen lan-
10 gen schwarzen Gehrock an und band eine schwarze Krawatte um.

*

Es gibt immer zwei Schöffen; der eine sitzt rechts, der andere links von dem Amtsrichter, der seinerseits einen Talar trägt.

Als ich den Gerichtssaal betrat, sah ich mich zuerst nach dem anderen
15 Schöffen um. Der andere Schöffe war ein blonder Herr mit einem großen Schnurrbart; dieser Herr war mit einem ganz hellen, grauen Jackettanzug bekleidet.

Und nun habe ich gar keine rechte Freude an den Prozessen gehabt, die verhandelt wurden, obgleich diese Prozesse sehr interessant waren. Im-
20 mer sah ich an dem Amtsrichter vorbei nach dem hellgrauen Schöffen und ärgerte mich, daß ich nicht auch hellgrau hergekommen war, sondern mich mit meinem schwarzen Rock blamiert hatte. Dabei konnte ich bemerken, daß auch der andere Schöffe häufig nach mir herübersah und daß er eben-falls kein besonders zufriedenes Gesicht machte.

*

58

Nun, wenigstens für die zweite Sitzung ließ sich dem abhelfen, und so
bekleidete ich mich denn das nächstemal mit dem hellsten Anzug, den ich   25
finden konnte.

Als ich den Saal betrat, fiel mein Blick gleich auf den anderen Schöffen.
Jetzt hatte der andere Schöffe einen schwarzen Gehrock an und eine
schwarze Krawatte umgebunden; und so wurde es dasselbe Bild, nur in
anderer Reihenfolge.   30

*

Gesprochen haben wir beiden Schöffen uns nie, denn wir haßten uns. Nur
waren wir offenbar alle beide zufrieden, daß es keine dritte Sitzung mehr
gab, sonst hätte keiner gewußt, was er tun sollte.

Auch der Amtsrichter äußerte sich mit keinem Wort zu der Angelegenheit; doch fiel mir auf, daß während der ganzen Verhandlung ein zufrie-   35
denes Lächeln seine Lippen umspielte. Es muß ein Amtsrichter von zufriedener Gemütsart gewesen sein.

Victor Auburtin

Zur deutschen Satzintonation
(Grammatik F 1 ff.)

17.1

1. Der Wortton:

Der Ton des Wortes (Druckakzent) liegt auf dem Vokal des Wortes.

> *Buch, Heft, Kind, Berg, schön, gelb, ich, wir, jetzt, bald*

Funktionszeichenträger (Artikel) und Funktionszeichen (Präpositionen)
bilden mit dem Wort, dessen Funktion sie bezeichnen, *eine* Lautgruppe
und verbinden sich tonlos mit dem Wort, zu dem sie gehören.

> *das Buch, die Tür, der Schrank, zur Post, im Zug, am Tag, ein Kind*

Innerhalb eines mehrsilbigen Wortes erhält *eine* Silbe den Wortton; der
Ton der übrigen Silben eines Wortes ordnet sich dem Wortton unter. Nur
wenn der Wortton auf der richtigen Silbe liegt, ist das Wort verständlich!

> *der Wagen, das Eisen, die Wohnung, am Montag, fahren, etwas,
> dafür,*   **17.2**
>
> *der Verkäufer, die Universität, lebendig, untersuchen, abfahren*

Übung: *Lesen Sie die obigen Wörter und deren Funktionszeichen in der
richtigen Intonation!*

59

Bei Wortzusammensetzungen ordnet sich der Wortton des Grundworts dem Wortton des Bestimmungswortes unter.

GRUNDWORT ist das Wort, das die Person oder Sache nennt; BESTIMMUNGSWORT ist das Wort, das die Sache oder Person näher erklärt.

17.3
die Straße, die Lampe: die Straßenlampe
das Eisen, die Bahn, das Signal: das Eisenbahnsignal
kennen, lernen: kennenlernen
die Maschine, schreiben: maschineschreiben

Übung: *Lesen Sie die Wortzusammensetzungen mit der richtigen Intonation!*

1. Der Sprachlehrer, das Sprachlehrerseminar, der Zeitungsleser, der Haustürschlüssel, das Schlüsselloch – 2. der Verkehrsminister, die Abrüstungskonferenz, der Konferenzteilnehmer, das Festspielhaus, die Untersuchungskommission – 3. stattfinden, radfahren, bekanntmachen, zugrunde gehen, beauftragen

4. der Gepäckträger, die Schreibmaschine, der Wintersport, das Schauspiel, das Fernsehen – 5. der Schuldirektor, der Universitätsprofessor, der Postinspektor, die Bundesbahn, die Fuchsfalle – 6. der Sportvereinsvorsitzende, der Wintersportort, der Höhenflugrekord, das Ballettmeisterdiplom, der Schauspielschüler – 7. das Kindererholungsheim, der Handelskammerpräsident, die Hochschulvorlesung, der Handelsschuldirektor – 8. die Überseetelegrafenverbindung, das Untergrundbahnnetz, der Unterseebootskommandant, der Postoberinspektor, der Fernsehnachrichtensprecher – 9. die Motorradrennsportleitung, die Kraftfahrzeugzulassungskontrolle, die Fotografenhandwerksmeisterprüfung

17.4 Personalpronomen, die im Vorfeld und auf dem Satzfeld im Kontaktbereich stehen, schließen sich eng an den ersten Prädikatsteil an und bilden mit ihm zusammen eine Intonationsgruppe. Der Wortton liegt dabei auf dem Verb. Der Vokal der Pronomen im Akkusativ wird dabei fast tonlos.

NOM.	AKK.	DAT.
er, es, sie	ⁱʰn / ᵉs	ihm, ihr, ihnen

Beispiele:

ich habe ⁱʰn ihm gegeben   ich habe ᵉs ihm gegeben
habe ich ⁱʰn ihr gegeben?   habe ich ᵉs ihr gegeben?
haben Sie sⁱᵉ gesehen?   habt ihr sⁱᵉ gesehen?

Übung: *Konjugieren Sie die folgenden Sätze und achten Sie dabei auf flüssige Aussprache und auf die richtige Intonation!*

1. Ich bringe es ihm. – 2. Bringe ich es ihm? – 3. Ich schenke ihn ihm. – 4. Schenke ich ihn ihm? – 5. Ich gebe es ihr. – 6. Gebe ich es ihr? – 7. Ich schreibe ihn ihr. – 8. Schreibe ich ihn ihr? – 9. Ich kaufe es ihnen. – 10. Kaufe ich es ihnen? – 11. Ich schicke ihn ihnen. – 12. Schicke ich ihn ihnen? – 13. Ich kaufe sie dir. – 14. Kaufe ich sie dir? – 15. Gebe ich ihr das Buch? – 16. Schenke ich ihm den Füller? – 17. Bringe ich ihnen das Heft? – 18. Frage ich sie? – 19. Kaufe ich mir ein Fahrrad? – 20. Habe ich es ihr gebracht? – 21. Habe ich ihn ihm geschenkt? – 22. Bin ich ihm zu unfreundlich?

2. Der Satzton: 17.5

In einem Satz trägt *ein* Funktionsteil den stärksten Ton (Druckakzent). Dieser ist der Satzton. Der Wortton bei den übrigen Funktionsteilen ordnet sich dem Satzton unter.

Der Satzton ist nur im Informationsbereich des Satzfelds anzutreffen. Er liegt

1. auf der Prädikatsergänzung;

2. auf der zuletzt genannten Rolle, wenn keine Prädikatsergänzung vorhanden ist;

3. auf dem sinngebenden Prädikatsteil, wenn im Informationsbereich keine Rolle genannt wird.

Der Satzton ist *nicht* anzutreffen a) im Vorfeld, b) im Kontaktbereich, c) bei den Angaben und d) beim pronominalen Präpositionalprojekt (op).

Beispiele:

Peter ist gestern nach München gefahren.

Pe-ter   ist ge-stern nach Mün-chen ge-fah-ren

Der Dieb hat sofort die Flucht ergriffen.

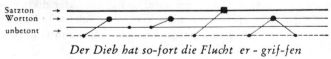

Der Dieb hat so-fort die Flucht er - grif-fen

61

Der Lehrer hat dem Schüler das Buch gegeben.

Der Leh-rer hat dem Schü-ler das Buch ge-ge-ben

Er hat es ihm gestern gegeben.

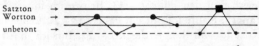

Er hat es ihm ge-stern ge - ge-ben

Er gab es ihm gestern.

Er gab es ihm ge-stern

Übung 1: *Lesen Sie die folgenden Sätze mit der angegebenen Intonation!*

1. Hat dir der Briefträger einen Brief gebracht? – Ja, er hat mir einen Brief gebracht. – 2. Hat dir Peter den Brief gebracht? – Ja, er hat ihn mir gebracht. – 3. Wolltest du mir das Geld mitbringen? – Ich habe es dir mitgebracht. – 4. Ich danke dir dafür. Morgen gebe ich es dir zurück. – 5. Der Lehrer hat uns einen Aufsatz aufgegeben. Ich habe ihn schon geschrieben. – 6. Ich will meiner Mutter Blumen schenken. Sie freut sich immer darüber. – 7. Trinkst du gern Kaffee? – Ja, aber der Arzt hat es mir verboten. – 8. Verbessert der Lehrer die Fehler? – Natürlich verbessert er sie. – 9. Haben die Passanten dem Verletzten Hilfe geleistet? – Ja, sie haben ihm sofort Hilfe geleistet. – 10. Ist dein Wagen im hohen Schnee steckengeblieben? – Ja, leider ist er steckengeblieben.

Übung 2: *Lesen Sie die folgenden Sätze in der richtigen Satzintonation! Unterstreichen Sie das Satzglied, das den Satzton trägt!*

1. Hat euch die Lehrerin Sätze diktiert? – Ja, sie hat uns Sätze diktiert. – 2. Soll ich dir die Regeln erklären? – Bitte, erkläre sie mir! – 3. War das Essen gut? – Ja, heute hat es uns gut geschmeckt. – 4. Wann frühstückt ihr morgens?

3. Der Unterscheidungston:

Der Satzton ist der stärkste Ton innerhalb eines einzelnen Satzes und ist nach den gegebenen Regeln in jedem Satz leicht zu finden. Da jedoch ein Satz nie für sich allein steht, sondern mit seinem Inhalt in den Zusammenhang der Inhalte anderer Sätze und in den Zusammenhang mit der Sprechsituation und der Mitteilungsabsicht gehört, wird eine weitere Intonationsregel wirksam. Sie bewirkt das Erscheinen des Unterscheidungstons. Der Unterscheidungston ist stärker als der Satzton und beherrscht den ganzen Satz. Er kann auf jedem Satzteil stehen und ist daher in einem Einzelsatz (der als grammatischer Beispielsatz steht) an keiner bestimmten Stelle festzulegen.

Der Unterscheidungston fügt einen Satz fest in einen Mitteilungszusammenhang ein und ist deshalb nur im Zusammenhang mit der Sprechsituation, mit dem übrigen Text und mit der Mitteilungsabsicht zu lokalisieren. Je nach Lage des Unterscheidungstons liegt eine andere Sprechsituation oder ein anderer Textzusammenhang vor. Dadurch können bei ein und demselben Text oft verschiedene Interpretationsmöglichkeiten entstehen.

Beispiele:

Gestern hat der Kaufmann seinem Sohn ein Buch geschenkt.

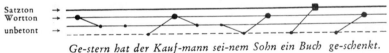

Gestern hat der Kaufmann seinem Sohn ein Buch geschenkt.
(Nicht vorgestern, wie man vielleicht gedacht hat.)

Gestern hat der Kaufmann seinem Sohn ein Buch geschenkt.
(Nicht der Lehrer)

Gestern hat der Kaufmann seinem Sohn ein Buch geschenkt.
(Nicht seiner Tochter)

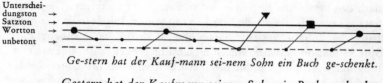

Unterschei-
dungston →
Satzton →
Wortton →
unbetont →

Ge-stern hat der Kauf-mann sei-nem Sohn ein Buch ge-schenkt.

Gestern hat der Kaufmann seinem Sohn ein Buch geschenkt.
(Nicht eine Uhr)

Unterschei-
dungston →
Satzton →
Wortton →
unbetont →

Ge-stern hat der Kauf-mann sei-nem Sohn ein Buch ge-schenkt.

Gestern hat der Kaufmann seinem Sohn ein Buch geliehen.
(Nicht geschenkt)

Unterschei-
dungston →
Satzton →
Wortton →
unbetont →

Ge-stern hat der Kauf-mann sei-nem Sohn ein Buch ge-liehen.

Übung: 1: *Lesen Sie die Fragen und die Antworten in der richtigen Intonation! (Satzton dünn, Unterscheidungston dick unterstrichen)*

1. Wer ist gestern nach München gefahren? – Der Lehrer ist gestern nach München gefahren. – – Wohin ist gestern der Lehrer gefahren? – Er ist nach München gefahren. – – Wann ist der Lehrer nach München gefahren? – Er ist gestern nach München gefahren.

2. Herr Breuer hat sich am Montag in München einen Wagen gekauft. – – Wer hat sich einen Wagen gekauft? – Herr Breuer hat sich einen Wagen gekauft. – – Was hat sich Herr Breuer gekauft? – Er hat sich einen Wagen gekauft. – – Wann hat sich Herr Breuer den Wagen gekauft? – Er hat ihn sich am Montag gekauft. – – Wo hat sich Herr Breuer den Wagen gekauft? – Er hat ihn sich in München gekauft. – – Hat sich Herr Breuer den Wagen geliehen? – Nein, er hat ihn sich gekauft. – – Was hat Herr Breuer am Montag in München gemacht? – Er hat sich dort einen Wagen gekauft.

64

Übung 2: *Lesen Sie die Sätze in der richtigen Intonation! Lesen Sie die Fragen und beantworten Sie sie! Achten Sie auf den Wechsel der Intonation!*

1. Am Sonntag haben wir zu Hause Gäste gehabt. – Habt ihr am Sonntag zu Hause Gäste gehabt? – Ja, wir . . . . . – 2. Auf der Autobahn ist heute ein Verkehrsunfall passiert. – Wo ist heute ein Verkehrsunfall passiert? – Auf der Autobahn . . . . . – 3. Ich habe mir dieses Buch gekauft. – Hast du dir dieses Buch geliehen? – Nein, ich . . . . . – 4. Die Erde dreht sich um die Sonne. – Dreht sich die Sonne um die Erde? – Nein, ... – 5. Der Unterricht beginnt um 9 Uhr. – Was beginnt um 9 Uhr? – Der Unterricht . . . . . – 6. Wir wollen am Sonntag Geburtstag feiern. – Was wollt ihr am Sonntag machen? – Wir . . . . . – 7. Ich habe meinem Vater eine Krawatte geschenkt. – Was hast du deinem Vater zum Geburtstag geschenkt? – Ich . . . . . – 8. Gestern hatte mein Freund den ganzen Tag über Kopfschmerzen. – Was war gestern mit deinem Freund? – Er . . . . . – 9. Heute morgen hat in unserem Haus ein Blitz eingeschlagen. – Was ist heute morgen bei euch passiert? – Der Blitz . . . . . – 10. Es gab bei den Verhandlungen Schwierigkeiten. – Wie waren die Verhandlungen? – Sie waren schwierig.

→ 42.1

Film und Publikum

18

Wer je einmal als alleiniger Zuschauer in einem leeren Kinosaal einen Film ablaufen sah, erinnert sich an das bedrängende Gefühl des Unbehagens, das ihn beschlich. Es war, als ob der Film sich gar nicht abspielte, er surrte nur herunter, nicht ganz sinnlos, aber doch befremdlich. Der Film kann sich seinem Wesen nach dem Einzelgänger nicht in allen seinen Nuancen offenbaren, er teilt sich ganz nur der Masse mit, er ist ganz nur für sie gemacht. Ein Kunstwerk also, dessen Genuß eine Ansammlung von Menschen zur Voraussetzung hat. Und je amorpher diese Masse, je bunter sie zusammengewürfelt, desto besser. Die ideale Zuschauerschaft ist das Laufpublikum eines Großstadtkinos. Man sehe einen Film dort, und man sehe ihn später inmitten eines geschmacklich ziemlich einheitlich zusammengesetzten Publikums eines entlegenen Dorfes; dabei wird man die Wahrnehmung machen, wie verschieden die Reaktionen auf

5

10

65

ein und dieselbe Sache sind. Der Film hat sich nicht geändert, aber ein
15 anderes Publikum hat anderen Bezug genommen. Ein Film, der die Schat-
tierungen der unterschiedlichen Ausdeutungen nicht zuließe, hätte gleichsam seinen Beruf verfehlt.

Ernst Johann

18.1   Die Negation
                                    (Grammatik E 82, 93)

Bei der Negation muß man zweierlei unterscheiden. 1. DER SACHVERHALT
WIRD NEGIERT, d. h. man stellt den Sachverhalt in Abrede; der ganze
Sachverhalt trifft nicht zu. Beispiel:

> *Ich habe dem Jungen den Ball nicht geschenkt.*

2. EIN TEIL DES GENANNTEN SACHVERHALTS WIRD NEGIERT, d. h. ein Teil
des Sachverhalts trifft nicht zu. Beispiele:

> *Nicht ich habe dem Jungen den Ball geschenkt. (sondern ein*
> *anderer)*
> *Ich habe nicht dem Jungen den Ball geschenkt. (sondern dem*
> *Mädchen)*
> *Ich habe dem Jungen nicht den Ball geschenkt. (sondern das Buch)*
> *Ich habe dem Jungen den Ball nicht geschenkt. (sondern geliehen)*

Wenn der ganze Sachverhalt nicht zutrifft, erscheint nur der Satzton.
Trifft nur der Teil eines beschriebenen Sachverhalts nicht zu, steht die
Negation ‚nicht' vor dem betreffenden Satzteil; dieser Satzteil erhält den
Unterscheidungston. Am Ende des Satzes ist dann die Richtigstellung
(Korrektur) zu erwarten, wenn sie nicht schon aus dem Sprechzusammen-
hang erkennbar ist. Die Richtigstellung erhält ihrerseits ebenfalls den
Unterscheidungston.

18.2   Der unzutreffende Sachverhalt

1. *Das Kind schläft nicht. – Warum schläft es nicht? – Ich weiß nicht,*
   warum es nicht schläft.

2. *Bringst du dem Jungen den Ball nicht? – Nein, ich bringe ihn ihm*
   nicht. Ich habe gesagt, daß ich dem Jungen den Ball nicht bringe.
   Du weißt, daß ich ihn ihm nicht bringe.

Hast du dem Jungen den Ball nicht gebracht? – Ich habe ihn ihm nicht gebracht.
Ich wundere mich darüber, daß du dem Jungen den Ball nicht gebracht hast.

3. *Wartet nicht auf mich! – Wir werden nicht auf dich warten.*
Hat dich der Herr nicht um die Zeitung gebeten? – Er hat mich nicht darum gebeten.

P¹ (V) – s – oa – od – S – Od – Oa – NICHT – op – Op – P² (P)
Negationsregel 1: Wenn ein beschriebener Sachverhalt nicht zutrifft, steht ‚nicht' am Ende des Satzfeldes, jedoch vor dem Präpositionalobjekt (Op, op).

Übung: *Lesen Sie die folgenden Sätze in der richtigen Satzintonation! Danach verneinen Sie die Sätze!*

1. Ich werde meinem Freund diese Postkarte schicken. – 2. Der Junge hat mir meinen Brief gegeben. – 3. Mein Freund grüßte mich. – 4. Der Fremde hat den Schutzmann nach dem Weg gefragt. – 5. Haben die Kinder auf den Bus gewartet? – Sie haben darauf gewartet. – 6. Ihr habt euch um eure Kinder gesorgt. – 7. Hast du den Schlüssel? – Ich habe ihn. – 8. Der alte Mann sah das Auto. – 9. Habt ihr von Peter gesprochen? – Wir haben von ihm gesprochen. – 10. Mein Bruder bringt mir morgen das Wörterbuch mit. – 11. Sonntags ist dieses Café geöffnet. – 12. Mein Vetter hat uns zu seiner Hochzeit eingeladen. – 13. Fräulein Wagner interessiert sich für Literatur. – 14. Hat sich das Geburtstagskind über die Geschenke gefreut? – 15. Hier steigen die Arbeiter aus.

4. *Hat dir Hans ein Buch geschenkt? – Nein, er hat mir kein Buch geschenkt.*   **18.3**

5. *Hat das Kind Spielsachen? – Nein, es hat keine Spielsachen.*

6. *Habt ihr Geld? – Nein, wir haben kein Geld.*

Negationsregel 2: Wenn das Akkusativobjekt (Oa) ohne Artikel steht oder nur den unbestimmten Artikel besitzt, wird der Satz mit ‚kein' verneint.

Übung: *Lesen Sie die folgenden Sätze in der richtigen Satzintonation!*
Verneinen Sie danach die Sätze!

1. Ich habe meinen Eltern einen Brief geschrieben. – 2. Ich habe meinen Eltern den Brief geschrieben. – 3. Peter hat mir ein Buch geschenkt. – 4. Hat Ihnen Frau Müller ein Glas Wein angeboten? – 5. Man hat in dieser Gegend Erdöl gefunden. – 6. Ich habe mit meinem Vater über mein Studium gesprochen. – 7. Er kann mein Studium bezahlen. – 8. Haben Sie Zigaretten? – 9. Erlauben Sie dem Jungen das Rauchen! – 10. Haben Sie es ihm verboten? – 11. Mein Onkel hat Kinder. – 12. Trinkst du Alkohol? – 13. Alkohol schadet mir. – 14. Frau Krause hat letzte Woche ein schickes Kleid gemacht. – 15. Peter hat sein Motorrad verkauft.

18.4

7. *Dein Mantel befindet sich* **nicht** *im Schrank.*
   Wohnst du im Hotel? – Nein, ich wohne **nicht** *im Hotel.*

8. *Findest du meine Arbeit interessant? – Nein, ich finde sie* **nicht** *interessant.*

9. *Hat Hans gestern Wort gehalten? – Nein, er hat* **nicht** *Wort gehalten.*

10. *Hat Peter sein Wort gebrochen? – Nein, er hat* **nicht** *sein Wort gebrochen.*

11. *Hast du dem Verletzten Hilfe geleistet? – Nein, ich konnte ihm* **keine** *Hilfe leisten.*

12. *Hat der Dieb die Flucht ergriffen? – Nein, er hat* **nicht** *die Flucht ergriffen.*

13. *Ist unserer Köchin ein Mißgeschick passiert? – Nein, ihr ist* **kein** *Mißgeschick passiert.*

P¹ (V) – s – oa – od – S – Od – Oa – NICHT – op – Op – E – P² (P)

Negationsregel 3: Die Negationspartikel ‚nicht' steht vor den Prädikatsergänzungen (E). Ist die Prädikatsergänzung ein Prädikatssubjekt (Es) oder ein Prädikatsobjekt (Eo) und steht sie ohne Artikel oder mit einem unbestimmten Artikel (Beispiele 11 und 13), wird der Satz mit ‚kein' negiert. Einige Prädikatsergänzungen dieser Art werden auch mit ‚nicht' negiert (Beispiel 9).

Übung: *Lesen Sie die folgenden Sätze in der richtigen Satzintonation und verneinen Sie danach die Sätze!*

1. Herr Müller ist Arzt. – 2. Ich habe Freude am Fernsehen. – 3. Das Programm war interessant. – 4. Der Mann hatte Mut. – 5. Der Junge

hatte den Mut, ins Wasser zu springen. – 6. Meinem Sohn macht das Lernen Schwierigkeiten. – 7. In unseren Bergen droht den Touristen Gefahr. – 8. Du nimmst Peters Ratschläge ernst. – 9. Der Fahrer ist mit seinem Wagen in den Straßengraben geraten. – 10. Der Professor hat in der letzten Woche einen Vortrag gehalten. – 11. Der Junge hat mich den ganzen Tag über in Ruhe gelassen. – 12. Dieses Metall kommt in der Natur rein vor. – 13. Die Polizei ist den Verbrechern auf die Spur gekommen. – 14. Das Kind hat in der Nacht Angst. – 15. Ich habe meine Bücher in den Schrank gestellt. – 16. Am letzten Wochenende haben sich hier Verkehrsunfälle ereignet.

→ 43.1

Verschämte Fernseher

19

Vor zehn Jahren war der Fall noch ganz klar: Damals, als die ersten Mattscheiben im trauten Heim zu flimmern begannen, hatte man halt entweder einen Fernseher, oder man hatte eben keinen. Und weder im einen noch im anderen Fall hat man eine besondere Ausrede gebraucht. Wenn man noch keinen hatte, dann vor allem deswegen, weil einem der Spaß im Moment noch zu teuer war. Besaß man aber schon einen, dann war man stolz darauf. In der Frühzeit des Pantoffelkinos fragten die noch ziemlich wenigen Mattscheibenpioniere jeden Bekannten, der ihnen über den Weg lief: „Wie hat Ihnen denn gestern das Quiz vom Dings gefallen?" Und wenn der arme Mensch dann zugeben mußte, daß er es leider gar nicht gesehen hatte, dann war er sowieso schon unten durch. Denn ein Mensch ohne Fernseher – ja über was hätte man mit dem denn reden sollen?!

Ein paar Jahre später war's dann schon ein bißchen anders. Die Fernsehantennen wucherten auf den Hausdächern wie die Pilze nach einem warmen Regen. Und auf einmal war es gar nicht mehr so besonders schick, einen Bildschirm daheim zu haben. Eher im Gegenteil. Denn ein Mensch, der Abend für Abend süchtig auf die Mattscheibe glotzte – o weh, dem war halt nicht mehr zu helfen. Mit dem konnte man doch gar nicht mehr vernünftig reden. Und auf einmal genierten sich manche Leute ein bißchen, daß sie sich überhaupt so ein Gerät angeschafft hatten, und sie verleugneten es verschämt. Denn jetzt hatten plötzlich jene Snobs Oberwasser, die

69

kategorisch erklärten, ein solcher Kasten komme ihnen nie und nimmer
ins Haus. Weil: Für schlichte Gemüter konnte das ja vielleicht ganz unter-
25 haltsam sein. Aber als denkender Mensch lehnte man es natürlich ab, sich
durch so ein Glotzophon völlig verblöden zu lassen.
Inzwischen ist aber auch diese Phase vorbei. Und jetzt trägt ‚man' wieder
eine andere Einstellung. Jetzt hat man natürlich einen Fernseher daheim,
ganz klar. Denn erstens gehört er heutzutage halt einfach dazu. Und wenn
30 man zweitens keinen hätte, dann täte das fast so aussehen, als ob man sich
die paar hundert Mark nicht leisten könnte. Man hat ihn also – aber man
benützt ihn nicht. Oder nur als Ablagefläche. Als eine Art Möbelstück.
Freilich, die Tagesschau dreht man hin und wieder einmal auf. Weil's ja
doch ganz interessant ist, was so alles in der Welt vorgeht. Aber dann,
35 wenn das Abendprogramm kommt – bäh! Dann wird sofort abgeschaltet.
Was soll's denn auch? Es ist ja doch immer der gleiche Schmarrn. Zweites
Programm? Drittes Programm? Man will sich doch nicht die Zeit stehlen
lassen. Man möcht' ja schließlich auch einmal ein gutes Buch lesen. Und
überhaupt!
40 So und so ähnlich kann man zur Zeit die Fernsehbesitzer räsonieren hören.
Allmählich könnte man fast ein bißchen Mitleid kriegen mit den Leuten, die sich in Freimann und in Mainz und anderswo so viel Mühe
machen, um ein abendfüllendes Programm zu liefern. Und dabei ist vielleicht die ganze Arbeit für die Katz'. Denn es gibt jetzt zwar schon bald
45 an die zehn Millionen Fernsehgeräte im Bundesgebiet. Aber wenn man
ihren Besitzern glauben darf, dann stehen diese Apparate meistens blind
und stumm in der Ecke herum.
Aber vielleicht darf man das halt doch nicht alles ganz so unbesehen glauben. Denn auch bei der Zeitung gibt es ja Leser, die jeden Tag masseln,
50 es stünde bloß lauter Unsinn drin. Und gerade die sind – wie man längst
weiß – die allertreuesten Abonnenten, die vom Streiflicht bis zum Wirt-
schaftsteil und von der Lokalspitze bis zu den kleinsten Sportmeldungen
nicht eine einzige Zeile ungelesen lassen.

Helmut Seitz

2 – *Mattscheibe:* hier ironisch für ‚Bildschirm'
7 – *Pantoffelkino:* hier scherzhaft für das Fernsehgerät in der Wohnung. (Man
   kann zu Hause in Pantoffeln umhergehen.)
8 – *Mattscheibenpioniere:* scherzhaft für die ersten Besitzer von Fernsehgeräten
9 – *Dings:* statt des Namens einer Person, den man vergessen hat. *Herr Dings*
22 – *Oberwasser haben:* s, im Recht fühlen (umgangssprachl.)
26 – *Glotzophon:* scherzhafte Wortbildung für ‚Fernsehgerät'

28 – *‚man' trägt wieder eine andere Einstellung:* ironische Übertragung des Werbeslogans: Man trägt wieder Hut (d. h. Es ist wieder modern, einen Hut zu tragen).

33 – *Tagesschau:* das Programm mit den Tagesnachrichten

36 – *Schmarrn:* bayerisch für ‚Unsinn'

42 – *Freimann:* Studio des Bayerischen Fernsehens im Münchener Stadtteil Freimann

Mainz: Studio des Deutschen Länderfernsehens

44 – *für die Katz':* vergebens (idiom.)

49 – *masseln:* kritisieren, räsonieren (umgangssprachl.)

51 – *Streiflicht:* Name der politischen Glosse in der Süddeutschen Zeitung

52 – *Lokalspitze:* (journalistisch) wichtigste lokale Meldung

Die freien Modalglieder 19.1
(Grammatik E 27, 82)

Die freien Modalglieder lassen die subjektive Stellung des Berichtenden zu seiner Mitteilung erkennen. Sie sind nicht an der Beschreibung des Sachverhalts oder der Umstände beteiligt. Daher lassen sie sich auch nicht wie andere Satzglieder erfragen oder negieren.

1. *Hoffentlich bekomme ich morgen einen* Brief.
2. *Vielleicht besucht uns morgen Herr Böhmer.*
3. *Leider ist Hans durch die* Prüfung *gefallen.*
4. *Sicher seid ihr gestern im Kino gewesen.*

Der Berichtende stellt seine Meinung häufig an den Anfang seiner Mitteilung. In diesem Falle steht das Modalglied im Vorfeld.

5. *Morgen bekomme ich hoffentlich einen* Brief.
6. *Ich habe erfahren, daß uns morgen Herr Böhmer vielleicht besucht.*
7. *Hans ist leider durch die* Prüfung *gefallen.*
8. *Ihr seid gestern sicher im Kino gewesen.*

Wenn ein Modalglied auf dem Satzfeld steht, folgt es meistens den gleichen Stellungsregeln wie die Partikel ‚nicht' zur Negation des Sachverhalts. Diesen Regeln folgen die meisten übrigen Modalglieder.

Übung 1: *Stellen Sie die folgenden Modalglieder ins Satzfeld!*
1. Hoffentlich regnet es morgen nicht. – 2. Leider ist meine Zimmermiete hoch. – 3. Vielleicht machen wir morgen einen Ausflug. – 4. Leider hast du dein schönes Haus verkauft. – 5. Hoffentlich ist die Straße jetzt besser als im letzten Jahr. – 6. Vielleicht sehen Sie morgen Ihren Freund wieder.

– 7. Leider müßt ihr morgen arbeiten. – 8. Hoffentlich kommt unser Zug in Stuttgart pünktlich an. – 9. Sicher kommt die Maschine aus Bombay mit Verspätung an. – 10. Glücklicherweise kann dein Freund Auto fahren. – 11. Wahrscheinlich geht Herr Müller jetzt aus dem Haus. – 12. Hoffentlich können wir nach dem Essen einen Spaziergang machen.

Übung 2: *Setzen Sie die Modalglieder richtig ein!*

1. Herr Breuer hat sein Haus verkauft. (auch) – 2. Ihr habt an uns gedacht. (kaum) – 3. Ich habe morgen keine Zeit. (wahrscheinlich) – 4. Peter wird morgen nach Bremen fahren. (auf keinen Fall) – 5. Hans ist in Bremen gewesen. (noch nicht) – 6. Wir sind dort gewesen. (auch noch nicht) – 7. Im Nachbardorf ist ein Feuer ausgebrochen. (vermutlich) – 8. Herr Meier hat in München mit seinen Geschäften Erfolg gehabt. (offensichtlich) – 9. Ich habe den teuren Mantel nicht gekauft. (natürlich) – 10. Hans war der Beste in der Klasse. (bestimmt) – 11. Die Frau hat sich nicht um ihr Kind gekümmert. (einfach) – 12. Mir ist es im Ausland schlecht ergangen. (leider)

19.2   **Die Rangattribute**
                                     (Grammatik E 39, 91)

1. *Herr Braun fährt sicher am* <u>Montag</u> *nach* <u>Hamburg</u>.

2. *Am Montag fährt sicher Herr* <u>Braun</u> *nach* <u>Hamburg</u>.

3. *Ich habe leider* <u>ihm</u> *das* <u>Geld</u> *gegeben.*

Subjektive Stellungnahmen können sich auch auf nur einen Teil eines Sachverhalts beziehen (vgl. die Negation Ziff. 18.1). In diesem Fall treten die Rangattribute vor das betreffende Satzglied, und das Satzglied erhält den Unterscheidungston. Das Rangattribut selbst bleibt unbetont.
Die obigen Beispiele drücken folgendes aus:

1. *Ich (der Sprecher) nehme an, daß es der* <u>Montag</u> *ist, an dem Herr Braun nach* <u>Hamburg</u> *fährt.*

2. *Ich nehme an, daß es Herr* <u>Braun</u> *ist, der nach* <u>Hamburg</u> *fährt.*

3. *Ich bedaure, daß* <u>er</u> *es war, dem ich das* <u>Geld</u> *gegeben habe.*

Das Rangattribut kann auch selbständig im Vorfeld stehen. Der Unterscheidungston klärt dann, auf welches Satzglied es sich bezieht.

72

1. *Sicher fährt Herr Braun am <u>Montag</u> nach <u>Hamburg</u>.*
2. *Sicher fährt Herr <u>Braun</u> am Montag nach <u>Hamburg</u>.*
3. *Leider habe ich <u>ihm</u> das <u>Geld</u> gegeben.*

Übung 1: *Setzen Sie die Rangattribute ein und lesen Sie den Satz laut!*

1. Ich nehme an, daß es sein Freund war, an den Peter einen Brief geschrieben hat. – 2. Ich bedaure, daß es der Sonntag ist, an dem wir nicht zu Hause sind. – 3. Ich hoffe, daß es Hans ist, auf den ich mich verlassen kann. – 4. Ich nehme an, daß es das schlechte Wetter war, weswegen das Gartenfest nicht stattfinden konnte. – 5. Ich bedaure, daß es bei der Prüfung war, während der ich so viele Fehler gemacht habe.

Übung 2: *Wiederholen Sie die obige Übung und setzen Sie die Rangattribute ins Vorfeld!*

Porträt des Jungen Nick

20

Das ist Nick: Ein junger Mann, er kann 17 oder 18 Jahre alt sein, vielleicht auch 20 – wer will das heute schon sagen? – hochgewachsen, sehr schlank. Er trägt enge schwarze Hosen, einen schwarzen Rollkragen-Pullover und gibt sich salopp. Aufschlußreich, wie er dasitzt – nein, sitzen kann man das eigentlich nicht nennen. Den Ellbogen auf der Rücklehne, **5** einen Fuß auf der unteren Leiste, bringt er es fertig, auch auf dem steifen, hohen Stuhl bequem und lässig zu kauern. Die Hände, schöne, vielleicht sogar ein bißchen zu schöne, sehr ruhige Hände, umgreifen das hochgezogene Knie. Genauso ruhig ist das Gesicht: Stirne, Augenbögen, Jochbogen, Nase, Mund und Kinn fügen sich zu einer klaren, harmonischen **10** Architektur. Selbst der Haarschnitt ist darin einbezogen. Die Augen, lang geschnitten, braun, blicken unter den geraden Brauen unbestimmt. Sie fassen nicht zu mit ihrem Blick. Es gibt Gesichter, die man nicht anschauen kann, ohne sich vorzustellen, wie sie wohl als Kindergesicht ausgesehen haben mögen oder wie das gleiche Antlitz einmal geprägt sein wird, wenn **15** es alt ist. Das Gesicht des jungen Nick reizt nicht zu solchen Gedankenspielen. Es ist zu wenig Spannung, zu wenig Leben, zu wenig Eigenart darin. In diesem Gesicht geschieht nichts, würde ein Maler vielleicht sagen

20 und es bei aller Schönheit der Form uninteressant, ja sogar langweilig finden. Das Gesicht, durch den schwarzen Rollkragen vom Körper abgehoben, wirkt wie eine retuschierte Fotografie.

Gusti Gebhardt

20.1   Die Sinngruppe

1. *In der Pause essen die Kinder ihr Brot.*
2. **In der großen Pause** *von 10 bis 10.30 Uhr* **essen die Kinder** *unseres Nachbarn* **ihr Brot,** *das ihnen die Mutter in die Schule mitgegeben hat.*

In einem Satz lassen sich im allgemeinen mehrere Sinngruppen erkennen. Diese Sinngruppen werden formalgrammatisch als Satzglieder bezeichnet.

Inhalt	grammatische Form
Sinngruppe	Satzglied

20.2

Satz 1	Satz 2
In der Pause	*In der großen Pause von 10 bis 10.30 Uhr*
e s s e n	*e s s e n*
die Kinder	*die Kinder unseres Nachbarn*
ihr Brot.	*ihr Brot, das ihnen die Mutter in die Schule mitgegeben hat.*

Beide Beispielsätze enthalten die gleichen Satzglieder. Die Satzglieder im Satz 2 sind jedoch durch weitere Inhalte erweitert, die die Funktionsträger näher erklären. Funktionsträger sind alle Wörter in einem Satz, die eine Satzgliedfunktion tragen. Bei erweiterten Satzgliedern wie im Satz 2 unterscheidet man den GLIEDKERN, das ist der Funktionsträger, und die ATTRIBUTE, das sind die Wörter, die den Gliedkern erklären. Wenn ein Attribut die Form eines Satzes hat, spricht man von einem ATTRIBUTSATZ.

20.3 Beachten Sie! Wenn man den Umfang eines längeren Satzglieds nicht erkennen kann, macht man die UMSTELLPROBE, d. h. man stellt das fragliche Satzglied ins Vorfeld. Wenn sich danach der Inhalt des Satzes nicht geändert hat, steht das vollständige Satzglied, also der Gliedkern mit allen dazugehörigen Attributen, im Vorfeld. Beispiel für die Umstellprobe:

a) In der großen Pause von 10 bis 10.30 Uhr *essen die Kinder* ...
b) Die Kinder unseres Nachbarn *essen in der großen Pause* ...
c) Das Brot, das ihnen die Mutter in die Schule mitgegeben hat, *essen die Kinder* ...

Man kann die Umstellprobe so oft wiederholen, wie der Satz Satzglieder besitzt.

Zahl der Umstellproben = Zahl der Satzglieder

Übung 1: *Machen Sie mit den folgenden Sätzen die Umstellprobe und teilen Sie danach die Satzglieder durch senkrechte Striche ab!*
1. Der Briefträger wirft jeden Tag alle unsere Briefe in den Briefkasten. – 2. Der Gipfel des Berges war hinter grauen Wolken verborgen. – 3. Jetzt fuhren wir mit dem Auto in die breite Straße, die direkt zum Bahnhof führt. – 4. Herr Gräbner hat seinem Neffen, dessen Ausbildung jetzt abgeschlossen ist, eine Stellung als Buchhalter verschafft. – 5. Allen unseren jungen und alten Zuschauern hat die Theateraufführung in der Aula des Karls-Gymnasiums außerordentlich gut gefallen.

Übung 2: *Teilen Sie die Satzglieder durch senkrechte Striche ab und unterstreichen Sie die Gliedkerne!*
1. In der heutigen Sitzung des Bundestages legte der Bundesverkehrsminister den Abgeordneten einen neuen Vorschlag zur Modernisierung des Straßennetzes in der Bundesrepublik vor. – 2. Vor Beginn eines neuen Baues bespricht der beauftragte Architekt mit dem Bauherrn die Pläne des Hauses bis in die kleinsten Einzelheiten. – 3. Bei Eintritt eines Praktikanten in einen Betrieb lernt der junge Mann zunächst seinen neuen Arbeitsplatz und alles nötige Werkzeug kennen. – 4. Heutzutage ist das Postauto für die Leute in den Dörfern, die abseits der Hauptverkehrsstraßen liegen, besonders wichtig. – 5. In Deutschland bekommen Sie in einem Spezialgeschäft für Milch und Butter neben Käse und Eiern immer auch verschiedene Brotsorten.

Das Attribut 20.4
(Grammatik E 28 ff., 89 ff.)

Stellung:	1.		
		Fleißige	Schüler
	Die	*fleißigen*	Schüler
	Mein	*brauner*	Anzug

2.	*Unser*		Garten *am Stadtrand*
	Das		Auto *als Verkehrsmittel*
3.		*Richards*	Freund
		Mutters	Regenschirm
	Der		Vater *unseres Lehrers*
	Der		Regenschirm *meiner Mutter*
4.	*Die*	*heutige*	Zeitung
	Die		Zeitung *von heute*

Die Attribute stehen vor oder hinter dem Gliedkern. Attribute, die vor dem Gliedkern stehen, müssen deklinierbar sein. Es können dort also niemals Adverbien stehen. Vorzugsweise stehen Adjektive vor dem Gliedkern. (Beispiele unter Ziffer 1)

Attribute mit Präpositionen (Präpositionalattribute) und Attribute mit Konjunktionen (Konjunktionalattribute) stehen hinter dem Gliedkern. (Beispiele unter Ziffer 2)

Genitivattribute können vor oder hinter dem Gliedkern stehen. (Beispiele unter Ziffer 3)

Einige Inhalte können vor oder hinter dem Gliedkern stehen. Wenn diese Inhalte normalerweise von Adverbien ausgedrückt werden, müssen diese Adverbien in Adjektive umgeformt werden, sobald sie vor dem Gliedkern stehen sollen. (Beispiele unter Ziffer 4)

20.5 **Der Satzgliedton** (Grammatik F 8):

> *Der Vater hat zu Weihnachten seinem ältesten Sohn* Skier *geschenkt.*
> *Der Vater hat zu Weihnachten seinem ältesten Sohn* Skier *geschenkt.*
> *(Den jüngeren Söhnen hat er etwas* anderes *geschenkt.)*

Innerhalb eines Satzglieds trägt ein Wort den stärksten Ton. Dies ist der Satzgliedton. Der Wortton der übrigen Wörter innerhalb des Satzglieds ordnet sich dem Satzgliedton unter.

Der Satzgliedton ruht auf dem Gliedkern, wenn das Attribut den Gliedkern lediglich erklärt (ERKLÄRENDES ATTRIBUT). Dient das Attribut jedoch zur Unterscheidung (UNTERSCHEIDENDES ATTRIBUT), zieht es den Satzgliedton auf sich.

20.6
1. *Wir wollen jetzt über Deutschlands Export sprechen.*
2. *Wir wollen jetzt über Deutschlands Export sprechen.*
  Wir wollen jetzt über den Export Deutschlands sprechen.
  Wir wollen jetzt über den Export aus Deutschland sprechen.

Können Attribute vor oder hinter dem Gliedkern stehen (z. B. beim Genitivattribut), so ist das nachgestellte Attribut meistens ein unterscheidendes Attribut. Vollkommene Klarheit darüber, ob es sich um ein erklärendes oder ein unterscheidendes Attribut handelt, gibt erst die Lage des Satzgliedtons.

Übung 1: *Lesen Sie die Sinngruppen mit dem richtigen Satzgliedton! Die Attribute sollen den Gliedkern erklären.*

1. die jungen Mädchen; die alten Bücher; mein neuer Wagen; – 2. ein fleißiger Schüler; Frankreichs Ministerpräsident; Deutschlands Hauptstadt; – 3. Peters Eltern; Frau Müllers Tochter; Vaters Arbeitszimmer; – 4. Mutters Nähmaschine; Herr Meier; Fräulein Breuer; – 5. Meister Eckehart; sehr schnell; ganz hinten; heute nachmittag.

Übung 2: *Lesen Sie die Sinngruppen mit dem richtigen Satzgliedton! Die Attribute sind unterscheidende Attribute.*

1. die Zeitung von heute; das Haus des Kaufmanns; – 2. die Hauptstadt Deutschlands; das Haus am Wald; – 3. der Zug München–Hamburg; oben auf dem Berg; – 4. nichts Neues; jemand Bekanntes; – 5. du als Schüler; du Dummkopf; – 6. wir Kaufleute; schnell wie der Wind.

Übung 3: *Setzen Sie die Attribute an der richtigen Stelle in der richtigen Form ein und markieren Sie den Satzgliedton! Lesen Sie den Satz laut!*

1. Im Garten spielen Kinder. (groß, klein, viel) – 2. Blumen stehen im Garten. (schön) – 3. Die Häuser in dieser Stadt gefallen mir nicht. (hoch) – 4. Der Mann sprang von der Straßenbahn ab. (fahren) – 5. Das Kind wurde ins Krankenhaus gebracht. (nah, verletzen) – 6. Seine Sehnsucht ist groß. (Heimat) – 7. Das Haus ist schön. (mein Vater) – 8. Der Junge geht nicht in die Schule. (hier) – 9. Meine Schwester hat großes Talent. (zeichnen) – 10. Ich bade gern im Wasser. (See) – 11. Er hat keine Freude. (moderne Musik) – 12. Wir haben alle den Wunsch. (reisen) – 13. Die Furcht kennen alle Wesen. (Tod) – 14. Wir wollen eine Reise machen. (Italien) – 15. Haben Sie schon die Zeitung gelesen? (heute) – 16. Die Tür führt in den Sitzungssaal. (rechts) – 17. Der Befehl wurde nicht gegeben. (marschieren) – 18. Hier liegt ein Brief. (neueres Datum) – 19. Eine Gruppe wartet auf den Zug. (junge Leute) – 20. Wir haben das Entbehrte endlich gefunden. (lang)

→ 45.1

21

Aus ‚Die Physiker‘

. . . .

MÖBIUS: Wir sind drei Physiker. Die Entscheidung, die wir zu fällen
haben, ist eine Entscheidung unter Physikern. Wir müssen wissenschaft-
lich vorgehen. Wir dürfen uns nicht von Meinungen bestimmen lassen,
sondern von logischen Schlüssen. Wir müssen versuchen, das Vernünftige
5 zu finden. Wir dürfen uns keinen Denkfehler leisten, weil ein Fehl-
schluß zur Katastrophe führen müßte. Der Ausgangspunkt ist klar.
Wir haben alle drei das gleiche Ziel im Auge, doch unsere Taktik ist
verschieden. Das Ziel ist der Fortgang der Physik. Sie wollen ihr die
Freiheit bewahren, Kilton, und streiten ihr die Verantwortung ab. Sie
10 dagegen, Eisler, verpflichten die Physik im Namen der Verantwortung
der Machtpolitik eines bestimmten Landes. Wie sieht nun aber die
Wirklichkeit aus? Darüber verlange ich Auskunft, soll ich mich entscheiden.

NEWTON: Einige der berühmtesten Physiker erwarten Sie. Besoldung und
15 Unterkunft ideal, die Gegend mörderisch, aber die Klimaanlagen ausgezeichnet.

MÖBIUS: Sind diese Physiker frei?

NEWTON: Mein lieber Möbius. Diese Physiker erklärten sich bereit, wis-
senschaftliche Probleme zu lösen, die für die Landesverteidigung ent-
20 scheidend sind. Sie müssen daher verstehen –

MÖBIUS: Also nicht frei. *Er wendet sich Einstein zu:* Joseph Eisler. Sie
treiben Machtpolitik. Dazu gehört jedoch Macht. Besitzen Sie die?

EINSTEIN: Sie mißverstehen mich, Möbius. Meine Machtpolitik besteht
gerade darin, daß ich zugunsten einer Partei auf meine Macht verzichtet
25 habe.

MÖBIUS: Können Sie die Partei im Sinne Ihrer Verantwortung lenken
oder laufen Sie Gefahr, von der Partei gelenkt zu werden?

EINSTEIN: Möbius! Das ist doch lächerlich. Ich kann natürlich nur hoffen,
die Partei befolge meine Ratschläge, mehr nicht. Ohne Hoffnung gibt
30 es nun einmal keine politische Haltung.

MÖBIUS: Sind wenigstens Ihre Physiker frei?

EINSTEIN: Da auch sie für die Landesverteidigung . . .

MÖBIUS: Merkwürdig. Jeder preist mir eine andere Theorie an, doch die
Realität, die man mir bietet, ist dieselbe: Ein Gefängnis. Da ziehe ich

mein Irrenhaus vor. Es gibt mir wenigstens die Sicherheit, von Politi- 35
kern nicht ausgenützt zu werden.

EINSTEIN: Gewisse Risiken muß man schließlich eingehen.

MÖBIUS: Es gibt Risiken, die man nie eingehen darf: Der Untergang der
Menschheit ist ein solches. Was die Welt mit den Waffen anrichtet, die
sie schon besitzt, wissen wir; was sie mit jenen anrichten würde, die 40
ich ermögliche, können wir uns denken. Dieser Einsicht habe ich mein
Handeln untergeordnet. Ich war arm. Ich besaß eine Frau und drei
Kinder. Auf der Universität winkte Ruhm, in der Industrie Geld.
Beide Wege waren zu gefährlich. Ich hätte meine Arbeiten veröffent-
lichen müssen, der Umsturz unserer Wissenschaft und das Zusammen- 45
brechen des wirtschaftlichen Gefüges wären die Folgen gewesen. Die
Verantwortung zwang mir einen anderen Weg auf. Ich ließ meine
akademische Karriere fahren, die Industrie fallen und überließ meine
Familie ihrem Schicksal. Ich wählte die Narrenkappe. Ich gab vor, der
König Salomo erscheine mir, und schon sperrte man mich in ein Irren- 50
haus.

NEWTON: Das war doch keine Lösung!

MÖBIUS: Die Vernunft forderte diesen Schritt. Wir sind in unserer Wissenschaft an die Grenzen des Erkennbaren gestoßen. Wir wissen einige
genau erfaßbare Gesetze, einige Grundbeziehungen zwischen unbegreif- 55
lichen Erscheinungen, das ist alles, der gewaltige Rest bleibt Geheimnis,
dem Verstande unzugänglich. Wir haben das Ende unseres Weges erreicht. Aber die Menschheit ist noch nicht so weit. Wir haben uns vor-
gekämpft, nun folgt uns niemand nach, wir sind ins Leere gestoßen.
Unsere Wissenschaft ist schrecklich geworden, unsere Forschung gefähr- 60
lich, unsere Erkenntnis tödlich. Es gibt für uns Physiker nur noch die
Kapitulation vor der Wirklichkeit. Sie ist uns nicht gewachsen. Sie geht
an uns zugrunde. Wir müssen unser Wissen zurücknehmen, und ich
habe es zurückgenommen. Es gibt keine andere Lösung, auch für euch
nicht. 65

EINSTEIN: Was wollen Sie damit sagen?

MÖBIUS: Ihr müßt bei mir im Irrenhaus bleiben.

· · · · · · · · · ·

Friedrich Dürrenmatt

Friedrich Dürrenmatt, Schweizer Dramatiker, geb. 1921.

79

Der Gliedsatz

(Grammatik E 80, 84, 94; D 125 f.)

21.1

1. *Wir haben mit Sicherheit erwartet, daß das Experiment glücken würde.*

2. *Kurt bat mich, seine Freunde bei den Verhandlungen zu unterstützen.*

3. *Der Schiffbrüchige rief, immer wieder von den Wassermassen mit elementarer Gewalt in die Tiefe gezogen, laut um Hilfe.*

Vielfach hat die Beschreibung eines Sachverhalts Satzgliedfunktion, d. h. innerhalb der Beschreibung eines Sachverhalts ist die Beschreibung eines anderen Sachverhalts eingeordnet. Da ein Sachverhalt nur durch einen vollständig ausgestalteten Satz beschrieben werden kann, tritt in diesem Falle ein Satz in einem anderen Satz auf. Dieser Satz im Satz hat die Funktion eines Satzglieds. Wegen seiner Satzform bezeichnet man dieses Satzglied als Gliedsatz. Wenn der Gliedsatz ein eigenes Subjekt hat, steht im Prädikat die Personalform.

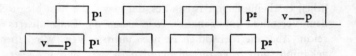

Anders ausgedrückt: EIN GLIEDSATZ IST EIN SATZGLIED MIT EIGENEM SATZSYSTEM (Beispiel 1).

21.2 Ist eine der im übergeordneten Satz genannten Rollen gleichzeitig Subjekt des Gliedsatzes, wiederholt man dieses im Gliedsatz nicht. Das Prädikat im Gliedsatz steht in der Infinitivform. Man bezeichnet den Gliedsatz in diesem Fall als INFINITIVSATZ (Beispiel 2).

21.3 Bezieht sich der Gliedsatz nur auf das Subjekt des übergeordneten Satzes, erscheint als Prädikat des Gliedsatzes lediglich das Partizip. Man bezeichnet diese Art des Gliedsatzes als PARTIZIPIALSATZ. Partizipialsätze sind im Deutschen relativ selten und können nur als freie Angabe auftreten (Beispiel 3).

Satz	Satzglied
SATZKERN	GLIEDKERN
Satzglied	Attribut

Bei Abfahrt des Zuges *nach Paris nachmittags um 5 Uhr (standen viele Leute auf dem Bahnsteig).*

Als *der Zug nachmittags um 5 Uhr nach Paris* **abfuhr,** *(standen viele Leute auf dem Bahnsteig).*

Während des Essens *(rauche ich nicht).*

Während *ich* **esse,** *(rauche ich nicht).*

SATZKERN ist das Prädikat mit der Prädikatsergänzung.

GLIEDKERN ist der funktionstragende Teil des Satzglieds mit dem Funktionskennzeichen.

Übung: *Bestimmen Sie die Funktion der Gliedsätze!*

1. Wir müssen versuchen, den richtigen Mann für unsere Arbeit zu finden. – 2. Du darfst keine Fehler machen, weil wir eine gute Arbeit abliefern wollen. – 3. Die Leute erklären sich bereit, die Arbeit zu übernehmen. – 4. Machtpolitik besteht darin, die Opposition zu unterdrücken. – 5. Wir können nur hoffen, daß politische Differenzen immer auf gütlichem Wege beigelegt werden. – 6. In der Zeitung stand, daß Inge geheiratet hat. – 7. Wir haben in der Zeitung gelesen, daß heute die Kinos geschlossen sind. – 8. Als die Frau die Explosion hörte, fiel sie, zu Tode erschrocken, in Ohnmacht. – 9. Wir sind zu spät in die Theatervorstellung gekommen, obwohl wir uns beeilt hatten. – 10. Als Peter kam, saßen wir gerade beim Essen.

→ **46.1**

Porträt der Schülerin Dorit

22

Dorit heißt das Mädchen, das da steil aufgerichtet, gespannt auf dem Stuhl sitzt. Ihre tiefschwarzen Haare fallen auf die Schultern und bedecken, zu Ponys geschnitten, die Stirn. Wenn sie den Kopf etwas zur Seite neigt, gleiten die Haare wie ein halber Vorhang über das Gesicht.

5　Es ist weiß und sehr angestrengt. Augenbrauen und Wimpernansatz sind
mit einem Stift betont, die Augenwinkel etwas schräg ausgezogen. Das
Gesicht lebt von den Augen. Die Traurigkeit darin macht betroffen. Eine
Traurigkeit, die keinen Ausweg kennt. Der Mund steht in diesem Gesicht,
als sei er aus einem älteren ausgeliehen. Aber das nimmt kaum einer wahr.
10　Die vielen sehen ein modernes junges Mädchen, wie alle anderen auch.
Selbst ihre Stimme sagt ihnen nichts. Diese schwingende Mädchenstimme,
aus der Distanz spricht. Und heimliche Angst.
Mittelgroß, zierlich, graziös in der Bewegung, ist Dorit mit sicherem Geschmack gekleidet. Zum Schottenrock ein dunkelgrüner, hochgeschlossener
15　Pullover, dazu eine korallenrote, lange Kette, zweimal um den Hals
geschlungen. Der Lippenstift ist auf die Farbe der Halskette abgestimmt.
Gäbe es den Kosmetikkasten, der die Farben des Gemüts in Tuben und
Döschen bereithält, so hätte man in dieses Gesicht ein paar Tupfen der
Heiterkeit gewischt, um es jung zu machen. Ob Dorit das aber gewünscht
20　hätte? Ist es nicht vielmehr ihr persönlicher Stil – traurig zu sein?

Gusti Gebhardt

22.1　　　　　　　　　　Der Attributsatz
　　　　　　　　(Grammatik E 37 f., 56 f., 62, 84, 92)

1. *Dort geht der Mann,* **den** *wir nach dem Weg gefragt haben.*
   Ich habe etwas gehört, **was** *dich sicher interessiert.*

2. *Ist dies eure Überzeugung,* **die** *ihr vertreten wollt?*
   Ich finde nicht die Muße, **die** *ich nötig habe.*
   War die Auskunft, **die** *ich euch gegeben hatte, richtig?*

3. a) *Galilei erbrachte den Beweis,* **daß** *sich die Erde um die Sonne
   dreht. (der Beweis für . . .)*
   Er gab mir Auskunft darüber, **daß** *sich Herr Müller endlich zum
   Kauf des Hauses entschlossen habe. (die Auskunft über . . .)*
   Wir sind nicht der Überzeugung, **daß** *sich die politische Lage noch
   verschlechtern kann.*
   Wir spielten die Szene, **wo** *Galilei dem Andrea den Umlauf der
   Erde um die Sonne erklärte.*
   Peter wollte mir die Frage, **wann** *er wieder zurückkomme, nicht
   beantworten.*
   Schliemann erklärte uns den Weg, **wie** *er Sprachen gelernt habe.*

   b) *Wir hatten Mühe, den Berg zu besteigen.*
   Seine Freude, uns wiederzusehen, war offensichtlich nicht groß.

Die Sitte, in einem Raum die Kopfbedeckung abzunehmen, ist nur im Abendland verbreitet.

Wenn Sachverhalte eine Person, eine Sache oder einen Begriff näher erläutern sollen, treten zu den Nomen (oder Pronomen) Attribute, die die Form eines Satzes haben. Man nennt sie daher Attributsätze.

Wenn das zu erklärende Nomen auch im Attributsatz eine Satzfunktion hat, wird der Attributsatz DURCH EIN RELATIVPRONOMEN eingeleitet. Das Relativpronomen vertritt das betreffende Nomen und zeigt mit seiner Form die Funktion an. Diese Art von Attributsätzen nennt man RELATIVSÄTZE. Beispiele unter Ziffer 1 und 2.

Erklärt der Attributsatz den Inhalt eines Begriffs, so werden die Attributsätze DURCH KONJUNKTIONEN UND ANDERE VERBINDUNGSTEILE eingeleitet. Beispiele unter Ziffer 3a. Enthält der Attributsatz kein eignes Subjekt, so wird er ohne Verbindungsteil als Infinitivsatz angeschlossen. Beispiele unter Ziffer 3b.

Unterscheiden Sie: **22.2**

1. *der Beweis,* **den** *er erbrachte,* ...
   die Frage, **die** *wir hatten,* ...
   die Entscheidung, **die** *er fällte,* ...
   die Hoffnung, **die** *er hegte,* ...
   der Mut, **den** *er zeigte,* ...

2. *der Beweis,* **daß** *er unschuldig ist,* ...
   die Frage, **ob** *er wirklich recht habe,* ...
   die Entscheidung, **wann** *wir abreisen sollten,* ...
   die Hoffnung, **daß** *er viel Geld verdienen würde,* ...
   der Mut, *ins kalte Wasser zu springen,* ...

Die Beispiele unter Ziffer 1 enthalten Attributsätze, die den genannten Begriff mit einer Person in Verbindung bringen. Die Attributsätze unter Ziffer 2 erklären den Inhalt der Begriffe.

1. a) *Er* **bewies,** *daß er unschuldig ist.* **22.3**
   b) *Er* **erbrachte den Beweis,** *daß er unschuldig ist.*

2. a) *Ich* **bin überzeugt,** *daß er unschuldig ist.*
   b) *Ich* **habe die Überzeugung,** *daß er unschuldig ist.*

3. a) *Es* **fiel** *uns* **schwer,** *die großen Koffer zu tragen.*
   b) *Wir* **hatten Mühe,** *die großen Koffer zu tragen.*

Wenn ein Attributsatz zu einer Prädikatsergänzung gehört, kommt er inhaltlich (nicht formal) einem Gliedsatz nahe.

1. a) *Was bewies er?*
   b) *Welchen Beweis erbrachte er?*
2. a) *Wovon bist du überzeugt?*
   b) *Welche Überzeugung hast du?*
3. a) *Was fiel euch schwer?*
   b) *Was für Mühe hattet ihr?*

Übung: *Setzen Sie die Attributsätze richtig ein!*

1. Das Mädchen heißt Dorit. (Es sitzt dort auf dem Stuhl.) – 2. Die Leute blickten zum Lautsprecher. (Aus dem Lautsprecher ertönte eine Stimme.) – 3. Unsere Überzeugung hat sich nicht geändert. (Die Lösung des Problems ist mit Schwierigkeiten verbunden.) – 4. Sein Mut ist bewundernswert. (Er klettert im Winter die steile Felswand hinauf.) – 5. Wir haben ihm alles geglaubt. (Er erzählte uns vieles.) – 6. Die Sitte ist sehr alt. (Man macht seinen Freunden und Verwandten zu Weihnachten Geschenke.) – 7. Ich kann seine Freude verstehen. (Seine Familie besucht ihn morgen nach so langer Zeit wieder.) – 8. Hier stelle ich dir Hans vor. (Im letzten Sommer bin ich mit seinen Freunden an die See gefahren.) – 9. Wir haben noch keine Entscheidung getroffen. (Wir bleiben hier oder nicht.) – 10. In den Ferien finden wir die Muße. (Wir lesen viele Bücher.) – 11. Ich bin der Überzeugung. (Wir haben in letzter Zeit große Fortschritte gemacht.) – 12. Peter hat eine Überzeugung. (Wir teilen sie nicht mit ihm.)

→ 47.1

23 Zwischen Merseburg und Frankleben

Steigen Sie in Merseburg in die Straßenbahn, die nach Frankleben führt, und Sie werden bald in die Gegend gelangen, von der Sie kaum werden sagen können, ob sie verzaubert oder verflucht ist. In der Nacht wird Sie wohl schon oft der Zug an diesen Stätten vorbeigeführt haben. Blickten Sie

5 durch das Fenster, so sahen Sie sich an einem immensen Lichtermeer vorbeigleiten, einer festlich illuminierten Welt, Labsal dem Aug'. Wie ein großer See aus silbernem Feuer liegen die Werke, eingetaucht in die

Schwärze der Nacht, und noch lange verharrt der Reisende in dem Gefühl, an einer außerordentlichen Kirmes vorbeigefahren zu sein, und in dem Bedauern, den Zug nicht angehalten zu haben. Sehen Sie, mein Lieber, das ist gewissermaßen unsere Place de la Concorde. Leider stinkt es nach Ammoniak, es ist streng verboten, sie zu betreten, die Menschen, die dort beschäftigt sind, sind Arbeiter, das Gift frißt an ihren Lungen, wie die Bagger in der Erde wühlen, aber sie erzeugen Kunstdünger, dem wir unser Brot verdanken. Hier stinkt's wie Giftgas – und es ist in der Tat ein leichtes, die Stoffe, aus denen man den Dünger herstellt, in Gift zu verwandeln, und die Geräte, in denen der Segen quirlt, zu Gasherden umzugestalten. Hielten Sie wirklich einmal an und stiegen Sie hier aus, Sie würden sehen, wie mörderisch der Kampf ist, den die Technik gegen das Land führt. Hier vollzieht sich der Untergang der Welt, auf daß sie gedüngt werde. Noch läuten hier und dort die Glocken von den kleinen Kirchtürmen der Dörfer, aber sie läuten mit jeder Stunde ihren eigenen Tod ein. Noch wiehert ahnungslos das Pferd im Stall, nicht wissend, daß es in dieser Gegend des eklatanten Fortschritts ein Überrest aus einer verschwundenen Zeit ist, anachronistischer als ein Mammut. Noch ertönt von den Weiden her das tiefe, friedliche Blöken der gehörnten Tiere, noch geht der Bauer im bäuerlichen Gang, mit geknickten Knien, über die Schollen, noch riecht es aus den Gehöften her warm und heimlich nach Mist und Tier und Milch und Heu. Aber die Vögel, die ahnungsvollsten und sensibelsten unter den Geschöpfen dieser Welt, sind seltener geworden und werden immer spärlicher, und ein alter Bewohner des Landes, Hüter eines Friedhofes, erzählte mir mit sachlichem Gleichmut, daß im Frühling die Lerchen nicht mehr trillerten, wie noch vor zwanzig Jahren.

Joseph Roth

Joseph Roth, Schriftsteller, geb. 1894 in Schwabendorf bei Brody (Galizien), gest. 1939.
Merseburg, Kreisstadt nahe Halle a. d. Saale (Sachsen, heute DDR).

Der Mitteilungswert und die Stellung der Satzglieder
(Grammatik E 50 ff., 58, 63 ff., 74 ff.)

Für die Stellung der Satzglieder auf dem Satzfeld ist der Mitteilungswert der einzelnen Inhalte maßgebend. Danach rückt das Satzglied, dem innerhalb des Sprechzusammenhangs ein höherer Mitteilungswert zukommt, weiter ans Ende des Satzfelds. (Vgl. 14.1)
Einige Satzglieder beanspruchen jedoch im Informationsbereich immer ihren festen Platz. Dieses sind 1. die PRÄDIKATSERGÄNZUNGEN (vgl. 14.2):

23.1

... – E – P² (P) und 2. die PRÄPOSITIONALOBJEKTE (vgl. 15.5): ... – op –
Op – P² (P). Beide Arten von Satzgliedern haben demnach stets ihren
festen Platz, von dem sie sich nicht verdrängen lassen: ... – op – Op – E
– P² (P).

Die Konkurrenz von Dativobjekt und Akkusativobjekt um ihre Stellung

23.2 Das Dativobjekt konkurriert mit dem Akkusativobjekt um seine Stellung
im Informationsbereich, wenn das Dativobjekt einen höheren Mitteilungswert beansprucht. Das Dativobjekt erhält dabei den Unterscheidungston.
– Od – Oa – (vgl. 15.3):

>..., *daß der junge Mann dem Mädchen die Blumen geschenkt hat.*

– Oa – Od –:

>..., *daß der junge Mann die Blumen dem Mädchen geschenkt hat.*

23.3 Indeterminierte Dativ- oder Akkusativobjekte beanspruchen untereinander immer den Platz im Informationsbereich, der dem Ende des Satzfelds am nächsten liegt. Indeterminierte Objekte haben stets einen höheren
Mitteilungswert als determinierte.
– Od – Oa –:

>..., *daß der junge Mann dem Mädchen Blumen geschenkt hat.*
>..., *daß der Lehrer dem Jungen einen Ball gegeben hat.*

– Oa – Od –:

>..., *daß der junge Mann die Blumen einem Mädchen geschenkt hat.*
>..., *daß der Lehrer den Ball einem Jungen gegeben hat.*

Die Konkurrenz der Angaben mit dem Dativ- und Akkusativobjekt um die Stellung

23.4 Auch die Angaben konkurrieren mit dem Dativ- und dem Akkusativ-
objekt um ihre Stellung im Informationsbereich, wenn sie einen höheren
Mitteilungswert beanspruchen. Wenn eine Angabe hinter dem Dativ- und
Akkusativobjekt steht, erhält sie den Unterscheidungston.
– A – Od – Oa – (vgl. 16.4):

>..., *daß der junge Mann gestern dem Mädchen die Blumen
>geschenkt hat.*

– Od – A – Oa –:

  ..., *daß der junge Mann dem Mädchen gestern die <u>Blu</u>men geschenkt hat.*

– Oa – A – Od –:

  ..., *daß der junge Mann die Blumen gestern dem <u>Mäd</u>chen geschenkt hat.*

– Od – Oa – A –:

  ..., *daß der junge Mann dem Mädchen die Blumen <u>ge</u>stern geschenkt hat.*

Mit einem indeterminierten Objekt kann eine freie Angabe nicht um den Platz auf dem Satzfeld konkurrieren. Sie muß immer vor dem indeterminierten Objekt bleiben. **23.5**

– Od – A – Oa –:

  ..., *daß der junge Mann dem Mädchen gestern <u>Blu</u>men geschenkt hat.*

– Oa – A – Od –:

  ..., *daß der junge Mann die Blumen gestern einem <u>Mäd</u>chen geschenkt hat.*

Zur deutschen Satzintonation

1. Der Hinweiston (Grammatik F 13): **23.6**

Der Hinweiston, der in seiner Stärke etwa dem Unterscheidungston (vgl. 17.6) entspricht, steht auf Demonstrativpronomen und auf Demonstrativadverbien, die auf einen im Nachfeld folgenden Gliedsatz oder Attributsatz hinweisen.

  ➝

Wir sind nur zu den Menschen freundlich, die auch uns gegenüber freundlich sind.

  ➝

Der Alte sprach mit den Leuten so undeutlich, daß wir seinem Gespräch nicht folgen konnten.

2. Der Reihenton (Grammatik F 12): **23.7**

Wenn zwei oder mehr Wörter in einem Satz in gleicher Funktion (Satzglied oder Attribut) auftreten, wird der Reihenton wirksam. Dabei trägt der letzte Funktionsteil in der Reihe den stärksten Ton, während der erste Funktionsteil in der Reihe den zweitstärksten Ton erhält.

87

Arbeitspause, Freizeit, Wochenend und Urlaub sind Errungenschaf-
ten der Arbeitnehmerorganisationen.

Der Jäger ißt einen über den anderen Tag Hühnchen, Hasenbraten,
Rehrücken und Ochsen-, Kalbs- oder Lämmbraten.

Herr Beneke trug ein kléines, sehr kurz geschnittenes, péchraben-
schwarzes Backenbärtchen.

23.8 **Innerhalb einer Angabengruppe** erhält die letzte Angabe den Reihenton.
Die erste Angabe innerhalb der Reihe trägt den zweitstärksten Ton.

Wir sind gestern nachmittag um 5 Uhr **mit dem Zug** *nach München*
gefahren.

Der Zug hatte bei seiner Ankunft **wegen des Schneesturms 30 Mi-**
nuten Verspätung.

Übung: *Lesen Sie den folgenden Text in der richtigen Intonation! Setzen*
Sie die Betonungszeichen ein!

(Satzton   _;   Unterscheidungston _ ;   Satzgliedton .;   Reihen-
ton ` ';   Hinweiston →)

MODISCHE KLEINIGKEITEN FÜR DEN SOMMER

Anmut und Charme gehören zu den begehrtesten weiblichen Eigenschaften.
Frauen, die sie als Patengeschenk in die Wiege gelegt bekamen, verraten
sie vor allem durch ihre Vorliebe für modische Accessoires: verspielte
zarte Seiden- und Chiffontüchlein, schicke Handtaschen, modische Gürtel
5   und aparte, ihren Typ unterstreichende Hütchen.

In diesem Sommer sind es in erster Linie die Handtaschen, die – getragen
zu den weiten, wippenden Röckchen – die Anmut ihrer Trägerinnen
hervorheben. Es sind entzückende geflochtene Körbchen in allen Größen
und Formen. Breit und ausladend aus grobem Stroh, trägt man sie zum
10   vormittäglichen Einkauf, zierlicher mit Lederdeckeln oder lose gebun-
denen Tüchern, passen sie zu duftigen Nachmittagskleidern. Sie sind deshalb zur Campingfahrt genauso geeignet wie zum Bummel auf der Kur-
promenade. Ihr größter Vorteil ist ihre Unempfindlichkeit.

Ganz besonders reizend harmonieren sie zu kecken Sonnenhüten aus wei-
15   chem Strohgeflecht, die für die Fahrt in den Süden beinahe unentbehrlich
sind.

→ 48.1

Nach Diktat verreist

24

Sie haben einen Brief bekommen von einem wichtigen Mann, der irgend
etwas unter sich hat. Soll ich Ihnen sagen, was sich an der Stelle findet,
wo sonst die Unterschrift war? Da steht in Schreibmaschinenschrift: gez.
Dr. E. Gal (nach Diktat verreist), i. A. – und nun handschriftlich – Blöker.
Fräulein Blöker ist die Sekretärin.
Ist Ihnen auch schon aufgefallen, daß immer mehr Chefs nach Diktat
verreisen?
Nach dem Diktat werden sie von unwiderstehlichem Reisedrang ergriffen. Kaum haben sie „Mit vorzüglicher Hochachtung" gesagt, halten sie
es nicht mehr aus, sie schnappen Hut und Aktentasche und sind fort. Es
muß eine Form der Managerkrankheit sein – der postdiktatorische Wan-
dertrieb. Das Leiden ist sehr ansteckend und verbreitet sich epidemisch.
Ein Chef, der es noch nicht hat, braucht nur einen Brief von einem nach
Diktat verreisten Chef zu bekommen, gleich spürt auch er die Symptome,
er diktiert nur noch schnell einen Brief und springt auf, es zieht ihn in die
Ferne.
Vielleicht zieht es ihn auch nur ins Café Backhaus nebenan oder zu Weib
und Kind. Aber man kann nicht gut schreiben „nach Diktat nach Hause
gegangen". Das sieht so dumm aus, nach nichts. Es ist nicht repräsentativ.
Ein Chef geht überhaupt nicht nach Hause, wenn es sich eben vermeiden
läßt. Er läßt sich an den Schlafwagen oder zum Flugplatz fahren, und
während man seinen Brief öffnet, verhandelt er bereits mit Sydney oder
Mdokolo über einen Millionenabschluß. So ist das mit den Männern, die
nach Diktat verreisen.
Um ihre Nasen weht der Wind der weiten Welt, und ein Lüftchen davon
kriegst du auch noch ab, wenn du einen Brief von ihnen liest. Sie haben
so viel unter sich, auch den Globus, den sie in wechselnden Richtungen
überschweben. Die bedeutenden Männer sind so viel unterwegs! Je bedeutender einer ist, um so mehr ist er unterwegs. Ist nicht hier, ist nicht da,
ist wohl in Amerika.
Ihn zu sprechen war deshalb schon länger unmöglich. Und jetzt ist es so
weit mit ihm gekommen, daß er auch nicht mehr unterschreiben kann.
Kann er aber unterschreiben, dann ist es klar, daß er kein richtiger hoher
Chef ist, nur so ein kleiner. Ortsfest und bedeutungslos! Nun ist es aber
das Bestreben der kleinen, auch große Chefs zu werden. Deshalb nehmen
sie nach der vorzüglichen Hochachtung Hut und Aktentasche. Nach Diktat
verreist.

Ich, hol's der Teufel, unterschreibe meine Briefe selber. Aus mir wird niemals ein bedeutender Mann, wenn das nicht anders wird. Ich verreise bloß ein- oder zweimal im Jahr, und dann diktiere ich vorher keine Briefe. Mich kann man so gut wie immer antreffen, ich sitze an meinem Schreibtisch, höchstens bin ich im Garten. Was sollen die Leute von mir denken? Ich muß es so einrichten, daß ich meine Arbeit in Hotelzimmern erledige, im Flugzeug oder im Schreibabteil des Schnellzugs, wo ich die Zugsekretärin in Anspruch nehme. Ich muß mehr verreisen! Vor der Abreise muß ich aber meinen Briefwechsel erledigen.

Frau Kwasniok wird wohl dahin zu bringen sein, daß sie meine Briefe unterschreibt. Frau Kwasniok wäscht bei uns das Geschirr und die Wäsche und hilft auch sonst im Haushalt. Alle diese Arbeiten verrichtet sie zu unserer vollen Zufriedenheit, und sie wird wohl auch tadellos unterschreiben können. Dann wird unter meinen Briefen stehen: Mit vorzüglicher Hochachtung gez. Hellmut Holthaus (nach Diktat verreist), i. A. Kwasniok. Das wird einen anderen Eindruck machen!

Während Frau Kwasniok unterschreibt, verreise ich in den Garten, wo ich ein bißchen hacke, oder in die Kreuz-Post, um an der Theke ein Viertele zu trinken.

Hellmut Holthaus

Zwei Sachverhalte in einem Satzrahmen
(Grammatik E 79)

24.1 $P^1 - s - A - \boxed{Oa - A - Oa - E} - P^2$

Der Lehrer sah gestern die Schüler auf dem Sportplatz Fußball spielen.

Wir haben die Frau auf der Straße laut um Hilfe rufen *hören.*

Herr Müller läßt sich seine Anzüge von einem bekannten Schneider machen.

Die Direktion läßt niemanden während der Arbeitszeit die Fabrik besichtigen.

Mitteilungen über die Wahrnehmung bestimmter Sachverhalte (z. B. sehen, hören, fühlen) erfordern mitunter eine Satzform, in der die zwei Sachverhalte in einem Satzrahmen stehen, 1. die Tatsache der Wahrnehmung und 2. der Inhalt der Wahrnehmung. Bei dieser Art der Mitteilung übernimmt *eine* Rolle *zwei* Funktionen. Diese Rolle erscheint in dem zunächst genannten Sachverhalt als Objekt. Gleichzeitig ist sie aber auch

90

Subjekt im folgenden Sachverhalt, ohne jedoch ihre Funktionskennzeichen als Objekt aufzugeben. Daher nimmt das Verb im zweiten Prädikat nicht die Personalform an. Die Satzglieder, deren Inhalte zur Beschreibung des zweiten Sachverhalts dienen, stehen hinter dem Objekt.

$P^1 - s - oa - A - \boxed{A - Oa - E} - P^2$ **24.2**

Hat er sie gestern auf dem Sportplatz Fußball spielen *sehen?*
Läßt du sie dir von einem guten Schneider machen?
Lassen Sie mich *heute* während der Arbeitszeit die Fabrik besichtigen?

$P^1 - s - oa - oa - A - \boxed{A - E} - P^2$

Lassen Sie mich *heute* die Fabrik besichtigen? – *Ich lasse Sie sie heute gerne* nach Arbeitsschluß besichtigen.
Er läßt mich sie *heute* nach Arbeitsschluß besichtigen.
Haben Sie die Kinder das neue Lied üben *hören?* – *Ja, ich habe sie es üben hören.*

Personalpronomen gehören auch bei diesen Sätzen in den Kontaktbereich (vgl. **15.3**).

Wir essen das Obst nur gewaschen.   **24.3**
Er trinkt den Kaffee immer schwarz.
Die Mutter singt das Kind in den Schlaf.

Ähnliche zweiseitige Beziehungen des Objekts sind bei obigen Beispielen festzustellen. Die dem Objekt nachgestellten Inhalte beziehen sich nur auf das Objekt und nicht auf das Subjekt. *(Das Obst ist gewaschen. – Der Kaffee ist schwarz. – Das Kind fällt in Schlaf.)*

Zum Gebrauch der Verben der Wahrnehmung: **24.4**

   1. *Am frühen Morgen höre ich* die Vögel im Garten singen.
      Ich sah den Jungen schlafend auf der Wiese liegen.
      Wir haben das Unheil kommen *sehen.*
      Der Alte fühlte seinen Tod nahen.

   2. *Ich habe gehört, daß die Vögel im Garten gesungen haben.*
      Ich habe gesehen, daß der Junge auf der Wiese gelegen hat.

   3. *Ich habe gehört, daß auf der Straße zwei Autos zusammengestoßen sind.*
      Ich habe gesehen, daß der Junge deine Tasche gefunden hat.

In den Beispielsätzen unter 1. wird die Aufmerksamkeit des Hörers auf die WAHRNEHMUNG gelenkt. Bei dieser Art der Mitteilung beschreibt man die Art der Wahrnehmung und den wahrgenommenen Sachverhalt in e i n e m Satzrahmen. Es lassen sich in dieser Form nur solche Sachverhalte beschreiben, die über einen Zeitraum verlaufen. Vergleichen Sie die Beispielsätze unter 3.

In den Sätzen unter 2. wird die Aufmerksamkeit des Hörers auf den festgestellten Sachverhalt gelenkt.

Übung 1: *Ändern Sie folgende Mitteilung so, daß die Aufmerksamkeit des Hörers auf den wahrgenommenen Sachverhalt gelenkt wird!*

1. Mein Freund hat dich gestern im Garten arbeiten sehen. – 2. Der alte Mann fühlte das Unwetter kommen. – 3. Die Hausbewohner sahen den Dieb fliehen. – 4. Ich habe in der Ferne ein Gewitter heranziehen sehen. – 5. In der Dunkelheit hörten wir einen Zug herannahen. – 6. Der Bahnwärter sah von ferne den Zug herankommen. – 7. Ich höre die Kinder im Nebenzimmer sprechen. – 8. Ich fühlte mein Herz vor Aufregung heftig schlagen. – 9. Hören Sie jemanden kommen? – 10. Kannst du das Telefon klingeln hören? – 11. Ich habe jemanden durch die Tür gehen hören. – 12. Fühlst du deine Kopfschmerzen nachlassen?

Übung 2: *Beschreiben Sie die Wahrnehmung folgender Sachverhalte:*

1. Aus der Wasserleitung tropft Wasser. – 2. Das Telefon hat geklingelt. – 3. Die beiden Jungen sprechen miteinander. – 4. Vom Berg geht eine Lawine herunter. – 5. Meine Füße werden müde. – 6. Die Stimmen werden lauter. – 7. Das Kind weint. – 8. Das Licht an deinem Wagen brennt. – 9. Ein Gewitter naht heran. – 10. Das Radio spielt im Nebenzimmer. – 11. Die Arbeiter arbeiten auf der Baustelle. – 12. Ein Schnupfen kommt.

24.5 a) Die als Subjekt genannte Person gibt den AUFTRAG, den genannten Sachverhalt zu verwirklichen; die Mitteilungsperspektive ist auf die handelnde Person gerichtet.

Der Lehrer läßt *die Schüler* einen Aufsatz schreiben.

Ich habe *den Gepäckträger* meine Koffer zum Bahnhof bringen lassen.

Wir lassen *das Reisebüro* unsere Schiffskarten besorgen.

b) Die Mitteilungsperspektive geht von der Rolle aus, die die Doppelfunktion hat (vgl. **24.**1). Wenn der Sachverhalt als Vorgang beschrieben wird, folgt der Urheber der Präposition *von* und das Mittel oder
der Vermittler der Präposition *durch.*

Der Lehrer läßt *den Aufsatz* von den Schülern schreiben.
Ich habe *meine Koffer* vom Gepäckträger zum Bahnhof bringen
lassen.
Wir lassen *unsere Schiffskarten* durch ein Reisebüro besorgen.

Die als Subjekt genannte Person stört nicht den Ablauf des beschriebenen   **24.6**
Sachverhalts.

Die Eltern lassen *ihre Kinder* im Garten spielen.
Die Polizei läßt *niemanden* in das Gebäude eintreten.
Läßt *dich* dein Vater ins Kino gehen?

Das Subjekt ändert einen unangenehmen oder schädlichen Sachverhalt   **24.7**
nicht.

Warum läßt du *diese schönen Blumen* vertrocknen?
Peter hat *mich* vor dem Bahnhof warten lassen.
Die Passanten haben *den Verletzten* hilflos liegenlassen.

Das Subjekt vergißt, einen Gegenstand mitzunehmen, oder läßt ihn   **24.8**
zurück, obwohl das Gegenteil zu erwarten wäre.

Ich habe *meine Bücher* zu Hause liegenlassen.
Hoffentlich hast du *den Hausschlüssel* nicht steckenlassen.
Der alte Professor hat schon wieder *seinen Schirm* stehenlassen.

Das Subjekt nimmt einen Gegenstand absichtlich nicht mit. Der Unter-   **24.9**
schied von dem unter Ziff. **24.**8 beschriebenen Gebrauch zeigt sich bei der
Bildung des Perfekts.

Der Lehrer hat den Satz an der Tafel stehen *gelassen*, damit ihn die
Schüler abschreiben können.
Ich habe das Geld, das ich gefunden habe, liegen *gelassen*.
Bei unserem Umzug haben wir die Gardinen in der alten Wohnung
hängen *gelassen*, weil sie nicht an die Fenster der neuen Wohnung
passen.

Die vom Subjekt bezeichnete Tatsache oder Sache fördert den genannten   **24.10**
Sachverhalt.

93

Die Sonne läßt *die Wäsche* schnell trocknen.
Die Sorgen lassen *mich* nicht schlafen.
Der Regen läßt *die Pflanzen* gut gedeihen.

24.11 Die als Subjekt bezeichnete Sache eignet sich für den im Prädikat genannten Gebrauch. Über den Gebrauch des Reflexivpronomens vgl. **5.3.**

Dieses Holz läßt sich gut verarbeiten.
Die Ware läßt sich gut verkaufen.
Dein Fahrrad läßt sich schwer fahren.

24.12 Bemerkung:

Zum Ausdruck der Beziehung einer Sache zu ihrem Verwendungszweck gebraucht man das Verb *lassen* mit dem Reflexivpronomen. Subjekt ist das unpersönliche Pronomen *es*.

Auf diesem Papier läßt es sich gut schreiben.
In diesem Sessel läßt es sich bequem sitzen.

24.13 Die Beziehungen von Umständen zu bestimmten Sachverhalten werden ohne Subjekt beschrieben.

Bei Regen (Wenn es regnet,) läßt sich gut schlafen.

24.14 Ebenso werden Beziehungen von Personen zu bestimmten Sachverhalten ohne Subjekt ausgedrückt.

Mit deinem Bruder läßt sich leicht verhandeln.

Übung 1: *Die folgenden Sachverhalte werden veranlaßt. Setzen Sie den geeigneten Auftraggeber ein!* (ich, wir, der Arzt, der Beamte, die Polizei, der Regisseur)

1. Der Gärtner hat unseren Garten umgegraben. – 2. Der Verletzte wurde sofort ins Krankenhaus gebracht. – 3. Das Mittagessen wird morgen für 12 Uhr vorbereitet. – 4. Mein Anzug wird von einem guten Schneider gemacht. – 5. Im kommenden Herbst wird ein neues Theaterstück aufgeführt. – 6. Ich fahre mit einem Taxi zum Flugplatz. – 7. An der Grenze werden die Pässe vorgezeigt. – 8. Mir wird ein neuer Radioapparat geschickt. – 9. Der Dolmetscher übersetzt mir den englischen Brief. – 10. Der Film wird verboten.

Übung 2: *Die folgenden Sachverhalte werden geduldet. Setzen Sie geeignete Person als Subjekt ein!* (der Bauer, der Autobesitzer, das Dienstmädchen, meine Eltern, der Grundstücksbesitzer, die Mutter, der Tierwärter, der Vater)

1. Ich gehe mit meinem Freund zum Schwimmen. – 2. Der Junge liest den Kriminalroman. – 3. Wir schlafen sonntags länger. – 4. Die Leute füttern im Zoo die Tiere. – 5. Das Kind fährt mit seinem Roller auf der Straße. – 6. Helga ißt das ganze Kompott auf. – 7. Die Autos fahren über die Privatstraße. – 8. Das Radio spielt den ganzen Tag. – 9. Vor dem Wohnhaus läuft der Motor des Wagens. – 10. Die Äpfel verfaulen unter dem Baum.

Übung 3: *Ergänzen Sie die Beschreibungen der Sachverhalte!*

1. In der Klasse liegen Bücher. Der Lehrer . . . . . – 2. In der Garderobe hängt ein Mantel. Herr Müller . . . . ., weil er noch einmal zurückkommt. – 3. Meine Tasche liegt noch im Büro. Ich muß zurück, weil ich . . . . . – 4. Mein Koffer steht noch im Hotel. Ich . . . . ., weil er zu schwer zu tragen ist. – 5. Die Landkarte hängt noch in der Klasse. Die Schüler . . . . . – 6. Ich muß zum Fundbüro gehen, denn ich habe im Zug meinen Fotoapparat . . . . . – 7. Auf dem Tisch liegt noch Geld. Ich habe es für den Kellner . . . . . – 8. Ich muß noch einmal nach Hause. Ich habe meinen Wohnungsschlüssel in der Tür . . . . .

→ 49.1

Was ist Reichtum?

25

Was ist Reichtum: Geld haben, Geld zeigen oder Geld ausgeben? Wie arm ist ein Verschwender, der bei einer Million Mark Schulden sein standesgemäßes *süßes Leben* in Saus und Braus genießt? Wie reich ist ein Monarch, der spartanisch lebt und die Kronjuwelen, die ihn den Illustrierten zufolge zu einem der reichsten Männer der Erde machen, weder verkaufen will noch auch nur verkaufen könnte, ohne sein Volk auf die Barrikaden zu treiben? Wie reich war ein Patrizier des 16. Jahrhunderts, der sich seine Zähne ohne Narkose vom Bader ziehen lassen mußte, verglichen mit einem Facharbeiter von heute, der Auto, Kühlschrank und Fernsehtruhe besitzt? Wenn man sich überhaupt auf einen Begriff von Reichtum einigen kann, dann muß man sich wohl auf Vergleiche unter Zeitgenossen beschränken und etwa sagen: Reich ist, wer mehr Geld oder Sachwerte besitzt als die übrigen Bewohner seines Lebenskreises. Das heißt aber: Wer sich reich fühlen will, muß nicht einfach *viel Geld* haben oder *mehr Geld* als früher – er muß mehr haben *als seine Nachbarn*. Reichtum ist ein Begriff, der vom Gegensatz lebt und mithin im Wohlfahrtsstaat seinen Zauber verliert. *Alle* reich machen – das wäre soviel wie alle Teilnehmer eines Wettlaufs zu Siegern erklären.

20 Bei diesen verwickelten Erwägungen sind wir obendrein in materiellen Maßstäben befangen. Ein Kranker wird aber vor allem den Gesunden reich finden und ein Schiffbrüchiger den Mann am Lande. In der Wüste kann ein Liter Wasser mehr wert sein als ein Zentner Gold und in Krisenzeiten ein einfallsreicher Kopf mehr als eine Fabrik, die gestern noch Millionen umsetzte. Unter gleichen materiellen Umständen ist der der

25 Reichere, der die geringeren Bedürfnisse hat, und den Reichsten dürfte man vielleicht den Lebenskünstler nennen, der die kleinen Dinge zu genießen vermag: ein warmes Bett wie das Schulmeisterlein Wuz oder bloß das Sonnenlicht des Diogenes. Reichtum kann sein, in Harmonie mit sich zu leben, und ebenso das Gegenteil davon: aus dem Zwiespalt, aus dem

30 Leiden an der Welt schöpferisch zu werden. Reich ist, wer sich dafür hält, und wäre es ein Taugenichts, ein Bettler, mit und ohne Millionen.

3 – *Das süße Leben* (Dolce vita) ist der Titel eines Filmes von Federico Fellini. Der Film schildert das sinnlose und hoffnungslose Treiben einer sogenannten ‚guten' Gesellschaft, die sich ihrer selbst überdrüssig ist.

27 – *Schulmeisterlein Wuz:* Figur aus ‚Leben des vergnügten Schulmeisterlein Maria Wuz' von Jean Paul (geb. 1763 in Wunsiedel, gest. 1825).

Eine Rolle in zwei syntaktischen Funktionen

25.1 Bei der Beschreibung einiger Sachverhalte tritt EINE Rolle in zwei verschiedenen syntaktischen Funktionen auf, nämlich als Subjekt UND als Objekt. Subjekt und Objekt sind in diesen Fällen in der Person oder Sache identisch. Diese Identität wird bei der 3. Person durch das Reflexivpronomen *sich* und bei den übrigen Personen durch das Personalpronomen ausgedrückt.

Der junge Mann beschäftigt *sich* mit seiner Arbeit.
Ich beschäftige *mich* mit Gartenarbeit.
Hast *du dir meine Telefonnummer* gemerkt?
Ich habe *mir eine schwierige Aufgabe* gestellt.

25.2 Wenn *Handlungen* sich normalerweise auf eine als Objekt genannte Person oder Sache erstrecken, aber auch die als Subjekt beschriebene Person betreffen, wird die Identität in der Person durch das Reflexivpronomen oder das zutreffende Personalpronomen gekennzeichnet.

96

Der Junge setzt *das Kind* auf den Stuhl. (keine Identität)
Der Junge setzt *sich* auf den Stuhl. (Identität)
Ich setze *mich* auf den Stuhl. (Identität)
Das Mädchen putzt *dem Gast* die Schuhe. (keine Identität)
Das Mädchen putzt *sich* die Schuhe. (Identität)
Wir putzten *uns* die Schuhe. (Identität)

Adjektive, die in solchen Sätzen als Prädikatsergänzungen auftreten,   **25.3**
nennen das Sein, das am Ende der Handlung eintritt.

> Das Kind ißt sich *satt*.
> Wir haben uns *müde* gearbeitet.

Handlungen, die Personen *gegenseitig* ausführen, zeigen die Identität der   **25.4**
Personengruppe ebenfalls durch das Reflexivpronomen oder durch Personalpronomen.

> *Die Kinder* streiten *sich* auf dem Schulhof.
> *Wir* haben *uns* gestern angenehm unterhalten.

Die Beschreibung einiger Handlungen verlangt, daß Personen, die als   **25.5**
Subjekt genannt werden, im Satz auch als Objekt wiederholt werden.

> *Der Junge* verbeugt *sich* vor dem Lehrer.
> *Ich* beeile *mich* mit der Arbeit.
> *Wir* begnügen *uns* mit wenig Geld.

Auch bei einigen *Vorgängen* wird die als Subjekt genannte Person noch-   **25.6**
mals als Objekt wiederholt.

> *Der Junge* freut *sich* über das Geschenk.
> *Ich* habe *mich* in der Hausnummer geirrt.
> *Du* hast *dich* gestern überarbeitet.

Erfüllt eine Sache den Zweck, für den sie bestimmt ist, erscheint sie im   **25.7**
Satz ebenfalls als Subjekt und Objekt. Vgl. **5.3.**

> *Die Tür* öffnet *sich*.
> *Das Geschäft* macht *sich*.
> *Die Ware* verkauft *sich* gut.

Wenn Vorgänge mit Prädikatsergänzungen beschrieben werden, die for-   **25.8**
mal als Subjekt auftreten, stehen häufig reflexive Verben im Prädikat.
Vgl. **39.1.**

> Gestern ereignete *sich* auf der Straße *ein Unfall*.
> Zwischen den verfeindeten Brüdern spielte *sich ein Drama* ab.

Bei einigen Beschreibungen von Sachverhalten, die ein Sein darstellen und sich auf Personen beziehen, erscheint die Rolle ebenfalls in zwei Funktionen.

Nach getaner Arbeit ruhe *ich mich* aus.

Sonntags schlafen *wir uns* aus.

Bei Sachsubjekten, deren Sein auf einen Raum bezogen wird, erscheint die Doppelfunktion.

Der Wald erstreckt *sich* bis zum Flußufer.

Vor uns erhob *sich ein hoher Turm.*

Die Straße windet *sich* den Berg hinauf.

Übung: *Beziehen Sie die folgenden Handlungen auf das Subjekt und nicht, wie bei den Beispielsätzen, auf eine andere Person!*

1. Die Mutter schneidert ihrer Tochter ein neues Kleid. – 2. Ich putze meinem Freund die Schuhe. – 3. Die Sekretärin macht ihrem Chef eine Tasse Tee. – 4. Wir haben unseren Kindern neue Schuhe gekauft. – 5. Du hast mich verletzt. – 6. Du hast mir in den Finger geschnitten. – 7. Darf ich Ihnen meinen Freund vorstellen? – 8. Können Sie mir meinen Radioapparat reparieren? – 9. Die Jungen schlagen den Hund. – 10. Ihr wascht den Kindern die Hände.

Die Personenangabe
(Grammatik E 26, 78)

25.9   Bei der Beschreibung eines Sachverhalts können mitunter Personen genannt werden, die nicht an der Verwirklichung des Sachverhalts beteiligt sind, also keinen Rollencharakter tragen; diese Personen können zu dem beschriebenen Sachverhalt in mehrerlei Beziehung stehen. Ihrer Funktion nach lassen sie sich als Personenangabe bezeichnen und sind außer an ihrer Stellung im Satz auch an ihrer Form zu erkennen. In den meisten Fällen werden sie durch den Dativ, sonst aber auch durch eine Präposition gekennzeichnet. Vergleichen Sie:

Peter bringt *seinem Freund* den Brief zur Post.

Der SACHVERHALT ist: Peter bringt den Brief zur Post.

ROLLEN: Peter, Brief   PERSONENANGABE: sein Freund

Der beschriebene Sachverhalt kann mit der in der Personenangabe genannten Person in folgenden Beziehungen stehen:

Die HANDLUNG geschieht im Interesse einer anderen, mit der Personenangabe bezeichneten Person:

25.10

> Hans übersetzt *seinem Vater* den Brief ins Deutsche.
> Die Mutter kocht *uns* das Essen. Sie kocht *für uns* das Essen.
> Der Junge öffnet *der Dame* die Tür.

Die HANDLUNG wird von einer anderen Person als erwartet ausgeführt; die als Subjekt genannte Person vertritt jemandes Stelle.

25.11

> Mein Bruder geht heute *für mich* zur Arbeit.
> Ich bleibe *für dich* heute abend zu Hause.

Ein SEIN wird auf die in der Personenangabe genannte Person bezogen. Für diese Person ist das Sein von Bedeutung, für andere kann es bedeutungslos sein.

25.12

> Peter ist *mir* ein guter Freund.
> Ihr Besuch wird *ihm* eine Ehre sein.
> Ist mein Besuch *für ihn* wirklich eine Ehre?

Die Wertung eines Seins oder eines Geschehens wird auf die in der Personenangabe genannte Person bezogen. Das ausreichende Maß wird durch *genug* und das Übermaß durch *zu* wiedergegeben.

25.13

> Dein Hut ist *mir* zu klein. Dein Mantel ist *mir* groß genug.
> Die Arbeit ist zu schwer *für mich.*
> Die Frau redet *mir* zu viel.
> Der Italiener spricht *mir* zu schnell.

Die Personenangabe steht hier im *Dativ,* wenn die Feststellung auf Grund einer Erfahrung gemacht wurde. Beruht die Feststellung nur auf einem Eindruck, so steht die Personenangabe mit der Präposition *für.*
Der Sprecher nimmt starken Anteil an der Verwirklichung oder Nichtverwirklichung des geschilderten Sachverhalts. Diese Ausdrucksform läßt sich nur gebrauchen, wenn ein anderer als der Sprecher die Handlung ausführt. Man findet diesen Ausdruck der Anteilnahme hauptsächlich in Aufforderungen.

25.14

> Komme *mir* pünktlich nach Hause!
> Fahre *mir* auf der Straße ja vorsichtig!
> Daß du ihm *mir* ja nicht das Geld gibst!
> Peter wird ihm *mir* hoffentlich das Geld gegeben haben.

Man beachte das mögliche Zusammentreffen zweier Personalpronomen im Dativ: – s – od – Ap –.

Bezieht sich das Dativobjekt auf den Sprecher, fällt die Personenangabe mit dem Objekt zusammen:

Daß du *mir* morgen ja bei der Arbeit hilfst!

(statt: Daß du *mir mir* morgen ja bei der Arbeit hilfst!)

Übung 1: *Lesen Sie folgende Äußerungen ohne Personenangabe! Unterstreichen Sie die Personenangabe und lesen Sie nochmals die vollständige Äußerung!*

1. Der Gärtner hat uns unseren Garten umgegraben. – 2. Daß du mir ja bei der Prüfung richtige Antworten gibst! – 3. Glaube mir diesem Menschen nicht! – 4. Hoffentlich fällt mir das Kind nicht aus dem Fenster. – 5. Wirf mir die Tür nicht so laut zu! Du weckst mir ja die Kinder auf! – 6. Erzähle ihm mir ja nichts von unseren Erlebnissen! – 7. Bringt mir den Brief möglichst bald zur Post! – 8. Übersetzt mir den Text genau!

Übung 2: *Die Handlungen werden nicht von den Personen ausgeführt, die im ersten Satz Subjekt sind. Vervollständigen Sie die folgenden Sätze!*

1. Du brauchst keinen Käufer für deinen Wagen zu suchen. Ich . . . . . – 2. Der Hotelgast braucht nicht sein Bett zu machen. Das Zimmermädchen . . . . . – 3. Der Direktor braucht keine Briefe zu schreiben. Seine Sekretärin . . . . . – 4. Du brauchst den Brief nicht mühselig abzuschreiben. Ich diktiere . . . . . – 5. Herr Müller braucht den Brief nicht zur Post zu bringen. Der Lehrling . . . . . – 6. Du brauchst die Strümpfe nicht zu stopfen. Meine Schwester . . . . . – 7. Frau Meier braucht das Paket nicht von der Post abzuholen. Die Tochter ihrer Nachbarin . . . . . – 8. Ich brauche den Brief nicht selbst an die Firma zu schreiben. Die Sekretärin . . . . . – 9. Der Hotelgast braucht seine Koffer nicht selbst zum Bahnhof zu tragen. Der Hotelpage . . . . . – 10. Ich muß meine Arbeit selber machen. Niemand . . . . .

Kausalangaben in Passivsätzen
(Grammatik E 24, 74 ff., 86)

25.15 Das Passiv ist ein grammatisches Mittel, um eine Handlung als Vorgang darzustellen (vgl. 5.2) oder um die Mitteilungsperspektive zu verändern (vgl. 30.1–6). Wenn ein Vorgang beschrieben wird, verzichtet man im allgemeinen auf die Beschreibung des Urhebers oder der Ursache. Doch mitunter kommt diesen ein bestimmter Mitteilungswert zu. In diesem Falle erscheint der Urheber oder die Ursache als KAUSALANGABE.

Der Arzt ist *von einem der Passanten* um Hilfe gebeten worden.
Dieses Zimmer ist uns *durch ein Reisebüro* vermittelt worden.
Am Abend werden diese Berge *vom Mond* wunderschön beleuchtet.
In der Nacht wird das Rathaus *von Scheinwerfern* angestrahlt.

25.16 Beim ‚Passivsatz‘ werden für die Funktionsteile weitere Stellungsregeln wirksam. Nach diesen Regeln konkurriert innerhalb des Informationsbereichs das Subjekt mit den Dativ- und Akkusativobjekten und den Angaben um den letzten Platz. Dabei beansprucht das indeterminierte Subjekt den Platz hinter den Funktionsteilen, mit denen es konkurriert. An dieser Stelle erhält es einen höheren Mitteilungswert und zieht den Satzton auf sich.

Unter Berücksichtigung der bekannten Stellungsregeln ergibt sich folgende Ordnung der Satzglieder auf dem Satzfeld:

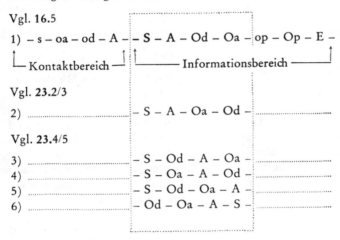

Vgl. 16.5

1) – s – oa – od – A – – S – A – Od – Oa – op – Op – E –
└─ Kontaktbereich ─┘ └────── Informationsbereich ──────┘

Vgl. 23.2/3

2) .... – S – A – Oa – Od – ....

Vgl. 23.4/5

3) .... – S – Od – A – Oa – ....
4) .... – S – Oa – A – Od – ....
5) .... – S – Od – Oa – A – ....
6) .... – Od – Oa – A – S – ....

Übung: *Vergleichen Sie die Stellung der Funktionsteile mit den obigen Regeln!*

1. Wir haben gesehen, daß die Läden abends von den Besitzern verschlossen werden. – 2. Ich habe gelesen, daß von dem Makler morgen ein Haus verkauft wird. – 3. Heute wird der Minister von der Bevölkerung auf dem Bahnhof empfangen. – 4. Ist dem Reisenden das Zimmer durch ein Reisebüro vermittelt worden? – 5. Mir ist durch das Reisebüro ein Zimmer vermittelt worden. – 6. Hast du gehört, daß Herrn Müller der neue Wagen von einem unbekannten Dieb gestohlen wurde? – 7. Ich habe

beobachtet, daß die alte Dame von den Leuten auf der Straße höflich gegrüßt wird. – 8. Es stand in der Zeitung, daß der Autodieb gestern von Passanten beobachtet worden ist. – 9. Wird den Gästen morgens das Frühstück vom Kellner auf das Zimmer gebracht? – 10. Ich weiß nicht, ob den Gästen morgens vom Kellner ein Frühstück aufs Zimmer gebracht wird. – 11. Mir ist von meiner Freundin ein interessantes Buch zum Geburtstag geschenkt worden. – 12. Wurdet ihr von dem Verletzten um Hilfe gebeten?

→ 50.1

■■■ TEIL B ■■■

| 26 | **Der Satz, seine Funktionsteile und deren Kennzeichen** |

(Grammatik E 42 ff.)

26.1 Ein Satz enthält immer die Beschreibung eines Sachverhalts. Die Beschreibung ist vollständig, wenn der Satz vollständig ist.

26.2 Innerhalb eines Satzes sind Sinnträger und Sinngruppen erkennbar. Sie sind die FUNKTIONSTEILE des Satzes. Die Funktionsteile sind die kleinsten Baueinheiten eines Satzes. Mit dem richtigen Zusammenspiel der Funktionsteile entsteht die grammatische Form des Satzes. Die Sinnträger und Sinngruppen tragen Kennzeichen, an denen man ihre Funktion erkennen kann. Diese Kennzeichen heißen FUNKTIONSKENNZEICHEN.

Zu *der gestrigen Feier in unserem Hause* [1] / **hat** [2a] / **der** *Direktor der Firma meines Vaters* [3] / *meiner Familie* [4] / *seine herzlichsten Glückwünsche* [5] / **gesandt.**[2b]

Fünf Sinngruppen – fünf Funktionsteile:

1. *zu der gestrigen Feier in unserem Hause*
2. *... hat ... gesandt*
3. *der Direktor der Firma meines Vaters*
4. *meiner Familie*
5. *seine herzlichsten Glückwünsche*

Funktionskennzeichen:

1. **zu**
2. **... hat ... ge-t**
3. **(d)er**
4. **(mein)er**
5. **(sein)e**

102

In einem Funktionsteil sind häufig kleinere Sinnträger erkennbar. Diese **26.3**
Sinnträger sind DIE WÖRTER. Sie bilden das Baumaterial für die Funktionsteile. Auch die Wörter innerhalb eines Funktionsteils tragen Funktionskennzeichen, die das Zusammenspiel der Wörter innerhalb des kleinsten
Bauteils eines Satzes erkennen lassen.

Zu der gestrigen Feier in unserem Hause ...

Ein Funktionsteil – vier Sinnträger: 1. *gestern;* 2. *Feier;* 3. *unser;* 4. *Haus.*

Funktionskennzeichen:

> *die gestrige Feier* in *unser*em *Haus*e
> *der Direktor* der *Firma meines Vater*s
> *seine herzlich*sten *Glückwünsche*

Die Funktionskennzeichen (Grammatik D 1 ff.):

Die Kennzeichen für die einzelnen Satzfunktionsteile und für die Wörter
innerhalb eines Satzfunktionsteils sind: Stellung, Deklinationsform, Präposition oder Konjunktion.

1. STELLUNG: **26.4**

> **Die Mutter** *fragt das Kind.*
> **Das Kind** *fragt die Mutter.*
> **Die Eltern** *lieben die Kinder.*
> **Die Kinder** *lieben die Eltern.*

Mit der Änderung der Stellung beschreibt der Satz einen anderen Sachverhalt als vor der Umstellung. Hier ist die Stellung das Kennzeichen
der Funktion.

2. DEKLINATIONSFORM: **26.5**

> *Der Mann fragt den Jungen.*
> *Den Jungen fragt der Mann.*
> *Der Vater liebt den Sohn.*
> *Den Sohn liebt der Vater.*

Trotz Änderung der Stellung beschreiben beide Sätze den gleichen Sachverhalt. Hier sind die Deklinationsformen die Kennzeichen der Funktion.

Bemerkung:

Manchmal sind die Funktionen auch zu erkennen, wenn keine Deklinationsformen vorhanden sind. Dies ist der Fall, wenn die Personalform des Verbs
auf das Subjekt des Satzes hinweist:

> Die Mutter *liebt die Kinder.*
> *Die Kinder liebt* die Mutter.

oder wenn die Logik keine andere Deutung zuläßt:

> Das Mädchen *macht das Zimmer sauber.*
> *Das Zimmer macht* das Mädchen *sauber.*

26.6 3. PRÄPOSITION:

> *Peter schrieb einen Brief* **an** *seinen Freund.*
> *Hans wartet* **auf** *seine Eltern.*
> *Ich erinnere mich* **an** *das hübsche Kind.*

Präpositionen erweitern die Möglichkeit zur Kennzeichnung der Funktionen, denn die Anzahl der Deklinationsformen ist im Deutschen sehr
begrenzt.

Präpositionen treten auch dort auf, wo Deklinationsformen fehlen:

> *Das ist die Arbeit unserer Schüler.*
> *Das ist die Arbeit* **von** *Schülern.*

oder wo sie die Funktion deutlicher kennzeichnen als die einfache Deklinationsform:

> *Hat der Arzt deiner Frau das Geld geschickt?*
> *Hat der Arzt das Geld* **an** *deine Frau geschickt?*

26.7 4. KONJUNKTION:

> **Als** *der Minister gestern in München* **eintraf,**
> (**Bei** *dem gestrigen Eintreffen des Ministers in München*) *erwarteten
> ihn auf dem Bahnhof viele Journalisten.*
>
> **Wenn** *Sie sofort* **bezahlen,**
> (**Bei** *sofortiger Bezahlung*) *bekommen Sie drei Prozent Rabatt.*
>
> *Wir sind gestern zu Hause geblieben,* **weil** *das Wetter schlecht war.*
> (*Wir sind gestern* **wegen** *des schlechten Wetters zu Hause geblieben.*)
>
> **Während** *ich esse,*
> (**Während** *des Essens*) *rauche ich nicht.*
>
> *Habt ihr bemerkt,* **daß** *Hans bei der Feier anwesend* **war?**
> *Habt ihr* (**die** *Anwesenheit von Hans bei der Feier*) *bemerkt?*

104

Wir haben darauf gewartet, daß du rechtzeitig **eintriffst.**
Wir haben (auf dein rechtzeitiges Eintreffen) gewartet.

Wenn ein Funktionsteil ein eigenes Prädikat besitzt, kennzeichnet eine Konjunktion die Funktion.

Übung 1: *Trennen Sie die Sinngruppen durch senkrechte Striche ab und unterstreichen Sie die Funktionskennzeichen!*   **26.8**

1. Von der Bundesstraße führen zwei Feldwege über Höhen und durch Niederungen zu den nördlich von Mittenwald gelegenen Bergwiesen im Brunntal. – 2. Ein Helfer hinter dem Anmeldeschalter überschaut in der Halle das Kommen und Gehen der Gäste. – 3. Die jungen Wanderer lassen sich zur ersten Rast auf bequemen Sesseln und Bänken nieder.

Übung 2: *Prüfen Sie nach, welche Sätze trotz Umstellung der Funktionsteile den gleichen Sachverhalt beschreiben! Unterstreichen Sie die Funktionskennzeichen!*

1. Peter liebt Inge. – 2. Frau Müller sucht einen guten Frisör. – 3. Frau Braun sucht eine Schneiderin. – 4. Die Eltern lieben ihre Tochter. – 5. Die Katze frißt die Maus. – 6. Frau Müller macht das neue Hausmädchen mit seiner Arbeit vertraut. – 7. Herr Müller macht den neuen Gärtner mit seiner Arbeit vertraut. – 8. Die Kinder haben Sie um Auskunft gebeten. – 9. Wir haben Sie nach dem Weg gefragt. – 10. Die Wanderer haben die Bauern auf dem Feld nach dem Weg gefragt.

→ 51.1

Die Wortklassen
(Grammatik A 9 ff.)

| 27 |
| 27.1 |

Die Wörter, also die kleinsten Sinnträger einer Sprache, lassen sich nach inhaltlichen Gesichtspunkten klassifizieren. Danach kommt man zu folgenden Wortklassen:

1. Verb
2. Nomen (oder Substantiv)
3. Pronomen
4. Adjektiv
5. Adverb

<h1 style="text-align:center">1. Verb</h1>

(Grammatik B 1 ff.)

27.2 Verben nennen Geschehen (z. B. *arbeiten, gehen*) oder Sein (z. B. *ruhen, stehen*). Sie bilden im Deutschen folgende Formen:

a) **vier Personalformen** (-e, -st, -t, -en)

ich	*lern*e	ich, er	*ging*
du	*lern*st	du	*ging*st
er, ihr	*lern*t		
wir, sie	*lern*en	wir, sie	*ging*en
		ihr	*ging*t

b) **zwei Zeitformen**

Präsens:	*ich* **lerne**	*ich* **gehe**
Präteritum:	*ich* **lernte**	*ich* **ging**

Die im Deutschen fehlenden Zeitformen werden durch Zusammensetzungen gebildet:

Perfekt:	Präsens von **haben** oder **sein** und ein Partizip II
Plusquamperfekt:	Präteritum von **haben** oder **sein** und ein Partizip II
Futur:	Präsens von **werden** und ein Infinitiv

Beachten Sie!

Die Namen der Zeitformen und der zusammengesetzten Zeitformen sind nicht mit den drei Zeiträumen (Vergangenheit, Gegenwart, Zukunft) identisch!

c) **zwei Modalformen**

Konjunktiv I:	er *lerne*	er *gehe*
Konjunktiv II:	er *ginge*	er *hätte*

d) **drei Infinitformen**

Infinitiv:	*lern*en	*geh*en
Partizip I (Präsens):	*lern*end	*geh*end
Partizip II (Perfekt):	ge*lern*t	ge*gang*en

Übung 1: *Bestimmen Sie die Formen der Verben in den folgenden Sätzen!*
1. Dieser Weg führt an dem am Waldrand liegenden Haus vorbei. – 2. Das Zimmer war mit schönen Blumen geschmückt. – 3. Er machte die neu ankommenden Jugendlichen mit uns bekannt. – 4. Ein Junge sagte, er habe die Decken schon abgegeben. – 5. Jetzt wartest du, bis du dran bist. – 6. Morgen gehen wir ins Schwimmbad schwimmen. – 7. Meine Uhr ist

stehengeblieben. – 8. Die Kinder lernen in der Schule lesen und schreiben. – 9. Meine Mutter hat heute alle Hände voll zu tun. – 10. Die Mädchen wanderten singend durch das Tal.

Übung 2: *Stellen Sie fest, in welchen Zeitabschnitten (Vergangenheit, Gegenwart, Zukunft) die folgenden Sachverhalte liegen und bestimmen Sie die Zeitformen, die zum Ausdruck dieser Zeitabschnitte dienen!*

1. Mein Vater geht jeden Tag ins Büro. – 2. Auf diesem Weg kommt man direkt zum Bahnhof. – 3. Dort sehen Sie Herrn Schmidt. – 4. Wir wohnen schon fünf Jahre in dieser Stadt. – 5. Mein Freund bleibt noch eine Woche bei uns. – 6. Morgen gehe ich mit meinen Eltern ins Theater. – 7. Ich ging allein die dunkle Straße entlang, da tritt plötzlich ein Mann aus einer Haustür und bittet mich um Feuer. – 8. Herr Ober, ich bekam noch ein Glas Bier. – Einen Moment, ich bringe es gleich. – 9. Unser Kind wird jetzt schlafen. – 10. Wir werden nächstes Jahr nach Frankreich fahren. – 11. Mein Freund wird Arzt. – 12. Ende nächsten Jahres hat er sein Studium abgeschlossen. – 13. Wenn du morgen kommst, haben wir unsere Arbeit beendet. – 14. Nachdem mich Hans besucht hatte, fuhr er nach Berlin weiter. – 15. Fritz sagt mir gerade, daß ihn morgen seine Freunde besuchen. – 16. Es wäre schön, wenn Helga jetzt bei uns wäre. – 17. Hans erzählte mir, daß er in England gewesen sei. – 18. Wenn du jetzt lerntest, hättest du deine Zeit gut genutzt.

Übung 3: *Setzen Sie die richtigen Zeitformen ein!*

1. „Was . . . . . Sie gestern *(machen)?"* – „Wir . . . . . alle im Zirkus *(sein).* Wie . . . . . es Ihrer Familie *(gehen)?"* – „Danke, meine Tochter . . . . . jetzt in einem bekannten Geschäft für Damenmoden *(angestellt sein).* Im letzten Monat . . . . . sie ihre Gesellenprüfung als Schneiderin *(machen)."*
2. Herr Müller . . . . . sehr schlecht *(aussehen),* seitdem seine Frau . . . . . *(sterben).*
3. Wie Sie wohl . . . . . *(wissen),* . . . . . ich mit meiner Frau an der Nordsee *(sein).* Wir . . . . . Gott sei Dank gutes Wetter *(haben).* Auf der Insel Sylt . . . . . wir in einem reizenden alten Fischerhaus *(wohnen)* und . . . . . jeden Tag zum Baden *(gehen können).* Der Höhepunkt unseres Urlaubs . . . . . ein Ausflug nach Helgoland *(sein).* Wir . . . . . vorher *(fürchten),* daß wir seekrank . . . . . *(werden),* aber die Wellen . . . . . so niedrig *(bleiben),* daß wir sie gar nicht . . . . . *(merken).* . . . . . Sie Helgoland *(kennen)?*

4. Wir . . . . . im letzten Jahr in Hamburg *(wohnen)*, bevor wir endgültig nach Berlin . . . . . *(ziehen)*. Bevor wir nach Hamburg . . . . . *(ziehen)*, ... wir in Köln *(leben)*.

→ 52.1

28

2. Nomen

(Grammatik B 144 ff.)

28.1 Nomen nennen Wesen (Mensch, Tier), Dinge (Tisch, Baum) oder Begriffe (Liebe, Hoffnung, Krankheit, Hilfe). Sie bilden folgende Formen:

a) **sieben** Pluralformen: *Väter, Tage, Hände, Kinder, Männer, Betten, Park*s

Eine Anzahl von Nomen haben keine Pluralform, z. B. *Hebel, Wagen, Schüler, Zimmer, Kissen, Mädchen, Rätsel*.

Bei diesen Nomen ist die Pluralbedeutung nur aus dem Zusammenhang oder an den Begleitern der Nomen (Artikel, Pronomen, Adjektiv) erkennbar: **der** *Wagen*, **die** *Wagen*; **das** *Zimmer*, **die** *Zimmer* usw.

b) **eine** Femininform (**-in**): *Lehrerin*

c) **zwei** Deklinationsformen: *(des)* **-s**, *(den)* **-n** .
des *Vater*s, des *Kind*es, den *Schüler*n

Die übrigen Deklinationsformen sind nur an den Begleitern der Nomen (Artikel, Pronomen, Adjektiv) erkennbar: **den** *Vater*, **mein**em *Kind* usw.

Die veraltete Deklinationsform *(dem)* **-e** wird nur noch in bestimmten festen Redensarten gebraucht: *zu Hause, auf dem Lande*.

Einige Nomen unterscheiden im Singular die übrigen Deklinationsformen vom Nominativ durch die Endung **-n** oder **-en**: *(der) Bauer, (den, dem, des) Bauer*n; *(der) Mensch, (den, dem, des) Mensch*en.

28.2 Im Deutschen gruppieren sich die Nomen in **drei** Klassen: die **der**-Klasse, die **das**-Klasse und die **die**-Klasse, die die irreführende grammatische Bezeichnung *maskulin, neutral* und *feminin* tragen. Das sogenannte grammatische Geschlecht der Nomen stimmt nicht immer mit dem natürlichen Geschlecht der mit diesen Nomen bezeichneten Wesen überein, z. B. *die Wache, die Ordonnanz, das Weib, der Dienstbote, der Teenager* (im Deutschen nur weibliche Personen!). Unterscheiden Sie also zwischen Genus und Sexus! Dinge und Begriffe besitzen überhaupt kein natürliches Geschlecht: *der Tisch, das Buch, die Hand, der Haß, das Leben, die Liebe*.

Der Wechsel von einer Nomenklasse in die andere hat häufig nur formale Gründe: *der Spalt* – **die** *Spalte*, *der Sohn* – **das** *Söhn*chen, *die Frau* – **das** *Fräu*lein, *der Tisch* – **das** *Tisch*chen

3. Pronomen

(Grammatik C 1 ff.)

Pronomen beziehen sich auf Wesen, Dinge, Begriffe oder auf ganze Sachverhalte. Bei den Personalpronomen (Grammatik: D 001 – D 099) unterscheidet man je nach der Sprechsituation $\qquad$ **28.3**

die 1. Person: **ich** (der Sprechende)
wir (der Sprechende und die Personengruppe, zu der **er** gehört)

die 2. Person: **du** (der Angesprochene); formelle Anrede: **Sie**
ihr (die Angesprochenen); formelle Anrede: **Sie**

die 3. Person: **er (es, sie)** (das Wesen, das Ding oder der Begriff, von dem die Rede ist)
es (der Sachverhalt, von dem die Rede ist)
sie (die Wesen oder die Dinge, von denen die Rede ist)

Die formelle Anrede **Sie** ist 2. Person; die Personalform des Verbs entspricht jedoch der 3. Person Plural. Dabei ist es gleichgültig, ob nur eine oder mehrere Personen angesprochen werden.

PERSONALPRONOMEN bilden folgende Deklinationsformen: $\qquad$ **28.4**

1. Person: *ich,* m*ich,* **mir**; *wir,* **uns**;

2. Person: *du,* d*ich,* d*ir*; *ihr,* **euch**; formelle Anrede: *Sie,* **Ihnen**

3. Person: *er,* **ihn, ihm**; *sie,* **ihnen**
es, **ihm**;
sie, **ihr**;

Eigene Genitivformen besitzt das Personalpronomen nicht: **meiner, deiner, seiner, ihrer, unser, euer, ihrer**

DEMONSTRATIVPRONOMEN (Grammatik D 400 ff.) weisen auf ein bestimmtes Wesen oder Ding oder einen bestimmten Begriff hin; **das** weist auch auf bestimmte Sachverhalte hin. $\qquad$ **28.5**

Demonstrativpronomen weisen fünf bis sechs verschiedene Deklinationsformen auf: d*er,* d*as,* d*ie,* d*em,* d*en,* d*es* – *dieser, dieses, diese, diesem, diesen*

Bemerkung: $\qquad$ **28.6**

Da die Demonstrativpronomen eine größere Anzahl von Formen besitzen als die Nomen, dienen die kurzen Demonstrativpronomen *(der, das, die)* als Träger der Funktionskennzeichen, zur Genusbezeichnung der Nomen und zur Pluralbezeichnung. In dieser Aufgabe werden diese Pronomen als ‚Artikel' bezeichnet.

Sie haben dabei ihren demonstrativen Charakter weitgehend verloren. Nur der Ton läßt noch das Demonstrativpronomen erkennen, weil sich der Artikel dem folgenden Nomen unbetont anschließt (Grammatik D 300 – D 371).

Wir sind mit dem Wagen sehr zufrieden.
Wir sind mit d e m Wagen sehr zufrieden.

28.7 RELATIVPRONOMEN (Grammatik D 500 – D 573) beziehen einen Sachverhalt auf ein vorher genanntes Nomen. Die Deklinationsformen entsprechen denen des Artikels. Im Genitiv hat es jedoch erweiterte Formen: **dessen, deren;** ebenso auch im Dativ Plural: **denen.**

Dort kommt das Mädchen, **dessen** *Vater wir vorhin gegrüßt haben.*
Hier sind die Schüler, **deren** *Lehrer aus Frankreich stammt.*
Kennst du die Kinder, **denen** *wir den Ball geschenkt haben?*

28.8 Beziehen sich die Sachverhalte auf eine beliebige, vorher nicht genannte Person, sind die Relativpronomen **wer, wen, wem.** Die nicht näher bestimmte Person erscheint in beiden Sätzen in der gleichen grammatischen Funktion.

Wer *seinen Wagen falsch parkt, muß Strafe zahlen.*

Bei ungleichen Funktionen werden beide Funktionen durch Pronomen gekennzeichnet.

Wer *mir bei der Arbeit hilft,* **dem** *zahle ich einen Lohn.*

28.9 Bezieht sich ein Sachverhalt auf ein unbestimmtes Pronomen oder auf ein Adjektiv, gebraucht man das Relativpronomen **was.**

Fremdsprachen zu lernen war das beste, **was** *du tun konntest.*
Wir haben etwas erlebt, **was** *du nicht für möglich hältst.*
Es gibt nichts, **was** *uns aufregen könnte.*

28.10 Wird ein Sachverhalt auf einen anderen Sachverhalt bezogen, steht das Relativpronomen **was.**

Peter löste die Aufgaben fehlerlos, **was** *auf alle einen großen Eindruck machte.*

Übung: *Setzen Sie die geeigneten Relativpronomen ein!*

1. Die Wanderer, . *die* . in der Jugendherberge einkehren, müssen sich beim Herbergsvater anmelden. – 2. Der junge Mann liebte ein Mädchen, ... Vater Fabrikbesitzer war. – 3. Er wollte dem Schutzmann den wahren Sachverhalt erklären, ... ihm aber nicht gelang. – 4. . . . . . beim Ver-

such eines Diebstahls ertappt wird, muß mit einer Verhaftung rechnen. –
5. . . . . . man nur vom Sehen kennt, grüßt man nicht. – 6. Wer einmal lügt,
. . . . . glaubt man nicht. – 7. Hans hat seine Prüfung bestanden, ... wir
eigentlich nicht erwartet hatten. – 8. Hier ist der Junge, mit . . . . . Vater
wir neulich gesprochen haben. – 9. Wo sind die Kinder, ... ich den Ball
geschenkt habe? – 10. . . . . . wir nicht kennen, grüßen wir nicht.

FRAGEPRONOMEN, die nach Personen fragen, haben folgende Deklinations- **28.11**
formen: **wer?**, **wen?**, **wem?**, **wessen?** Das Fragepronomen, das nach Dingen, Begriffen oder Sachverhalten fragt, hat nur die Form **was?** (Grammatik D 200 – D 265).

> **Wer** *kommt dort?*
> **Wen** *hast du gesprochen?*
> **Wem** *hast du den Brief geschrieben?*
> **Wessen** *erinnerst du dich, wenn du dieses Bild siehst?*
> **Wessen** *Haus hast du gekauft?*

POSSESSIVPRONOMEN bezeichnen die Zugehörigkeit, den Besitz oder das **28.12**
Verfügungsrecht. Sie haben fünf Deklinationsformen: -e, -en, -em, -es,
-er: z. B. *meine, meinen, meinem, meines, meiner* (Grammatik D 600 –
D 655).

> *Das hier ist mein Buch.*
> *Kennen Sie meinen Freund?*
> *Nehmen Sie bitte hier Platz! Das ist Ihr Stuhl.*

UNBESTIMMTE PRONOMEN (Grammatik D 720 – D 899) nennen eine un- **28.13**
bestimmte Person oder eine unbestimmte Sache. Sie bezeichnen auch eine
unbestimmte Anzahl oder Menge von Wesen und Dingen. Ihr Bestand
an Deklinationsformen ist unterschiedlich. Einige haben alle verfügbaren
Deklinationsformen (z. B. *einer, -en, -em, -es, -e*), andere haben nur wenige Formen *(jemanden, jemandem, jedermanns)*, und wieder andere
haben keine eigenen Deklinationsformen *(man, etwas, nichts)*.

> *Gestern haben wir niemanden gesehen.*
> *Gestern haben wir niemand Bekanntes gesehen.*

Übung 1: *Fragen Sie nach den kursiv gedruckten Satzgliedern!*

1. In diesem Haus wohnt *mein Freund*. – 2. Herr Müller ist *Arzt*. – 3. In
unserer Stadt gibt es *viele Kinos*. – 4. Das Hotel gehört *der Familie Wirtz*.

– 5. Wir fahren mit dem Wagen *meines Vaters*. – 6. Ich sehe auf dem Berg *ein Haus*. – 7. Diese jungen Leute sind *Studenten*. – 8. Dieser Herr ist *Herr Meier*. – 9. Der Redner gedachte *des verstorbenen Dichters*. – 10. Ich erinnere mich *an Frau Müller*. – 11. Wir haben *mit deinem Bruder* gesprochen. – 12. Herr Müller schickt *seinem Sohn* Geld.

Übung 2: *Setzen Sie die unbestimmten Pronomen in der richtigen Form ein!*

1. In dieser Fabrik arbeitet . . . . . samstags nicht. (man) – 2. In dem Dorf geht sonntags . . . . . in die Kirche. (jedermann) – 3. Der unhöfliche Junge grüßt . . . . . nicht. (einer) – 4. Hat dich gestern . . . . . besucht? (jemand) – Nein, gestern hat mich . . . . . besucht. (niemand) – 5. Sprich mit . . . . . über unsere Angelegenheit! (niemand) – 6. Dieses Essen ist nicht . . . . . Geschmack. (jedermann) – 7. Kurt hat mir . . . . . zur Hochzeit geschenkt. (nichts) – 8. Haben Sie . . . . . zu trinken? (etwas) – 9. Der tüchtige Kaufmann hat sein Geschäft mit . . . . . angefangen. (nichts) – 10. Wir gehen nicht mit . . . . . spazieren. (irgendwer)

4. Das Adjektiv

(Grammatik B 191 ff.)

28.14 Adjektive nennen Qualität oder Quantität *(fleißige Schüler, zehn Schüler)*. Wenn sie als Attribute gebraucht werden, bilden sie im allgemeinen zwei Deklinationsformen: -e, -en.

> *der fleißige Schüler; die fleißigen Schüler*

28.15 Die Adjektive erhalten im Nominativ Singular die Endung -e und auch – wegen der Formengleichheit – beim Neutrum und beim Femininum im Akkusativ Singular.

> *der alte Mann, das brave Kind, die junge Frau*

Alle übrigen attributiven Adjektive erhalten die Endung -en.

Wenn dem attributiven Adjektiv *kein Funktionskennzeichen* vorausgeht oder das Nomen selbst kein Funktionskennzeichen trägt, erhält das Adjektiv das Funktionskennzeichen.

112

Ich habe ein neues Auto gekauft.
Mit wessen neuem Wagen bist du gefahren?
Dort steht die Frau, mit deren ältester Tochter Peter verheiratet ist.

Bemerkung:

Die Farbadjektive lila und rosa wie auch die Zahladjektive nehmen keine Funktionskennzeichen an. Nur die Zahlen *zwei* und *drei* nehmen das Genitivzeichen an.

> *Frau Bauer hat sich ein rosa Kleid gekauft.*
> *Peter spielt mit seinen drei Freunden.*
> *Herr Meier ist Vater zweier Töchter.*
> *Er ist Vater von fünf Kindern.*

5. Das Adverb

(Grammatik C 81 ff.)

Adverbien bezeichnen Orts- und Zeitbezüge *(hier, dort; jetzt, gestern),* **28.16** modale Ausdrücke *(gern)* und subjektive Stellungnahmen *(vielleicht, hoffentlich).* Adverbien haben keine Flexionsformen.

Beachten Sie! Die Namen der Wortklassen sind *keine* Funktionsbezeichnungen.

Übung 1: *Ergänzen Sie die Adjektivendungen! Achten Sie auf die Funktionskennzeichen!*

Müllers, die in einer größer   Industriestadt wohnen, haben drei klein
Kinder. Diese drei   lebhaft   Kinder machen im Treppenhaus oft so
groß   Lärm, daß sich die Leute aus den benachbart   Wohnungen
beschweren. Eine Familie mit klein   Kindern hat es nicht leicht, wenn
sie in einer groß   Stadt wohnt; denn die riesig   Häuser mit den viel   5
Menschen bieten klein   Kindern nicht den richtig   Platz zum Spielen.
Viele größer   Städte bauen jetzt geeignet   Kinderspielplätze, aber oft
haben die Kinder einen viel zu weit   Weg dorthin, den besonders
jünger   Kinder bei dem stark   , gefährlich   Großstadtverkehr nicht
allein gehen können. In manchen Städten gibt es aber schon Wohnsied-   10
lungen, in deren unmittelbar   Nähe sich genügend   groß   und
gut   eingerichtet   Spielplätze befinden. Ein wichtig   Punkt dabei
ist, daß die Kinder den nah   Spielplatz erreichen können, ohne belebt
und verkehrsreich   Straßen überqueren zu müssen. Auf dem Platz fin-

15 den älter   und jünger   Kinder Gelegenheit zu allen möglich   Spielen, während die geplagt   Mütter ihre täglich   Hausarbeit tun und die
nötig   Einkäufe machen können.

Übung 2: *Ergänzen Sie die Adjektivendungen!*

Herr Beneke war ein klein   , rund   Herr mit zierlich   und sehr
akkurat   Bewegungen; mit einer mächtig   , spiegelblank   Glatze,
klein   , rund   , wohlgeformt   Beinen, einem dick   , rund
Bauch, auf dem eine golden   Uhrkette herabhing, mit der Herr Beneke,
5   während er vor der Landkarte stehend Vortrag hielt, zu spielen pflegte.
Er hatte einen dick   , klein   , mondrund   Kopf mit richtig   ,
schwarz   , chinesisch   Schlitzaugen, einer ganz sonderbar fremd-
artig   Stülpnase und einen breitlippig   Mund, und sein Gesicht mit
dem klein   , sehr kurz geschnitten   , pechrabenschwarz   Backen-
10   bärtchen zeigte eine ledergelb   , eine täuschend echt chinesisch   Farbe.
Und dann hatte er so ein fein   Stimmchen.

Johannes Schlaf

→ 53.1

29

Zum Gebrauch der Funktionskennzeichen: die Rektion
(Grammatik D 37 ff.)

29.1   Bei den Rollen unterscheidet man **Subjekt** und **Objekt**. Subjekt ist die
Rolle, von der aus der Sachverhalt betrachtet wird. Die übrigen Rollen
sind Objekte.

29.2   *Gestern hat* der *Junge* dem *Mädchen* den *Ball geschenkt.*
Heute wollen die *Kinder* den *Vater* um ein *Geschenk bitten.*

Die Rollen erhalten bestimmte Funktionskennzeichen, wobei dem Subjekt die Nominativform vorbehalten ist. Die übrigen Rollen werden durch
den Akkusativ, den Dativ, den Genitiv oder durch eine Präposition gekennzeichnet.

29.3   *Heute gehe* ich *ins Theater.*
Peter *arbeitet im Garten.*
Die *Kinder fahren in die Ferien.*

114

Die Personalform des Verbs richtet sich nach dem Subjekt: die Personalform -e für die 1. Person Singular, -st für die 2. Person Singular, -t für die
3. Person Singular und die 2. Person Plural und -en für die 1. Person
Plural und für die 3. Person Plural (vgl. 27.2 und 28.3).

Die Funktionskennzeichen für die Rollen, die im Satz Objektfunktion **29.4**
haben, werden von den Wörtern bestimmt, die das Geschehen oder das
Sein beschreiben. Den Einfluß dieser Wörter auf die Funktionskennzeichen
der Objekte bezeichnet man als REKTION.

> *Der Mann hat* den *Schmuck* gestohlen. **29.5**
> *Der Detektiv* folgte dem *Dieb unauffällig.*
> *Der Lehrer wollte* dem *Schüler* das *Heft* geben.
> *Hans* schickt den *Brief* an *seinen Freund.*

Werden die Funktionskennzeichen vom Verb bestimmt, spricht man von
der REKTION DER VERBEN.

> *Dieser Minister ist seines Amtes* unwürdig. **29.6**
> *Wir sind* mit *unserer Arbeit* vertraut.

Werden die Funktionskennzeichen von einem Adjektiv bestimmt, spricht
man von der REKTION DER ADJEKTIVE.

> *Die Mutter ist in* Sorge um *ihren Sohn.* **29.7**
> *Ich hege nur* Verachtung für *den Mann.*

Werden die Funktionskennzeichen von einem Nomen (Verbalnomen) bestimmt, spricht man von der REKTION DER NOMEN.

Die OBJEKTE werden NACH DER FORM DER FUNKTIONSKENNZEICHEN be- **29.8**
nannt, die sie tragen; so unterscheidet man: Akkusativobjekte, Dativ-
objekte, Genitivobjekte und Präpositionalobjekte.

Zwischen der Rektion eines Wortes und seinem Inhalt (Bedeutung) be- **29.9**
steht ein Zusammenhang. So kann mit dem Wechsel der Rektion das Wort
einen veränderten Inhalt bekommen. Ebenso kann sich mit dem Wechsel
der Rektion der Mitteilungsgehalt eines Satzes ändern. Weiter kann mit
einer Änderung der Rektion einfach nur die Sprachebene verändert werden, ohne daß sich am Inhalt etwas ändert. Als Sprachebenen sind hier
zu verstehen: Umgangssprache, Vulgärsprache, Amtssprache, Literatur-
sprache usw.

1. *Ich habe gestern* **den** *Direktor gesprochen.*
2. *Ich habe gestern* **mit** *dem Direktor gesprochen.*

Der Satz 1 besagt, daß das Gespräch mit einer ganz bestimmten Absicht über ein bestimmtes Thema geführt wurde. Der Satz 2 läßt dies alles offen. Das Gespräch kann auch nur eine ganz allgemeine Unterhaltung gewesen sein.

3. *Wir haben* **von** *dem Direktor gesprochen.*
4. *Wir haben* **über** *den Direktor gesprochen.*

Der Satz 3 drückt aus, daß der Direktor in einem Gespräch erwähnt wurde. Satz 4 jedoch teilt mit, daß der Direktor das Thema des Gesprächs war.

5. *Wir freuen uns* **über** *das schöne Wetter.*
6. *Wir freuen uns* **auf** *die kommenden Ferien.*

Die Mitteilung im Satz 5 betrifft etwas Gegenwärtiges, während sich der Satz 6 auf etwas Zukünftiges bezieht.

7. *Peter schreibt* **sein**em *Freund einen Brief.*
8. *Peter schreibt einen Brief* **an** *seinen Freund.*

Die beiden Mitteilungen werden von zwei verschiedenen Sprechsituationen ausgelöst. Der Mitteilung im Satz 7 kann die Frage ‚*Was macht Peter?*‘ vorausgegangen sein; der Mitteilung im Satz 8 konnte die Frage ‚*An wen schreibt Peter?*‘ vorausgehen.

9. *Ich erinnere mich* **an** *den Mann.*
10. *Ich erinnere mich* **des** *Mann*es.

Die Mitteilung im Satz 9 entspricht der in der Alltagssprache gebrauchten Form, während Satz 10 die gleiche Mitteilung in einer gehobeneren Sprechweise *enthält.*

29.10 Übung 1: *Ergänzen Sie die Personalformen!*

1. Der junge Mann bracht- dem Gelehrten einen Empfehlungsbrief. – 2. Inge und Peter geh- im Park spazieren. – 3. Geh- Hans oder Kurt zur Post? – 4. Du und ich bring- die Pakete zur Post. – 5. Hans und ich besuch- unsere Freunde. – 6. Bring- du oder ich die Briefe zur Post? – 7. Weder du noch ich bring- die Briefe fort. – 8. War- du oder Hans gestern im Kino? – 9. Hab- wir heute Schule oder ihr? – 10. Weder wir noch ihr hab- heute Schule.

Übung 2: *Setzen Sie die Funktionskennzeichen ein!*

1. Die Reisenden wollen ...... Gepäck an der Tür abstellen. – 2. Das Zimmer wurde ..... Girlanden geschmückt. – 3. Von diesem Punkt hier kann man ..... Stadt überschauen. – 4. Der Ingenieur macht ..... Arbeiter ..... neuen Maschinen vertraut. – 5. Die Kinder überschütteten ..... Lehrer mit Fragen. – 6. Ich soll ..... Brief bei Herrn Müller abgeben. – 7. Der Junge wies mit dem Finger ..... Mädchen und nannte ..... Namen. – 8. Der Mann warf ..... Mantel über die Schulter und ging fort. – 9. Die Mutter schüttelte ..... Decken aus; dann legte sie ..... Decken zusammen. – 10. Haben Sie ein- Brief für mich? – 11. Jetzt mache ich ..... Schuhe sauber. – 12. Bringen Sie ..... Jungen ..... Buch! – 13. Können Sie ..... Gäste in Ihrem Haus unterbringen? – 14. Der Autodieb hat ..... Mechaniker ..... Auto gestohlen. – 15. Man befreite ..... Verletzten aus dem beschädigten Fahrzeug. – 16. Die Gendarmen verhafteten ..... Dieb.

Übung 3: *Setzen Sie die Funktionskennzeichen ein!*

1. Die Küche gibt heute ..... Abendessen um 8 Uhr aus. – 2. Die Jungen richten ..... Saal für die Feier her. – 3. Die Mädchen gehen ..... Köchin zur Hand. – 4. Die Köchin bereitete ..... Essen für den nächsten Tag vor. – 5. Die Jugendlichen tragen aus allen Räumen ..... Stühle herbei. – 6. Sie stapeln ..... Tische übereinander. – 7. Haben Sie ..... Trick des Zauberers durchschaut? – 8. Wir wollen jetzt ..... neues Lied proben. – 9. Schließen Sie bitte abends ..... Tür! – 10. Löschen Sie ..... Licht, nachdem Sie ins Bett gegangen sind! – 11. ..... Kranken schmerzt das Bein. – 12. Räumst du jetzt ..... Zimmer auf? – 13. Ich bringe ..... Zimmer jetzt in Ordnung. – 14. Endlich ist ..... Forscher das Experiment gelungen. – 15. Der Mechaniker hat ..... Wagen repariert.

Übung 4: *Setzen Sie die Funktionskennzeichen ein!*

1. Der junge Mann hat sich ..... Mädchen verliebt. – 2. Ich bin mein- Freund auf der Straße begegnet. – 3. Der Polizist folgte ..... Dieb bis zu seinem Haus. – 4. Der Verkäufer hat ..... Diebstahl bemerkt. – 5. Die Dame steckte ..... Geld in ihre Handtasche. – 6. Der Polizist näherte sich unbemerkt ..... Dieb. – 7. Der Dieb stahl ..... Frau ..... Geld aus der Handtasche. – 8. Der Junge ließ ..... Tasche fallen. – 9. Dann hob er ..... Tasche wieder auf. – 10. Der Polizist nahm ..... Dieb beim Arm. – 11. Er erklärte ..... Mann für ertappt. – 12. Ich suchte

..... Schutzmann ..... Angelegenheit zu erklären. – 13. Ich setzte mein-Freund ..... Probleme auseinander. – 14. Herr Müller liebt sein- Sohn. – 15. Peter will ..... Mädchen heiraten. – 16. Der Polizist erklärte ..... Mann für verhaftet. – 17. Er brachte ... Mann auf die Wache.

Übung 5: *Setzen Sie die Funktionskennzeichen ein!*

1. Der Professor erklärte ..... Studenten ..... neue Theorie. – 2. Der Student begreift ..... Problem nicht. – 3. Hat Frau Müller ..... Milchmann schon bezahlt? – 4. Ich habe ..... Tisch in die Mitte des Zimmers gestellt. – 5. Ich trage jetzt ..... Koffer zum Bahnhof. – 6. Wir haben gestern ..... Sportler zugeschaut. – 7. Was machst du ..... Geld? – Ich kaufe ..... Auto. – 8. Fräulein Becker lehrt ..... Mädchen ..... Ski laufen. – 9. Die Leute schleppen ..... Taschen immer mit sich herum. – 10. Ich verstehe ..... Mann nicht. – 11. Der Lehrer bringt ..... Schüler so weit, daß er fließend Deutsch spricht. – 12. Ich habe ..... Mantel verwechselt. – 13. Der Professor hat ..... Studenten ..... Theorie bewiesen. – 14. Wir sind ..... Ehrlichkeit des Mannes überzeugt. – 15. Warum hast du ..... Arbeiter weggeschickt?

→ 54.1

30

Die Mitteilungsperspektive
(Grammatik B 87 ff., 93 ff., G 38 f.)

30.1 Für die Wahl der sprachlichen Mittel und deren grammatischer Form ist die Mitteilungsperspektive (Mp.) bestimmend.

Im Mittelpunkt der Schilderung eines Sachverhalts steht EINE ROLLE, EINE HANDLUNG, EIN VORGANG oder EIN SEIN. Von diesen Inhalten aus wird der Sachverhalt betrachtet, und dementsprechend muß der Satz aufgebaut und in die richtige Form gebracht werden.

30.2 1. Der Sachverhalt wird AUS DER PERSPEKTIVE EINER ROLLE betrachtet. Diese Rolle übernimmt aus diesem Grunde die Subjektfunktion (vgl. 29.1).

Die Kinder *haben sich über mein Geschenk gefreut.*
(Mp: *die Kinder;* es wird etwas über die Kinder mitgeteilt.)

Mein Geschenk *hat den Kindern große Freude bereitet.*
(Mp: *mein Geschenk,* es wird etwas über mein Geschenk mitgeteilt.)

Meine Eltern *haben mir meinen Wunsch erfüllt.*
(Mp: *meine Eltern;* es wird etwas über meine Eltern mitgeteilt.)

Endlich ist **mein Wunsch** *in Erfüllung gegangen.*
(Mp: *mein Wunsch*)

Sofort verfolgte **der Polizist** *den Dieb.*
(Mp: *der Polizist*)

Der Dieb *wurde sofort von dem Polizisten verfolgt.*
(Mp: *der Dieb*)

Die Kirche *wurde im 16. Jahrhundert erbaut.*
(Mp: *die Kirche*)

Der Vorhang *öffnete sich.*
(Mp *der Vorhang*)

2. Der Sachverhalt wird AUS DER PERSPEKTIVE DER HANDLUNG betrachtet. **30.3**
Das Satzsubjekt ist in diesem Falle das unbestimmte Personalpronomen
‚man‘.

Diese Kirche **erbaute man** *im 16. Jahrhundert.*
(Mp: die Tatsache, daß Menschen etwas erbaut haben)

In vielen Ländern **ißt man** *hauptsächlich Reis.*
(Mp: die Tatsache, daß die Leute etwas Bestimmtes essen)

3. Der Sachverhalt wird AUS DER PERSPEKTIVE DES VORGANGS betrachtet. **30.4**
Hierbei wird der Vorgang im Satzsubjekt beschrieben, wenn die formalen Möglichkeiten dazu vorhanden sind.

Im Nachbardorf ist **ein Feuer ausgebrochen.**
(Mp: der Ausbruch des Feuers)

In unserer Fabrik wird auch **sonntags gearbeitet.**
Mp: die Sonntagsarbeit)

Auf der Autobahn wird **schnell gefahren.**
(Mp: das schnelle Fahren)

4. Der Sachverhalt wird AUS DER PERSPEKTIVE EINES SEINS betrachtet.

Unseren Eltern geht es gut.
(Mp: das Wohlbefinden)
30.5

Mich friert. Mir ist kalt.
(Mp: das Kälteempfinden)

30.6 Im Verlaufe einer längeren Schilderung wird die Mitteilungsperspektive häufig gewechselt. Doch muß auch oft bei eng zusammenhängenden Sachverhalten oder bei voneinander abhängigen Sachverhalten die Mitteilungsperspektive beibehalten werden.

Die Mittel zur Änderung oder Beibehaltung der Mitteilungsperspektive sind verschiedenartig:

1. FUNKTIONSWECHSEL DER ROLLEN:

Der Lehrer *hat meinem Freund ein Buch geschenkt.*
Mein Freund *hat ein Buch geschenkt bekommen.*
Die Frau *kocht ihr Essen auf dem Herd.*
Auf dem Herd kocht **das Essen.**

2. NOMINALKONSTRUKTION:

Ich freue mich *über das Geschenk.*
Das Geschenk macht *mir* **Freude.**

3. PASSIVKONSTRUKTION:

Der Polizist ertappte *den Mann beim Diebstahl.*
Der Mann wurde *beim Diebstahl* **ertappt.**

4. REFLEXIVKONSTRUKTION:

Man öffnete *den Bühnenvorhang.*
Der Bühnenvorhang öffnete sich.

Das Passiv ist demnach ein Mittel, die Mitteilungsperspektive zu ändern. Das gleiche gilt auch für die Reflexivkonstruktion, doch wird diese Möglichkeit im Deutschen weniger ausgenutzt als in anderen Sprachen.

Übung: *Verändern Sie mit Hilfe der angegebenen Mittel die Mitteilungsperspektive! Die kursiv gedruckten Inhalte sollen die neue Mitteilungsperspektive darstellen.*

1. Man hat hier im Jahre 1965 *ein modernes Hotel* errichtet. – 2. Das Gepäck wurde *von den neu angekommenen Reisenden* an der Eingangstür abgestellt. – 3. Der junge Mann machte *die Gäste* mit den Räumen im Hotel vertraut. – 4. Blumen und Fahnen schmückten an dem Festtag *die Straßen.* – 5. Die Kinder haben *den Festsaal* mit Blumen geschmückt. – 6. Hier läßt es sich gemütlich *sitzen.* – 7. Der Herbergsvater wurde *von den Jungen und Mädchen* mit Fragen überschüttet. – 8. Wir bringen *euch*

für diese eine Nacht im oberen Zimmer unter. – 9. Man befreite *den Mann* aus dem beschädigten Fahrzeug. – 10. Ab 8 Uhr gibt man *das Abendessen* aus. – 11. Der Speisesaal wird *von den Mädchen* zum Abendessen hergerichtet. – 12. Aus allen Räumen trägt man *die Stühle* herbei. – 13. Endlich ist *den Forschern* das Experiment gelungen. – 14. Ich bin *der Dame* gestern auf der Straße begegnet. – 15. Der Mann hat der Frau *die Handtasche* gestohlen. – 16. Der Polizist brachte *den Mann* zur Wache. – 17. Die Bäume sind *von einem Orkan* aus dem Boden gerissen worden. – 18. *Für meinen Vater* ist gerade ein wichtiger Brief gekommen.

Das Sein als Ergebnis eines Geschehens

(Grammatik E 49)

GESCHEHEN (Handlung, Vorgang)	– SEIN	**30.7**

Die Geschäftsleute schließen *um 7 Uhr abends die Geschäfte.*

Die Geschäfte werden *um 7 Uhr abends* geschlossen.

Ab 7 Uhr abends sind *die Geschäfte* geschlossen.

Das Verb ‚sein' mit dem Partizip II nennt ein Sein, das als Ergebnis eines Geschehens eingetreten ist.

Als wir in München ankamen, waren *die Geschäfte schon* geschlossen.   **30.8**

Wenn wir morgen das Hotel verlassen, sind *die Geschäfte schon* geöffnet.

Für die Vergangenheit gebraucht man das Präteritum, für die Gegenwart und Zukunft das Präsens von ‚sein'.

Übung: *Nennen Sie das Sein, das als Ergebnis folgender Geschehen eintritt oder eingetreten ist! Nach Handlungen ändert sich die Mitteilungsperspektive.*

1. Die Leute schmücken die Straßen mit Blumen und Fahnen. – 2. Die Straßen werden mit Blumen und Fahnen geschmückt. – 3. Vorhin haben wir die Decken abgegeben. – 4. Die Decken sind ordentlich zusammengelegt worden. – 5. Die Tür schließt sich. – 6. Die jungen Leute sind in

der Jugendherberge untergebracht worden. – 7. Der Gefangene ist von seinen Freunden befreit worden. – 8. Die Gendarmerie hat den Dieb verhaftet. – 9. Hans hat sich verliebt. – 10. Die Frau hat die Betten gemacht. – 11. Das Laub der Bäume ist von einem heftigen Sturm abgerissen worden. – 12. Unser Koch hat das Essen vorbereitet. – 13. Wir beenden unsere Arbeit. – 14. Der Lehrer beendet den Unterricht.

→ **55.1**

31 Zum Gebrauch der Zeitformen
(Grammatik B 61 ff.)

31.1 Für den richtigen Gebrauch der Zeitformen des Verbs sind zunächst zwei Zeitkategorien zu unterscheiden:

1. DIE BERICHTSZEIT: Das ist die Zeit, während der sich der Mitteilende äußert und von der aus er die zu schildernden Sachverhalte sieht. Die Berichtszeit muß man sich stets als GEGENWÄRTIG vorstellen.

2. DIE BEZUGSZEIT: Das ist die Zeit, die die zeitlichen Beziehungen der Sachverhalte untereinander betrifft.

31.2 Aus der Sicht der BERICHTSZEIT sind drei Zeiträume zu unterscheiden: die Gegenwart, die Vergangenheit und die Zukunft. Die Gegenwart fällt mit der Berichtszeit zusammen.

31.3 Die gleichen Zeiträume sind auch für die BEZUGSZEIT zu unterscheiden. Die Zeitformen, die im Deutschen zum Ausdruck der Zeitverhältnisse zur Verfügung stehen, lassen sich in zwei Tempusgruppen zusammenfassen:

TEMPUSGRUPPE I	TEMPUSGRUPPE II *
Präsens	Präteritum
Perfekt	Plusquamperfekt

31.4 Die Zeitformen der Tempusgruppe I dienen zur Schilderung des UNMITTELBAREN, GEGENWÄRTIGEN ERLEBENS. Das Präsens gebraucht man dabei vor allem für zusammenhängende Schilderungen. Das Perfekt wird

---

* Die Namen der Zeitformen geben keine Erklärung für die tatsächliche Zeitlage der Sachverhalte.

122

in diesem Zusammenhang zur Schilderung der vorher entstandenen Sachverhalte gebraucht.

Die Zeitformen der Tempusgruppe II dienen zur Schilderung DER ERINNERUNG. Dabei gebraucht man das Präteritum für zusammenhängende Schilderungen (vgl. Präsens). Das Plusquamperfekt wird dabei zur Schilderung vorher entstandener Sachverhalte gebraucht (vgl. Perfekt).   **31.5**

Die Berichtszeit

1. Die Gegenwart: **31.6**

> *Herr Meier* ist *(jetzt) im Büro.*
> *Ich* fahre *(gerade) zum Bahnhof.*
> *Eben* kommt *Kurt.*
> *In diesem Moment* fährt *der Zug ab.*

Der geschilderte Sachverhalt besteht im Augenblick der Mitteilung. Man gebraucht das Präsens; eine Temporalangabe macht deutlich, auf welche Zeit der Sachverhalt bezogen wird.

2. Die Vergangenheit: **31.7**

> a) *Wir* wohnen *seit drei Jahren hier.*
> *Kurt* geht *schon 5 Jahre in die Schule.*

Der Sachverhalt ist in der Vergangenheit entstanden und besteht noch zur Zeit der Mitteilung. Es ist zu erwarten, daß er auch über die Gegenwart hinaus bestehen bleibt. Man gebraucht das PRÄSENS mit einer Temporalangabe.

> b) *Ich* erfahre *soeben, daß* . . . .
> *Ich* habe *soeben* erfahren, *daß* . . .

Der Sachverhalt ist unmittelbar vor der Berichtszeit entstanden. Man gebraucht das Präsens mit einer Temporalangabe. Deutlicher ist das Perfekt.

> c) *Gestern* hat *der Winter* begonnen.
> *Ich* habe *meine Uhr* verloren.
> *Das Mädchen* hat *meinen Namen* vergessen.

Der Sachverhalt ist in der Vergangenheit entstanden, gehört aber noch zum unmittelbaren, gegenwärtigen Erleben des Sprechers. Man gebraucht das PERFEKT (Tempusgruppe I).

> d) *Ich* fuhr *damals nach Frankfurt.*
> *Wir* saßen *in der Schule nebeneinander.*

123

Der Sachverhalt gehört in einen Zusammenhang und wird aus der Erinnerung geschildert. Hierzu gebraucht man das PRÄTERITUM (Tempusgruppe II). Das Präteritum ist die typische Erzählform.

> e) *Kurt* ist *vor fünf Jahren nach Amerika* ausgewandert.
> *Früher* habe *ich mich für Musik* interessiert.

Der Sachverhalt liegt in der Vergangenheit und wird außerhalb eines Erzählzusammenhangs beschrieben. Das PERFEKT löst einen Sachverhalt aus dem Zusammenhang heraus und ist deshalb die übliche Gesprächsform.

> f) *Der Bettler* war *stumm.*
> *Mein Großvater* las *regelmäßig seine Zeitung.*
> *Ich* ging *neun Jahre in die Schule.*

Der Sachverhalt war in der Vergangenheit allgemein gültig oder konnte immer wieder eintreten. Zum Ausdruck der Allgemeingültigkeit in der Vergangenheit gebraucht man das PRÄTERITUM (Tempusgruppe II).

31.8 **3. Die Zukunft:**

> a) *Wir* bleiben *einen Monat hier.*

Der Sachverhalt besteht bereits und bleibt weiterhin bestehen. Man gebraucht das PRÄSENS. Eine Temporalangabe kann die Zeitdauer oder die Zeitgrenze nennen.

> b) *Ich* fahre *jetzt zum Bahnhof.*

Der Sachverhalt folgt unmittelbar nach der Mitteilung. Man gebraucht zum Ausdruck der unmittelbaren Zukunft das PRÄSENS, meistens zusammen mit einer Temporalangabe.

> c) *Nächste Woche* kommt *Hans zu Besuch.*

Der Sachverhalt tritt mit Bestimmtheit in der Zukunft ein. Man gebraucht hierfür das PRÄSENS mit einer Temporalangabe.

> d) *Bis morgen* habe *ich das Buch* ausgelesen.
> *Nächstes Jahr um diese Zeit* hat *Fritz sein Studium* beendet.

Das Ende eines bestehenden oder noch zu erwartenden Sachverhalts beschreibt man mit dem PERFEKT, meistens in Verbindung mit einer Temporalangabe.

e) *Das morgige Fest* wird *lange* dauern.
Die Prüfung wird *nicht schwierig* sein.

Das FUTUR drückt aus, daß man den Sachverhalt erwartet. Es bleibt aber offen, ob er wirklich eintritt (vgl. **32.7**).

4. Gegenwart, Vergangenheit und Zukunft: 31.9

> *Die Erde* dreht *sich um die Sonne.*
> *Australien* ist *weit von Europa.*
> *Herr Müller* geht *jeden Tag ins Büro.*

Sachverhalte, die allgemein gültig sind und sich daher über alle Zeiträume erstrecken, werden mit dem PRÄSENS beschrieben (vgl. **31.7** f.).

Die Bezugszeit   31.10

Die Bezugszeit, die die Zeitlage der beschriebenen Sachverhalte untereinander erkennen läßt, wird nur dann durch Zeitformen ausgedrückt, wenn ein Sachverhalt ZEITLICH V O R EINEM ANDEREN BESCHRIEBENEN SACHVERHALT liegt. Dazu dient das PERFEKT, wenn der Sachverhalt, auf den sich der andere Sachverhalt bezieht, im Präsens geschildert wird, und das PLUSQUAMPERFEKT, wenn der Sachverhalt im Präteritum oder Perfekt geschildert wird.

SCHILDERUNG MIT DEM		BEZUGSZEIT MIT DEM
Präsens	→	Perfekt
Präteritum oder Perfekt	→	Plusquamperfekt

Übung 1: *Fallen die beiden Sachverhalte zeitlich zusammen? Welcher der beiden Sachverhalte liegt zeitlich vor dem andern?*

1. Wenn du nach Hause kommst, schlafe ich schon. (Präs. – Präs.) – 2. Ich hole jetzt Geld von der Bank, damit ich meinen neuen Wagen sofort bezahlen kann. (Präs. – Präs.) – 3. Ehe ich ins Büro gehe, hole ich mir die Schlüssel beim Pförtner ab. (Präs. – Präs.) – 4. Wenn du ihm Geld gibst, besorgt er dir die Zigaretten. (Präs. – Präs.) – 5. Bevor ich hierherkam, wohnte ich in Köln. (Prät. – Prät.) – 6. Als du nach Hause kamst, schlief ich schon. (Prät. – Prät.) – 7. Wenn du ihm Geld gegeben hast, besorgt er dir die Zigaretten. (Perf. – Präs.) – 8. Heute gehe ich nicht fort, weil meine Eltern zu Besuch gekommen sind. (Präs. – Perf.) – 9. Als du kamst, bin ich aufgewacht. (Prät. – Perf.) – 10. Ich bin nicht ins Kino gegangen,

weil mich der Film nicht interessiert. (Perf. – Präs.) – 11. Ich bin gestern zu Hause geblieben, weil meine Eltern zu Besuch gekommen waren. (Perf. – Plusqu.) – 12. Die Züge fuhren sehr langsam, weil sehr viel Schnee gefallen war. (Prät. – Plusqu.) – 13. Bevor mir die Bank einen Kredit gab, hatte sie sich nach meinen finanziellen Verhältnissen erkundigt. (Prät. – Plusqu.) – 14. Peter zog im letzten Jahr nach Berlin. Vorher hatte er in Hamburg gewohnt. (Prät. – Plusqu.)

Übung 2: *Setzen Sie die richtigen Zeitformen ein!*

DAS BESTE MITTEL

Der bekannte Rennfahrer Herbert Sturm . . . . . sich schon bei mehreren internationalen Automobilrennen Preise (holen). Er war wegen seiner Tollkühnheit bekannt. Vor allen Dingen . . . . . er die Kurven in einem halsbrecherischen Tempo (nehmen). Trotzdem . . . . . er noch nie einen
5 Unfall (haben), weil er seinen Wagen meisterhaft . . . . . (beherrschen).

Eines Tages . . . . . ein Journalist bei einem Interview den Rennfahrer (bitten), ihn einmal auf eine Probefahrt mitzunehmen, da er einen Bericht für eine Illustrierte schreiben . . . . . (wollen). Sturm . . . . . lange (zögern), bevor er . . . . . (zusagen).

10 An dem verabredeten Tag . . . . . der Reporter neben dem Fahrer im Wagen Platz (nehmen). Im Nu . . . . . sie die Stadt hinter sich (haben) und . . . . . auf einer Straße (fahren), die sich in vielen Serpentinen durch das Gebirge . . . . . (winden). Steil . . . . . auf der einen Seite die Felswände empor (steigen), und genauso steil . . . . . auf der anderen Seite die Ab-
15 gründe (sein).

Immer schneller . . . . . das Tempo (werden), immer gefährlicher und kurvenreicher die Straße. Eine Haarnadelkurve nach der anderen – und dennoch . . . . . Sturm nicht (bremsen)! Dem Journalisten . . . . . die Haare zu Berge (stehen); krampfhaft . . . . . er sich an seinen Sitz (klammern).
20 Endlich . . . . . er dem Fahrer zu (schreien): „Langsam, bremsen Sie doch – ich . . . . . das nicht mehr mit ansehen (können), wie wir ins Unglück . . . . . (rasen)!"

Ganz ruhig . . . . . die Antwort (kommen): „Dann machen Sie es doch so wie ich: machen Sie die Augen zu!"

→ **56.1**

126

Die Mitteilung eines Dritten
(Grammatik B 79 ff., 138)

32

GEGENWART/ZUKUNFT: *Sie erzählte mir, daß Hans* jetzt (morgen) *nach*   32.1
München fahre.

VERGANGENHEIT: *Sie erzählte mir, daß Hans* gestern *nach München* gefahren sei.

Liegt der beschriebene Sachverhalt in der Gegenwart oder in der Zukunft, gebraucht man die EINFACHEN FORMEN DES KONJUNKTIVS. Für die Vergangenheit werden die ZUSAMMENGESETZTEN FORMEN DES KONJUNKTIVS gebraucht.

Sie erzählte mir, Hans fahre *morgen nach München.*   **32.2**
Sie erzählte mir, Hans sei *gestern nach München* gefahren.

Häufig schließt sich die indirekte Rede dem Einleitungssatz ohne Konjunktion an, insbesondere wenn die indirekte Rede die Beschreibung mehrerer Sachverhalte umfaßt.

Die Jungen sagten mir, sie würden *heute in der Jugendherberge*   **32.3**
übernachten.
Sie erzählten mir auch, sie hätten *in der letzten Nacht gut* geschlafen.

Die Konjunktivform muß immer erkennbar sein. Haben der Konjunktiv I und das Präsens die gleiche Form (z. B. wir haben), gebraucht man den Konjunktiv II: wir hätten. Kann man den Konjunktiv II nicht vom Präteritum unterscheiden (z. B. sie gingen), gebraucht man die mit dem Infinitiv zusammengesetzte Form von ‚werden': sie würden ... gehen.

Übung: *Berichten Sie die folgenden Mitteilungen in der indirekten Rede weiter und gebrauchen Sie dabei die Konjunktivformen!*

1. Die Jungen sagten: „Wir haben die Decken ausgeschüttelt und zusammengelegt. Wir geben sie jetzt beim Herbergsvater ab." – 2. Der junge Mann sagte zum Schutzmann: „Ich liebe das Fräulein. Ihr Vater ist sehr reich. Deshalb spielt Geld zwischen uns gar keine Rolle." – 3. Frau Sarti sagte zu Galilei: „Draußen wartet ein junger Herr. Er ist gut angezogen und bringt einen Empfehlungsbrief. Ich glaube, daß er Unterricht nehmen will." – 4. Schliemann erzählt: „Bei allen meinen Botengängen trug ich ein Buch in der Hand, aus dem ich irgend etwas auswendig lernte. Auf dem Postamt wartete ich nie, ohne zu lesen. So stärkte ich allmählich mein

Gedächtnis, und nach zwei Monaten konnte ich zwanzig Seiten Prosa auswendig hersagen, nachdem ich den Text dreimal aufmerksam durchgelesen hatte." – 5. Goethe meinte: „Jeder muß bei sich selber anfangen und zunächst sein eignes Glück machen. Daraus entsteht dann unfehlbar das Glück des Ganzen."

Gebrauch der Futurform
(Grammatik B 69)

32.4 1. Die Vermutung

Der Sachverhalt besteht in der GEGENWART:

> *Wo ist jetzt Herr Müller? – Er* wird *im Büro* sein.
> *Was macht er dort? – Er* wird *dort* arbeiten.

Der Sachverhalt tritt in der ZUKUNFT folgerichtig ein.

> *Wo ist er nächstes Jahr um diese Zeit? – Er* wird *dann in Amerika* sein.
> *Was macht er dann dort? – Er* wird *dort wohl bei einer befreundeten Firma* arbeiten.

Der Sachverhalt bestand in der VERGANGENHEIT:

> *Wo war Peter gestern? – Er* wird *in der Schule* gewesen sein.
> *Was hat er dort gemacht? – Er* wird *sicher Unterricht* gehabt haben.

Der Sprecher drückt vor der Beschreibung des Sachverhalts seine Vermutung aus:

> *Ich vermute (habe die Vermutung), daß* . . .
> *Ich glaube (nehme an), daß* . . .

Zur Verdeutlichung der Vermutung werden oft die Modalglieder (vgl. 10.1/2) wohl, sicher, bestimmt, vielleicht gebraucht.

32.5 2. Die Absicht

> *Ich* werde *morgen zu Ihnen* kommen.
> **Werden** *Sie auch Ihre Bücher* **mitbringen?**
> *Ja, ich* werde *sie* mitbringen.

In der 1. PERSON drückt die Futurform die Absicht des Sprechers aus, etwas zu tun. Der beschriebene Sachverhalt ist eine Handlung. In der Frage erkundigt sich der Sprecher nach der Absicht der angesprochenen Person.

> *Ich beabsichtige (habe die Absicht), das zu tun. Ich werde* . . .
> *Wir haben vor, das zu tun.   Wir werden* . . .

Beabsichtigst du, das zu tun?   *Wirst du . . .?*
Habt ihr vor, das zu tun?   *Werdet ihr . . .?*
Haben Sie die Absicht, das zu tun?   *Werden Sie . . .?*

3. Die Ankündigung 32.6

Sonntag **werden** *meine Eltern* kommen.
In den nächsten Tagen **werden** *Sie einen Brief* erhalten.
Ich **werde** *heute abend bei Ihnen* sein.

Der Sprecher kündigt einen Sachverhalt an, für dessen Zustandekommen kein Zweifel besteht. Der angekündigte Sachverhalt kann ein Sein, eine Handlung oder ein Vorgang sein.

4. Die Erwartung oder die Befürchtung 32.7

Morgen **wird** *es wieder* regnen.
Du **wirst** *noch in der Prüfung* durchfallen.
Peter **wird** *seine Prüfung schon* bestehen.
Lauf nicht so schnell, du **wirst** *noch* fallen!

Der Sprecher drückt aus, daß er das Zustandekommen eines Sachverhalts erwartet oder befürchtet.

Ich erwarte, daß das geschieht.
Ich fürchte (befürchte), daß das geschieht.

5. Die Aufforderung 32.8

Ihr **werdet** *jetzt zu Bett* gehen.
Du **wirst** *dich morgen bei der Frau* entschuldigen.
Sie **werden** *jetzt den Brief zur Post* bringen.

Der Sprecher fordert den Angesprochenen auf, etwas zu tun. In der Frageform und mit dem Modalglied **wohl** (vgl. 10.1/2) erhält die Aufforderung einen drohenden Unterton:

Werdet *ihr jetzt* wohl *zu Bett* gehen?
Wirst *du dich* wohl *morgen bei der Frau* entschuldigen?

Gilt die Frage für die 1. Person, erkundigt sich der Sprecher, ob die Aufforderung an ihn noch gültig ist:

Werde *ich jetzt den Brief zur Post* bringen?

Übung 1: *Was wird hier durch die Futurformen ausgedrückt: Vermutung,* ~~Absicht~~, *Absicht, Ankündigung, Erwartung (Befürchtung) oder Aufforderung?* Mitteilung Sie glauben

1. Zuerst werdet ihr die Decken ordentlich zusammenlegen. – 2. Du wirst jetzt sehr müde sein. – 3. Die Kinder werden bald in tiefem Schlaf liegen. – 4. Bald werdet ihr den Trick durchschaut haben. – 5. Du wirst schon einmal nach Amerika kommen. – 6. Das Unglück wird schon nicht so schlimm gewesen sein. – 7. Ziehen Sie sich einen Mantel an! Sie werden sich noch erkälten. – 8. Wirst du dir wohl deinen Mantel anziehen? – 9. Wir werden uns bald wiedersehen. – 10. Ich werde das Auto nicht kaufen. Es ist mir zu teuer. – 11. Die Nacht wird bald vorüber sein. – 12. Werden Sie sich mit Herrn Müller treffen? – 13. Eines Tages werden sich die Politiker einigen. – 14. Niemals werde ich wieder zu euch kommen. – 15. Du wirst dich doch nicht geärgert haben? – 16. Der Mann wird mich noch mit seinem dummen Gerede ganz krank machen. – 17. Wirst du dein Studium bald beendet haben? – 18. Ich werde dir auf jeden Fall schreiben. – 19. Ich werde bestimmt Wort halten. – 20. Peter wird niemals sein Wort brechen.

Übung 2: *Drücken Sie mit Hilfe des Futurs zu folgenden Sachverhalten Ihre Vermutung aus!*

1. Die Jugendherberge ist im Jahre 1957 errichtet worden. – 2. Am Sonntag herrscht auf den Straßen reger Verkehr. – 3. Das Mädchen hat einen Brief bekommen. – 4. Der Autodieb ist inzwischen verhaftet worden. – 5. Die Hotels sind im Sommer überfüllt. – 6. Der junge Mann hat sich in das Mädchen verliebt. – 7. Andrea hat Galileis Theorie über den Umlauf der Erde um die Sonne verstanden. – 8. Du hast die beiden Telefonnummern verwechselt. – 9. Der Sturm hat sich nach Mitternacht gelegt. – 10. Der Gelehrte arbeitet nachts oft im Labor. – 11. Schliemann hat bei seinem Sprachstudium intensiv gearbeitet. – 12. Der Schriftsteller sitzt jetzt in seinem Zimmer und arbeitet an seinem neuen Roman. – 13. Die Straße nach Salzburg ist inzwischen repariert worden. – 14. Nehmen Sie Platz! Sie sind sicher müde. – 15. Hans ist inzwischen in Hamburg angekommen. – 16. Dein Freund kommt morgen in die Schule. – 17. Das Theater ist am kommenden Sonntag ausverkauft. – 18. Der Mann leugnet den Autodiebstahl. – 19. Ihr habt die Fehler unter Aufsicht des Lehrers verbessert. – 20. Ihr neuer Roman verkauft sich gut. – 21. Peter hat Inge im Konzertsaal gesehen. – 22. Er heiratet Inge nächsten Monat. –

23. Der junge Mann hat jetzt eine Stelle bei einer Exportfirma gefunden. –
24. Der Schutzmann ist jetzt auf der Wache.

Übung 3: *Drücken Sie mit Hilfe des Futurs Ihre Absicht aus!*

1. Ich komme morgen zu dir. – 2. Wir bringen Ihnen die Bücher heute
nachmittag. – 3. Ich fahre erst morgen nach Wien. – 4. Ich schreibe den
Brief an meine Eltern heute abend. – 5. Wir reisen morgen von hier ab. –
6. Ich putze meine Schuhe sofort. – 7. Ich spreche heute nicht mit dem
Direktor. – 8. Wir sehen uns den Film heute abend an. – 9. Ich kaufe das
Haus nicht. – 10. Ich bleibe bis zum Ende meines Studiums in Deutschland.

Übung 4: *Kündigen Sie mit Hilfe des Futurs folgende Sachverhalte an!*

1. Dem Mann sage ich meine Meinung. – 2. Der Mann leugnet den Diebstahl. – 3. Eure Freunde verlassen euch. – 4. Der Lehrer kommt morgen
nicht in die Schule. – 5. Der Bau ist nächste Woche beendet. – 6. In wenigen Minuten öffnet sich der Vorhang. – 7. Jeden Moment kommt unser
Besuch. – 8. Herr Meier verkauft sein Haus an seinen Nachbarn. – 9. Bis
heute abend ist Ihr Wagen repariert.

Übung 5: *Drücken Sie mit Hilfe des Futurs Ihre Erwartung (oder Be-*
fürchtung) aus!

1. Du kommst noch einmal ins Gefängnis. – 2. Wir fahren schon einmal
nach Japan. – 3. Du gewinnst eines Tages in der Lotterie das Große Los. –
4. Die Mühe, die wir mit dem Erlernen der Sprache haben, bringt uns
später einmal Gewinn. – 5. Ihr verliert noch euer Geld. – 6. Deine Rück-
sichtslosigkeit nützt dir nichts. – 7. Du erkältest dich noch. – 8. Ihr versteht
eines Tages mein Verhalten. – 9. Der Sturm reißt das Dach von unserem
Haus. – 10. Peter verliebt sich noch in das Mädchen. – 11. Ihr werdet
noch von der Polizei ertappt. – 12. Wir haben später einmal Glück.

Das Subjekt und der Sachverhalt (wollen)
(Grammatik B 133)

33

1. Die Person (als Subjekt) und die Handlung

DER FESTE WILLE: 33.1

> *Der Junge* **will** *nach Hause.*
> *Das Kind* **wollte** *nicht in die Schule* **gehen.**
> *Der alte Mann* **will** *arbeiten, aber er findet keine Arbeit.*

Jemand hat den festen Willen, etwas zu tun. Der Wille geht vom Subjekt aus.

33.2 DIE ABSICHT, DER PLAN, DER ENTSCHLUSS:

> *Ich* **will** *jetzt zu meinem Freund* **gehen.**
> *Wir* **wollen** *nächstes Jahr nach Frankreich* **fahren.**

Jemand beabsichtigt (hat die Absicht), etwas zu tun. Jemand hat den Plan, etwas zu tun. Jemand hat sich entschlossen (hat den Entschluß gefaßt), etwas zu tun.

Gegenüber dem Gebrauch der Futurform (→ **32.5**) bleibt hier die Frage offen, ob überhaupt die Möglichkeit dazu besteht oder ob die Erlaubnis dazu gegeben wird.

33.3 DIE BEREITSCHAFT:

> *Hilde* **will** *ihrer Mutter bei der Arbeit* **helfen.**
> *Ich* **will** *dir gerne die Regel erklären.*

Jemand ist bereit, etwas zu tun.

33.4

> *Ich* **wollte** *heute ins Theater gehen, doch habe ich leider meine Eintrittskarte verloren.*
> *Wir* **wollten** *morgen nach Köln fahren, aber meine Eltern sind unerwartet zu Besuch gekommen. So fahren wir morgen nicht.*

Der Wille, die Absicht oder die Bereitschaft bestand in der Vergangenheit, doch wurde oder wird die Handlung verhindert.

2. Die Person (als Subjekt) und der Vorgang oder das Sein

33.5 DER WUNSCH:

> *Ich* **will** *dein Glück.*
> *Günter* **will** *dem Mädchen wieder* **begegnen.**
> *Der Patient* **will** *wieder gesund* **werden.**
> *Wir* **wollen** *von dir nach Hause* **gebracht werden.**

Jemand wünscht sich, daß etwas geschieht. Jemand hat den Wunsch, daß etwas zustande kommt oder daß das so ist.

33.6 DAS BESTREBEN:

> *Ich* **will** *die Leute* **verstehen.**
> *Die Zuschauer* **wollen** *den Trick des Zauberers* **durchschauen.**
> *Der Mann* **will** *nicht* **verhaftet werden.**

Jemand versucht (ist bestrebt, ist bemüht, trachtet danach), einen Vorgang auszulösen oder zu beeinflussen.

132

DIE BEREITSCHAFT:

> *Ich* will *deine Frechheiten* vergessen.
> *Heinz* will *an meinen Geburtstag* denken.
> *Ich* will *mich für eure Probleme* interessieren.

Jemand ist bereit (versucht), einen Vorgang zu fördern und nicht zu behindern.

> *Ich* wollte *an deinen Geburtstag denken, doch habe ich ihn wieder*
> *vergessen.*
> *Mein Freund* wollte *Arzt werden, aber er wird sein Studium nicht*
> *beenden können.*

Der Wunsch, das Bestreben oder die Bereitschaft bestand in der Vergangenheit, doch haben sich Hindernisse eingestellt, die den Vorgang nicht zuließen oder ihn unterbrechen.

3. Die Sache (als Subjekt) und das Sein

DAS ERFORDERNIS:

> *Diese Blume* will *täglich frisches Wasser.*
> *Unser Plan* will *überlegt sein.*
> *Die Reise* will *gut* vorbereitet sein.

Eine Sache braucht etwas, um ihren Zweck zu erfüllen. Das beschriebene Sein ist die Voraussetzung für den Erfolg.

4. Die Sache (als Subjekt) und der Vorgang

DIE RICHTIGE BEHANDLUNG:

> *Diese Maschine* will *gut* gepflegt werden.
> *Diese Pflanze* will *täglich frisches Wasser* bekommen.

Eine Sache verlangt, daß sie richtig behandelt wird, sonst leidet sie Schaden.

DAS AUSBLEIBEN EINES VORGANGS:

> *Bei feuchter Witterung* will *die Wäsche* nicht trocknen.
> *Ich weiß nicht, was mit dem Ofen los ist. Das Feuer* will nicht
> brennen.
> *Der Regen* will *heute überhaupt* nicht mehr aufhören.

Der erwartete Vorgang bleibt aus.

Übung 1: *Gebrauchen Sie statt der Einleitungssätze das Modalverb ‚wollen‘!*

1. Der Politiker beabsichtigt, morgen eine Ansprache zu halten. – 2. Ich habe die Absicht, an der nächsten Konferenz teilzunehmen. – 3. Die Bürger der Stadt haben sich entschlossen, ihrem großen Sohn ein Denkmal zu setzen. – 4. Ich wünsche in Ruhe gelassen zu werden. – 5. Der Lehrer erklärte sich bereit, uns die Regeln zu erklären. – 6. Andrea bemühte sich, die Theorie über den Umlauf der Erde um die Sonne zu verstehen. – 7. Der Student hat den Willen, möglichst bald mit seinem Deutschstudium zu beginnen. – 8. Der Polizist hat die Absicht, den Mann zu verhaften. – 9. Der Mann bemühte sich, dem Polizisten den wahren Sachverhalt auseinanderzusetzen. – 10. Der Beamte hatte nicht den Willen, dem Mann zuzuhören.

Übung 2: *Gebrauchen Sie statt der Einleitungssätze das Modalverb ‚wollen‘! Die kursiv gedruckten Nomen sind die Satzsubjekte in den umgeformten Sätzen.*

1. Es ist richtig, daß man *diese wertvollen Weingläser* vorsichtig behandelt. – 2. Es ist erforderlich, daß man *einen fabrikneuen Wagen* sorgfältig einfährt. – 3. Es ist richtig, wenn man *Punsch* heiß trinkt. – 4. Jeder weiß, daß *der Motor* bei kaltem Wetter nicht anspringt. – 5. Es ist mir unverständlich, daß *die Briefmarke* nicht auf dem Brief kleben bleibt.

→ 58.1

---

34   Das Subjekt und der Sachverhalt (dürfen)
(Grammatik B 137)

34.1   **1. Die Person (als Subjekt) und die Handlung**

DIE ERLAUBNIS:

> *Du* **darfst** *heute mit Peter ins Kino* gehen.
> *Ich* **durfte** *gestern Peters Fahrrad* benutzen.
> *Wir* **dürfen nicht** *nach 10 Uhr nach Hause* kommen.

Jemand hat die Erlaubnis bekommen, etwas zu tun. Es ist jemandem verboten worden, das zu tun.

34.2   DIE (OFFIZIELLE) GENEHMIGUNG:

> *Ein Schutzmann* **darf** *nur mit einem Durchsuchungsbefehl eine Wohnung* betreten.

In diesem Teil des Parks dürfen *Hunde frei* umherlaufen.

Jemand hat die Genehmigung erhalten, etwas zu tun, was sonst verboten ist.

DAS RECHT, DIE BEFUGNIS: 34.3

Nach bestandenem Examen darfst *du den Doktortitel* führen.
Mit 21 Jahren darf *jedermann* wählen.

Jemand hat oder erhält ein Recht (eine Befugnis).

2. Die Sache (als Subjekt) und der Vorgang oder das Sein

DIE RICHTIGE BEHANDLUNG: 34.4

Butter darf nicht *in der Sonne* liegen.
Ein Ei darf nur *vier Minuten* kochen.

Eine Sache verlangt, daß sie richtig behandelt wird, sonst leidet sie Schaden. Gegenüber dem Modalverb ‚wollen' (→ 33.10) wird ‚dürfen' mit der Negation oder einem einschränkenden Modalglied (**nur**) gebraucht, wenn die falsche Behandlung beschrieben wird.

Vergleichen Sie:

Butter will *kühl gelagert werden, wenn sie frisch bleiben soll.*
Butter darf nicht *in der Sonne liegen, sonst wird sie schlecht.*

Übung: *Gebrauchen Sie statt der Einleitungssätze das Modalverb ‚dürfen'!*

1. Die Eltern erlauben nicht, daß ihre Kinder dieses Buch lesen. – 2. Es ist Unbefugten verboten, das Laboratorium zu betreten. – 3. Nach der Fahrprüfung ist es einem erlaubt, ein Auto zu fahren. – 4. Sie haben keine Genehmigung, mit ihrem Wagen auf dieser Straße zu fahren. – 5. Lastwagen mit über 10 t (Tonnen) Gesamtgewicht ist es nicht erlaubt, über diese Brücke zu fahren. – 6. Es ist nicht gut, wenn das Haus die Nacht über unverschlossen bleibt. – 7. Der Arzt hat mir verboten, so viele Zigaretten zu rauchen. – 8. Wir haben die Erlaubnis bekommen, heute früher nach Hause zu gehen. – 9. Die Eltern haben das Recht, die Briefe, die ihre Kinder bekommen, zu öffnen. – 10. Sind Sie befugt, den Maschinenraum zu betreten? – 11. Hat dir dein Vater erlaubt, am Sonntag mit uns an den See zu fahren? – 12. Die Feuerwehr hat das Recht, auch bei rotem Licht über die Straßenkreuzung zu fahren. – 13. Es ist nicht gut, wenn der Ball bei Wind und Wetter im Freien liegt. – 14. Mein Vater hat mir erlaubt, morgen zum Schwimmen zu gehen. – 15. Der Lehrer hatte uns erlaubt, gestern zu Hause zu bleiben.   → 59.1

Das Subjekt und der Sachverhalt (können)
(Grammatik B 135)

35.1 DIE GELEGENHEIT:

> *Ich* kann *morgen zu euch* zu Besuch kommen.
> *Sie* können *jetzt* nach Hause, *hier im Büro gibt es nichts mehr zu*
> *tun.*
> *Wir* konnten *an dem gestrigen Treffen* nicht teilnehmen.
> *Peter* hat *gestern nicht zu uns* kommen können.

Jemand hat die Gelegenheit, etwas zu tun, weil kein Hindernis dafür vorliegt und die Umstände es zulassen.

> *Bei der Feier* konnte *auch der Bürgermeister* begrüßt werden.
> *Wir* können *bei diesem Lärm* nicht einschlafen.
> *Der Dieb* konnte *sehr schnell* verhaftet werden.

Die Umstände lassen einen Vorgang zu. Sie lassen zu, daß etwas geschieht.

35.2 DIE MÖGLICHKEIT:

> *Von dieser Anhöhe aus* kann *man die ganze Stadt* überblicken.
> *Wir* konnten feststellen, *daß hier die Waren billiger sind als*
> *anderswo.*
> *Ich* kann *dir leider kein Geld* leihen.

Jemand hat die Möglichkeit (hat die Aussicht, ist in der Lage), etwas zu tun.

35.3 DIE FÄHIGKEIT:

> *Mein Bruder* kann *Englisch.*
> *Die Schülerin* kann *das Gedicht* aufsagen.
> *Ich* konnte *den Brief* nicht lesen, *weil er in Griechisch geschrieben*
> *war.*

Jemand vermag etwas zu tun. Jemand ist fähig (hat die Fähigkeit), das zu tun.

35.4 DIE GÜNSTIGE VORAUSSETZUNG:

> *Ich* kann *die Fehler* verbessern, *weil ich weiß, was richtig oder*
> *falsch ist.*
> *Hans* konnte *meine Fragen* nicht beantworten.
> *Wir* konnten *den Mann* nicht erkennen.
> *Das Licht* kann *jetzt* ausgemacht werden. *Es ist hell genug.*

Die Wäsche **konnte nicht** trocknen, *weil das Wetter zu ungünstig war.*

Es bestehen die Voraussetzungen dafür, daß jemand etwas tut oder daß etwas geschieht.

Übung: *Formen Sie die folgenden Mitteilungen in Sätzen um, die das Modalverb ,können' enthalten!*

1. Der Lehrer war nicht fähig, sich bei den Kindern durchzusetzen. – 2. Der Junge weiß nicht, wie man Briefe schreibt. – 3. Der junge Mann beherrscht Deutsch gut. – 4. Ich habe keine Möglichkeit, dich morgen zu besuchen. – 5. In der letzten Nacht war es mir nicht möglich, ein Auge zuzumachen (zu schlafen). – 6. Es war nur sehr schwer möglich, den Verletzten aus dem beschädigten Fahrzeug zu befreien. – 7. Wir hatten in unserer Schule keine Gelegenheit, Deutsch zu lernen. – 8. Der Sturm war so heftig, daß er das Dach abriß. – 9. Peter hat keine Zeit, auf uns zu warten. – 10. Es ist mir nicht möglich, ohne Brille zu lesen. – 11. Es war vorauszuahnen, daß ihm das Experiment nicht gelingt. – 12. Es wird dem Mann unmöglich sein, den Diebstahl zu leugnen. – 13. Jetzt haben die Geschäftsleute eine gute Gelegenheit, ihren neuen Artikel anzubieten. – 14. Warst du in der Lage, die schwierigen Fragen des Lehrers zu beantworten? – 15. Jetzt sind die Voraussetzungen gegeben, daß in den nächsten Wochen alles teurer wird.

Der Mann wird den Diebstahl nicht leugnen können.

→ 60.1

Das Subjekt und der Sachverhalt (müssen)
(Grammatik B 136)

36

DER ZWANG: 36.1

Inge muß heute ihrer Mutter beim Nähen helfen.
Ich muß heute pünktlich zu Hause sein.
Peter muß Ingenieur werden, weil es sein Vater so will.

Zwang durch eine PERSON: Jemand zwingt einen (fordert von einem), etwas zu tun oder zu erreichen.

Der Gastgeber muß seine Gäste begrüßen.   36.2
Ihr müßt euren Kindern ein gutes Beispiel geben.

Zwang durch BRAUCH und SITTE: Es ist üblich (es ist Brauch, Sitte), daß jemand das tut oder daß er sich so verhält.

36.3   *Der Arzt* muß *einem Kranken* helfen.
             Der Vater muß *seine Familie* ernähren.
             Leider muß *ich Sie* verhaften, *denn ich bin im Dienst.*

Zwang durch BERUF und STELLUNG: Es ist jemandes Pflicht oder Aufgabe, das zu tun.

36.4   *Ich* muß *jetzt nach Hause.*
             Du mußt *jetzt zur Arbeit* gehen. *Es ist schon spät.*
             Peter mußte *seinen Vater um Geld* bitten.
             Wir haben *unser Fußballspiel wegen des Wetters* abbrechen müssen.

Zwang durch die UMSTÄNDE oder die LAGE: Die Umstände erfordern es (verlangen es), daß jemand das tut oder daß das geschieht.

36.5   DIE NATUR, DIE VERANLAGUNG:

             Alle Kreatur muß sterben.
             Dieser Junge muß *immer* Unfrieden stiften.
             Kurt muß *sich bei den Leuten immer* wichtig machen.

Es ist von der Natur so gegeben, daß das geschieht. Es ist jemandes Veranlagung, das zu tun oder so zu sein. Jemand kann nicht anders, als das zu tun oder so zu sein.

36.6   DAS SACHGERECHTE ERFORDERNIS:

             Dieses Gemüse muß *eine halbe Stunde* kochen, *bis es gar ist.*
             Sie müssen *hier auf den Knopf* drücken, *wenn die Tür aufgehen soll.*

Es ist erforderlich (notwendig), daß jemand das so macht oder daß man mit einer Sache so umgeht.

36.7   DIE NOTWENDIGE FOLGE:

             Meine Voraussagen müssen *sich eines Tages* bewahrheiten.
             Man mußte *sich in sie* verlieben. *So schön war sie.*
             Die Leute müssen *ja hinter das Geheimnis* kommen, *wenn du so unvorsichtig bist.*

Es ist (war) nicht anders zu erwarten, als daß es so kommt (kommen würde).

138

Die unvermeidliche Erfahrung: **36.8**

> *Wir* mußten *leider* feststellen, *daß sich die Lage noch nicht gebessert
> hat.*
> *Ich* muß *Ihnen leider eine grobe Nachlässigkeit* vorwerfen.

Es bleibt einem leider nichts anderes übrig, als das zu tun.

Die unerlässliche Empfehlung: **36.9**

> *Du* mußt *wirklich einmal auf Urlaub* fahren.
> *Sie* müssen *dieses Buch unbedingt* lesen.
> *Diese Themen* müssen *auf jeden Fall* besprochen werden.

Es ist dringend zu empfehlen, daß jemand das tut. Jemandem ist dringend zu raten, das zu tun.

Die notwendige Ermahnung: **36.10**

> *Sie* müssen *den Hund nicht immer* ärgern.
> *Du* mußt *mich nicht immer* stören.
> *Die Kinder* müssen *nicht immer in unseren Garten* kommen.

Es geht nicht, daß jemand das tut. Es gehört sich nicht (es ist nicht recht),
daß jemand das tut oder daß so etwas geschieht.

Übung: *Gebrauchen Sie statt der Einleitungssätze das Modalverb
,müssen'!*

1. Es gehört sich so, daß du dich bei deinem Onkel für das schöne Geschenk
bedankst. – 2. Ich empfehle dir, einmal nach Berlin zu fahren. – 3. Es ist
die Pflicht der Polizei, für Ordnung zu sorgen und die Bürger zu schützen. –
4. Es bleibt mir nichts anderes übrig, als morgen eine Stunde früher aufzustehen, wenn ich den Zug noch erreichen will. – 5. Ich rate Ihnen, den
Kindern ein Märchen zu erzählen. Dann sind sie bestimmt ruhig. – 6. Es
geht nicht an, daß du die Tür immer so laut zuschlägst. – 7. Inge kann
nicht anders, als ihrer Mutter in der Küche zu helfen. – 8. Es ist nötig, daß
ihr morgen den Bäcker bezahlt. – 9. Der Minister hat keine andere Wahl,
als von seinem Amt zurückzutreten. – 10. Es ist ihre Pflicht, dem Verletzten zu helfen. – 11. Der Lehrer verlangte von uns, daß wir das Gedicht auswendig lernen. – 12. Ich habe deinem Freund geraten, sich von
einem Arzt untersuchen zu lassen. – 13. Es ist Brauch, daß Männer den
Hut abnehmen, wenn sie einen Raum betreten. – 14. Es war nicht anders zu
erwarten, als daß die Preise wieder in die Höhe gehen. – 15. Es blieb mir
nichts anderes übrig, als selbst mit dem Direktor zu sprechen. – 16. Es ist

so, daß Blumen verwelken, wenn sie kein Wasser bekommen. – 17. Es ist dir dringend zu raten, deinem Vater die Wahrheit zu sagen. – 18. Es ist ratsam, bei dieser Kälte einen Mantel anzuziehen. – 19. Ich kann nicht anders, als festzustellen, daß mich der Junge wieder belogen hat. – 20. Es drängte ihn, Arzt zu werden.

→ 61.1

37 Das Subjekt und der Sachverhalt (sollen)

(Grammatik B 138)

DER AUFTRAG:

37.1
Ich soll *Ihnen von Herrn Müller Grüße* bestellen.
Ihr sollt *heute nicht so spät nach Hause* kommen.
Die Kinder sollen *nicht so viel Lärm* machen.

Jemand hat den Auftrag (bekommen), etwas zu tun. Jemand ist beauftragt (worden), etwas zu tun. Es ist jemandem aufgetragen worden, das zu tun.

Ich soll *heute zu Hause* bleiben *und im Garten* arbeiten.
Wir sollen *heute nachmittag zum Lehrer* kommen.

Der Sprecher hat den Auftrag bekommen.

Du sollst *uns bis morgen die Bücher* zurückgeben.
Ihr sollt *an der Straßenkreuzung auf Peter* warten.
Sie sollen *jetzt mit der Arbeit* aufhören *und nach Hause* gehen.

Der Sprecher gibt einen Auftrag weiter.

Der Gärtner soll *morgen zu uns* kommen *und die Hecke* schneiden.
Hans soll *morgen pünktlich bei uns* sein.
Die Kinder sollen *endlich ruhig* sein.

Der Sprecher gibt einen Auftrag an einen nicht anwesenden Dritten weiter.

37.2
Das Mittagessen soll *heute schon um 12 Uhr* fertig sein.
Diese Bäume sollen *nicht* gefällt werden.
Die Wäsche soll *im Freien* trocknen.

Der Sprecher oder ein Dritter hat den Auftrag gegeben.

37.3
Eigentlich sollte *ich Ihnen den Brief schon gestern* geben.
Eigentlich solltet *ihr doch an der Straßenkreuzung auf mich* warten.

140

Der Gärtner **sollte** *eigentlich erst morgen* **kommen,** *aber er kommt schon heute.*

Die Wäsche **sollte** *eigentlich im Freien* **trocknen,** *aber wir mußten sie wegen des Regens im Hause aufhängen.*

Der Auftrag wurde nicht ausgeführt.

ALLGEMEINGÜLTIGE PFLICHT: 37.4

> *Jeder* **soll** *dem anderen* **helfen.**
> *Du* **sollst** *die Wahrheit* **sagen.**
> *Man* **soll** *im Straßenverkehr* **rücksichtsvoll sein.**

Es ist allgemeine Pflicht, etwas zu tun oder sich so zu verhalten.

DIE BELEHRUNG ZU VERNÜNFTIGEM TUN: 37.5

> *Du* **sollst** *nicht so viel* **lesen,** *das schadet deinen Augen.*
> *Man* **soll** *sich vor allem auf sich selbst* **verlassen,** *nicht so sehr auf andere.*

Es ist ratsam, etwas zu tun.

DAS BEDAUERN über die Unterlassung eines Tuns oder eines Verhaltens: 37.6

> *Wir* **hätten** *nicht so schnell* **gehen sollen,** *jetzt sind wir außer Atem.*
> *Du* **hättest** *zu Hause* **bleiben sollen,** *dann wäre dir das nicht passiert.*

Es wäre besser gewesen, wenn jemand etwas Bestimmtes getan hätte.

DER WUNSCH, der sich auf das Befinden einer Person oder die Eigenschaft   37.7
oder die Menge bezieht:

> *Du* **sollst** *mein Freund* **sein.**
> *Sie* **sollen** *sich bei uns wie zu Hause* **fühlen.**
> *Günter möchte eine Frau heiraten, die schön und reich* **sein soll.**

Jemand hat den Wunsch, daß einer (etwas) so ist.

DAS VERSPRECHEN, mit dem man sich einem anderen gegenüber ver-   37.8
pflichtet:

> *Du* **sollst** *mit mir* **zufrieden sein.**
> *Eure Wünsche* **sollen erfüllt werden.**
> *Sie* **sollen sehen,** *daß ich meine Prüfung bestehen werde.*

Der Sprecher verspricht, daß etwas so sein wird oder daß es so geschieht.

37.9 DIE EMPFEHLUNG:

> *Das Haus* sollte *doch bald* verkauft werden.
> *Man* sollte *Auto* fahren können.
> *Du* solltest *einmal zum Arzt* gehen.

Der Sprecher empfiehlt, das zu tun. Er empfiehlt, daß das geschieht. Es wäre gut (schön, vorteilhaft), wenn man das täte oder das geschähe.

37.10 DIE ERWARTUNG eines Sachverhalts. Diese Erwartung gründet sich auf eine Vereinbarung, eine Einigung oder eine Absprache:

> *Nächste Woche* soll *der Kaufvertrag* geschlossen werden.
> *Das alte Haus* soll *demnächst* verkauft werden.
> *Der Vertreter der Firma* soll *die neue Haushaltsmaschine bei uns* vorführen.

Es ist vereinbart worden, daß das geschieht. Man hat sich darüber geeinigt, daß das geschieht. Man hat abgesprochen (verabredet), daß das geschieht.

37.11 DIE ABSICHT, DER PLAN, DAS PROGRAMM:

> *Das Konzert* soll *nächsten Montag* stattfinden.
> *Der Neubau* soll *im Herbst* beginnen.
> *Der Mann, der den Unfall verursacht hat,* soll bestraft werden.

Es ist beabsichtigt (vorgesehen, geplant), daß das geschieht. Man hat die Absicht (den Plan), das zu tun oder durchzuführen.

37.12 DIE VORAUSSETZUNG für einen Sachverhalt:

> *Die Firma sucht eine Sekretärin. Sie* soll *perfekt Stenografie und maschineschreiben* können.
> *Wer in einer Exportfirma arbeiten will,* sollte *mindestens zwei Fremdsprachen* können.

Es wird vorausgesetzt, daß jemand das kann (daß jemand diese Fähigkeiten hat).

37.13 DIE ERGEBENHEIT in das Schicksal:

> *Ich* soll *beim Glücksspiel eben nichts* gewinnen.
> *Der Auswanderer* sollte *seine alte Heimat nicht mehr* wiedersehen.

Das Schicksal will (wollte) nicht, daß das geschieht.

Was soll dieses Gebäude sein? – Es soll ein Theater sein, sieht aber aus wie eine Flugzeughalle.
Dies soll meine Doktorarbeit werden.
Diese Sache ist dafür (als . . .) gedacht.

Übung: *Beschreiben Sie die folgenden Sachverhalte mit Hilfe des Modalverbs ‚sollen'!*

1. Es wäre besser, wenn sich der Junge nicht so rüpelhaft benähme. –
2. Es ist Sitte, daß man älteren Leuten beim Betreten eines Raumes den Vortritt läßt. – 3. Wir wünschen, daß Sie sich bei uns wohl fühlen. – 4. Der Arzt hat angeordnet, daß der Kranke noch eine Woche im Bett bleibt. – 5. Es ist Vorschrift, daß dieses Medikament vor dem Essen eingenommen wird. – 6. Das Schicksal fügte es, daß sich seine Prophezeiungen ein Jahr später bewahrheiteten. – 7. Es ist Sinn der Reklame, beim Publikum neue Wünsche wachzurufen. – 8. Es ist vorgesehen, daß dieses Buch nicht mehr erscheint. – 9. Die Taschenbücher sind dafür bestimmt, gute Literatur auch einem breiterem Leserpublikum zugänglich zu machen. – 10. Der Handwerker hat den Auftrag, das Türschloß zu reparieren. – 11. Es ist ratsam, den Einfluß der Regierung auf die Bürger nicht zu unterschätzen. – 12. Es wäre besser, wenn die Bürger die Politiker beeinflußten und nicht umgekehrt. – 13. Ich will nicht, daß Sie mich immer bei der Arbeit stören. – 14. Wir haben unseren Gärtner beauftragt, uns neue Obstbäume zu pflanzen. – 15. Es war nicht mehr abzuwenden, daß der alte Mann bald erfuhr, wie ihn die Leute betrogen hatten. – 16. Es ist vorgesehen, die Straße bis zum Sommer fertigzustellen. – 17. Ich wünsche dir, daß alle deine Wünsche in Erfüllung gehen. – 18. Es gehört sich nicht, daß du alle Leute anlügst. – 19. Wir wünschen uns, daß du unser Freund wirst. – 20. Ich bedaure, daß ich gestern nicht ins Konzert gegangen bin.

→ 62.1

Das Subjekt und der Sachverhalt (mögen)
(Grammatik B 134)

38

Die Sympathie für jemanden: 38.1

Hans mag Peter.
Wir mögen Egoisten nicht.
Die Bauern mochten die Städter nicht.

Jemand empfindet Zuneigung für einen. Jemand hegt Sympathien für einen.

DIE VORLIEBE für etwas:

> *Früher* mochte *er Jazz nicht, doch jetzt* mag *er ihn.*
> *Wir* mögen *keinen Fisch.*
> Mögen *Sie Bier? – Ja, doch* möchte *ich jetzt keines.*

Jemand liebt etwas. Jemand hat eine Vorliebe für etwas.

38.2 DER WUNSCH:

> *Die Kinder* möchten *jetzt nach Hause* gehen.
> *Mögen Sie Kaffee? – Ja, aber im Augenblick* möchte *ich keinen.*
> *Der Kranke* möchte *bald wieder gesund* werden.

Jemand hat den Wunsch, etwas zu tun oder daß etwas geschieht. Die Erfüllung des Wunsches liegt nicht in seiner Hand.

38.3 DIE LUST, DIE NEIGUNG, DIE BEREITWILLIGKEIT:

> *Hilde* möchte *gern* nähen *lernen.*
> *Ich* möchte *dir gern* helfen.

Jemand hat Lust (Neigung), etwas zu tun. Jemand ist bereit, das zu tun.

38.4 DIE AUFFORDERUNG an einen Dritten:

> *Bestellen Sie bitte Herrn Müller, er* möchte *morgen bei uns* anrufen.
> *Sagen Sie der Dame, sie* möchte *sich mit Herrn Meier in Verbindung* setzen.
> *Herr Müller hat mir aufgetragen, Ihnen zu bestellen, daß Sie morgen bei ihm* vorsprechen möchten.

Höfliche Aufforderung an dritte, nicht anwesende Personen; weitergegebene Aufforderung von dritten Personen.

Übung: *Beschreiben Sie die Sachverhalte mit Hilfe des Modalverbs ‚mögen‘!*

1. Günter hat eine Vorliebe für Obst. – 2. Ich kann den Mann nicht leiden. – 3. Der Junge hat Lust, zum Schwimmen zu gehen. – 4. Ich habe den Wunsch, einmal den Sonnenuntergang an der See zu erleben. – 5. Die Frau hatte eine Abneigung, mit dem Flugzeug zu fliegen. – 6. Wir haben den Wunsch, daß du unser Freund wirst. – 7. Sagen Sie dem Herrn, daß er auf mich warten soll. – 8. Lieben Sie moderne Musik? – 9. Hast du Lust auf ein Glas Bier? – 10. Danke, im Augenblick habe ich nicht den Wunsch, Bier zu trinken.

Das Subjekt und der Sachverhalt (haben zu, sein zu)

(Grammatik B 113)

DER ZWANG: 38.5

Du hast *jetzt nach Hause* zu gehen.
Sie haben *hier* zu warten.
Die Leute haben *hier nicht* herumzustehen.
Die Kinder haben *pünktlich in der Schule* zu sein.

Es ist unumgänglich, daß jemand etwas tut. Es gibt keine andere Möglichkeit, als daß jemand das tut. Eine Weigerung ist nicht möglich.

DIE NOTWENDIGKEIT: 38.6

Wenn Erwachsene sprechen, haben *Kinder* zu schweigen.
Ich habe *heute im Büro länger* zu tun.

Es ist notwendig (erforderlich), daß jemand etwas tut.

DIE VERPFLICHTUNG: 38.7

Ich habe *als Journalist viel* Zeitung zu lesen.
Ein Gastgeber hat *seine Gäste* zu begrüßen.
Wir haben *euch kein Geld* zu leihen.

Es gehört zu jemandes Pflichten, das zu tun.

DER AUFTRAG: 38.8

Ich habe *dir von Fritz Grüße* zu bestellen.
Der Polizist hatte *den Mann* festzunehmen.
Die Sekretärin hat *den Brief zur Post* zu bringen.

Jemand hat den Auftrag (Befehl) erhalten, etwas zu tun.

DAS ERFORDERNIS: 38.9

Das Paket ist *zur Post* zu bringen.
Die Rechnung ist *sofort* zu bezahlen.
Hunde sind *an der Leine* zu führen.
Das Mittagessen hat *pünktlich auf dem Tisch* zu sein.

Es ist erforderlich, daß etwas geschieht.

DIE MÖGLICHKEIT: 38.10

Von dieser Anhöhe aus ist *die Stadt* zu überblicken.
Trotz des Nebels ist *die Sonne* zu sehen.

Das ist *nicht* zu glauben.

Es ist *nicht* zu begreifen, *wie er in so kurzer Zeit hat die Arbeit schaffen können.*

Es ist möglich, etwas zu tun. Es liegt im Bereich der Möglichkeit, das zu tun.

38.11 DIE ZUMUTUNG:

Die Schmerzen sind auszuhalten.

Dieses Getränk ist *nicht* zu genießen.

Die Arbeit ist *gut* zu schaffen.

Es ist jemandem zuzumuten, das zu tun oder zu ertragen.

38.12 DIE ZWECKBESTIMMUNG:

Das Haus ist zu verkaufen.

Diese Akten sind zu vernichten.

Dieses Fenster hier ist *nicht* zu öffnen.

Eine Sache ist dafür bestimmt, daß das mit ihr geschieht.

Übung 1: *Gebrauchen Sie bei der Beschreibung der Sachverhalte die Konstruktion mit ,haben' oder ,sein' und dem Infinitiv!*

1. Es ist notwendig, im Wald die Hunde an der Leine zu führen. – 2. Es ist unmöglich, die Uhr zu reparieren. – 3. Es ist unumgänglich, daß du morgen zu Hause bleibst. – 4. Es ist erforderlich, die Blumen täglich zu gießen. – 5. Es gehört zu den Pflichten eines Lehrers, die Fehler der Schüler zu verbessern. – 6. Es war nicht möglich, das Feuer zu löschen. – 7. Man kann niemandem zumuten, dieses Obst zu essen. – 8. Der Bote hat den Auftrag, Ihnen den Brief auszuhändigen. – 9. Es ist erforderlich, die Straße wegen ihres schlechten Zustands zu sperren. – 10. Es war wegen des Nebels unmöglich, die Gipfel der Berge zu erkennen.

Übung 2: *Beschreiben Sie die Sachverhalte mit Hilfe von ,haben' oder ,sein' und dem Infinitiv der zutreffenden Verben!*

1. Die armen Kinder sind bedauernswert. – 2. Eine Besserung der politischen Lage war nicht erkennbar. – 3. Deine Handlungsweise ist unverständlich. – 4. Ihr seid beneidenswert. – 5. Dieser Wagen ist verkäuflich. – 6. Deine Wünsche sind unerfüllbar. – 7. Der Mann ist für den Schaden haftbar. – 8. Die Stellungen des Feindes waren unhaltbar. – 9. Diese Maschine ist für unsere Arbeit unbrauchbar. – 10. Die Straße ist wieder befahrbar. – 11. Wir sind nicht für den Unfall verantwortlich. –

12. Der Lärm war unerträglich. – 13. Sein Ärger über den Verlust seines Geldes ist erklärlich. – 14. Mein Argument ist unwiderlegbar. – 15. Der Schaden ist unersetzlich. – 16. Dein Verhalten war unbegreiflich.

→ 63.1

Der gedachte Sachverhalt

(Grammatik B 19 ff., 72 ff.)

39

39.1

Hans fährt mit seinem Wagen sehr vorsichtig.
Letzten Sonntag war das Wetter schlecht.
Peter hat mir Geld geliehen.
Ich treffe mich morgen mit Hans.
Er muß mir das Geld zurückgeben.

Die genannten Sachverhalte entsprechen der Wirklichkeit. Sie bestehen tatsächlich, haben tatsächlich bestanden oder treten in der Zukunft tatsächlich ein.

Wenn ein Sachverhalt beschrieben wird, den sich der Sprecher NUR VOR-STELLT, also nicht Wirklichkeit ist oder Wirklichkeit wird, gebraucht man für die Personalform des Verbs den Konjunktiv II. Der Konjunktiv II macht dem Zuhörer deutlich, daß es sich hier nur um einen gedachten (nicht wirklichen) Sachverhalt handelt. Beispiele:

Führe *Hans mit seinem Wagen nicht so vorsichtig,* **wäre** *es gestern sicher zu einem Unfall gekommen.*
(Tatsächlich fährt Hans aber sehr vorsichtig, so daß es gestern nicht zu einem Unfall gekommen ist.)
Wäre *letzten Sonntag das Wetter schlecht gewesen, so* **wären** *wir zu Hause geblieben.*
(Tatsächlich war aber das Wetter gut, so daß unserem Ausflug nichts im Wege stand.)
Wenn ich Peter darum gebeten **hätte,** **hätte** *er mir Geld geliehen.*
(Tatsächlich habe ich ihn aber nicht um Geld gebeten. Deswegen habe ich auch kein Geld von Peter bekommen.)
Träfe *ich mich morgen nicht mit Hans,* **hätte** *ich dich für morgen eingeladen.*
(Tatsächlich habe ich mich aber mit ihm verabredet, so daß ich morgen verhindert bin und dich nicht einladen kann.)

147

ZUR BILDUNG DES KONJUNKTIVS II:

39.2 Die Stammform des Konjunktivs II ist mit dem Präteritumstamm identisch. Die starken Verben haben, wenn möglich, als Stammvokal den Umlaut.

PRÄTERITUM	KONJUNKTIV II
er kam	er käme
er fuhr	er führe
er brachte	er brächte

Bei den schwachen Verben und bei einigen starken Verben unterscheidet sich der Konjunktiv II nicht vom Präteritum.

PRÄTERITUM	KONJUNKTIV II
wir gingen	wir gingen
wir blieben	wir blieben
wir lernten	wir lernten

Zur Verdeutlichung des Konjunktivs II gebraucht man in diesen Fällen den Konjunktiv II von ‚werden‘ und den Infinitiv.

PRÄTERITUM	KONJUNKTIV II
wir gingen	wir würden gehen
wir blieben	wir würden bleiben
wir lernten	wir würden lernen

39.3 Vielfach bedarf es der Ersatzform mit ‚würde‘ nicht, weil der Konjunktiv II anderweitig deutlich zu erkennen ist:

1. an der Personalform: *ich ginge*   (Prät.: *ich ging*)
                                      er bliebe   (Prät.: *er blieb*)

2. an Modalgliedern: *Wenn Sie* **doch** *noch einen Tag blieben!*

3. an Temporalangaben:
Wir gingen **morgen** *zum Schwimmen, wenn es nicht weiter regnete.*

4. an der Satzkonstruktion:
Lernte *er in der Schule fleißiger, brauchte er um seine Prüfung keine Sorgen zu haben.*

5. an ‚benachbarten‘ Konjunktiv-II-Formen:
Wenn wir euch so auf der Straße **sähen,** *hielten wir euch für Diebe.*
Was **geschähe,** *wenn wir nicht zur Schule gingen?*

39.4 Im mündlichen Gebrauch wird häufig auch dann die Konjunktivform ‚würde‘ mit dem Infinitiv gebraucht, wenn das Verb eine deutliche Konjunktiv-II-Form anbietet. Dadurch sind viele Konjunktivformen außer Gebrauch gekommen und

148

klingen altertümlich (z. B. *er büke, er flöhe, er gewönne, er höbe, er löge, er röche, er sänke, er stähle* und viele andere mehr). Der Grund für diese Entwicklung ist darin zu suchen, daß die häufigsten Verben schwache Verben sind und keine eigenen Konjunktivformen haben, und vor allem in der Neigung des Deutschen, ein zweiteiliges Prädikat zu bekommen. Die Traditionalisten unter den Grammatikern versuchen, wenn auch vergeblich, diese Entwicklung aufzuhalten und verdammen den Gebrauch von ‚würde‘, wenn das Verb eine Konjunktivform anbietet.

39.5 Der Konjunktiv II hat, wie auch der Konjunktiv I, KEINE EIGENEN ZEIT- FORMEN. Für Sachverhalte, die man sich in der Gegenwart oder in der Zukunft gelegen vorstellt, gebraucht man die einfache Verbform im Konjunktiv II, wenn man nicht vorzieht, die Form ‚würde‘ und den Infinitiv zu gebrauchen. Für die Vergangenheit gebraucht man die Konjunktivformen von ‚haben‘ oder ‚sein‘ *(hätte, wäre)* mit dem Partizip II.

> *Herr Meier* **wäre** *jetzt im Büro, wenn er gestern nicht plötzlich krank* **geworden wäre.**

> *Ich* **führe** *im Sommer nach Italien, wenn ich bis dahin mein Studium* **beendet hätte.**

ZUM GEBRAUCH DES KONJUNKTIVS II:

39.6 Der Sprecher stellt sich einen Sachverhalt vor, dessen Verwirklichung MÖGLICH ist.

> *Wenn Sie Medizin* **studierten, würden** *Sie bestimmt ein guter Arzt.*
> *Wenn mir mein Vater bis morgen das Geld* **schickte, könnte** *ich euch auf eurer Reise begleiten.*
> *Wenn euch Hans jetzt in dieser Kleidung* **sähe, hielte** *er euch für Vagabunden.*

Die Verwirklichung der beschriebenen Sachverhalte IST NOCH MÖGLICH, weil die Geschehen IN DER ZUKUNFT liegen.

> *Ich* **hätte** *gestern mit euch fahren* **können,** *wenn ihr mir rechtzeitig Bescheid* **gesagt hättet.**
> *Der Weg nach Anger war im Winter so verschneit, daß wir sicher zwei Stunden* **gebraucht hätten,** *um dorthin zu kommen.*

Die Verwirklichung der beschriebenen Sachverhalte WAR MÖGLICH, doch sind die Tatsachen jetzt anders.

39.7 Der Sprecher stellt sich einen Sachverhalt vor, dessen Verwirklichung AUSSERHALB DES MÖGLICHEN ist.

Wohnte *ich in München,* ginge *ich jede Woche ins Theater.*
Gestern hätte *ich die Arbeit schneller beenden* können.
Kurt könnte *jetzt Ingenieur sein, wenn er fertig studiert hätte.*

Die gegebenen Umstände LASSEN den beschriebenen Sachverhalt NICHT
ZU.

An keinem anderen Ort hätten *wir uns besser erholen* können.
Anderswo wäre *es sicher nicht so schön gewesen.*
Ohne die Unterstützung meiner Eltern hätte *ich nicht so weit reisen*
können.

Ein anderer als DER GEGEBENE UMSTAND hätte den Sachverhalt nicht
zugelassen.

Peter ist zu klug, als daß er diesen Fehler beginge.
Auf der Straße war es zu dunkel, als daß wir ihn hätten *erkennen*
können.
Der Wagen fuhr zu schnell, als daß wir ihn hätten *einholen* können.
Er war in zu großer Bedrängnis, als daß er uns noch hätte *Hilfe*
leisten können.

Der gegebene Sachverhalt LÄSST die Verwirklichung des gedachten Sachverhalt NICHT ZU.

Es gibt nichts, was mir mehr Freude machen würde.
Es war niemand da, der uns hätte *Auskunft geben* können.

Ein anderer Sachverhalt als der gegebene ist nicht möglich.

39.8 Der Sprecher stellt den erreichten Sachverhalt fest. Doch hält er es für
möglich, daß er sich über das Ergebnis TÄUSCHT.

So, jetzt hätten *wir unsere Arbeit* getan.
Nun hätten *Sie Ihre Krankheit* überstanden.
Jetzt wären *wir endlich in München!*

Man kann dabei immer ergänzen: . . ., *wenn nicht noch etwas dazwi-
schenkommt . . ., wenn ich mich nicht getäuscht habe.*

39.9 Der Sprecher WÜNSCHT sich einen Sachverhalt HERBEI.

Kämen *doch morgen meine Eltern!*
Gewönnen *wir doch einmal das Große Los!*

Die Verwirklichung der beschriebenen Sachverhalte ist NOCH MÖGLICH,
weil die Geschehen IN DER ZUKUNFT liegen.

Wäre *ich doch jetzt zu Hause!*
Wären *wir doch niemals* fortgefahren!
Hätte *ich dir doch nicht das Geld* geliehen!

Die Verwirklichung der beschriebenn Sachverhalte ist NICHT MEHR MÖG-
LICH. Die Tatsachen sind nicht mehr zu ändern.

Der Sprecher nennt zum VERGLEICH einen nicht wirklichen, einen nicht   **39.10**
zutreffenden Sachverhalt.

Der junge Mann tut so, als **bemerkte** *er mich nicht.*
Du hast dich so benommen, als **gehörtest** *du nicht zu uns.*
Er sprach so leise, als **hätte** *er seine Stimme* **verloren.**

Der Sprecher stellt einen Sachverhalt fest und beurteilt einen Sachverhalt.   **39.11**
Dabei nimmt er RÜCKSICHT AUF EINE MÖGLICHE ANDERE MEINUNG des
Anwesenden.

Ich **hielte** *es für besser, wenn wir zu Hause* **blieben.**
Ich **wüßte** *eine bessere Lösung unseres Problems.*
Der Junge **hätte** *einen neuen Anzug nötig.*

Der Sprecher äußert eine HÖFLICHE BITTE oder gibt die BITTE EINES   **39.12**
DRITTEN weiter.

Ich **hätte** *von Ihnen gerne eine Auskunft.*
Wir **hätten** *gerne mit Ihnen* **gesprochen.**
Herr Müller **wäre** *heute gerne einmal bei Ihnen* **vorbeigekommen.**

Die Gewährung der Bitte bleibt dem Angesprochenen überlassen.

Der Sprecher gibt die MITTEILUNG EINES DRITTEN weiter, drückt dabei   **39.13**
aber seinen ZWEIFEL über die Richtigkeit dieser Mitteilung aus.

Günter erzählte mir, er **wäre** *in Berlin* **gewesen.**
Der Politiker sagte in dem Interview, daß er nur das Glück seines
Volkes im Sinne **hätte.**

Bei diesen Äußerungen kann man die Frage heraushören: *Glaubst du das?*

Übung 1: *Beschreiben Sie die Sachverhalte, die möglich gewesen wären,*
wenn andere Umstände vorgelegen hätten!

1. Die Reise nach Rom war mit dem Auto sehr anstrengend. Mit dem
Flugzeug . . . . . – 2. Ich langweile mich immer, wenn ich allein spazieren-
gehe. In deiner Begleitung . . . . . – 3. Wir durften die Grenze nicht passieren, weil wir unsere Pässe nicht bei uns hatten. Mit Paß . . . . . – 4. Ich
habe am Abend keine Theaterkarte mehr bekommen. Im Vorverkauf . . . . .

– 5. Der Patient hat durch seine starke Konstitution die Krankheit schnell überstanden. Bei schwächerer Konstitution . . . . . – 6. Mit Fremdsprachenkenntnissen kann man bei einer Exportfirma die Stelle eines Auslandskorrespondenten bekommen. Ohne Fremdsprachenkenntnisse . . . . . – 7. Das Kind hat sich in der Nacht sehr gefürchtet. Bei Tag . . . . . – 8. Die Verhandlungen sind wegen der unannehmbaren Bedingungen zu keinem Ergebnis gekommen. Bei annehmbaren Bedingungen . . . . . – 9. Mein Freund hat sich erkältet, weil er bei diesem regnerischen Wetter ohne Mantel fortgegangen ist. Mit Mantel . . . . . – 10. Dieses Medikament hat mir bei meiner Grippe sehr gut geholfen. Ein anderes Medikament . . . . . – 11. Ich kaufe mir diesen komplizierten Fotoapparat nicht, an deiner Stelle aber . . . . . – 12. Wir dürfen hier nicht rauchen; denn wir sitzen in einem Nichtraucherabteil. In einem Abteil für Raucher . . . . .

Übung 2: *Die folgenden Sachverhalte sind Wirklichkeit. Der Sprecher wünscht sich jedoch die gegensätzlichen Sachverhalte herbei. Drücken Sie diese Wünsche aus!*

1. Wir haben keine Ferien. – 2. Ich habe kein Geld, um mit euch diese Reise zu machen. – 3. Mir putzt niemand die Schuhe. – 4. Es ist Nacht. – 5. Es gibt keinen Frieden auf der Welt. – 6. Ich bin immer allein. – 7. Das Wetter wird schlechter. – 8. Ich habe an der Universität nicht fertig studiert. – 9. Peter ist nicht mit uns nach Frankreich gefahren. – 10. Gestern ist ein Unfall passiert. – 11. Das Feuer im Ofen will nicht brennen. – 12. Wir dürfen nicht ins Kino gehen. – 13. Der Zug fährt nicht schneller. – 14. Der Regen hört nicht auf. – 15. Du hast bei der Diskussion nicht geschwiegen.

Übung 3: *Nennen Sie als Vergleiche Sachverhalte!*

1. Hans spricht Englisch wie ein Engländer. – 2. Der Mann fiel wie betäubt zu Boden. – 3. Dieses moderne Theater sieht aus wie ein Bahnhof. – 4. Die Frau schrie wie in Todesangst. – 5. Dein Freund fährt wie der Teufel. – 6. Wir haben jetzt April, aber es schneit wie im Winter. – 7. Das Mädchen lief wie von Sinnen aus dem Haus. – 8. Man hörte einen Lärm wie bei einem Gewitter. – 9. Du tust so wie jemand, der etwas von der Sache versteht. – 10. Über der Stadt war ein Feuerschein zu sehen wie bei einem Großbrand. – 11. Wie von einer Tarantel gestochen, sprang Peter von seinem Sitz auf. – 12. Der junge Mann schaute wie von allen Göttern verlassen drein.

Übung 4: *Nehmen Sie bei den folgenden Äußerungen Rücksicht auf eine mögliche andere Meinung Ihres Gesprächspartners!*

1. Ich meine, es ist besser, wenn wir morgen wieder nach Hause fahren. – 2. Ich schlage vor, daß wir uns während der Rast ein wenig in die Sonne legen. – 3. Schlägst du auch vor, daß wir nicht weiterfahren, sondern hier bleiben sollen? – 4. Ich weiß hier in der Gegend ein gutes Gasthaus, wo man für die Nacht billig unterkommen kann. – 5. Ich bin der Ansicht, daß es besser ist, wenn wir in die nächste Stadt fahren und uns dort ein Zimmer in einem Hotel nehmen. – 6. Du tust gut daran, abends früher zu Bett zu gehen. – 7. Ich denke, daß unsere Arbeit jetzt abgeschlossen werden kann. – 8. Meinen Sie nicht auch, daß wir von den Staatsmännern eine Politik verlangen sollen, die den tatsächlichen Wünschen und Bedürfnissen der Völker entspricht? – 9. Ich bin auch der Ansicht, daß man in der Politik Andersdenkenden gegenüber toleranter sein soll. – 10. Es ist wohl besser, wenn wir nicht mehr von den Politikern sprechen.

Übung 5: *Geben Sie den folgenden Bitten eine verbindlichere Form!*

1. Darf ich Sie morgen in Ihrem Büro aufsuchen? – 2. Beurlauben Sie mich bitte für morgen! – 3. Leihen Sie mir bitte bis morgen Ihren Wagen? – 4. Seien Sie bitte so freundlich und helfen Sie mir! – 5. Bringen Sie mir bitte morgen meine Bücher wieder zurück! – 6. Tun Sie mir bitte den Gefallen und schließen Sie die Tür! – 7. Schaltet bitte den Radioapparat ab! – 8. Wasche bitte meine Wäsche mit! – 9. Hole bitte meine Tasche aus dem Büro! – 10. Lassen Sie mich jetzt bitte allein!

Übung 6: *Drücken Sie Ihren Zweifel an der Richtigkeit folgender Mitteilungen aus!*

1. Der Mann behauptet, er habe mit dem Präsidenten gesprochen. – 2. Hans will mir weismachen, daß er mich gestern mit dir gesehen habe. – 3. Der Minister will uns glauben machen, daß er nicht nur für die Interessen seiner Partei arbeite. – 4. Willst du behaupten, du hast nicht an deinen persönlichen Vorteil gedacht? – 5. Er sagte, es sei nicht wahr, daß die größten Egoisten immer an den Idealismus anderer appellieren.

→ 64.1

Rollensubjekte und Rollenobjekte

(Grammatik E 10 ff., 17 ff.)

40.1 Die Rollen können in der Subjekt- und Objektfunktion durch Wörter aus folgenden Wortklassen besetzt werden:

1. durch **Nomen** als Wörter, die Wesen, Dinge und Begriffe nennen. (vgl. **28.**1):

> **Der Vater** *schickte* **seinem Sohn Geld.**
> **Der Sohn** *dankte* **seinem Vater für das Geld.**
> **Der Mann** *bezichtigte* **den Jungen des Diebstahls.**

40.2 2. durch **Pronomen** als Wörter, die bekannte oder bereits genannte Wesen, Dinge oder Begriffe meinen (vgl. **28.**4):

> **Ich** *danke* **Ihnen für Ihren Brief.**
> *Gestern haben* **wir** *deiner gedacht.*
> *Liebt Peter Inge? – Ja,* **er** *liebt* **sie.**
> *Gefällt* **Ihnen** *Ihre neue Arbeit? – Ja,* **sie** *gefällt* **mir** *gut.*

40.3 3. durch **Verben** als Wörter, die Geschehen oder Sein nennen (vgl. 27.2):

In der **Infinitivform** stehen sie oft mit vorausgehendem Funktionskennzeichen:

> *Mein Freund lernt* **schwimmen.**
> **Irren** *ist menschlich.*
> *Ein guter Sportler lehnt das* **Rauchen** *ab.*
> *Der Lehrer legt auf richtiges* **Sprechen** *Wert.*
> *Dein* **Autofahren** *ist noch sehr unsicher.*

In der **Partizipform** bezeichnet das Verb auch Personen oder Dinge, die mit dem genannten Geschehen oder Sein verbunden sind:

> *Karl liebt* **das Aufregende** *an einem Kriminalfilm.*
> **Das Ermüdende** *an unserer Arbeit ist ihre Eintönigkeit.*
> **Die Reisenden** *verlassen den Zug.*
> **Die Vorübergehenden** *sahen* **den Verletzten** *nicht.*
> *Unser Kind kann schon* **Gedrucktes** *lesen,* **Geschriebenes** *jedoch noch nicht.*

40.4 4. durch **Adjektive** als Wörter, die Qualitäts- oder Quantitätsbegriffe nennen (vgl. 28.14) oder Personen oder Dinge bezeichnen, die mit dem Qualitäts- oder Quantitätsbegriff bestimmt werden:

Das Schönste an einer Arbeit ist ihre Vollendung.
Wir verabscheuen das Häßliche *und bewundern* das Schöne.
Karin hat noch nicht geheiratet. Sie wartet noch auf den Richtigen.

5. durch **Adverbien** als Wörter, die Orts-, Zeit- oder Modalbezüge be- **40.5**
   zeichnen (vgl. **28.**16) oder sich in präpositionalen Verbindungen auf
   Dinge oder Begriffe beziehen können:

   Denkt nicht nur an das Heute, *sondern auch* an das Morgen!
   Bei einer Arbeit kommt es vor allem auf das Wie *an.*
   *Hast du dich schon für das Geschenk bedankt? – Ja, ich habe mich
   schon* dafür *bedankt.*

6. durch **Präpositionen**, **Konjunktionen** oder **Ausdrücke**, die an be- **40.6**
   stimmte Sachverhalte erinnern:

   Das Auf und Ab *der Preise ist in einer Volkswirtschaft ein natür-
   licher Vorgang.*
   Dein ewiges **Wenn und Aber** *hindert uns an der Ausführung un-
   serer Pläne.*
   Wir können hier die Langeweile *nicht mehr ertragen.*
   Helft diesem Tunichtgut *nicht!*

Bemerkung: Wenn Wörter der unter 3–6 genannten Wortklassen als Rollen auftreten, gliedert man sie üblicherweise in die Klasse der Nomen ein, besonders
wenn ihnen Funktionskennzeichen vorausgehen.

Zur Verteilung der Rollen und Prädikatsergänzungen auf die Funktionen
(Grammatik D 37 ff.)

Subjekt ist der Funktionsteil im Satzverband, der in Übereinstimmung
mit der Personalform des Verbs im Prädikat gebracht werden muß (vgl.
29.1–9). Maßgebend für die Wahl des Subjekts ist die Mitteilungsperspektive (vgl. **30.**1–6).
Ist die Mitteilungsperspektive auf eine Rolle gerichtet, so ist diese Subjekt
des Satzes (Rollensubjekt, vgl. **30.**2). Die übrigen Rollen sind Objekte.

   Der Zug *passierte* die Grenze.
   Der Vater *drohte* seinem Sohn.

Ist die Mitteilungsperspektive auf das in einer Prädikatsergänzung genannte
Geschehen gerichtet, so ist die Prädikatsergänzung Subjekt (Prädikatssubjekt). Die zu nennenden Rollen treten als Objekte in den Satz (vgl. **30.**4).

   Gestern drohte **den Kindern das Unheil,** *vor dem sie tags zuvor
   gewarnt worden waren.*

Hoffentlich passiert **dem Koch** *nicht wieder* **das gleiche Mißgeschick**
wie gestern.

Ist die Mitteilungsperspektive auf ein nur im Prädikat genanntes Geschehen oder Sein gerichtet, so verzichtet der Satz auf ein Subjekt. Die
Personalform für solche subjektlosen Sätze ist die 3. Person Singular.

Bei uns **wird** *schwer* **gearbeitet.**
Sonntags **wird** *lange* **geschlafen.**
Hier **wird** *nicht* **herumgestanden!**

Wird das Geschehen oder das Sein auf eine Person und auf eine Sache
bezogen, erscheinen diese im Satz als Objekte.

Mich *friert.*
Dem Kind ist kalt.
Auf unsere Anfrage *wurde noch nicht geantwortet.*

Einige Verben verlangen dabei ein formales Subjekt, das von dem Pronomen ‚es' besetzt wird.

Seit gestern regnet **es.**
Hat **es** *an der Tür geklopft?*
Im alten Schloß spukt **es.**
Mir gefällt **es** *in diesem Lande.*
Uns geht **es** *gut.*

Zur Verteilung der Funktionskennzeichen auf Rollen und Prädikatsergänzungen

40.8 Die formalen Funktionskennzeichen (Nominativ, Akkusativ, Dativ,
Genitiv und Präpositionen; vgl. 26.4) verteilen sich auf Rollen und Prädikatsergänzungen wie folgt:

1. Ist eine Prädikatsergänzung Subjekt (Prädikatssubjekt), erhält sie die
Nominativform.
    Gestern hat im Stadttheater **ein Konzert** *stattgefunden.*

    Erscheint in dem Satz eine Rolle, so erhält sie die Dativform.
    Neulich ist **dem Dichter** *eine große Ehrung zuteil geworden.*
    Man hat behauptet, daß **dem Mann** *gestern* **Unrecht** *geschehen sei.*

2. Ist eine Rolle Subjekt (Rollensubjekt), erhält sie die Nominativform;
die zweite im Satz genannte Rolle steht im Akkusativ, im Dativ, im
Genitiv oder mit einer Präposition. Die Form der zweiten Rolle hängt
von der Rektion ab (vgl. 29.1–9).

Wir *besuchen* unsere Freunde.
Ich *folgte* der Prozession.
Der Mann *erinnerte sich* meiner.
Ich *wartete* auf meinen Freund.

Eine dritte im Satz genannte Rolle steht im Dativ oder Akkusativ.

Ich *habe* dich um das Buch *gebeten.*
Hans *hat* mir für das Geschenk *gedankt.*

Steht die zweite Rolle im Akkusativ, erhält die dritte Rolle die Dativform.

Ich *habe* dir *gestern* mein Fahrrad *geliehen.*
Der Beamte *hat* dem Mann den Paß *abgenommen.*

3. Wenn die Akkusativform an die Prädikatsergänzung vergeben wurde (Prädikatsobjekt), erhält die zweite Rolle die Dativform. Vergleichen Sie!

Peter besuchte seinen Onkel.
Peter machte seinem Onkel einen Besuch.

Zur Unterscheidung der Rollenobjekte von den Prädikatsobjekten 40.9

Rollenobjekte lassen sich im Gegensatz zu den Prädikatsobjekten immer durch Pronomen ersetzen; vergleichen Sie:

Hast du das Buch? *– Ja, ich habe* es.
Suchst du ein Hotel? *– Ja, ich suche* eins.
Hast du Mut? *– Ja, ich habe* Mut.
Konnte die Polizei den Dieb ergreifen? – Nein, sie konnte ihn *noch nicht ergreifen.*
Konnte der Dieb die Flucht *ergreifen? – Ja, er konnte* die Flucht *ergreifen.*
Kannst du diesen großen Wagen fahren? – Ja, ich kann ihn *fahren.*
Kannst du Auto *fahren? – Ja, ich kann* Auto *fahren.*

Übung: *Geben Sie den Rollen die richtigen Funktionskennzeichen!*

1. Am Eingang wurden ... Theaterbesucher ... Eintrittskarten abgenommen. – 2. Jemand drückte ... erfolgreichen Schauspielerin ein- Blumenstrauß in die Hand. – 3. Man gratulierte ... gefeierten Künstlerin von ganzem Herzen zu dem Erfolg. – 4. Die Zuschauer jubelten ... Künstlerin zu. – 5. Wie gefällt es ... Touristen in unserem Land? – 6. Tun Sie ... Herrn den Gefallen und geben Sie ... ein- Prospekt von unserem Land. – 7. Der Reisende lud sein- Gepäck in den Wagen ein. – 8. Seine

Freunde winkten ... Abfahrender nach. – 9. Der Arzt gab ... Kranken
eine Spritze. – 10. Beinahe wäre ... Reisenden ein Unglück zugestoßen. –
11. Die Handelspartner sind ... Bedingungen ihres Vertrags gebunden. –
12. Hätte der Schüler nicht ... Arbeit vernachlässigt, wäre ... mehr
Glück in der Schule beschieden gewesen. – 13. Man muß ... Jungen Nach-
lässigkeit vorwerfen. – 14. Zu Beginn der Tagung hielt der Bürgermeister
... geladenen Gästen eine Begrüßungsansprache. – 15. Gestern begegneten
wir Herr- Müller auf der Straße. – 16. Herr Müller setzte seine-
Freund- ... Gründe seiner plötzlichen Abreise auseinander.

→ 65.1

| 41 |

Die freien Angaben

(Grammatik E 23 ff.)

41.1 Als freie Angaben können Wörter folgender Wortklassen gebraucht
werden:

1. **Adverbien** (vgl. **28.16**):
   Wir gehen **heute abend** *ins Theater.*
   Hat **hier** *jemand Herrn Meier gesehen?*
2. **Adjektive** (vgl. **28.14**):
   Ich schreibe **schnell** *einen Brief an meine Eltern.*
   Das Kind hat **brav** *seine Brote gegessen.*
3. **Nomen** (vgl. **28.1**):
   im Akkusativ:
   Die Hausfrau geht **jeden Tag** *zum Markt einkaufen.*
   im Genitiv:
   Eines Tages *werdet ihr genug Geld verdienen.*
   mit Präposition:
   Ich habe **vom Fenster aus** *den Verkehr beobachtet.*
   Die Schüler müssen **in der nächsten Stunde** *ein Diktat schreiben.*
4. **Verben** (vgl. **27.2**):
   als Partizip:
   Die Schulklasse wanderte **singend** *durch den Wald.*
   Die Frau bemerkte **entsetzt,** *daß ihr Schmuck gestohlen war.*
5. **Präposition:**
   Mein Freund Peter war **mit** *auf dem Ausflug.*
   Hans gehört **mit** *zu den Besten unserer Klasse.*

158

Die formalen Funktionskennzeichen der freien Angaben

Die formalen Funktionskennzeichen für die freien Angaben (Akkusativ,
Genitiv und Präpositionen) bestimmen maßgebend die lokalen, temporalen, modalen und kausalen Verhältnisse eines Sachverhalts mit den in
den Angaben genannten Inhalten. Manchmal können Funktionskennzeichen auch die Inhalte verändern. Vgl. 26.4 ff.

> Eines schönen Tages *werden wir alle sterben.*
> An einem schönen Tage *machen wir bestimmt einen Ausflug.*

Lokalangaben nennen

den Ort und die Lage:

> *Die Kinder spielen* hinter *dem Haus (an* der *Straße,* neben *der
> Schule,* auf *dem Sportplatz,* in *der Turnhalle,* bei *der Kirche) Ball.*

den Weg:

> *Wir sind* den *Waldweg (*über *den Fahrweg) zum See gegangen.*
> *Die Kinder haben uns* durch *das Fenster beobachtet.*
> *Seid ihr* die *hintere Treppe (*über *die hintere Treppe) herauf-
> gekommen?*

die Herkunft:

> *Ich habe die Nachricht* aus *der Zeitung (*von *Herrn Müller) er-
> fahren.*

den Ausgangspunkt:

> Von *hier* aus *(vom Kirchturm* aus, *vom Fenster* aus*) kann man gut
> die Stadt überblicken.*

den Endpunkt:

> Bis *hierher (*bis zum *Sportplatz,* bis an *die Haustür,* bis in *den
> Wald) hat uns der Mann verfolgt.*

Temporalangaben nennen den Zeitpunkt oder den Zeitraum eines Sach- 41.4
verhalts.

1. genauer Zeitpunkt:

> *Du wirst* eines Tages *wieder in deine Heimat fahren können.*
> *Wir sind* am 5. März (an einem Montag, an einem schönen Früh-
> lingstag) *nach Österreich gefahren.*

genaue Uhrzeit:

> *Der Zug kommt* um 5.30 Uhr *hier an.*

ungefährer Zeitpunkt:

> *Wir reisen* um den 1. Juli (herum) *von hier ab.*
> *Ich erwarte meine Freunde* um 5 Uhr herum (um Ostern herum).

ungefährer Zeitpunkt vor einer bestimmten Uhrzeit:

Ich komme **gegen 10 Uhr** *zu dir.*

Zeitpunkt, der der Sprechzeit oder der genannten Zeit voraufgegangen ist:

Ich habe **vor drei Tagen (vor einer Woche, gestern vor einer Woche)** *meine neue Arbeit begonnen.*

Zeitpunkt, der sich auf bestimmte Ereignisse bezieht:

Wir besuchen euch **zu eurer Hochzeit (zu Ostern).**

2. Zeitraum:

Wir haben **die letzte Nacht (die Nacht hindurch, in der Nacht, am Sonntag, im Mai)** *gearbeitet.*

Herr Meier ist **auf vier Wochen (vier Wochen lang)** *verreist.*

Wir waren **über Nacht (die Nacht über, übers Wochenende)** *unterwegs.*

Zeitraum vor einem Zeitpunkt (Zeitgrenze):

Wir sind **bis um 5 Uhr (bis Montag, bis zum 11. Mai)** *wieder zu Hause.*

Zeitraum nach einem Zeitpunkt:

Wir kommen **nach 5 Uhr (nach Ostern, nach den Ferien, in zwei Wochen)** *zu euch.*

Beginn zur Sprechzeit oder später:

Unser Geschäft ist **ab sofort (ab Montag, von Montag ab, von Montag an)** *geschlossen.*

Beginn vor der Sprechzeit:

Die Theater sind **seit einer Stunde (seit 1. Juni, seit Montag)** *geschlossen.*

Zeitraum zwischen zwei Zeitpunkten:

Ich rufe dich **zwischen 4 und 5 Uhr** *an.*

Zwischen Ostern und Pfingsten *sind wir nicht zu Hause.*

3. Zeitabstand:

Ich muß **jeden Tag (Tag für Tag, jeden zweiten Tag, einen Tag über den andern)** *ins Büro gehen.*

41.5 Kausalangaben nennen den Grund, der zu dem Sachverhalt geführt hat.

Durch eure Schuld *bin ich in diese mißliche Lage geraten.*

Wir haben dir aus **Freundschaft** *diesen Dienst erwiesen.*
Auf **Wunsch** *senden wir Ihnen die beiliegenden Bücher.*
Der Mann schlug vor **Wut** *den Jungen ins Gesicht.*
Aus Angst vor weiteren Schlägen *schwieg der Junge.*

Unter die **Modalangaben** lassen sich alle übrigen Inhalte einreihen, die **41.6**
sich in der Mehrzahl nur durch die Funktionskennzeichen unterscheiden
lassen:

Art und Weise:	*Der Wagen fuhr* **sehr schnell (mit hoher Geschwin-** **digkeit, in einem fürchterlichen Tempo)** *die Straße* *entlang. Wir sind* **glücklicherweise (zum Glück)** *pünktlich angekommen.*
Ergebnis:	**Zur Freude der Kinder** *kamen die Großeltern zu* *Besuch.*
Mittel:	*Er ist* **mit dem Auto (per Schiff)** *nach Venedig ge-* *fahren.*
Begleitung:	*Wir sind* **mit unseren Freunden** *an die See gereist.*
Vermittlung:	*Wir haben das Zimmer* **durch ein Reisebüro be-** *kommen.*
Übereinstimmung:	**Nach seinen Worten** *bist du ein glücklicher Mensch.*
usw. usw.	

Übung: *Ergänzen Sie die Funktionskennzeichen der freien Angaben!*

1. Die Nachricht von dem Unfall stand . . . nächste- Tag in der Zeitung. –
2. Die Jungen fuhren . . . ihr- verchromte- Fahrräder durch die Stadt. –
3. Stellen Sie Ihr Gepäck . . . d- Eingangshalle ab! – 4. Jed- Tag begegne
ich . . . d- Straße meinem alten Lehrer. – 5. Die Glocke meldete . . . drei
schrille- Schläge- die Ankunft des Zuges. – 6. Hans warf sich . . . groß-
Eifer auf das Studium. – 7. Ich bin . . . mehrere- Jahre- nicht mehr Auto
gefahren. – 8. Die Touristen tragen . . . alle- Spaziergänge- ihre Foto-
apparate mit sich. – 9. Es gelang dem Studenten, sich . . . kürzeste- Zeit
gute Kenntnisse des Deutschen anzueignen. – 10. Letzte Nacht konnte
ich . . . Aufregung nur sehr schlecht schlafen. – 11. Die Pferde konnten . . .
Leichtigkeit den schweren Wagen ziehen. – 12. . . . Nacht kann man die
Mondoberfläche am deutlichsten sehen. – 13. Die Geschäfte sind . . . Montag wieder geöffnet. – 14. . . . Ablauf der Semesterferien fahren wir wieder zur Universität. – 15. Der Arzt ging . . . schnellst- Weg- zum
Krankenhaus. – 16. Der Junge drängte sich . . . seine- Ellenbogen . . . die
Menschenmenge nach vorn, um besser sehen zu können. – 17. Wir sind
. . . Glück noch pünktlich ins Konzert gekommen. – 18. Die Wissenschaft

wird vom Staat ... große Geldsummen in ihrer Arbeit unterstützt. – 19. Ich gratuliere Ihnen ... ganz- Herz- zu Ihrem Jubiläum. – 20. Für Hunde besteht ... Tollwutgefahr Leinenzwang.

41.7 Zur Unterscheidung der freien Angaben von den Prädikatsergänzungen
Freie Angaben charakterisieren einen Sachverhalt. Prädikatsergänzungen nennen das Geschehen oder das Sein. Wenn freie Angaben ausgelassen oder geändert werden, bleibt der Sachverhalt der gleiche. Tauscht man eine Prädikatsergänzung aus oder verzichtet man auf sie, beschreibt der Satz einen anderen oder einen veränderten Sachverhalt.   → **66.1**

| **42** | **Stellung, Intonation und Funktion (I)** |

42.1 Bei dem Wortmaterial, das man zur Beschreibung eines Sachverhalts gebrauchen will, ist darauf zu achten, daß die Wortinhalte sehr oft von der Funktion, in der die Wörter auftreten, von der Stellung der Wörter in einem Satzglied und auch von der Intonation bestimmt werden. Die Wortinhalte können sich je nach der Stellung der Wörter, ihrer Betonung innerhalb des Satzganzen und ihrer Funktion als Satzglied oder als Attribut ändern. Häufig finden diese unterschiedlichen Inhalte der Wörter auch in der Schrift ihren Ausdruck, doch leider nicht immer nach einem klaren System. Die Mittel, die der Schrift für diesen Zweck zur Verfügung stehen, sind die Groß- und Kleinschreibung und die Zusammen- und Getrenntschreibung.

42.2 Unterscheidung der Inhalte bei Verben mit festen und mit nicht festen Verbzusätzen
Verben, die sich mit den Verbzusätzen **durch-, über-, um-, unter-** und **wieder-** verbinden, können *feste* und *nicht feste* Verbindungen mit dem Verbzusatz eingehen. Der Wortinhalt ändert sich je nach der Art der Verbindung. Bei festen Verbindungen liegt der Wortton auf dem Verb, und bei nicht festen Verbindungen liegt er auf dem Verbzusatz.

durchbohren: *Der Schreiner hat das Brett durchgebohrt.*
durchbohren: *Die Frau durchbohrte mich mit einem wütenden Blick.*
durchfahren: *Der D-Zug fährt hier durch.*
durchfahren: *Wir haben das ganze Land durchfahren.*
überfahren: *Ich bin mit einem Boot ans andere Ufer übergefahren.*
überfahren: *Gestern ist ein Kind von einem Auto überfahren worden.*
übergehen: *Eine Gruppe Soldaten ist zum Feind übergegangen.*

162

übergehen:	*Wir haben unseren Hunger übergangen.*
übersetzen:	*Die Soldaten setzten zum anderen Ufer über.*
übersetzen:	*Wer hat den Brief ins Englische übersetzt?*
umfahren:	*Der Autofahrer hat ein Verkehrszeichen umgefahren.*
umfahren:	*Wir haben die Stadt wegen des starken Verkehrs umfahren.*
unterlegen:	*Die Mutter hat dem Kind eine warme Decke untergelegt.*
unterlegen:	*Dem französischen Film wurde ein deutscher Text unterlegt.*
wiederholen:	*Holen Sie bitte Ihre Bücher wieder (= zurück)!*
wiederholen:	*Wiederholen Sie bitte den Satz!*

Übung: *Lesen Sie die Sätze und beschreiben Sie sodann die gleichen Sachverhalte, ohne die Modalverben zu benutzen! Erklären Sie den Unterschied der Mitteilungen!*

1. Der Lehrer will Hausaufgaben durchsehen. – 2. Wir konnten deine Absichten nicht durchschauen. – 3. Die Soldaten mußten die feindlichen Linien durchbrechen. – 4. Ich kann den Stock nicht durchbrechen. – 5. Herr Meier will unseren Plan noch einmal durchdenken. – 6. Bevor wir die Rechnung bezahlen, müssen wir alle Posten noch einmal durchgehen. – 7. Peter muß auf seiner Rückreise hier durchkommen. – 8. Warum willst du meine Pläne durchkreuzen? – 9. Hunde dürfen den Wald nicht durchstreifen. – 10. Der Flieger will das hohe Gebirge überfliegen. – 11. Der Arzt muß den Kranken in ein anderes Krankenhaus überführen lassen. – 12. Der Ankläger konnte den Mann des Diebstahls überführen. – 13. Die Feinde wollten die Festung nicht übergeben. – 14. Die Milch darf nicht überkochen. – 15. Wir wollen uns die Angelegenheit noch einmal überlegen. – 16. Niemand kann den Zaun übersteigen. – 17. Bei einem guten Geschäft dürfen die Ausgaben die Einnahmen nicht übersteigen. – 18. Der Mann wollte die Frau umbringen. – 19. Das Schiff mußte das Kap umschiffen. – 20. Ich wollte die Vase nicht umwerfen. – 21. Wir müssen unser Gepäck noch im Wagen unterbringen. – 22. Willst du dein Fahrrad bei diesem Wetter nicht lieber unterstellen? – 23. Der Kommandeur muß sich mit seinen Soldaten dem Armeeoberbefehlshaber unterstellen. – 24. Ich kann Ihnen die Kosten, die Sie gehabt haben, wiedererstatten. – 25. Man will die Polizeiverordnung, die erst vor kurzem erlassen wurde, wieder aufheben.

GLEICHES **Wortmaterial** wird zur Lösung der VERSCHIEDENSTEN **funktionalen** und **inhaltlichen Aufgaben** verwendet. So z. B. für ᴀ 42.3

feste Verbzusätze oder Funktionskennzeichen

> Der Kaufmann *durchschaute* die betrügerischen Absichten.
> Der Jäger *schaute durch* das Fernglas.

nicht feste Verbzusätze oder Funktionskennzeichen

> Morgen *fällt* der Unterricht *aus*.
> Der Junge ist *aus* dem Fenster *gefallen*.

Verbzusätze oder Angaben

> Die Leute haben den Boden *fest*getreten.
> Der Reiter hielt die Zügel *fest* in der Hand.

Prädikatsergänzungen oder Verbzusätze

> Wie schnell die Tage während der Ferien *dahingehen!*
> Wir waren gestern auf dem Sportplatz. Seid ihr auch *dahin gegangen?*

Prädikatsergänzungen oder Funktionskennzeichen

> Ich habe die ganze Nacht *durch gearbeitet*.
> Der Schüler hat die ganze Grammatik *durchgearbeitet*.

Prädikatsergänzungen oder Angaben

> Für Sie ist Post *da*.
> Wir fahren nach Köln. Wir haben *da* ein Geschäft.

Angaben oder Attribute

> Habt ihr *die Kirche auf dem Berg* gesehen?
> Habt ihr *auf dem Berg die Kirche* gesehen?

Angaben oder Funktionskennzeichen

> Hans war *mit* der Beste in unserer Klasse.
> Hans war *mit mir* in der Schule.

Übung: *Lesen Sie die Sätze und erklären Sie die unterschiedlichen Inhalte! Bestimmen Sie die Funktion der in den Sätzen auftretenden gleichartigen Wörter!*

1. Wir steigen in München aus. – Wir steigen aus dem Wagen. – 2. Der Reiter setzte mit seinem Pferd über das Hindernis. – Der Dolmetscher übersetzte die Fragen des Ausländers. – 3. Der Redner hatte frei gesprochen. – Das Gericht hat den Angeklagten freigesprochen. – Der Bergsteiger hing frei über dem Abgrund. – 4. Du hast das Unrecht gut-

gemacht. – Der Schüler hat seine Arbeit gut gemacht. – 5. Die Regierung hat die kürzlich erlassene Verordnung wieder aufgehoben. – Das Kind hat den Ball fallen lassen und ihn wieder aufgehoben. – 6. Die Spieler suchten die Bälle zusammen. – Die Kinder suchten zusammen Pilze. – 7. Der Lehrer rief den Schüler nach vorn. Der Schüler kam darauf an die Tafel. – Es kam gestern darauf an, die Gegner von der Richtigkeit unserer Ansichten zu überzeugen. – 8. Nach unserer Ankunft sind wir gleich in dem ersten Hotel geblieben, in dem wir ein Zimmer gefunden hatten. – Trotz der starken Regenfälle in den letzten Tagen ist die Höhe des Wasserspiegels in dem See gleichgeblieben. – 9. Du hättest ebensogut zu Hause bleiben können. Wir brauchen dich nicht. – Meine Schwester fährt ebenso gut Auto wie ich. – 10. Deine Kinder gehen fleißig in die Musikstunde. – Ich hätte nicht gedacht, daß du so fleißig bist.

→ 67.1

Die Anreihung der Sätze innerhalb der Gesamtmitteilung
(Grammatik D 116 ff.)

43

Die Summe der Beschreibungen von Einzelsachverhalten ergibt die Gesamtmitteilung. Jeder mitgeteilte Sachverhalt wird durch einen Satz beschrieben. In der Folge der Sätze werden neue Sachverhalte beschrieben, wodurch die Mitteilung fortgeführt wird (vgl. 12.2).

43.1

Jeder Satz besitzt einen EIGENEN INTONATIONSVERLAUF. Am Anfang eines Satzes steigt die Intonation an, bis die Höhe des Satztons erreicht ist. Danach fällt die Intonation zum Ende des Satzes steil ab. In der Schrift wird dies durch den Punkt am Ende des Satzes angezeigt.

43.2

    Gestern abend bin ich mit meinen Eltern ins Theater gegangen.

Werden in einer Mitteilung zwei Sachverhalte enger zusammengeschlossen, so tritt die Konjunktion **und** zwischen die Sätze. Der engere Zusammenhang wird auch durch den Intonationsverlauf beider Sätze deutlich, denn im vorderen Satz fällt der Ton nicht ganz ab, sondern bleibt in der Schwebe und führt zum folgenden Satz hinüber. In der Schrift wird dieser Intonationsverlauf nicht angedeutet, bei Subjektwechsel im zweiten Satz wird lediglich vor *und* ein Komma gesetzt.

43.3

    Wir haben am Samstag das Grundstück besichtigt und es sofort
      gekauft.

    Heinz ist gestern mit seinem Freund verreist, und wir haben den
      ganzen Tag auf ihn gewartet.

43.4 Werden mehr als zwei Sachverhalte in der Mitteilung enger zusammengeschlossen, fällt der Ton erst am Ende des letzten Satzes ab. In der Schrift werden die einzelnen Sätze durch Kommas getrennt; der letzte Satz wird wiederum mit *und* angeschlossen.

> Die Schulklasse hat gestern einen Ausflug gemacht. Zuerst sind die Jungen an einen See gefahren, haben dort gebadet, sind mit dem Motorboot gefahren und haben zuletzt gemeinsam am Strand gespielt. Abends waren sie dann alle wieder zu Hause.

43.5 Als Mittel zum Ausdruck der Beziehungen zweier Sachverhalte dienen die KONJUNKTIONEN. Nach der Art ihres Gebrauchs sind die Konjunktionen wie folgt zu unterscheiden:

1. ISOLIERTE, außerhalb des Satzsystems stehende Konjunktionen. Diese sind: *und, aber, oder, denn, sondern.*

> Hans arbeitet noch im Büro, *aber* Peter ist schon nach Hause gegangen.
> Die Kinder sind nicht von selbst ins Bett gegangen, *sondern* die Mutter hat sie ins Bett gebracht.
> Wir müssen jetzt nach Hause gehen, *denn* es ist schon spät.

2. ins Satzsystem EINGEGLIEDERTE Konjunktionen. Sie haben Satzgliedfunktionen und stehen für den ganzen, im vorhergehenden Satz mitgeteilten Sachverhalt. Aus diesem Grund eignen sie sich vorzüglich als Kontaktglied und treten so vorzugsweise ins Vorfeld, im übrigen stehen sie im Kontaktbereich.

> Inge hat sich gestern erkältet. *Deshalb* ist sie heute im Bett liegen geblieben.
> Du hast mich oft belogen, *trotzdem* will ich dir heute glauben.
> In München ist eine internationale Ausstellung. Wir wollen *deshalb* dorthin fahren.

Die Konjunktionen als Kennzeichen für Inhalte
(Grammatik D 123 f., 127 ff.)

Die Konjunktionen stellen in den Beschreibungen der Sachverhalte folgende Verbindungen her:

43.6 1. EINFACHE VERBINDUNG ZWEIER SACHVERHALTE

und (isolierte Konjunktion) stellt eine einfache Verbindung zwischen zwei Sachverhalten her (vgl. die Beispiele unter Ziff. **43.3**).

nicht nur ... sondern auch (isolierte Konj.) verbinden in einer Mitteilung zwei Sachverhalte, wobei auf den zweiten Sachverhalt besonders hingewiesen wird.

> Du hast *nicht nur* die beste Prüfung gemacht, *sondern auch* eine
> Prämie erhalten.
> Wir sind *nicht nur* mit dem Auto gefahren, *sondern* wir haben *auch*
> viele Wanderungen zu Fuß gemacht.

ja ... (sogar) (isolierte Konj.) reiht zwei Sachverhalte aneinander,
wobei auf die Mitteilung des zweiten Sachverhalts mehr Gewicht gelegt wird als auf die des ersten.

> Wir sind bis nach Nordschweden gefahren, *ja* wir haben *sogar* den
> Polarkreis überschritten. *to be sure, definitely*

geschweige denn daß reiht zwei negativ beschriebene Sachverhalte aneinander, wobei der zweite Sachverhalt gegenüber dem ersten betont
negativ beschrieben wird.

> Der Junge kann nicht lesen, *geschweige denn daß* er einen Brief
> schreiben könnte.

2. Einer von zwei beschriebenen Sachverhalten kommt zustande   **43.7**

oder (isolierte Konj.) reiht zwei Sachverhalte aneinander, wobei nur
einer von beiden möglich ist.

> Fritz ist jetzt im Büro, *oder* er arbeitet zu Hause.
> Morgen regnet es, *oder* es scheint die Sonne.

entweder ... oder (isolierte Konj.) drückt nachdrücklicher aus, daß
nur einer der beiden beschriebenen Sachverhalte möglich ist.

> *Entweder* gehst du jetzt in die Schule *oder* du darfst am Sonntag
> nicht zum Schwimmen gehen.
> *Entweder* habe ich das Geld zu Hause liegenlassen *oder* ich habe
> es unterwegs verloren.

3. Verbindung zweier gegensätzlicher Sachverhalte   **43.8**

dagegen - on the other hand
hingegen -

aber, dagegen, hingegen, indessen (isolierte Konj.) reiht zwei gegensätzliche Sachverhalte aneinander und hebt sie voneinander ab.

indessen - meanwhile; however

> Der älteste Sohn studiert an der Universität, *aber* der jüngste geht
> auf eine Schauspielschule. (..., der jüngste *aber* ...)

Die Konjunktionen werden alle unmittelbar hinter das Kontaktglied
gestellt, lediglich ‚aber‘ tritt auch vor das Kontaktglied.

4. Anschluss einer Einschränkung, eines Widerspruchs oder   **43.9**
einer Berichtigung

(zwar) ... aber, doch, jedoch fügt die Beschreibung eines Sachverhalts
hinzu, die die vorangegangene Mitteilung einschränkt oder berichtigt

jedoch - however, yet, nevertheless

oder die im Widerspruch zu dem vorher mitgeteilten Sachverhalt steht.

> Der junge Mann hat *zwar* nicht viel Geld, *doch* kauft er sich viele nützliche Bücher.
>
> Die Leute in dieser Gegend sind sehr arm, *aber* sie leben glücklich.

nur, allerdings (eingegliederte Konj.) fügt die einzige Einschränkung an, die den vorher mitgeteilten Sachverhalt betrifft.

> Der junge Mann könnte schon Auto fahren lernen, *nur* ist er noch nicht alt genug. (. . ., er ist *nur* noch nicht alt genug.)
>
> Wir wollen den Wagen kaufen, *allerdings* können wir ihn nur in Raten bezahlen. (. . ., wir können ihn *allerdings* nur in Raten bezahlen.)

wenigstens, zumindest (eingegliederte Konj.) schwächt eine Feststellung oder Behauptung ab.

> Ihr habt gestern den ganzen Tag nichts getan. *Wenigstens* habe ich euch nicht arbeiten sehen. (Ich habe euch *wenigstens* . . .)
>
> Viel brauchst du im Haushalt nicht zu tun. *Zumindest* kannst du auf die Kinder aufpassen.

sondern stellt etwas richtig.

> Ihr habt mir nicht geholfen, *sondern* meinen Bemühungen sehr geschadet.
>
> Die Schüler sind nachmittags nicht in der Schule, *sondern* sie spielen auf dem Sportplatz.

43.10 5. Ein Sachverhalt hat keinen Einfluss auf den anderen

trotzdem, dennoch, doch, gleichwohl (eingegliederte Konj.) fügt die Beschreibung eines Sachverhalts an, der ohne Einfluß des vorher mitgeteilten Sachverhalts zustande kommt.

> Das Wetter war während der Ferien nicht sehr gut, *trotzdem* haben wir viele Wanderungen unternommen.
>
> Wir hatten sehr viel Arbeit, *dennoch* sind wir pünktlich fertig geworden.

43.11 6. Ein Sachverhalt begründet das Zustandekommen eines anderen Sachverhalts

denn (isolierte Konj.) schließt eine Begründung für den vorher mitgeteilten Sachverhalt an.

> Die Bauern müssen heute am Sonntag ihr Heu einbringen, *denn* nach dem Wetterbericht ist morgen schlechtes Wetter zu erwarten.

nämlich (eingegliederte Konj.) schließt eine begründende Erklärung für den vorher mitgeteilten Sachverhalt an.

Lassen Sie mich den Verletzten untersuchen, ich bin *nämlich* Arzt!

eben, halt (eingegliederte Konj.) schließt eine resignierende Feststellung an, die sich auf den vorher mitgeteilten Sachverhalt bezieht.

Du bringst schon wieder so ein schlechtes Zeugnis nach Hause. Du paßt in der Schule *eben* nicht auf.

Mein Nachbar hat schon wieder ein neues Auto. Man muß *halt* Geld haben.

7. Ein Sachverhalt ist die Folge eines anderen Sachverhalts   **43.12**

deshalb, deswegen, darum, daher, infolgedessen (eingegliederte Konj.) schließt die Beschreibung eines Sachverhalts an, dessen Zustandekommen auf den vorher mitgeteilten Sachverhalt zurückzuführen ist.

Als Vertreter einer großen Firma muß Herr Meier viel reisen, *deshalb* hat er sich jetzt ein Auto gekauft.

Einige Reisende hatten ihre Pässe zu Hause vergessen, *infolgedessen* wurden sie nicht über die Grenze gelassen.

8. Ein Sachverhalt wird aus einem anderen Sachverhalt gefolgert   **43.13**

also, folglich, demnach, somit, mithin (eingegliederte Konj.) stellt einen Sachverhalt fest, der aus einem vorher mitgeteilten Sachverhalt gefolgert wird.

Unser Zug hat in München eine Stunde Aufenthalt. Wir können *also* ruhig im Bahnhofsrestaurant zu Mittag essen.

Der Rennfahrer hat die Strecke in drei Stunden und 36 Minuten durchfahren. Er hat *somit* den letztjährigen Rekord um 2 Minuten gebrochen.

Übung 1: *Lesen Sie den folgenden Text von Stefan Zweig über die Südpolexpedition von Scott und seinen vier Begleitern! Achten Sie auf die Satzintonation!*

(Die Expeditionsteilnehmer hofften noch immer, als erste den Südpol zu erreichen. Unter größten Strapazen näherten sie sich ihrem Ziel, doch deuteten Anzeichen darauf hin, daß ihnen eine andere Expedition unter der Leitung des norwegischen Forschers Amundsen zuvorgekommen ist.)

Der 16. Januar   5

‚Gehobene Stimmung' verzeichnet das Tagebuch. Morgens sind ́ sie ausgerückt, früher als sonst, die Ungeduld hat sie aus ihren Schlafsäcken

gerissen, eher das Geheimnis, das furchtbar schöne, zu schauen. Vierzehn
Kilometer legen die fünf Unentwegten bis nachmittags zurück, heiter
10 marschieren sie durch die seelenlose weiße Wüste dahin; nun ist das Ziel
nicht mehr zu verfehlen, die entscheidende Tat für die Menschheit fast
getan. Plötzlich wird einer der Gefährten, Bowers, unruhig. Sein Auge
brennt sich fest an einen kleinen dunklen Punkt in dem ungeheuren
Schneefeld. Er wagt seine Vermutung nicht auszusprechen, aber allen
15 zittert nun der gleiche furchtbare Gedanke im Herzen, daß Menschenhand
hier ein Wegzeichen aufgerichtet haben könnte. Künstlich versuchen sie
sich zu beruhigen. Sie sagen sich – so wie Robinson die fremde Fußspur
auf der Insel vergebens erst als die eigene erkennen will –, dies müsse
ein Eisspalt sein oder vielleicht eine Spiegelung. Mit zuckenden Nerven
20 marschieren sie näher, noch immer versuchen sie sich gegenseitig zu täu-
schen, so sehr sie alle schon die Wahrheit wissen: daß die Norweger, daß
Amundsen ihnen zuvorgekommen ist.

Stefan Zweig, Schriftsteller, geb. 1881 in Wien, gest. 1942 bei Rio de Janeiro.
Robert Falcon Scott, englischer Polarforscher, gest. Ende März 1912. Er erreichte
am 18. 1. 1912, vier Wochen nach Amundsen, mit seinen Begleitern den Südpol.
Alle Expeditionsteilnehmer kamen auf dem Rückmarsch um.
4 – *Roald Amundsen,* norwegischer Polarforscher, gest. im Juni 1928. Er erreichte mit seiner Expedition am 14. 12. 1911 den Südpol.

Übung 2: *Schließen Sie den zweiten mitgeteilten Sachverhalt mit der
geeigneten Konjunktion an!*

1. Du willst mir den Text nicht abschreiben. Du kannst ihn mir diktieren.
(Einschränkung) – 2. Herr Müller hat sein Haus nicht verkauft. Er hat
es vermietet. *(Berichtigung)* – 3. Gestern habe ich vom Konsulat mein
Visum bekommen. Nun kann ich endlich mit meinen Reisevorbereitungen
beginnen. *(Folgerung)* – 4. Unser Architekt ist mit dem Bau der neuen
Schule beauftragt worden. Er hat die Planung für das neue Stadtviertel
übertragen bekommen. *(einfache Verbindung mit Nachdruck auf den
zweiten Sachverhalt)* – 5. Ich komme morgen zu dir. Ich kann nur ganz
kurz bleiben. *(Einschränkung)* – 6. Wir haben keine Zeit. Wir helfen dir.
(Widerspruch) – 7. Unser Mitarbeiter hat jahrelang für uns gearbeitet.
Jetzt soll er einen mehrmonatigen Urlaub bekommen. *(Folge)* – 8. Redluff
wurde mehrmals von Polizeibeamten kontrolliert. Sie erkannten ihn nicht.
(Gegensatz) – 9. Die Frauen kauften den Klebstoff gern. Er duftete so
schön nach Oleander. *(Begründung)* – 10. Die Flucht der Gefangenen

wurde sehr schnell entdeckt. Der Polizei gelang es nicht, sie wieder zu ergreifen. *(ohne Einfluß auf das weitere Geschehen)* – 11. Gestern hat es den ganzen Tag geregnet. Ich bin zu Hause geblieben. *(Folge)* – 12. Der Patient hat zuviel von der Arznei eingenommen. Es hat ihm nichts geschadet. *(ohne Folgen)* – 13. Der Fuchs brauchte keine Angst zu haben. Alle Hunde waren mit dem Förster in den Wald gegangen. *(Begründung)* – 14. Die Jäger wollten den Fuchs schießen. Der Fuchs hatte in der letzten Nacht mehrere Hühner aus dem Stall geholt. *(begründete Erklärung)* – 15. Die Kinder sollen ruhig sein. Sie müssen das Zimmer verlassen. *(Alternative)*.

→ 68.1

Stellung, Intonation und Funktion (II)

44

Das Wortmaterial, das als freie Modalglieder oder als Rangattribute verwendet wird, tritt auch in anderen syntaktischen Funktionen auf. Hierbei ändern sich mit den Funktionen auch die Inhalte dieser Wörter. Nur an dem Zusammenspiel von Funktion, Intonation und Stellung innerhalb eines Satzes läßt sich der Sinn und die Leistung dieser Wörter erkennen. In folgenden unterschiedlichen Funktionen können die gleichen Wörter auftreten:

44.1

44.2

MODALGLIED, RANGATTRIBUT ODER PRÄDIKAT

Warum willst du mich *ausgerechnet* besuchen, wenn ich verreist bin?
Du hast *ausgerechnet* mir das falsche Fünfmarkstück gegeben.
Das Resultat stimmt. Der Lehrer hat es *ausgerechnet*.

MODALGLIED, RANGATTRIBUT ODER PRÄDIKATSERGÄNZUNG

Morgen bekomme ich *sicher* Besuch.
Sie sind *sicher* mit dem Wagen hierhergekommen.
Wir sind unserer Sache nicht *sicher*.

MODALGLIED, RANGATTRIBUT ODER ANGABE

Warum kaufst du dir den Wagen nicht? – Ich habe *eben* kein Geld.
Wir sind *eben* deinetwegen zu Hause geblieben.
Mein Bruder ist *eben* fortgegangen.

MODALGLIED, RANGATTRIBUT ODER ATTRIBUT

Er soll *nur* zur Polizei gehen. Mir ist es gleich.
Bei dieser Krankheit kann *nur* eine Operation helfen.
Ich habe *nur* zehn Mark im Geldbeutel.

MODALGLIED, RANGATTRIBUT ODER FUNKTIONSKENNZEICHEN (Konjunktion)

    Warum arbeitest du *denn* am Sonntag?
    Was macht *denn* ihr hier?
    Ich bleibe zu Hause, *denn* ich habe zu tun.

MODALGLIED ODER SATZVERTRETENDE PARTIKEL

    Ilse fährt *ja* heute fort.
    Es schneit *ja!*
    Bist du morgen zu Hause? – *Ja.*

Übung 1: *Bestimmen Sie die Funktion der kursiv gedruckten Wörter und erklären Sie die Inhalte, indem Sie die Mitteilungen mit anderen Mitteln ausdrücken!*

1. Die Straße verläuft ziemlich *eben.* – 2. Wir haben *eben* mit Hans gesprochen. – 3. Das ist es *eben.* Wir müssen morgen fortfahren. – 4. Worüber sollen wir uns *denn* mit Kurt unterhalten? – 5. Wir gehen morgen nicht in die Schule, *denn* wir haben schulfrei. – 6. Wo ist *denn* meine Brille? – 7. Fritz kommt um 7 Uhr. Wir kommen aber schon etwas *eher.* – 8. Das Wetter hier ist *eher* unfreundlich als freundlich. – 9. Meine Tante fliegt nicht mit dem Flugzeug. *Eher* macht sie keine Reisen. – 10. Was tust du *überhaupt* in Deutschland? – 11. Du kannst *überhaupt* zu Hause bleiben. Wir gehen allein spazieren. – 12. Wir haben euch gestern *überhaupt* nicht gesehen. – 13. Das Wetter war gestern *überhaupt* nicht so schlecht, wie du es uns prophezeit hattest. – 14. Die junge Dame wirkt in ihrem Wesen sehr *natürlich.* – 15. Ich habe *natürlich* wieder fast eine Stunde auf dich warten müssen. – 16. Die Blumen sind *natürlich* nicht echt, es sind künstliche Blumen. – 17. Heute habe ich eine Postkarte bekommen. *Eigentlich* habe ich einen Brief erwartet. – 18. Fahrt ihr *eigentlich* nach Berlin? – 19. Der Juniorchef ist der *eigentliche* Leiter der Firma. – 20. Der Teppich ist *eigentlich* mehr grün als blau.

Übung 2: *Bestimmen Sie die Funktion der kursiv gedruckten Wörter und erklären Sie die Inhalte, indem Sie die Mitteilungen mit anderen Mitteln ausdrücken!*

1. Wann kommt er *nur?* – 2. Wir fahren jetzt *nur* 60 Stundenkilometer. – 3. Treten Sie *nur* ein! – 4. Wer ist da? Ich bin es *nur.* – 5. Das Wetter war gestern *doch* schön. – 6. Hans kommt *doch.* – 7. Gehst du nicht mehr

in die Schule? *Doch.* – 8. Wir trinken Wein *gern.* – 9. Im Herbst regnet
es *gern.* – 10. Gestern sind wir gut und *gern* 30 Kilometer gewandert. –
11. Der gestrige Film war *ganz* schön. – 12. Habt ihr mich *ganz* vergessen?
– 13. Kennst du den Herrn, der dort *ganz* rechts sitzt? – 14. Der Verletzte
war *ganz* von Blut überströmt. – 15. Ich bin im letzten Jahr *einmal* im
Theater gewesen. – 16. Geht *einmal* ins Theater! – 17. Wir hatten *einmal*
ein Motorboot. – 18. Wann kommst du *wieder*? – 19. Wenn ihr uns aus
dem Urlaub eine Karte schickt, schreiben wir euch *wieder.* – 20. Hast du
wieder Hans besucht? – 21. Das Fleisch ist jetzt *gar.* – 22. Geht ihr jetzt
gar in die Schule? – 23. Ich habe heute noch *gar* nichts gegessen. – 24. Hat
Peter *gar* seine Prüfung bestanden?

→ 69.1

Das Attribut

(Grammatik E 28 ff.)

45

Als Attribute werden Wörter folgender Wortklassen gebraucht: 45.1

1. PRONOMEN vor Nomen und nominal gebrauchten Wörtern anderer
Wortklassen. Die Pronomen sind gleichzeitig Träger der Funktionskennzeichen für die nachfolgenden Nomen.

> *Dieses* Haus gehörte *meinem* Vater.
> *Welchen* Herrn haben Sie gesprochen?
> *Aller* Anfang ist schwer.

Pronomen hinter Adverbien. Die Pronomen werden durch Präpositionen oder durch Konjunktionen angeschlossen.

> Rechts *von dir* steht ein junger Herr.
> Karl macht diese Arbeit lieber *als ich.*

Bemerkung:

Possessivpronomen tragen vor maskulinen und neutralen Nomen im Singular
Nominativ, ebenso auch bei neutralen Nomen im Singular Akkusativ keine
Funktionskennzeichen.

> Dort liegt *mein* Hut. Hier liegt *dein* Buch.
> Ich bringe dir *dein* Buch.

2. NOMEN stehen als Attribute vor anderen Nomen, wenn sie Namen   45.2
nennen. Sie erhalten dort die Genitivform.

> Ich lese gerade einen Artikel über *Englands* Wirtschaftspolitik.
> Weißt du, wo *Mutters* Handtasche liegt?
> Ich habe mit *Peters* Vater gesprochen.

Titel und Berufsbezeichnungen stehen als Apposition vor Nomen.

Hast du *Herrn* Müller getroffen?

Kaiser Karl wurde im Jahre 800 gekrönt.

Kennst du den *Bäcker* Faber?

Als NACHGESTELLTE ATTRIBUTE stehen die Nomen im Genitiv hinter anderen Nomen

Paris ist die Hauptstadt *Frankreichs.*

Ich wohne im Hause *meines Vaters.*

mit Präpositionen hinter Nomen, Pronomen und Adverbien

Wir wohnen in Frankfurt *am Main.*

Die Kinder spielen auf dem Hof *hinter dem Haus.*

Ich beneide euch *auf dem Lande* um die gute Luft.

Peters Fahrrad steht links *am Haus.*

mit Konjunktionen hinter Nomen, Pronomen und Adverbien

Der Lehrer sprach mit uns über das Auto *als Verkehrsmittel.*

Alle Welt bewundert ihn *als Olympiasieger.*

45.3 3. ADJEKTIVE stehen als Attribute im allgemeinen vor den Nomen und folgen dort eigenen Deklinationsregeln. Im Nominativ Singular und vor neutralen und femininen Nomen auch im Akkusativ Singular erhalten sie die Endung -e; in allen anderen Fällen erhalten sie die Endung -en, wenn innerhalb des betreffenden Satzglieds ein Funktionskennzeichen erscheint.

Siehst du den *alten* Mann, das *blonde* Mädchen, die *junge* Frau?

An den *langen* Sommerabenden sitzen wir gerne auf unserer *schönen* Gartenterrasse.

Wenn im Satzglied kein Funktionskennzeichen erscheint, übernimmt das attributive Adjektiv das Funktionskennzeichen.

Hans hat neulich ein *alte*s Auto gekauft.

Der Kranke hat sein *langwierige*s Leiden mit *größte*r Geduld ertragen.

Bei Herrschernamen steht das Adjektiv mit dem Artikel nach dem Namen.

Die Regierungszeit Ludwigs *des Frommen.*

Der Minister sprach mit Heinrich *I. (dem Ersten).*

Attributive Adjektive folgen den Pronomen. Wenn das Pronomen keine Funktionskennzeichen trägt, werden diese vom Adjektiv übernommen.

174

Wie wir dich *Glücklichen* beneiden! Wir wünschen dir alles *Gute*!
Habt ihr etwas *anderes* erwartet?
Wißt ihr *beide* nichts *Neues*?

Ohne Funktionskennzeichen stehen attributive Adjektive vor Adverbien und Verben, die eine Partizipform haben.

Halb links vor uns sahen wir im Dunkeln einen Mann näherkommen.
Das Mädchen hat einen *rot*gestreiften Pullover an.

4. ADVERBIEN stehen als Attribute HINTER Nomen und Pronomen.   **45.4**

Die Tür *links* führt ins Sekretariat.
Wie weit ist es zum Bahnhof? Der Weg *dorthin* beträgt etwa
5 Minuten.
Was tust du *dahinten*? Ihr *hier* geht jetzt fort.

Wenn attributive Adverbien Funktionskennzeichen benötigen, treten dafür Präpositionen ein.

Haben Sie schon die Zeitung *von heute* gelesen?
(vgl.: Haben Sie die Zeitung *heute* gelesen?)

Attributive Adverbien stehen **vor** Adjektiven, vor anderen Adverbien und vor Verben, die die Partizipform angenommen haben.

Herr Braun hat mich *überaus* nett empfangen.
An einem *so* schönen Tage sollte man nicht arbeiten.
Wein trinken wir *besonders* gern.
Ich fahre an einen von Touristen *gern* besuchten Wintersportort.

5. VERBEN stehen als Attribute vor Nomen und Adjektiven und nehmen   **45.5**
dabei die Partizipform an.

Das Bild stellt ein *springendes* Pferd dar.
Unser Aufenthalt bei euch war für uns nur *verlorene* Zeit.
Der Profit bei diesem Geschäft war nur *verschwindend* gering.

Als nachgestellte Attribute stehen Verben nach Pronomen. Sie erhalten auch hier die Partizipform.

Wir bedauern dich *Betrogenen*.
Bei dem Streit wurde nichts *Beleidigendes* gesagt.

Nach Nomen wie auch nach Pronomen stehen die Verben in der Infinitivform mit der Präposition ‚zu‘, wobei in bestimmten Fällen noch der Dativ als Funktionskennzeichen hinzutritt.

Die Kunst *zu reiten* will gelernt sein.
Gib dem Jungen etwas *zu essen*. Er ist hungrig.
Leihen Sie mir bitte Ihren Bleistift! Ich habe nichts *zum Schreiben* bei mir.

45.6 <center>Die Inhalte der Attribute</center>

Die Inhalte der Attribute werden weitgehend von den Wörtern bestimmt, die als Attribute verwendet werden, doch haben auch die Funktionskennzeichen die Fähigkeit, die Inhalte der Attribute zu verändern.
An einem schönen Tage machten wir unseren Ausflug.
Eines schönen Tages wird alles Leben auf Erden erlöschen.
Nach Inhalten lassen sich die Attribute wie folgt ordnen:

45.7 1. LOKALATTRIBUTE; sie beschreiben die Lage, die Richtung oder die Herkunft.

die Wiesen *im Tal*, die Grenze *nach Österreich*, der Zug *von Köln*, ein Jugendlicher *aus Bad Ischl*, das *nächstliegende* Polizeirevier, die *hiesige* Schule, die Tür *rechts*, der Angriff *von vorn*.

45.8 2. TEMPORALATTRIBUTE; sie beschreiben den Zeitraum, den Zeitpunkt, die Zeitdauer, die Zeitgrenze, die Zeitlage, den Beginn, das Ende oder die Wiederholung.

der Unterricht *am Nachmittag*, die Woche *nach Ostern*, die *augenblickliche* Lage, die Jugend *von heute*, die *heutigen* Nachrichten, das *plötzlich eintretende* Unwetter, die *sich lang hinziehende* Konferenz

45.9 3. POSSESSIVATTRIBUTE; sie nennen die Person, die das Besitz- oder das Verfügungsrecht hat, oder die Person, der jemand angehört.

mein Fahrrad, *unsere* Tafel, ein Freund *von mir*, die Frau *des Ministers*, die Eltern *von Fritz*, die Bürger *der Stadt*
Sie nennen auch die Sache, zu der etwas gehört oder deren Bestandteil etwas ist.

die Schaukästen *des Kinos*, die Hinterräder *des Wagens*, die Tasche *der Jacke*, das Oberteil *des Kleides*

45.10 4. BESCHREIBENDE ATTRIBUTE; sie beschreiben das Aussehen, das Alter oder das Wesen einer Person oder Sache.

das *alte* Auto, eine Frau *in den besten Jahren*, der Mann *mit der Glatze*, die *rote* Nase, ein *liebliches* Gesicht, der Mann *in Uniform*, etwas *Unheimliches*

176

Sie nennen auch das, was man meint, oder die Sache, die man mit dem Gliedkern verstehen will.

ein Grad *Celsius*, ein Strom *von Wasser*, ein Haufen *Decken*, ein Glas *Bier*, ein Becher *Wein*, die Kunst *zu lesen*, etwas *zu essen*, viel *zu sagen*

5. FINALE ATTRIBUTE; sie nennen den Zweck, die Bestimmung oder die Absicht. 45.11

der Verein *für Tierschutz*, alles *für die Dame*, ein Mittel *gegen Erkältungskrankheiten*, Wasser *zum Trinken*, etwas *zum Lachen*

6. ATTRIBUTE, DIE DIE ANZAHL, DAS MASS, DEN GRAD ODER DIE INTENSITÄT NENNEN. 45.12

die *beiden* Freunde, *ein paar* Leute, ein *Paar* Schuhe, *drei* Jungen, die *gesamte* Menschheit, *etwas* Geld, *sehr* reich, den *ganzen* Tag, eine *gute* Weile, *überaus* freundlich, *ziemlich* schwierig

7. HANDLUNG BESCHREIBENDE ATTRIBUTE; sie nennen eine Handlung, mit der das übergeordnete Nomen usw. charakterisiert wird. 45.13

die *ankommenden* Jugendlichen, die *applaudierenden* Zuschauer, *zwitschernde* Vögel, der *geflohene* Gefangene, das *schnaubende* Ungetüm.

8. VORGANG BESCHREIBENDE ATTRIBUTE; sie nennen den Vorgang, von dem das übergeordnete Nomen betroffen wird oder betroffen wurde. 45.14

die *gefangenen* Tiere, die *beleuchteten* Straßen, das *kochende* Wasser, der *herabstürzende* Stein, die *vom Staat unterstützte* Industrie

9. SEIN BESCHREIBENDE ATTRIBUTE; sie nennen das Sein, das das übergeordnete Nomen charakterisiert. 45.15

der *verantwortliche* Staatsmann, *belebte* Straßen, die *beschlagene* Fensterscheibe

10. SUBJEKT NENNENDE ATTRIBUTE; sie nennen das Subjekt des im übergeordneten Nomen beschriebenen Geschehens (Handlung oder Vorgang) oder Seins. 45.16

die Entdeckung *Amerikas*, die Erfindung *des Benzinmotors*, die Durchführung *des Befehls*, der Zustand *des Kranken*, die Erziehung *von Kindern*

Übung: *Die kursiv gedruckten Wörter sollen durch Attribute näher erklärt werden. Entnehmen Sie den nachgestellten Sätzen die treffenden Inhalte und schließen Sie sie als Attribute an!*

1. *Die Leuchtreklamen* geben der nächtlichen Stadt einen festlichen Glanz. (Die Leuchtreklamen sind an den Fassaden der Geschäftshäuser zu sehen.) – 2. Hans holte sein Fahrrad *aus dem Schuppen*. (Der Schuppen befindet sich hinter dem Haus.) – 3. Die begeisterte Menge durchbrach *die Absperrung*. (Die Polizei führte die Absperrung durch.) – 4. Der Mann steckte den Paß wieder *in die Brusttasche*. (Es war die Manteltasche.) – 5. Gestern wurde *das Material* mit Lastwagen herbeigeschafft. (Das Material ist für den Bau der neuen Brücke.) – 6. *Während des Aufenthalts* in Stuttgart sahen wir uns die Stadt an. (Wir hatten einen Aufenthalt von zwei Stunden.) – 7. Morgen besucht uns *die Schwester*. (Hans hat nämlich eine Schwester.) – 8. Wer ist *die Dame*? (Sie trägt einen Schirm in der Hand.) – 9. Hat man *die Verbrecher* wieder gefaßt? (Sie sind geflohen.) – 10. Hat dein Bruder *die Stelle* in der Maschinenfabrik angenommen? (Die Fabrik suchte einen Ingenieur.) – 11. Meinem Freund fällt *das Lernen* leicht. (Er lernt Fremdsprachen.) – 12. *In den Straßen* herrscht an Wochentagen lebhafter Verkehr. (Die Straßen sind eng.) – 13. Haben Sie *ein gutes Medikament*? (Mein Bruder hat Grippe.) – 14. Ich möchte *etwas* kaufen. (Ich rauche gern.) – 15. Wir haben gestern *niemanden* getroffen. (Ich meine niemanden, den wir kennen.) – 16. Ich muß dir *etwas* erzählen. (Du wirst sicher darüber lachen.) – 17. Fräulein, bringen Sie uns bitte noch zwei *Tassen*. (Ich meine natürlich Kaffee.) – 18. Endlich wurde uns *der Wunsch* erfüllt. (Wir wollten schon lange einen schulfreien Samstag.) – 19. Der Zirkusdirektor erzählte uns, daß *die Dressur* sehr schwierig sei. (In dem Zirkus arbeitet ein Dompteur, der ausgezeichnet Löwen dressieren kann.) – 20. Die Frau hatte ihre Hand aus Versehen *ins Wasser* getaucht. (Das Wasser kochte gerade.) – 21. Wir packen noch *Schuhe* in die Koffer. (Zwei Paar genügen.) – 22. *Ihre Hoffnung* hat sich erfüllt. (Der kranke Mann dieser armen Frau ist von einer schweren Krankheit genesen.)

→ 70.1

46

Der Gliedsatz und seine Formen
(Grammatik D 122, 125 f., 127 ff.)

46.1 Wenn ein Satzglied ein eigenes Prädikat erhält, entsteht ein Gliedsatz. Je nach der Form, in der das Verb im Prädikat erscheint, unterscheidet man zwischen einem Nebensatz, einem Infinitivsatz und einem Partizipialsatz.

Ein NEBENSATZ enthält ein formal vollständiges Prädikat, das eine Personalform mit deutlichem Subjektbezug besitzt.

Als ich zu Hause *ankam,* brannte im Wohnzimmer Licht.
Ihr könnt nur ins Kino gehen, wenn ihr vorher eure Arbeit beendet *habt.*

Ist im Gliedsatz kein Subjekt genannt, so steht das Verb im Prädikat in der Infinitivform. Der Gliedsatz wird dann als INFINITIVSATZ bezeichnet.

Karl trat ins Zimmer ein, ohne uns *zu grüßen.*
Ohne sich von uns *zu verabschieden,* verließ er uns wieder.

Enthält das Prädikat nur ein Verb in einer Partizipform, spricht man von einem PARTIZIPIALSATZ. Diese Satzform bezieht sich als Gliedsatz stets auf das Subjekt. Sie ist im Deutschen nicht sehr häufig.

Das Tier stürzte, zu Tode getroffen, zu Boden.
Über die Beleidigungen seines Kameraden *empört,* verließ der junge Mann wütend den Raum.

Folgende TYPEN VON NEBENSÄTZEN, die als Gliedsätze auftreten, können unterschieden werden: **46.2**

1a) ... P^1 ... P^2, | V . . . . . P |

Wir wollen dich gern unterstützen, *wenn du uns auch hilfst.*

b) | V . . . . . P | , P^1 . . . . . P^2

Als der Polizist das Lokal betrat, verließ der Mann eilig den Raum.

c) Mitunter wird der Inhalt des Gliedsatzes im Vorfeld durch ein Stützwort (St) zusammengefaßt.

| V . . . . . P | , (St) P^1 . . . . . P^2

Als der Polizist eintrat, da verließ der Mann eilig den Raum.
Wenn du uns hilfst, so helfen wir auch dir.

2a) | P^1 . . . . . P^2 | , P^1 . . . . . P^2

Hättest du in der Schule besser gelernt, wärst du nicht durch die Prüfung gefallen.

b) $\boxed{P^1 \ldots \ldots P^2}$, (St) $P^1 \ldots \ldots P^2$

Können wir heute kein Hotelzimmer finden, so müssen wir im Wagen übernachten.

3a) Ein KORRELAT AUF DEM SATZFELD weist auf den im Nachfeld folgenden Gliedsatz hin und trägt das Funktionskennzeichen, das der Funktion und dem Inhalt des Gliedsatzes entspricht. Wenn das Satzfeld unbesetzt oder mit nur einem Satzglied besetzt ist, verzichtet man im allgemeinen auf das Korrelat.

$\ldots P^1 \ldots$ Korr. $\ldots P^2$, $\boxed{V \ldots \ldots P}$

Wir haben *es* seit Tagen erwartet, *daß eine Unglücksnachricht eintrifft.* Hast du nicht *davon* gesprochen, *daß du dir einen neuen Wagen kaufen willst?*
Wir haben uns *(darüber)* gefreut, *daß Hans sein Examen bestanden hat.*
Wir freuen uns *(darauf), daß ihr uns morgen besucht.*
Ich habe *(es)* nicht geglaubt, *daß Herr Meier gestorben ist.*

b) Wenn der Gliedsatz als Kontaktglied im Vorfeld stehen muß, tritt das Korrelat mit dem Funktionskennzeichen unmittelbar vor den Gliedsatz. Das als Korrelat gebrauchte Pronomen ‚es‘ folgt dieser Regel nicht.

Korr., $\boxed{V \ldots \ldots P}$, $P^1 \ldots \ldots P^2$

Dadurch, daß die Brüder immer miteinander im Streit liegen, wird das Leben ihrer alten Mutter immer unerträglicher.

c) Wenn der Mitteilungszusammenhang es erfordert, steht das Korrelat im Vorfeld und der Gliedsatz im Nachfeld.

Korr. $P^1 \ldots \ldots P^2$, $\boxed{V \ldots \ldots P}$

Insoweit bin ich von Herrn Breuer informiert worden, *als er mir gestern eine kurze Notiz überbringen ließ.*

4) Bei der Doppelkonjunktion *je . . . desto* folgt der Satz einem besonderen Satzbauplan.

180

$$\boxed{\text{je} + \text{Komparativ} \ldots \text{P}} \quad , \ \text{desto} \ + \ \text{Komparativ} \ \text{P}^1 \ldots \ldots \text{P}^2$$

Je schneller wir gehen, desto eher sind wir zu Hause.

BEI DEN INFINITIVSÄTZEN, die als Gliedsätze auftreten, lassen sich folgende Typen unterscheiden: **46.3**

1a) $\ldots \text{P}^1 \ldots \text{P}^2, \quad \boxed{\ldots \text{P}}$

Ich habe Herrn Müller gebeten, *mich morgen zu besuchen.*

b) $\boxed{\ldots \text{P}} \ , \text{P}^1 \ldots \ldots \text{P}^2$

Gut zu verdienen, ist schon immer mein Wunsch gewesen.

2a) $\ldots \text{P}^1 \ldots \text{P}^2, \quad \boxed{\text{V} \ldots \ldots \text{P}}$

Ich bin gekommen, *um mit Ihnen zu sprechen.*

b) $\boxed{\text{V} \ldots \ldots \text{P}} \ , \text{P}^1 \ldots \ldots \text{P}^2$

Ohne die geringste Angst zu zeigen, sprang der Junge von dem hohen Turm ins Wasser.

3) $\ldots \text{P}^1 \ldots \text{Korr.} \ldots \text{P}^2, \quad \boxed{\ldots \ldots \text{P}}$

Ich habe schon seit Tagen *damit* gerechnet, *von euch eine Einladung zu erhalten.*

PARTIZIPIALSÄTZE, die als Gliedsätze auftreten, lassen folgende Typen erkennen. **46.4**

1) $\boxed{\ldots \text{P}} \ , \text{P}^1 \ldots \ldots \text{P}^2$

Vor Freude laut schreiend, liefen die Kinder ihren Eltern entgegen.

2) $\boxed{\ldots \text{P} \ldots} \ , \text{P}^1 \ldots \ldots \text{P}^2$

Bitter enttäuscht über den Mißerfolg, verließ ich den Saal.

Stellung der Gliedsätze
(Grammatik E 80, 94)

46.5

Gliedsätze stehen vorzugsweise im Nachfeld oder im Vorfeld eines Satzes. IM NACHFELD stehen die Gliedsätze, deren Inhalte zur NEUINFORMATION dienen. IM VORFELD stehen die Gliedsätze, die KONTAKTAUFGABEN zu

181

erfüllen haben und deshalb gleichzeitig Kontaktglied sind. Vergleichen Sie in diesem Zusammenhang den Gebrauch der Konjunktionen ‚weil‘ und ‚da‘!

Der Tourist mußte wieder zurückreisen, *weil er sein Geld verloren hatte.*

Da man nur (, wie jedermann weiß,) mit gültigen Pässen die Grenze passieren darf, ist es notwendig, vor jeder Auslandsreise die Gültigkeit des Reisepasses zu überprüfen.

Gliedsätze können auch im Satzfeld stehen, wenn das Vor- oder Nachfeld schon besetzt ist. Doch sollte vermieden werden, mehr als zwei Gliedsätze in einem Satz unterzubringen.

Kann ein anderes Satzglied die Kontaktfunktion im Vorfeld besser erfüllen als ein Gliedsatz, dann folgt der Gliedsatz im Nachfeld.

...; *trotzdem* haben wir unser Haus verkauft, *da wir das Geld dringend benötigten.*

Die Inhalte der Gliedsätze I
(Grammatik D 118 ff., 127 ff.)

46.6 Die Gliedsätze lassen sich nach ihren Inhalten wie folgt ordnen:

1. Tritt ein Sachverhalt in einem anderen Sachverhalt als ROLLE auf, so wird er in einem Gliedsatz mitgeteilt, der die Subjekt- oder Objektfunktion übernimmt. Wenn der Gliedsatz die Nebensatzform erhält, wird er mit den Konjunktionen *daß* oder *ob* eingeleitet.

In den Zeitungen stand, *daß morgen der Minister in unsere Stadt kommt.*

Richtige Entscheidungen zu treffen, ist wohl eine der schwierigsten Aufgaben eines Politikers.

Wir erinnern uns nicht mehr daran, *daß du uns das Geld zurückgegeben hast.*

Die Mutter hofft, *ihren Sohn bald wiederzusehen.*

Wenn der Sachverhalt ungewiß ist, wird der Gliedsatz mit *ob* eingeleitet.

Ob der Minister morgen kommt, ist noch fraglich.

Weißt du, *ob wir morgen schulfrei haben?*

Peter fragte, *ob er heute ins Kino gehen darf.*

Andere Inhalte von Gliedsätzen werden durch den Verbindungsteil, **der** den Gliedsatz einleitet, verständlich.

Ich weiß, *wo Peter wohnt.* (Ich kenne Peters Aufenthaltsort.)

...*, wohin Peter fährt.* (... Peters Reiseziel.)

...*, woher er kommt.* (... seine Herkunft, seinen Herkunftsort.)

...*, wieviel er verdient.* (... die Höhe seines Verdienstes.)

...*, wann er ankommt.* (... seine Ankunftszeit.)

...*, wie er arbeitet.* (... seine Arbeitsweise.)

...*, was er arbeitet.* (... seine Arbeit.)

...*, wie viele Bücher er hat.* (... die Anzahl seiner Bücher.)

Übung 1: *Ergänzen Sie* daß *oder* ob! *Achten Sie auf den Unterschied zwischen der Berichtszeit und der Zeit, in der der beschriebene Sachverhalt liegt!*

1. Wissen Sie, ... heute noch eine Zeitung kommt? – 2. Ich weiß, ... Herr Breuer nach Frankfurt gefahren ist. – 3. Es ist fraglich, ... wir mit dem Zug pünktlich in Frankfurt ankommen? – 4. Ist es noch ungewiß, ... der neue Ministerpräsident eine arbeitsfähige Regierung zusammenbekommt? – 5. Uns ist bekannt, ... Sie sich ein Haus gekauft haben. – 6. Mir war nicht bewußt, ... ich den Jungen beleidigt habe. – 7. Es ist sicher, ... ihr im Sommer nach Paris fahrt. – 8. Herr Müller war sich noch nicht sicher, ... er das Haus kaufen soll oder nicht. – 9. Bezweifeln Sie, ... die neue Regierungspartei ihr Wahlversprechen halten wird? – 10. Wir wissen nicht, ... die Zukunft so rosig wird, wie es uns versprochen wurde. – 11. Ich bezweifle, ... die Preise wieder auf den Stand des letzten Jahres zurückgehen. – 12. Ich wußte nicht, ... ihr hierherkommen wolltet. – 13. Es war sehr fraglich, ... Robert seine Prüfung bestehen würde. – 14. Ich wußte nicht, ... heute keine Post zugestellt wird. – 15. Mir war nicht klar, ... noch vor unserer Abreise mit einer Antwort zu rechnen war. – 16. Ich kann mir gut vorstellen, ... Ihnen die Arbeit schwergefallen ist. – 17. Ich weiß nicht, ... heute Post kommt.

Übung 2: *Beschreiben Sie die in den Objekten genannten Sachverhalte!*

1. Wir kennen die Schwierigkeiten des Sprachenlernens. – 2. Ich weiß die genaue Ankunftszeit unseres Zuges. – 3. Kennst du schon das Ende des Kriminalfilms? – 4. Weiß Herr Müller von dem Unfall seines Freundes? –

5. Herr Braun kennt meine Probleme. – 6. Kennen Sie die Entfernung des Ortes? – 7. Wir kennen die Absichten deines Freundes. – 8. Ich kenne euer Reiseziel nicht. – 9. Sie kennen die Fähigkeiten meiner Mitarbeiter nicht. – 10. Kennt ihr die Wünsche eurer Freunde nicht?

46.7 2. Wenn bei der Mitteilung eines Sachverhalts ein anderer Sachverhalt ZUR ZEITLICHEN ORIENTIERUNG dient, so steht dieser im Satz als Temporalangabe. Die den temporalen Gliedsatz einleitende Konjunktion kennzeichnet die zeitliche Beziehung, die der Gliedsatz ausdrücken soll.

Die Konjunktionen kennzeichnen folgende zeitlichen Beziehungen:

a) ZEITPUNKT

als für einen bestimmten in der Vergangenheit liegenden Sachverhalt

> *Als ich gestern abend nach Hause kam,* brannte bei mir im Wohnzimmer Licht.

wie wird in der gleichen Weise gebraucht, doch bereitet es auf etwas Unerwartetes vor. Dieses Unerwartete wird oft noch in dem mitgeteilten Sachverhalt durch das Adverb *da* verdeutlicht.

> *Wie ich meine Wohnzimmertür öffnete,* steht *da* ein wildfremder Mann im Zimmer.

Nach beiden Konjunktionen steht das Verb im Präteritum.

wenn für einen bestimmten in der Zukunft zu erwartenden Sachverhalt

> *Wenn wir morgen nach Hamburg kommen,* erwarten uns dort meine Freunde.

b) ZEITRAUM

als und **wenn** wird in gleicher Weise wie oben gebraucht

> *Als ich in England war,* habe ich nur Englisch gesprochen.
> *Wenn wir nächstes Jahr in München sind,* werden wir häufig ins Theater gehen.

c) ZEITDAUER

während: der mitgeteilte Sachverhalt fällt in eine Zeit, in welcher der im Gliedsatz beschriebene Sachverhalt bereits besteht.

> *Während ich in Amerika war,* besuchte ich mehrmals meinen Onkel.
> *Während der Vater im Garten arbeitete,* bereitete meine Mutter das Mittagessen vor.

solange drückt aus, daß sich der mitgeteilte Sachverhalt über die gleiche Zeitdauer erstreckt wie der im Gliedsatz beschriebene.

Solange Peter studiert, verdient er noch kein Geld.

Die Kinder saßen ängstlich im Zimmer, *solange das Gewitter andauerte.*

d) WIEDERHOLUNG

46.8

sooft oder **wenn** drückt aus, daß der im Gliedsatz beschriebene Sachverhalt wiederholt mit dem mitgeteilten Sachverhalt zeitlich zusammentrifft.

Sooft der Bettler seine Hand ausstreckte, bekam er ein Almosen.

Wenn die Eltern das Kinderzimmer betraten, liefen ihnen die Kleinen freudig entgegen.

e) BEGINN

seitdem oder **seit** bezeichnet den im Gliedsatz beschriebenen Sachverhalt als zeitlichen Beginn für den mitgeteilten Sachverhalt.

Seitdem das wechselhafte Wetter vorüber ist, fühle ich mich bedeutend wohler.

Seit Peter in England war, spricht er viel besser Englisch als früher.

f) ENDE

bis bezeichnet den im Gliedsatz beschriebenen Sachverhalt als das Ende oder das Ziel des mitgeteilten Sachverhaltes.

Ich warte vor dem Bahnhof, *bis du kommst.*

Bis Hans ausreichend Geld verdient, muß er noch viele Jahre schwer arbeiten.

g) VORHER UND NACHHER

bevor oder **ehe:** Der mitgeteilte Sachverhalt geht dem im Gliedsatz beschriebenen Sachverhalt zeitlich voraus. Der im Gliedsatz beschriebene Sachverhalt dient zur zeitlichen Orientierung.

Bevor wir ins Ausland fahren, müssen wir unsere Reisepässe verlängern lassen.

nachdem: Der mitgeteilte Sachverhalt folgt dem im Gliedsatz beschriebenen Sachverhalt. Der im Gliedsatz beschriebene Sachverhalt dient zur zeitlichen Orientierung.

Nachdem Hans sein Studium beendet hatte, trat er in eine Fabrik als Ingenieur ein.

Werden die SACHVERHALTE, die zur zeitlichen Orientierung dienen, **46.9** nicht beschrieben, sondern NUR BEZEICHNET, stehen einfache Satzglieder. Präpositionen weisen dann auf Funktion und Inhalt hin.

a) ZEITPUNKT

bei kennzeichnet den gleichen Inhalt und die gleiche Funktion wie *als* und *wenn.*.

> *Bei der gestrigen Ankunft des Ministers* standen viele Neugierige auf dem Bahnsteig.

> Wir werden *bei seiner morgigen Abreise* auf dem Bahnhof sein.

b) ZEITRAUM

bei anstelle von *als* oder *wenn*

> Ich habe den Schauspieler *bei meinem letzten Theaterbesuch* nicht gesehen.

> Die Museen besuche ich *bei meinem nächsten Aufenthalt in München.*

c) ZEITDAUER

während wird sowohl als Konjunktion wie auch als Präposition zum Ausdruck des gleichen Inhalts gebraucht.

> *Während des Essens* müssen die Kinder schweigen.

während tritt als Präposition auch für die Konjunktion *solange* ein.

> Die Kinder sitzen *während des Gewitters* ängstlich im Zimmer.

d) WIEDERHOLUNG

bei steht für *wenn* oder *sooft* vor Satzgliedern

> *Bei jedem Gewitter* weinten die Kinder vor Angst.

46.10 ## e) BEGINN

seit wird sowohl als Konjunktion wie auch als Präposition zum Ausdruck des gleichen Inhalts gebraucht.

> *Seit dem Tode seines Vaters* führte der älteste Sohn das Geschäft.

f) ENDE

bis zu anstelle von *bis*

> Wir mußten *bis zur Abfahrt des nächsten Zuges* warten.

g) VORHER UND NACHHER

vor anstelle von *bevor* oder *ehe*

> *Vor unserer Auslandsreise* mußten wir unsere Reisepläne verlängern lassen.

nach anstelle von *nachdem*

> *Nach unserer schönen Wanderung durch die Berge* kehrten wir müde in die Jugendherberge zurück.

Übung 1: *Formen Sie die Satzglieder in Gliedsätze um! Fügen Sie die in Klammern stehenden Inhalte in den Gliedsatz ein!*

1. Ich habe *über den Diebstahl der Jungen* in der Zeitung gelesen. (Die Jungen haben aus dem Zoo einen jungen Bären gestohlen.) – 2. Wir haben *von der Abreise deines Onkels* nichts erfahren. (Er ist nach Hamburg abgereist.) – 3. *Die Richtigkeit Ihrer Theorie* muß zuerst bewiesen werden. – 4. Der Herr bat den Polizisten *um Aushändigung seines Passes.* – 5. *Der Entwurf eines neuen Bauplanes* hat sich als notwendig erwiesen. – 6. Wir haben uns sehr *über deinen gestrigen Besuch* gefreut. – 7. Die *Verabschiedung des neuen Gesetzes durch das Parlament* ist noch sehr ungewiß. – 8. Man erwartet *eine baldige Änderung der politischen Lage.* – 9. Ich habe die Firma *um Lieferung eines anderen Radioapparates* gebeten. – 10. *Die Verurteilung des Angeklagten* war vorauszusehen. – 11. Wir haben nicht *mit dem Verkauf des Hauses* gerechnet. – 12. *Die Rettung der Verunglückten* erscheint hoffnungslos. – 13. Der Arzt hat sehr viel *für die Genesung des Kranken* getan. – 14. Ich bin noch nicht *von deinem morgigen Erfolg bei den Geschäftsverhandlungen* überzeugt. – 15. Meine Eltern wünschten *meine sofortige Rückkehr nach Deutschland.* – 16. Von hier aus können wir *den Start der Segelflugzeuge* gut beobachten. – 17. Wart ihr *eures Sieges bei dem Fußballspiel* so sicher? – 18. Der Gelehrte erklärte dem Jungen *den Umlauf der Erde um die Sonne.* – 19. Durch das Telefon wurde *die Abfahrt des Zuges* gemeldet. – 20. *Die Brauchbarkeit des neuen Kunststoffes für die Industrie* ist sehr umstritten. – 21. Dem Gefangenen ist *die Flucht aus dem Gefängnis* geglückt. – 22. Ich will Ihnen gerne *meine Erlebnisse auf der Reise nach Amerika* erzählen. – 23. Mir fiel *die Ruhe des Angeklagten während der Gerichtsverhandlung* auf. – 24. Der Mann mußte seine Unfähigkeit *zur Erfüllung seiner Pflichten* zugeben. – 25. *Die Beobachtung von Tieren in der Freiheit* ist für die Verhaltensforschung sehr aufschlußreich. – 26. Der Direktor lehnte *den Kauf des neuen Fabrikgrundstücks* ab.

Übung 2: *Formen Sie die Satzglieder in Gliedsätze um!*

1. Wir warteten *bis zur Rückkehr unserer Eltern.* – 2. Peter will *nach Beendigung seines Studiums* heiraten. – 3. *Beim Lesen nützlicher Bücher* lernt man viel. – 4. Wir haben die großen Gepäckstücke *vor unserer Abfahrt nach Amerika* abgeschickt. – 5. *Bei unserem Aufenthalt in Deutschland im Jahre 1948* haben wir noch sehr viele zerstörte Städte gesehen. – 6. *Auf dem Wege zu meinem Büro* kamen mir viele Leute entgegen. –

7. Ich bleibe *bis zur Abfahrt deines Zuges* bei dir. – 8. *Am Ende des Konzerts* applaudierten begeistert die Zuhörer. – 9. *Bei Eintritt der Dunkelheit* geht die Straßenbeleuchtung an. – 10. *Mit dem sechsten Lebensjahr* werden die Kinder schulpflichtig. – 11. *Bei meinem Amerikaaufenthalt im Jahre 1964* besuchte ich auch die Weltausstellung. – 12. Die Trägerrakete verglühte *bei Eintritt in die Erdatmosphäre.* – 13. *Während der Dauer des Sturmes* durfte kein Schiff den Hafen verlassen. – 14. *Bei jedem Wetterwechsel* bekommt der Kranke heftige Kopfschmerzen.

→ **71.1**

47

Der Attributsatz und seine Formen
(Grammatik E 37 f., 56, 62, 92)

47.1 Wenn ein Attribut ein eigenes Prädikat erhält, entsteht der Attributsatz. Je nach der Form, in der das Verb im Prädikat erscheint, unterscheidet man, wie bei den Gliedsätzen (vgl. 46.1), zwischen einem NEBENSATZ und einem INFINITIVSATZ.

47.2 Bei den als Attribut auftretenden Nebensätzen erscheinen folgende Verbindungsteile:

a) RELATIVPRONOMEN; sie lassen erkennen, auf welches Wort der Attributsatz bezogen werden soll und in welcher Funktion es vom Relativpronomen im Attributsatz vertreten wird.

> Frau Müller rief ihre Tochter, *die* gerade im Garten arbeitete, ins Haus.
> Wir haben den Bettler, *dem* wir neulich Geld gegeben hatten, nicht mehr wiedergesehen.

b) RELATIVADVERBIEN; sie zeigen lokale Verhältnisse an.

> Kennst du das Land, *wo* die Zitronen blühen?

c) KONJUNKTIONEN; sie verbinden den Attributsatz mit Nomen, die Begriffe nennen.

> Er hat die Hoffnung, *daß* sein Vater ihm verzeiht, schon lange aufgegeben.
> Die Frage, *ob* der Waffenstillstand eingehalten wird oder nicht, ist bisher noch nicht geklärt worden.

d) SOGENANNTE FRAGEPRONOMEN UND -ADVERBIEN; sie verbinden Attributsätze mit Nomen.

> Deine Ratschläge, *wie* wir dem Problem beikommen sollen, sind ungenügend.

Kurt konnte mir die Frage, *wann* seine Eltern wieder zurück-
kommen, nicht beantworten.

Bemerkung zu c und d: Notwendige Funktionskennzeichen werden mit dem
Adverb **da** als Träger verbunden.

Wir baten ihn um Information darüber, wann mit dem Eintreffen des
Ministers zu rechnen ist.

Infinitivsätze treten als Attributsätze auf, wenn sie kein eignes Satz-   **47.3**
subjekt besitzen.

Unsere Hoffnung, *nächsten Monat Urlaub zu bekommen,* hat sich
zerschlagen.
Wir waren der Überzeugung, *im Recht zu sein.*

Stellung der Attributsätze

Attributsätze stehen im allgemeinen als *letzter Teil eines Satzglieds.*   **47.4**

Wir haben *den Schutzmann, der dort an der Straßenkreuzung den
Verkehr regelt,* um Auskunft gebeten.
Ich habe *der Mutter des Mädchens, die mich vorhin angerufen hat,*
den Ball zurückgebracht.
Ich habe *der Mutter des Mädchens, das seinen Ball in unseren Gar-
ten geworfen hat,* den Ball zurückgebracht.
Deine Absicht, das Haus zu verkaufen, kann ich nicht billigen.

Wenn Attributsätze zum letzten Satzglied auf dem Satzfeld gehören,
stehen sie IM NACHFELD eines Satzes.

Wir haben *mit dem Mann* gesprochen, *der unser Haus kaufen will.*
Er hat schon *unseren Garten am Waldrand* gekauft, *den wir von den
Großeltern geerbt hatten.*
Wir haben *die Hoffnung* aufgegeben, *rechtzeitig nach Hause zu
kommen.*

Wenn jedoch das Relativpronomen nicht erkennen läßt, zu welchem Teil   **47.5**
eines Satzglieds der Relativsatz gehört, bleibt der Relativsatz im Satzfeld;
in diesem Fall ist der Relativsatz nicht dem Gliedkern, sondern einem
anderen Attribut zugeordnet.

Ich habe mit dem Vater *meines Freundes, der längere Zeit krank
war,* gesprochen.
Vgl.:
Ich habe *mit dem Vater* meines Freundes gesprochen, *der längere
Zeit krank war.*

189

47.6 Relativsätze mit dem Relativpronomen *wer* oder *was* stehen IM VORFELD des Satzes. Sie beziehen sich auf keine bestimmte Person oder Sache.

Wer lügt, der stiehlt.
Was ich nicht weiß, macht mich nicht heiß.
Wer sich nicht raten läßt, dem ist nicht zu helfen.

Bemerkung:
Wenn die Rolle in beiden Satzsystemen die gleiche Funktion innehat, verzichtet man im allgemeinen auf das Demonstrativpronomen.

Wer..., (der)...	Was..., (das)...
Wen..., (den)...	
Wem..., (dem)...	
Wer..., dem...	
Wem..., den... usw.	

Übung 1: *Bilden Sie aus den kursiv gedruckten Attributen Attributsätze, und fügen Sie dabei die in Klammern angegebenen Inhalte hinzu!*

1. Schliemann fand eine neue Methode *zur Erlernung einer Sprache.* (Diese Methode erleichtert das Lernen bedeutend.) – 2. Wenn ich ins Büro fahre, habe ich immer ein Buch *über moderne Architektur* dabei. (Das Buch gibt eine gute Einführung in dieses Sachgebiet.) – 3. Ich habe meiner Frau etwas *sehr Wertvolles* geschenkt. – 4. Die *von einem Uranmeiler erzeugte* Wärme genügt, um den Victoria-Strom um 1° Celsius zu erwärmen. (Die Uranmeiler befinden sich jenseits des Atlantischen Ozeans.) – 5. Der junge Mann führte uns zu dem Haus *in der Nähe des Sees.* (Das Haus sollte verkauft werden.) – 6. Die *hilflos daliegende* alte Frau mußte zwei Stunden warten, bis jemand kam und ihr half aufzustehen. (Die Frau ist nach dem Sturz auf der schneeglatten Straße liegen geblieben.) – 7. Die *vom Mond beschienenen* Berge bieten einen malerischen Anblick. (Der Mond bescheint in den sternenklaren Winternächten die Berge.) – 8. Wir schieden mit der Hoffnung *auf ein baldiges Wiedersehen.* (Wir wollten uns in unserer Heimat wiedersehen.)

Übung 2: *Erklären Sie so genau wie möglich die Inhalte folgender Wörter, Wortzusammensetzungen und Sinngruppen!*

1. Tierschutzverein; Naturschutzgebiet; Naturgesetz; – 2. Leihbibliothek; Jugendherberge; Fernverkehrsstraße; – 3. Botengang; Fremdsprachenunterricht; Betriebsferien; – 4. Leitbild der Jugend; goldene Hochzeit; Politik der Entspannung; – 5. Eintrittskarte; Lautsprechermusik; Zivilcourage.

Satzattribut

(Grammatik C 50, 93)

Eine besondere Art von Attributsätzen sind Nebensätze, die mit *was* **47.7**
oder *wo-* + Präposition eingeleitet werden. In ihnen werden Sachverhalte
beschrieben, die den vorher mitgeteilten Sachverhalt beiläufig erläutern
oder ergänzen. Diese Sätze sind im eigentlichen Sinne kein Funktionsteil
des vorhergehenden Satzes, sondern nur lose angefügt.

Mein Vater verbringt seinen Urlaub oft in den Bergen, *was seiner*
Gesundheit gut bekommt.
Der Mann handelte jahrelang mit Altmetallen, *wobei er sich ein*
Vermögen erwarb.
Das junge Mädchen heiratete einen armen Mann, *worüber sich ihre*
ganze Verwandtschaft mokierte.

Übung: *Fügen Sie den jeweils zweiten Satz als beiläufige Ergänzung der*
voraufgegangenen Mitteilung an!

1. Man hat aus dem hiesigen Zoo einen jungen Bären gestohlen. Alle Tier-
freunde unserer Stadt haben sich darüber empört. – 2. Einige Länder haben
noch viele veraltete Einreisebestimmungen. Das behindert natürlich den
internationalen Reiseverkehr sehr stark. – 3. Unsere Eltern haben in
ihrer Jugend auch Fehler gemacht. Sie werden natürlich nicht gern daran
erinnert. – 4. Einstein hat die Relativitätstheorie entwickelt. Die moderne
Physik ist dadurch entscheidend beeinflußt worden. – 5. Bei der letzten
Diskussion haben mich meine Gegner sehr angegriffen. Mich hat das aber
nicht im geringsten aus der Ruhe bringen können. – 6. Mein Freund hat
sein schönes Haus verkauft. Er hat das mir gegenüber nie zugegeben. –
7. Wir haben gestern den ganzen Tag im Regen im Garten gearbeitet. Wir
haben uns dabei eine sehr starke Erkältung zugezogen. – 8. Die freie
Meinungsäußerung gehört zu den fundamentalen Menschenrechten. In
der Verfassung eines jeden Landes sollte dieser Grundsatz ausdrücklich
festgelegt werden. → 72.1

Die Stellung in der Prädikatsgruppe beim Nebensatz

(Grammatik E 83 ff.)

48

In Gliedsätzen und in Attributsätzen steht DIE PERSONALFORM AM ENDE **48.1**
DER PRÄDIKATSGRUPPE, also hinter den infiniten Verbformen. Die INFINI-
TEN VERBFORMEN ordnen sich so ein, daß die syntaktisch übergeordnete

Form der ihr untergeordneten Form folgt. Die Negation *nicht* steht vor der ganzen Prädikatsgruppe.

> . . ., daß er morgen nicht *arbeitet.*
> . . ., daß er morgen nicht *arbeiten wird.*
> . . ., daß er morgen nicht *arbeiten muß.*
> . . ., daß er gestern nicht *gearbeitet hat.*
> . . ., daß er gestern nicht *zu arbeiten brauchte.*
> . . ., daß der Garten nicht *verkauft wird.*
> . . ., daß der Garten nicht *verkauft worden ist.*
> . . ., daß der Garten nicht *verkauft werden wird.*
> . . ., daß der Garten nicht *verkauft werden soll.*
> . . ., daß der Garten nicht *verkauft zu werden braucht.*

48.2 Wenn zwei oder mehr Infinitivformen im Prädikat zusammenstehen, steht die Personalform VOR DEN INFINITIVEN. Die Negation *nicht* steht vor der ganzen Prädikatsgruppe.

> . . ., daß er gestern nicht *hat arbeiten müssen.*
> . . ., daß er morgen nicht *wird arbeiten müssen.*
> . . ., daß er gestern nicht *hat zu arbeiten brauchen.*

48.3 Steht bei dem Prädikat noch eine Prädikatsergänzung, bildet es mit diesem zusammen EINE SYNTAKTISCHE GRUPPE. Bei Zusammentreffen von zwei Infinitiven (vgl. 48.2) steht die Personalform vor der ganzen syntaktischen Gruppe, also auch vor der Prädikatsergänzung. Die Negation *nicht* steht vor der Prädikatsergänzung (vgl. 18.4).

> . . ., daß er nicht *die Flucht ergreift.*
> . . ., daß er nicht *die Flucht ergreifen wird.*
> . . ., daß er nicht *die Flucht ergreifen will.*
> . . ., daß er nicht *die Flucht ergriffen hat.*
> . . ., daß er nicht *die Flucht zu ergreifen braucht.*
> . . ., daß er nicht *wird die Flucht ergreifen wollen.*
> . . ., daß er nicht *hat die Flucht ergreifen wollen.*
> . . ., daß er nicht *hat die Flucht zu ergreifen brauchen.*

48.4 Wenn Verben im Prädikat stehen, die sich mit anderen Verben im Infinitiv zusammentun, wie z. B. gehen, haben, lernen, sehen usw., haben die beigefügten Verben die gleiche Stellung wie die Prädikatsergänzungen (vgl. 48.3).

> . . ., daß er nicht *schwimmen gehen wird.*
> . . ., daß er nicht *hat tanzen lernen wollen.*
> . . ., daß er nicht *hat einkaufen zu gehen brauchen.*

Übung: *Bilden Sie mit den Gliedsätzen die in Klammern angegebene Zeitform! Oder benutzen Sie das angegebene Modalverb!*

1. Die Frau sagte, daß sie die Betten machen will. (Perf.) – 2. Ich habe gehört, daß sonntags in den Fabriken nicht gearbeitet wird. (Perf.) – 3. Ich lese gerade in der Zeitung, daß morgen der verstorbene Bürgermeister zu Grabe getragen wird. (sollen) – 4. Wir haben gesehen, wie der Autofahrer die Kinder in Gefahr brachte. (Perf.) – 5. Der Schüler sagte, daß er noch seine neuen Wörter lernen muß. (Perf.) – 6. In der Zeitung steht, daß gestern das Konzert nicht stattfinden konnte. (Perf.) – 7. Kurt sagte mir, daß er morgen nach Hamburg fahren muß. (Fut.) – 8. Ich weiß, daß du damals mit mir nicht spazierengegangen bist. (wollen) – 9. Man hat mir mitgeteilt, daß ich morgen einen Vortrag halten muß. (Fut.) – 10. Es steht in den Prüfungsbestimmungen, daß die Schüler von einer Kommission geprüft werden. (müssen) – 11. Es ist nicht sicher, ob du in deinem Alter schon Auto fahren lernen darfst. (Fut.) – 12. Der Mann behauptet, daß ihm die Uhr gestohlen wurde. (Perf.)

Die Inhalte der Gliedsätze II
(Grammatik D 118 ff., 127 ff.)

1. In Gliedsätzen werden Sachverhalte beschrieben, die vom Sprecher als GRUND ODER URSACHE für den mitgeteilten Sachverhalt angesehen werden. Diese Gliedsätze sind syntaktisch als KAUSALANGABEN zu verstehen. **48.5**

Die folgenden Konjunktionen kennzeichnen die verschiedenartigen Gründe oder Ursachen, die zu dem mitgeteilten Sachverhalt führen oder geführt haben:

a) **Der wirkliche Grund:**

weil, da: Der im Gliedsatz beschriebene Sachverhalt war bestimmend für das Zustandekommen des mitgeteilten Sachverhalts. Der Gliedsatz beschreibt den WIRKLICHEN oder den LOGISCHEN GRUND, die URSACHE oder das MOTIV.

Gehört die Beschreibung des Grundes zur INFORMATION, gebraucht man **weil.**

> Unser Zug ist mit Verspätung in Innsbruck angekommen, *weil die Strecke durch die starken Schneefälle in der letzten Nacht zeitweilig blockiert war.*

Ist der im Gliedsatz beschriebene Sachverhalt ALLGEMEIN BEKANNT, gebraucht man die Konjunktion **da.** Der bekannte Sachverhalt wird als Grund für den mitgeteilten Sachverhalt herausgestellt.

Da der Sommer im letzten Jahr so verregnet war, sind die Ernteerträge erheblich zurückgegangen.

b) **Der mögliche Grund:**

48.6 **wenn, falls, im Falle daß, vorausgesetzt daß:** Der im Gliedsatz beschriebene Sachverhalt ist die VORAUSSETZUNG für das Zustandekommen des mitgeteilten Sachverhalts.

Wenn Sie Zeit haben, können wir zusammen ins Theater gehen.

Ich gehe jetzt nach Hause, *falls Sie nichts dagegen haben.*

Die Kinder wollen am Sonntag zum Baden fahren, *vorausgesetzt, daß die Eltern es ihnen erlauben.*

Die Konjunktion entfällt, wenn der Gliedsatz mit der Personalform beginnt.

Fahre ich morgen fort, gebe ich Ihnen vorher telefonisch Nachricht.

Wird der vorausgesetzte Sachverhalt nicht erwartet, sondern nur für möglich gehalten, gebraucht man den Konjunktiv II.

Wenn wir jetzt zu Hause wären, lägen wir schon lange im Bett.

Sollte ich wider Erwarten nicht zu euch kommen können, telegrafiere ich euch.

c) **Der ausschlaggebende Grund:**

zumal: Der im Gliedsatz beschriebene Sachverhalt ist nicht allein der Grund, aber er ist ausschlaggebend für das Zustandekommen des mitgeteilten Sachverhalts.

Wir fahren im Sommer gern nach Österreich, *zumal dort alles billiger ist als bei uns.*

48.7 d) **Der mitwirkende Grund:**

insofern als: Der im Gliedsatz beschriebene Sachverhalt dient dem Verständnis für den mitgeteilten Sachverhalt.

Sie haben *insofern* meine Arbeit unterstützt, *als Sie ein gutes Wort bei meinem Chef eingelegt haben.*

e) **Der unzureichende Grund:**

obwohl, obgleich, obschon: Der im Gliedsatz beschriebene Sachverhalt ist nicht wirksam genug oder nicht geeignet, den mitgeteilten Sachverhalt zu beeinflussen.

Obwohl Richard mehrere Monate in Deutschland war, kann er noch
immer nicht fließend Deutsch sprechen.
Ich habe das Zimmer gemietet, *obwohl die Miete sehr hoch ist.*

wenn auch: Der im Gliedsatz beschriebene Sachverhalt kann eintreten,
hat aber keinen Einfluß auf den mitgeteilten Sachverhalt.

Wenn der Zug auch mit Verspätung in Frankfurt einträfe, wir kommen immer noch rechtzeitig zu der Konferenz.

2. Werden die Sachverhalte, die als Gründe für das Zustandekommen **48.8**
der mitgeteilten Sachverhalte angesehen werden, nicht beschrieben,
sondern nur BEZEICHNET, stehen sie als einfache Satzglieder. Präpositionen treten an die Stelle der Konjunktionen.

a) **Der wirkliche Grund:**

wegen anstelle von *weil* und *da*

> *Wegen der schlechten Witterungsverhältnisse im letzten Sommer*
> sind die Ernteerträge erheblich niedriger als im Vorjahr.

b) **Der mögliche Grund:**

bei anstelle von *wenn, falls*

> *Bei einem guten Prüfungsergebnis* bekommt Peter von seinem Vater
> ein Geldgeschenk.
> *Bei sofortiger Bezahlung* erhalten Sie 3 % Skonto.

c) **Der ausschlaggebende Grund:**

vor allem wegen anstelle von *zumal*

> Viele Touristen fahren im Sommer *vor allem wegen der günstigeren*
> *Wetterverhältnisse* nach Italien, Südfrankreich und Spanien.
> Hans will *vor allem wegen der späteren Pensionsberechtigung* lieber
> Beamter werden.

d) **Der mitwirkende Grund:**

mit anstelle von *insofern als*

> *Mit Ihrer freundlichen Empfehlung* habe ich die Stelle bei der Firma
> bekommen.

e) **Der unzureichende Grund:**

trotz anstelle von *obwohl, obgleich, obschon*

> Der Mann kann *trotz seines langen Aufenthalts in Deutschland* noch
> nicht fließend Deutsch sprechen.
> Ich habe das Zimmer *trotz der hohen Miete* genommen.

Übung: *Formen Sie die Satzglieder in Gliedsätze um!*

1. Der neue Werkstoff war *wegen seiner Unzuverlässigkeit* für die Industrie nicht verwertbar. – 2. Ich fahre *wegen des starken Verkehrs auf den Straßen* nur ungern mit dem Auto. – 3. Das Geschäft war *wegen eines Todesfalles in der Familie des Inhabers* mehrere Tage geschlossen. – 4. Wir werden unseren Plan *vor allem wegen des freundlichen Verständnisses der verantwortlichen Herren bei den Behörden* bald verwirklichen können. – 5. *Bei genauer Untersuchung des Projektes* erkennt man noch einige Mängel. – 6. *Trotz der großen Trockenheit im letzten Sommer* waren die Bauern mit ihrer Ernte zufrieden. – 7. *Mit Ihrer Hilfe* werden wir mit unserer Arbeit Erfolg haben. – 8. *Bei sofortiger Operation* kann dem Kranken noch geholfen werden. – 9. *Trotz des Verlustes seines gesamten Vermögens* blieb er ein glücklicher und zufriedener Mensch. – 10. Der alte Mann wurde *vor allem wegen seiner Hilfsbereitschaft* geliebt. – 11. *Bei der ungünstigen geographischen Lage des Landes* mußte seine Wirtschaft mit der Zeit immer mehr zurückgehen. – 12. Der Minister wollte *aus gesundheitlichen Gründen* zurücktreten.

→ 73.1

49

Die Inhalte der Gliedsätze III
(Grammatik D 118 ff., 127 ff.)

49.1 1. In Gliedsätzen werden Sachverhalte beschrieben, die DER ZWECK oder DIE FOLGE des im Hauptsatz mitgeteilten Sachverhalts sind.

a) Der Zweck:

damit (Wortton auf der zweiten Silbe!), **um – zu:** Der im Gliedsatz beschriebene Sachverhalt ist der Zweck des mitgeteilten Sachverhalts.

Mein Vater hat mir das Geld geschickt, *damit ich mir einen neuen Anzug kaufen kann.*
Ich bin hierher gekommen, *um Deutsch zu lernen.*

Wenn in beiden Sachverhalten die gleiche Rolle Subjekt ist, bildet man statt des Nebensatzes einen Infinitivsatz mit der Präposition *um.*

b) Die Folge:

(so) daß, weshalb, weswegen: Der im Gliedsatz beschriebene Sachverhalt ist die Folge des mitgeteilten Sachverhalts.

Im Kinderzimmer war ein Krach, *daß man nicht mal sein eigenes Wort verstand.*

Als wir mit dem Zug ankamen, war die letzte Straßenbahn schon abgefahren, *so daß wir mit einem Taxi nach Hause fahren mußten.*

c) Die ausbleibende Folge:

49.2

ohne daß, ohne – zu: Der im Gliedsatz beschriebene Sachverhalt tritt nicht, wie erwartet oder befürchtet, als Folge des mitgeteilten Sachverhalts ein. Die Personalform steht im Konjunktiv II.

Wenn in beiden Sachverhalten die gleiche Rolle Subjekt ist, bildet man einen Infinitivsatz, der mit der Präposition *ohne* eingeleitet wird.

Der Bauer hat seinen Hof verkauft, *ohne daß er einen Gewinn gehabt hätte.*

Der Bergsteiger ist vom Felsen gestürzt, *ohne sich ernsthaft zu verletzen.*

als daß: Der im Gliedsatz beschriebene Sachverhalt kann unmöglich als Folge des mitgeteilten Sachverhalts eintreten.

Der Kraftfahrer fährt zu vorsichtig, *als daß ein Unglück geschehen könnte.*

Es ist zu spät, *als daß ich den Zug noch erreichen könnte.*

Werden die Sachverhalte, die als Zweck oder Folge betrachtet werden, nicht beschrieben, sondern nur bezeichnet, stehen sie als einfache Satzglieder. Präpositionen treten an die Stelle von Konjunktionen.

49.3

a) Der Zweck:

zu anstelle von *damit* oder *um – zu*

Hans ist *zur Erholung* an die See gefahren.

Die Industrie stellte *zur Förderung der Wissenschaften* erhebliche Geldmittel zur Verfügung.

b) Die Folge:

mit anstelle von *(so) daß*

Ich habe mich *mit Erfolg* um die neue Stelle beworben.

c) Die ausbleibende Folge:

ohne:

Der Kaufmann hat seine Ware *ohne Verlust* schnell verkauft.

Übung 1: *Formen Sie die Satzglieder in Gliedsätze um!*

1. Das Zimmermädchen kam *zum Bettenmachen* ins Zimmer. – 2. *Infolge des plötzlichen Todes seines Vaters* mußte Karl sein Medizinstudium abbrechen. – 3. Ich nahm *zur besseren Beobachtung des Wildes* mein Fernglas mit auf die Jagd. – 4. Wir haben uns mit dem Ausländer *ohne große Schwierigkeiten* verständigen können. – 5. Wir wollen *für euer Wohlergehen* alles tun. – 6. Die junge Dame benutzte *zur Verbesserung ihres Aussehens* ein teures Make-up. – 7. Der Mann arbeitet *für das Wohl seiner Familie.* – 8. Die Leute gehen alle *zum Fußballspiel* auf den Sportplatz. – 9. Wir benutzen *zur Verbesserung unserer Aussprache* ein Tonbandgerät. – 10. Herr Müller fährt *zur Erholung* an die See.

Übung 2: *Fügen Sie den jeweils zweiten Satz als Gliedsatz in den voraufgehenden Satz ein!*

1. Der Schwimmer schwamm mit aller Kraft durch die Strömung. Er wollte so schnell wie möglich das andere Ufer erreichen. – 2. In unserer Gegend ist über Nacht sehr viel Schnee gefallen. Der Verkehr auf den Straßen ist heute infolgedessen sehr stark behindert. – 3. Die Landstraßen sind zu stark vereist. Man kann nicht ohne Gefahr auf ihnen fahren. – 4. In der Stadt fiel plötzlich der elektrische Strom aus. Es entstand infolgedessen auf den Straßen und in den Geschäftshäusern ein wahres Chaos. – 5. Richard Robertson ist nach Deutschland gekommen. Er will dort vor allem Deutsch lernen. – 6. Das Haus ist zu teuer. Ich kann es nicht kaufen. – 7. An der Straßenkreuzung stoppte der Schutzmann den Verkehr. Er wollte die Wagenkolonne mit dem Ministerpräsidenten ungehindert passieren lassen. – 8. Vor dem Abbiegen in eine Seitenstraße muß der Autofahrer seinen Blinker in Tätigkeit setzen. Die nachfolgenden Wagen sollen die Absicht des Fahrers, nach rechts oder links einzubiegen, erkennen können. – 9. Der Wagen hinter uns fährt zu langsam. Er kann uns nicht überholen. – 10. Ich muß mich beeilen. Ich will den letzten Zug noch erreichen.

49.4 2. In Gliedsätzen werden Sachverhalte beschrieben, mit denen der mitgeteilte Sachverhalt VERGLICHEN wird.

a) Der einfache Vergleich:

wie: Der mitgeteilte Sachverhalt wird mit dem im Gliedsatz beschriebenen Sachverhalt verglichen.

Der Lehrling arbeitet, *wie er es von seinem Meister gelernt hat.*
Der Sohn führte das Geschäft weiter, *wie sein Vater es getan hatte.*

b) **Der angenommene Vergleich:**

als ob, als wenn: Der mitgeteilte Sachverhalt wird mit einem angenommenen Sachverhalt verglichen, der im Widerspruch zu den Tatsachen steht. Die Personalform im Gliedsatz steht im Konjunktiv II.

> Du fährst mit dem Auto, *als ob du ein Taxifahrer wärst.*
> Der Mann stürzte zu Boden, *als wäre er vom Blitz getroffen.*

wie wenn: Der mitgeteilte Sachverhalt wird mit einem angenommenen Sachverhalt verglichen, welcher der Situation entspricht.

> Der Polizist lief hinter dem Dieb her, *wie wenn ein Hund einen Hasen jagt.*

3. In Gliedsätzen beschriebene Sachverhalte stehen IM GEGENSATZ zu dem mitgeteilten Sachverhalt.   **49.5**

a) **Der nicht erwartete oder nicht erwünschte Gegensatz:**

während, wohingegen: Der im Gliedsatz beschriebene Sachverhalt steht in einem nicht erwarteten oder nicht erwünschten Gegensatz zu dem mitgeteilten Sachverhalt.

> Du sitzt hier und liest, *während ich draußen im Garten arbeiten muß.*
> Peter bleibt eine Woche an der See, *wohingegen ich nur zwei Tage dort bleiben kann.*

b) **Der erwartete oder erwünschte Gegensatz:**

statt daß, (an)statt: Der mitgeteilte Sachverhalt entspricht nicht dem im Gliedsatz beschriebenen erwarteten oder erwünschten Sachverhalt.

> *Statt daß du in die Schule gehst,* sitzt du den ganzen Tag zu Haus und tust nichts.
> Peter sitzt immer vor dem Fernsehapparat, *statt auch einmal ein gutes Buch zu lesen.*

Wenn in beiden Sachverhalten die gleiche Rolle Subjekt ist, kann man auch einen mit *statt* oder *anstatt* eingeleiteten Infinitivsatz gebrauchen.

4. In Gliedsätzen werden Sachverhalte beschrieben, die ZU DEM MIT-   **49.6**
GETEILTEN SACHVERHALT FÜHREN oder geführt haben.

a) **Das Mittel, der Weg, die Methode, der Begleitumstand:**

indem, dadurch daß: Der im Gliedsatz beschriebene Sachverhalt ist der Weg, das Mittel, die Methode, mit denen man den mitgeteilten Sachverhalt erreicht. Er kann auch der Umstand sein, der den mitgeteilten Sachverhalt begleitet.

> Sie können den Motor in Gang setzen, *indem Sie hier auf den Knopf drücken.*

> Du kannst gut Klavier spielen lernen, *dadurch daß du regelmäßig übst.*

> Der Einbrecher floh aus dem Haus, *indem er durch das Fenster sprang.*

b) Das nicht genutzte Mittel usw. oder der nicht vorhandene Begleit-umstand:

ohne, ohne daß: Der mitgeteilte Sachverhalt ist nicht durch den im Gliedsatz beschriebenen Sachverhalt erreicht worden. Er wurde auch nicht von dem im Gliedsatz beschriebenen Sachverhalt begleitet.
Wenn in beiden Sachverhalten die gleiche Rolle Subjekt ist, gebraucht man einen Infinitivsatz.

> Du kannst auch zum Ziele kommen, *ohne daß ich dich unterstütze.*

> Der Junge ist ins Zimmer gekommen, *ohne seine Mütze abzunehmen.*

> Bitte einzutreten, *ohne anzuklopfen.*

49.7 Werden die Sachverhalte nicht beschrieben, sondern nur bezeichnet, stehen sie als einfache Satzglieder. Präpositionen treten an die Stelle der Konjunktionen. Zum Ausdruck von Vergleichen gebraucht man jedoch auch die Konjunktion ‚wie'.

a) Der einfache Vergleich:
wie:

> Du sprichst *wie dein Vater.*

b) Der angenommene Vergleich:
wie anstelle von *als ob, als wenn, wie wenn:*

> Das Mädchen auf der Straße geht *wie ein Mannequin auf dem Laufsteg.*

c) Das Mittel, der Weg, die Methode:
durch anstelle *von indem, dadurch daß:*

> Der Gefangene entfloh *durch einen Sprung aus dem Fenster.*

Übung 1: *Formen Sie die Satzglieder in Gliedsätze um!*

1. Der Ausländer spricht Deutsch *wie ein Deutscher.* – 2. Man soll niemals *ohne gründliche Vorbereitung* in eine Prüfung gehen. – 3. Der Boxer besiegte seinen Gegner *durch k.o.* – 4. Der Detektiv benahm sich in der Gesellschaft *wie einer der Gäste.* – 5. Sie können den Wagen nur *durch Betätigen der Fußbremse* zum Halten bringen. – 6. Sie können auch *ohne vorherige telefonische Benachrichtigung* zu uns kommen. – 7. Ein Sportler kann nur *durch tägliches hartes Training* auf der Höhe seiner Leistungen bleiben. – 8. Der Pilot flog nachts mit seiner Maschine *ohne Rücksicht auf die schlafenden Bewohner* dicht über die Dächer der Stadt.

Übung 2: *Fügen Sie den jeweils zweiten Satz als Gliedsatz in den voraufgehenden Satz ein! Achten Sie auf die Inhalte der Sätze!*

1. Die Wetterlage änderte sich gestern. Die Meteorologen haben es so auch in ihrer Wettervorhersage angekündigt. – 2. Der junge Mann besprach seine Probleme nur mit seinen Freunden. Er holte sich nie den Rat seiner Eltern ein. – 3. Mein Begleiter durfte sich setzen. Ich dagegen mußte stehen bleiben. – 4. Der Junge in der Straßenbahn blieb auf seinem Platz sitzen. Er bot ihn der alten Frau nicht an. – 5. Der Baumeister führt das Bauvorhaben durch. Der Architekt hatte es in dieser Weise in seinen Plänen vorgeschrieben. – 6. Die Fabriken arbeiten sonntags nicht. Die Bahn und die Post dagegen müssen auch an Sonn- und Feiertagen in Betrieb sein.

5. In Gliedsätzen werden Sachverhalte beschrieben, die DEN GRAD oder DAS AUSMASS des mitgeteilten Sachverhalts erläutern.   **49.8**

a) **Der Grad, das Ausmaß:**

so ... daß: Der mitgeteilte Sachverhalt ist von Umständen begleitet, die den im Gliedsatz beschriebenen Sachverhalt fördern, hindern oder unmöglich machen.

> Der Junge war so unfreundlich zu mir, *daß ich nichts mehr mit ihm zu tun haben will.*
> Du mußt so arbeiten, *daß du rechtzeitig fertig wirst.*

soweit, soviel: Der im Gliedsatz beschriebene Sachverhalt nennt das Ausmaß der Umstände, die zum Zustandekommen des mitgeteilten Sachverhalts beitragen.

> Ich werde dir helfen, *soweit es meine Zeit erlaubt.*
> Peter arbeitet, *soviel er will.*

b) **Das gleiche Ausmaß:**

je ... desto (je ... um so), je nachdem: Der im Gliedsatz beschriebene Sachverhalt bestimmt das Ausmaß des mitgeteilten Sachverhalts.

Je länger du in Deutschland bleibst, desto besser wirst du Deutsch sprechen lernen.

Mein Vater schickt mir Geld, *je nachdem ich es nötig habe.*

c) **Das ungleiche Ausmaß:**

als: Das Ausmaß des mitgeteilten Sachverhalts steht nicht im gleichen Verhältnis zu dem im Gliedsatz beschriebenen Sachverhalt.

Wir mußten *länger* warten, *als wir es erwartet hatten.*

Der Junge ist *klüger, als wir es gedacht hatten.*

Übung 1: *Formen Sie die Satzglieder in Gliedsätze um!*

1. Heinz hat *meines Wissens* sein Examen bestanden. – 2. Der Minister hat *nach den neuesten Zeitungsberichten* seinen Rücktritt angeboten. – 3. *Nach den Worten des Redners* will die künftige Regierung durchgreifende Reformen einleiten. – 4. *Unserer Ansicht nach* hat die Regierung schon zu lange mit den Verhandlungen gewartet, als daß sie noch erfolgreich sein könnten. – 5. *Nach unseren neuesten Informationen* sind die Waffenstillstandsverhandlungen zu einem erfolgreichen Abschluß gekommen. – 6. *Den letzten Zeitungsnachrichten zufolge* sind die Kämpfe auf dem Kriegsschauplatz eingestellt worden. – 7. *Laut dpa (Deutsche Presse-Agentur)* soll eine Ministerpräsidentenkonferenz einberufen werden. – 8. *Nach Meinung seines Lehrers* sollte Fritz Journalistik studieren.

Übung 2: *Fügen Sie den Inhalt des zweiten Satzes als Gliedsatz in den vorhergehenden Satz ein! Beachten Sie, daß auch an dem ersten Satz etwas geändert werden muß!*

1. Die Frau war sehr aufgeregt. Sie konnte kein Wort über ihre Lippen bringen. – 2. Wir waren mit dem Hotel sehr zufrieden. Wir hätten dort gerne länger bleiben mögen. – 3. Wir haben aber auf der Reise viel Geld ausgegeben. Wir hatten vorher nicht so viel für die Reise vorgesehen. – 4. Ich mußte sehr viel für das Hotelzimmer bezahlen. Ich hatte nicht mit einem so hohen Zimmerpreis gerechnet. – 5. Das Wetter war schlecht. Die Meteorologen hatten es nicht so schlecht vorhergesagt.

→ **74.1**

Das Perfekt von ‚lassen‘

Wenn das Verb **lassen** allein im Prädikat steht, bildet es das Perfekt mit dem Partizip II wie alle übrigen Verben.

> Warum hast du mich allein *gelassen?*
> Mein Vater hat mich nicht *fortgelassen.*

Steht das Verb ‚lassen‘ mit anderen Verben zusammen im Prädikat, wird das Perfekt nicht mit dem Partizip, sondern mit dem Infinitiv gebildet.

> Der Direktor hat den Schüler kommen *lassen.*
> Der Wind hat die Wäsche schnell trocknen *lassen.*
> Die Ware hat sich wirklich gut verkaufen *lassen.*

Dagegen steht das Partizip II, wenn *lassen* im Sinne von *belassen, übriglassen* gebraucht wird und ein Grund oder eine Absicht erkennbar sein soll. Dieser Gebrauch ist mit Sicherheit nur bei Kenntnis der Sprachsituation und des Sprechzusammenhangs zu erkennen, wenn nicht im Satz selbst ein Hinweis für den Grund oder die Absicht festzustellen ist.

> Ich habe mein ganzes Geld von der Bank geholt und nur fünf Mark auf meinem Konto stehen *gelassen* (, damit das Konto erhalten bleibt).
> Wir haben für dich das Licht im Korridor brennen *gelassen* (, damit du im Dunkeln den Lichtschalter nicht zu suchen brauchst).

Bemerkung:
Im allgemeinen Sprachgebrauch verwendet man auch hier beim Perfekt den Infinitiv, weil die formalen Möglichkeiten, die das Deutsche bietet, nicht immer voll ausgenutzt werden.

Übung: *Bilden Sie mit den folgenden Sätzen das Perfekt! Die in Klammern stehenden Sätze dienen nur als Hinweis auf die Sprechsituation.*

1. Ich ließ den Motor laufen. (Weil ich sofort wieder weiterfahren wollte.) – 2. Der Gast ließ dort das Geld für den Kellner liegen. – 3. Der Angler ließ den kleinen Fisch leben. (Weil er ihm leid tat.) – 4. Ich ließ das Feuer im Ofen euretwegen brennen. – 5. Der Polizist ließ seinen Hund laufen. (Damit er den fliehenden Verbrecher fassen sollte.) – 6. Die Regierung ließ den Reformplan fallen. (Weil er undurchführbar war.) – 7. Der junge Mann heiratete das Mädchen nicht, sondern ließ es sitzen. – 8. Der Lehrer wischte die Tafel ab, ließ aber den Beispielsatz stehen. (Damit wir ihn abschreiben sollen.) – 9. Läßt du mir hier die Äpfel liegen? – 10. Wir

ließen den Vögeln einige Früchte am Baum hängen. – 11. Der alte Mann rasierte seinen Vollbart ab, er ließ lediglich seinen Schnurrbart stehen. – 12. Der Junge ärgerte das Kind dauernd. Er ließ es nicht gehen (= in Ruhe).

50.3 Das Perfekt von ‚lassen' in Gliedsätzen

> 1. . . ., daß er es hat fallenlassen
> 2. . . ., daß er es fallen gelassen hat

Auch in Gliedsätzen wirkt sich der unterschiedliche Gebrauch der Perfekt-bildung aus. Im allgemeinen wird das Perfekt von *lassen* in Gliedsätzen nach dem Beispiel 1 gebildet. In den unter Ziff. **50.2** genannten Fällen erfolgt die Perfektbildung nach dem Beispiel 2.

> Ich habe erfahren, daß der Direktor den Schüler *hat zu sich kommen lassen.*
>
> Ich habe gelesen, daß die Regierung den Reformplan *fallen gelassen hat.*

Übung: *Bilden Sie mit den folgenden Gliedsätzen das Perfekt!*

1. Es wurde festgestellt, daß sich das neue Material nicht kleben ließ. – 2. Der Kranke sagte mir, daß er sich eine andere Medizin verschreiben ließ. – 3. Habt ihr bemerkt, daß sich Peter einen neuen Anzug machen ließ? – 4. Ich vermute, daß Sie sich mit einem Taxi zum Hotel bringen ließen. – 5. Hans erzählte mir, daß er sich von seinen Eltern einen Radio-apparat schenken ließ. – 6. Der Minister ist zurückgetreten, weil die Re-gierung den Reformplan fallen ließ. – 7. Ich habe euch gesagt, daß ich die Tür euretwegen offenstehen ließ. – 8. Der Junge sagte, daß er den Vogel wieder fliegen ließ, weil er in Gefangenschaft nur sterben würde. – 9. Habt ihr gesehen, daß uns der Vater das Geld auf dem Tisch liegen ließ. – 10. Sagt mir, warum ihr mir den Schlüssel nicht im Schloß stecken ließet.

50.4 Das Passiv von ‚lassen'

Beim Passiv steht in allen vorher beschriebenen Fällen das Partizip II von *lassen.*

> Die Koffer wurden hier von den Reisenden stehen *gelassen.*
> Das Radio wurde die ganze Nacht laufen *gelassen.*

Übung: *Ändern Sie bei den folgenden Sätzen die Mitteilungsperspektive, indem Sie das Passiv bilden!*

1. Der Junge ließ den armen Vogel wieder fliegen. – 2. Man ließ die Äpfel am Baum hängen. – 3. Der ungetreue junge Mann hat das Mädchen sitzen gelassen. – 4. Der Autofahrer hat den defekten Wagen am Straßenrand stehen gelassen. – 5. Der Polizist hat den Gefangenen laufen lassen. – 6. Die Gäste haben das angebrannte Essen stehen lassen. – 7. Man ließ das Licht die ganze Nacht über brennen. – 8. Wir haben unsere Reisepläne wieder fallengelassen.

Reflexivpronomen und Personalpronomen   50.5
(Grammatik B 91, C 2 ff., 12 ff.)

Im Deutschen gibt es NUR EIN Reflexivpronomen; dieses wird FÜR DIE 3. PERSON gebraucht, und zwar dort, wo ein Akkusativ oder ein Dativ eingesetzt werden muß. Das Reflexivpronomen heißt *sich*. Es ist unveränderlich. Für alle übrigen grammatischen Personen werden Personalpronomen eingesetzt. Zum Ausdruck des Genitivs, für den es weder Reflexivpronomen noch Personalpronomen gibt, treten ersatzweise die Genitivformen der Possessivpronomen ein (meiner, deiner, seiner, ihrer), für die 1. und 2. Person Plural die Grundform der Possessivpronomen (unser, euer).

Akk.	Ich beeile *mich*.	Er beeilt *sich*.
Dat.	Ich kaufe *mir* Zigaretten.	Er kauft *sich* Zigaretten.
Gen.	Du spottest *deiner*.	Er spottet *seiner*.
Präp.	Du denkst nur an *dich*.	Er denkt nur an *sich*.

Der Bezug des Reflexivums   50.6

Das Reflexivum kann sich auf folgende Funktionen beziehen:
auf das **Subjekt:**

> *Ich* habe *mich* über dein Verhalten geärgert.
> *Er* hat *sich* über dein Verhalten geärgert.
> *Ich* war außer *mir* vor Wut.
> *Er* war außer *sich* vor Wut.
> *Du* denkst immer nur an *dich*.
> *Er* denkt immer nur an *sich*.

auf das **Objekt:**

> Wenn du meinen Ratschlägen nicht folgen willst, werde ich *dich* in
> Zukunft *dir* selbst überlassen.
> Ich überlasse *ihn sich* selbst.
> Ich rate *dir, dich* zu beeilen.
> Ich riet *ihm, sich* zu beeilen.

Übung: *Müssen Sie das Reflexivpronomen oder Personalpronomen ein-
setzen? Achten Sie auf den richtigen Bezug!*

1. Die Politiker konnten . . . . . nicht über die strittigen Fragen einigen. –
2. Herr Breuer hat in der Firma die Personalabteilung unter . . . . . –
3. Mein Vater riet mir, ... schnell zu entscheiden. – 4. Was hat . . . . .
neulich bei euch ereignet? – 5. Wir haben . . . . . über dich geärgert. – 6. Der
Mann befand . . . . . auf der Flucht vor der Polizei. – 7. Ich hörte die Frau
hinter . . . . . herkommen. – 8. Bei dir handelt es . . . . . nur um eine harm-
lose Krankheit. – 9. Der Bahnwärter sah den Zug . . . . . nähern. – 10. Ich
setze . . . . . neben dich. – 11. Mach . . . . . nicht so wichtig! – 12. Die Natur
erneuert . . . . . ständig. – 13. Unsere Unterhaltung wendete . . . . . anderen
Dingen zu. – 14. Die alte Frau lebt in Harmonie mit . . . . . – 15. Ich hörte
jemanden zu . . . . . kommen. – 16. Der Arzt sah den Ohnmächtigen zu
. . . . . kommen. – 17. Können Sie . . . . . die Schwierigkeiten ausmalen, die
. . . . . uns entgegenstellen werden? – 18. Wir begaben . . . . . zum Doktor.
– 19. Man fährt in Urlaub, um . . . . . zu erholen. – 20. Ich habe . . . . . das
Rauchen noch nicht abgewöhnt. – 21. Plötzlich erhob . . . . . ein Sturm, der
. . . . . aber schon nach kurzer Zeit wieder legte.

50.7   Die Gegenseitigkeit

(Grammatik C 20)

Das Reflexivpronomen und die Personalpronomen werden auch gebraucht,
wenn ein Geschehen beschrieben werden soll, das die im Subjekt genannten Personen gegenseitig tun. Zur Verdeutlichung der gegenseitigen
Handlung kann das Pronomen durch *gegenseitig* ergänzt oder statt des
Pronomens das Adverb *einander* eingesetzt werden.

> Die Kinder bewerfen *sich gegenseitig* mit Schneebällen.
> Die Kinder bewerfen *einander* mit Schneebällen.

Übung: *Finden Sie die Sätze heraus, die eine gegenseitige Handlung beschreiben, und setzen Sie dann die Adverbien „gegenseitig" und „einander" ein!*

Beachten Sie, daß manche Sätze sowohl eine einseitige als auch eine gegenseitige Handlung beschreiben können!

1. Die Leute helfen sich bei der Arbeit. – 2. Die Streitenden haben sich geeinigt. – 3. Die Besucher tragen sich ins Gästebuch ein. – 4. Die Gefangenen befreiten sich von den Fesseln. – 5. Die Wanderer ließen sich zur Rast am Waldrand nieder. – 6. Die Soldaten lösen sich mit der Wache ab. – 7. Wir kennen uns nur vom Sehen. – 8. Die Freunde begegneten sich auf der Straße. – 9. Die Politiker entschlossen sich endlich, sich um das Wohl des Volkes und nicht nur um die Interessen ihrer Partei zu bemühen. – 10. Die Wissenschaftler befassen sich jetzt mit neuen Forschungsaufgaben.

Der Dativ 50.8

(Grammatik D 16 ff., 26)

Der Dativ hat wie alle anderen Funktionskennzeichen mehrere Aufgaben im Satz. Er wirkt in verschiedenen formalen und inhaltlichen Aufgaben mit und kennzeichnet daher auch vollkommen verschiedenartige Funktionen.

1. Als PRÄPOSITIONSKASUS erfüllt er eine rein formale Aufgabe,
   mit dein*em* Freund, nach *dem* Essen

2. Als POSITIONSKASUS drückt er nach bestimmten Präpositionen lokale Beziehungen aus.
   Im Zusammenwirken mit Verben, die eine Lage oder eine Veränderung im Raum beschreiben, steht er mit den Präpositionen in Prädikatsergänzungen.
   Unser Haus liegt in ein*em* schönen Garten.
   Er ging neben *mir* (an mein*er* Seite).
   In Lokalangaben nennt er im Zusammenhang mit den entsprechenden Präpositionen den Ort, an dem ein Sachverhalt vorzufinden ist.
   Wir haben gestern *im* Garten gearbeitet.
   Die Kinder spielen auf *der* Straße.
   Dies gilt in gewissem Sinne auch für die temporalen Beziehungen.
   Wir kommen *am* Mittwoch.
   Die Ferien beginnen *im* Juli.

3. Als OBJEKTSKASUS zur Kennzeichnung einer Rolle innerhalb bestimmter Sachverhalte. 50.9

Kennzeichnung der einzigen vorhandenen Rolle:

Dem Himmel sei Dank!

Ist *dir* nicht gut?

Kennzeichnung einer von zwei Rollen:

Wir folgen *den* Kinder*n*.

Die Kinder folgen *den* Eltern (= gehorchen *den* Eltern).

Kennzeichnung einer von drei Rollen:

Hans schenkte *mir* sein Buch.

Ich dankte *ihm* dafür.

4. Als FREIER KASUS zur Kennzeichnung der Personenangabe (vgl. 25.9 ff.):

Ich hebe *dir* während deiner Abwesenheit deine Sachen auf.

Ich trage *Ihnen* den Koffer zum Hotel.

Das Zimmermädchen wird *Ihnen* Ihre Schuhe putzen.

Die Personenangabe mit der Dativform nennt auch die Person, mit der das im Satz Genannte identisch ist.

Mir schmerzt der Kopf (mein Kopf).

Du fällst *mir* auf die Nerven.

Das Kind macht *ihr* das Leben schwer.

Übung: *Ist der Dativ in den folgenden Sätzen Präpositionskasus, ‚Positionskasus‘, Objektskasus oder freier Kasus?*

1. Was fällt dir ein? – 2. Warum fällst du mir in den Rücken? – 3. Wir sind mit der Arbeit sehr zufrieden. – 4. Diese Kälte schadet unseren Pflanzen. – 5. Wir wollten mit dem Zug nach Berlin fahren. – 6. Er will mir noch eine Chance geben. – 7. Die alte Frau ist am Ende ihrer Kräfte. – 8. Ich hatte am Morgen eine Verabredung mit meinem Freund. – 9. Daß ihr mir ihm bestimmt das geliehene Geld zurückgebt! – 10. Ich wünsche dir viel Glück im Leben.

Der Urheber und die Ursache in Passivsätzen
(Grammatik E 24)

50.10 In Passivsätzen, die ein Geschehen stets als Vorgang schildern (vgl. 5.1), kann der Urheber oder die Ursache des Vorgangs genannt werden, wenn die Mitteilung es erfordert. Der Urheber oder die Ursache des Vorgangs wird in diesen Sätzen mit der Präposition **von** oder **durch** gekennzeichnet. Zum Gebrauch der richtigen Präpositionen sind folgende Gesichtspunkte maßgebend:

I. Eine Handlung muß aus Gründen der Mitteilungsperspektive (vgl. 30.1) als Vorgang beschrieben werden.

  1. Der Sprecher erkennt den Handelnden und kennzeichnet ihn mit der Präposition *von*.
  Der Junge wurde *von einem Hund* gebissen.
  Der Brief wurde mir *von einem Boten* übergeben.

  2. Der Sprecher erkennt hinter dem Handelnden einen Auftraggeber und kennzeichnet den Handelnden mit der Präposition *durch*.
  Das Todesurteil wurde *durch den Henker* vollstreckt.
  Der Brief wurde mir *durch einen Boten* zugestellt.

II. Die Mitteilungsperspektive verlangt bei der Beschreibung eines Vorgangs einen Tausch der Funktionen, so daß der gleiche Vorgang in einem Passivsatz ausgedrückt werden muß. **50.11**

  1. Der Sprecher erkennt die Ursache des Vorgangs und kennzeichnet sie mit der Präposition *von*.
  Der Bauernhof wurde *von einem Großfeuer* zerstört.
  Das Land hinter den Deichen wurde *vom Wasser* überschwemmt.

  2. Der Sprecher erkennt hinter der Ursache einen Urheber oder einen Handelnden. Er kennzeichnet die Ursache in diesem Falle mit der Präposition *durch*.
  Die Stadt ist *durch Bomben* zerstört worden.
  Der Kranke ist *durch ein neues Medikament* geheilt worden.
  Wenn der Sprecher ausdrücken will, daß es sich hier mehr um ein Mittel als um eine Ursache handelt, gebraucht er statt *durch* die Präposition *mit*.
  Die Maschine wird *mit Dieselöl* angetrieben.
  Das Kunstwerk ist *mit einem Preis* ausgezeichnet worden.

Übung: *Setzen Sie die Satzglieder mit der geeigneten Präposition in den Satz ein! Die Satzglieder sollen den Handelnden, den Urheber, die Ursache oder das Mittel nennen.*

1. Unsere Unterhaltung wurde unterbrochen. (ein Telefonanruf) – 2. Aus dem Zoo ist ein junger Bär gestohlen worden. (jugendliche Diebe) – 3. Wir wurden längere Zeit beobachtet. (ein Unbekannter) – 4. Den Besuchern wurde ein kleines Geschenk überreicht. (eine junge Dame an der Tür) – 5. An der Unfallstelle wurde die Polizei unterstützt. (freiwillige Helfer) – 6. Im benachbarten Dorf ist kurz nach dem Unfall ein Aufruf

zur Mithilfe verbreitet worden. (ein Lautsprecherwagen) – 7. Der alte
Jagdhund ist vor einem Jahr zum Krüppel gebissen worden. (ein Fuchs) –
8. Die Straßen, durch die der Staatsbesuch geführt wird, sollen mehrere
Stunden für den gesamten Verkehr gesperrt werden. (die Polizei) – 9. Die
Sperrung der Straßen ist gestern offiziell bekanntgegeben worden. (Rundfunk) – 10. Die Touristen werden an den Grenzen auf zollpflichtige
Waren kontrolliert. (Zollbeamte) – 11. Dem Schwerkranken wird Er-
leichterung verschafft. (eine Beruhigungsspritze) – 12. Ich wurde bis an
die Tür begleitet. (meine Gastgeber) – 13. Im letzten Jahr sind wieder
viele neue Bücher herausgegeben worden. (deutsche Verlage) – 14. Im
kommenden Jahr sollen für die neue Spielzeit Stücke moderner Autoren
herausgebracht werden. (Theaterleitung) – 15. Bei der Feier wurde der
Verdienste des verstorbenen Präsidenten gedacht. (Redner) – 16. Es ist
wunderbar anzusehen, wie nachts die schneebedeckten Berge beschienen
werden. (Mond)

→ 75.1

━━━━━━━━━━━━━━ **TEIL C** ━━━━━━━━━━━━━━

51.1

Aufgaben zum Text
(1.0, Seite 1)

1. *Beantworten Sie folgende Fragen!*

   Was für eine Aufgabe hat ein Wärter in einem Zoo?

   Was für Nachrichten kann man in einer Zeitung unter ‚Lokales‘ lesen?

2. *Erklären Sie den Inhalt folgender Sätze!*

   Alle sahen auf der Straße nach den Jungen aus.

   Die Jungen klingelten mit ihren Fahrrädern durch die Stadt.

   Sie trugen Ledermappen zur Schule und die Geigenkästen zur Violinstunde.

3. *Fassen Sie den Inhalt des Textes kurz zusammen!* Die folgenden Fragen
   sollen Ihnen als Hilfen dienen.

   Was ist gestern passiert?

   Welche Maßnahmen wurden ergriffen, um das gestohlene Tier wieder-
   zufinden und die Diebe zu ergreifen?

Was tat die Bevölkerung?
Mit welchem Erfolg hat man sich um die Ergreifung der Täter bemüht?
Warum blieb die Suche nach den Tätern erfolglos?

bekleidet sein – tragen – anhaben – aufhaben 51.2

bekleidet sein gebraucht man, wenn man die Bekleidung einer Person näher beschreibt oder im einzelnen aufzählt:

Der Mann war mit einer grauen Hose, einer braunen Jacke und mit einem Ledermantel bekleidet.

tragen ist der allgemeinere Ausdruck:
im Sinne von *in Mode sein:*

Man trägt wieder einen Hut. – Im nächsten Sommer tragen die Damen die Röcke kurz.

für die Art, sich zu kleiden; man gebraucht es für alles, was man am Körper tragen kann:

Mein Freund trägt eine Baskenmütze.

für die Bartmode und für Gegenstände, die man am Körper hat (Brille, Schmuck):

Herr Müller trägt einen Schnurrbart. – Seit einigen Jahren muß ich eine Brille tragen. – Der Herr, mit dem wir gesprochen haben, trug einen Ehering.

anhaben gebraucht man im Sinne von *tragen,* wenn die Mitteilung auf eine bestimmte Gelegenheit bezogen wird:

Fräulein Breuer hatte gestern einen schwarzen Pullover an.

aufhaben gebraucht man wie *anhaben,* jedoch nur für Kopfbedeckungen (und für Brillen):

Der Junge hat eine Baskenmütze auf.

Übung: *Bilden Sie mit den angegebenen Wörtern Sätze und verwenden Sie im Prädikat die geeigneten Ausdrücke!*

1. Der junge Mann . . . . . ein Schnurrbart. Er . . . . . blue jeans, ein roter Pullover, schwarze Schuhe. – 2. Was . . . . . Sie für einen schicken Hut, Frau Meier? . . . . . Sie immer einen Hut? – 3. Wenn Peter auf die Straße geht, ... er immer einen Hut. Gestern . . . . . er aber keinen Hut. – 4. Was

..... Frau Müller gestern? Sie ..... ein blaues Kleid, Perlonstrümpfe, braune Schuhe und ein modischer Hut. – 5. Seit wann ..... Sie eine Brille? Gestern ..... ich keine Brille. Wenn ich keine Brille ....., erkenne ich auf der Straße niemanden. – 6. Heute ..... du aber elegante Handschuhe. Bei dieser Kälte muß man Handschuhe ..... Gestern ..... ich keine Handschuhe.

→ 2.0

Aufgaben zum Text

(2.0, Seite 3)

1. *Beantworten Sie folgende Fragen!*

   Was ist eine Jugendherberge? Worin unterscheidet sie sich von einem Hotel?
   Wozu dient ein Ausweis? Welche Art von Ausweisen kennen Sie?
   Was ist ein Gemeinschaftsspiel?

2. *Erklären Sie den Inhalt folgender Sätze!*

   Die Leute kehren hier ein.
   Wir haben alle Hände voll zu tun.
   Der Herbergsvater eröffnet den Abend mit einem Lied zur Laute.
   Auch der letzte hat den Trick durchschaut.
   Hier und da ist noch ein Tuscheln und Wispern zu hören.

3. *Auf welche Beschreibungen treffen die Erklärungen zu?*

    I. Der Weg *führt* in den Wald.
   II. Der Weg *geht* in den Wald.
       a) Der Sachverhalt ist allgemein gesehen.
       b) Der Sachverhalt ist vom Passanten aus gesehen.

    I. Der König ließ im Jahre 1765 dieses Schloß *errichten*.
   II. Die Firma *baute* im letzten Jahre mehrere Wohnblöcke.
       a) Es ist der allgemeine Ausdruck.
       b) Es betrifft nur größere Bauwerke.

    I. Sie können hier Ihre Koffer *abstellen*.
   II. Sie können hier Ihre Koffer *hinstellen*.
       a) Man denkt nur an den vorhandenen Platz.
       b) Man denkt an die Erleichterung, an die Entledigung von Gepäck und Lasten.

I. Die Gäste *ließen sich* in den Sesseln *nieder*.

II. Die Gäste *setzten sich* in die Sessel.

    a) Es ist der allgemeine Ausdruck.

    b) Man denkt an die geruhsame Erholung.

  I. Von diesem Platz aus *überschaut* man die Straße.

II. Von diesem Platz aus *sieht* man die Straße.

    a) Man denkt an die Straßenszene, an das Leben auf der Straße.

    b) Man denkt an die Straße als Objekt des Interesses.

4. *Beschreiben Sie mit Ihren Worten die Szene in der Eingangshalle der Jugendherberge! Verwenden Sie keine direkte Rede!*

Übung: *Beschreiben Sie den gleichen Sachverhalt mit anderen grammatischen Mitteln!*   **52.2**

1. Die Jungen hatten blaue Hosen und gelbe Hemden an. (tragen) – 2. Der junge Bär ist im März geboren worden. (Welt) – 3. Die Bevölkerung half der Polizei bei der Suche nach den Tätern. (behilflich) – 4. Der Wärter konnte über das Schicksal des gestohlenen Tieres nichts angeben. (Angaben) – 5. Die Jungen besehen sich die Schaukästen vor den Kinos. (betrachten) – 6. Der alte Mann zeigte einen Jungen bei der Polizei an. (Anzeige) – 7. Sind wir jetzt an der Reihe? (dran) – 8. Der alte Mann ging mit seinem Sack schwerfällig durch den Schnee. (stapfen) – 9. Wir wollen jetzt die Säcke aufeinanderlegen. (stapeln) – 10. Es war lautes Lachen zu hören. (erschallen) – 11. Im Saal wurde nach dem Fest wieder aufgeräumt. (Ordnung) – 12. Macht bitte das Licht aus! (löschen) – 13. Nach Mitternacht schlief alles tief. (Schlaf) – 14. Habe ich Post bekommen? (da)

        sehen – beobachten – erkennen – blicken – schauen – glotzen   **52.3**

sehen:

a) durch die Augen ins Bewußtsein aufnehmen:

    Ich habe dich gestern im Kino gesehen.

b) seine Augen auf etwas richten:

    Ich sehe zu Boden. Ich sehe dir in die Augen.

beobachten: ein Geschehen mit den Augen verfolgen:

    Hast du beobachtet, wie die Sonne hinter dem Horizont versinkt?

erkennen: deutlich sehen, wer oder was dort ist:

    Ich habe dich trotz deiner Maske erkannt.

blicken: seinen Blick mit einem bestimmten Interesse oder in einer bestimmten Stimmung auf etwas richten:

Der Junge blickte fragend auf mich.

Das Kind blickte erschrocken zu seinem Vater.

schauen: aufmerksam in eine bestimmte Richtung, auf ein bestimmtes Objekt sehen:

Ich schaue auf die Uhr.

glotzen: verständnislos und mit weitgeöffneten Augen auf etwas sehen:

Die Kuh glotzte auf die neue Stalltür.

Übung: *Setzen Sie die geeigneten Verben ein!*

1. Mach bitte Licht! Ich kann nichts mehr . . . . . – 2. Wenn du die Uhrzeit wissen willst, mußt du auf die Turmuhr . . . . . – 3. Dort drüben sitzt ein Herr auf der Bank und . . . . . die Vorübergehenden. – 4. . . . . . du dort die Leute? – 5. Ja, aber Peter kann ich nicht . . . . ., es ist noch zu weit. – 6. Wer ist der Mann, der immer zu uns herüber . . . . .? – 7. Wenn hier ein Flugzeug vorüberfliegt, ... alle Leute zum Flugzeug. – 8. Die Frau . . . . . verständnislos auf den Motor. – 9. . . . . . Sie zum Himmel, dort fliegt ein Hubschrauber! – 10. Ich höre ihn, aber ich . . . . . ihn noch nicht. – 11. Wir gehen jetzt zum Flugplatz und . . . . . die Start- und Landemanöver der Flugzeuge. – 12. . . . . . Sie, dort oben auf dem Berg steht ein Haus. – 13. Ja, ich . . . . . es; man kann es trotz des trüben Wetters gut . . . . . – 14. Der arme Mann ist blind. Er kann nicht . . . . . – 15. Kannst du ohne Brille . . . . .? – 16. Ja, aber ich kann die Leute auf der Straße nicht deutlich . . . . .

→ 3.0

53.1

Aufgaben zum Text
(3.0, Seite 6)

1. *Beantworten Sie folgende Fragen!*

   Was ist eine Konservenfabrik?

   Was ist ein Konservatorium?

   Was ist eine Polizeiwache?

2. *Erklären Sie den Inhalt folgender Sätze!*

   Ihr Vater war ein verschlossener Mensch.

   Ich kenne sie nur vom Sehen.

   Der Schutzmann erklärte mich für ertappt.

214

Ich suchte ihm den wahren Sachverhalt auseinanderzusetzen.
Geld spielt zwischen uns keine Rolle.
Er erwachte in Schweiß gebadet.

3. *Auf welche Beschreibungen treffen die Erklärungen zu?*
   I. Der junge Mann *liebt* das Mädchen.
   II. Der junge Mann *verliebt* sich in das Mädchen.
   a) Ein Geschehen, das ein neues Sein einleitet.
   b) Ein Sein.

   I. Ich *begegnete* dem Mädchen auf der Straße.
   II. Ich *traf* das Mädchen auf der Straße.
   III. Ich *traf* mich mit dem Mädchen auf der Straße vor dem Café.
   a) Es ging dem Geschehen eine Verabredung voraus.
   b) Der Vorgang tritt zufällig ein, dabei kommt es zu einem kurzen Gespräch.
   c) Jede Person kommt der anderen entgegen, und sie gehen aneinander vorüber.

   I. Ich habe *bemerkt,* daß die Dame einen Geldbeutel in die Tasche steckte.
   II. Als ich auf die Straße trat, *bemerkte* ich eine Dame, die ihren Geldbeutel verlor.
   a) Ich bin auf diesen Sachverhalt aufmerksam geworden.
   b) Ich habe es zufällig gesehen.

   I. Ich will dir den Sachverhalt *auseinandersetzen.*
   II. Ich will dir den Sachverhalt *erklären,*
   a) damit du es verstehst.
   b) damit du alle Einzelheiten weißt und auch die Hintergründe, die zu dem Sachverhalt geführt haben.

   I. Das Kind ist am Morgen *erwacht.*
   II. Das Kind ist durch den Lärm *aufgewacht.*
   a) Ein Vorgang, der mehr oder weniger plötzlich entsteht.
   b) Ein Vorgang, der allmählich ohne äußere Einwirkung entsteht.

4. *Fassen Sie die kleine Geschichte in ihren wichtigsten Punkten zusammen!* (Sie können natürlich nicht die Ich-Form verwenden.)

Übung: *Nennen Sie den Sachverhalt, der dem beschriebenen Sachverhalt unmittelbar folgt!*

1. Ich habe deinen Brief auf die Post gebracht. – 2. Mein Freund ist ins Kino gegangen. – 3. Die Jungen schmücken den Raum mit Blumen und Girlanden. – 4. Ich komme jetzt dran. – 5. Der Junge geht fort. – 6. Ihr bringt mir eure Bücher. – 7. Frau Seitz geht in die Küche. – 8. Sie spült das Geschirr. – 9. Die Jungen durchschauen den Trick des Zauberers. – 10. Mein Vater schließt die Tür. – 11. Er macht das Licht aus. – 12. Die Kinder schlafen ein. – 13. Hans geht heim. – 14. Der junge Mann verliebte sich in das Mädchen. – 15. Ich habe deine Familie kennengelernt. – 16. Die Dame steckte ihren Geldbeutel in ihre Handtasche. – 17. Der Geldbeutel fiel ihr aus der Handtasche. – 18. Hans heiratet Inge. – 19. Ich erwachte plötzlich. – 20. Der Lehrer beendet den Unterricht.

53.3   kennen – bekannt sein – bekannt machen – kennenlernen

kennen:

a) die äußere Erscheinung einer Person und ihren Namen:

Ich kenne den Jungen. Er spielt immer auf unserer Straße.

b) man hat schon öfter mit jemandem zu tun gehabt; man hat ihn mir bekannt gemacht:

Ich kenne Herrn Müller schon seit Jahren.

bekannt sein: näher kennen auf Grund eines engeren persönlichen Verhältnisses:

Wir sind mit Dr. Müller bekannt.

kennenlernen: durch eine zufällige Begegnung miteinander bekannt werden:

Peter hat Ilse beim Tanzen kennengelernt.

bekannt machen: veranlassen, daß sich zwei Personen kennenlernen:

Ich will dich mit Herrn Müller bekannt machen.

Darf ich mich mit Ihnen bekannt machen?

Übung: *Setzen Sie die geeigneten Wörter ein!*

1. Möchten Sie Fräulein Meier *kl*.? – 2. Ich kann Sie mit ihr .*bm* –
3. Ich .*k*.. Fräulein Müller schon seit vielen Jahren. – 4. Ich habe sie auf der Universität .*kl*. – 5. Wer ist der Herr, der dort kommt? Ich

..K̂. ihn nicht. – 6. Es ist Herr Breuer. Ich .*bin*. dich mit ihm. – 7. Er ist ein Freund meines Vaters. Wir .*bs*. mit ihm gut. – 8. Ich ..K̂.. den Mann nur vom Sehen.

wissen:

a) über einen Sachverhalt informiert sein:

    Ich weiß, wo du wohnst.

b) über eine Person oder eine Sache und den mit ihr verbundenen Sachverhalt informiert sein:

    Ich weiß hier einen guten Arzt (d. h. einen Arzt, der die Leute mit gutem Erfolg behandeln kann).

    Ich weiß deine Telefonnummer (d. h. ich weiß, unter welcher Nummer ich dich anrufen kann).

kennen: mit einer Person oder Sache bekannt sein:

    Ich kenne deine Wohnung.

    Ich kenne hier einen Arzt (d. h. ich bin mit ihm bekannt).

    Ich kenne deine Autonummer, BGD – E 752.

Übung: *Setzen Sie das geeignete Verb ins Prädikat!*

1. *Kennen* Sie Herrn Schneider? – Nein, ich *kenne* ihn nicht. – 2. Kiel liegt im Land Schleswig-Holstein. – Ja, das *weiß* ich. – 3. *Wissen* Sie, wo Herr Müller arbeitet? – 4. Nein, ich *weiß* es nicht, obwohl ich ihn gut *kenne* – 5. *Wissen* Sie einen guten Augenarzt? – 6. Ja, ich *weiß* einen. – 7. *Kennen* Sie ihn? – Ja, ich *kenne* ihn gut. – 8. Peter *weiß* keinen Ausweg aus seinem Dilemma. – 9. *Kennst* du New York? – 10. Nein, ich *kenne* die Stadt nicht, ich *weiß* nur, daß sie in den USA liegt. – 11. *Kennst* du diesen Autotyp? – Natürlich, das ist ein VW. – 12. Wie ist die Telefonnummer des Volkswagenvertreters? – Ich *weiß* sie nicht. – 13. Wir können sie aber im Telefonbuch nachsehen, dann *wissen* wir sie. – 14. Ich .K̂.. die Leute nicht, die dort vorbeigehen. – 15. Ich .W.. nur, daß sie seit kurzer Zeit in unserem Haus wohnen. – 16. .K̂.. du einen guten Frisör? – 17. Ja, ich habe einen guten Frisör. Ich .K̂... ihn schon seit vielen Jahren. – 18. Woher .W... du, daß wir morgen abreisen? – 19. Ich .W... es von deinem Bruder. – 20. Woher .K̂.. du diese Dame? – Ich .K̂.. sie aus der Tanzstunde. – 21. Sage mir nur, woher ich diesen Mann .K̂..! – Ich .W.. es nicht. – 22. .W.. du einen Weg auf den Gipfel dieses Berges? – Ja, ich .W.. einen, aber ich .K̂.. ihn nicht, denn ich bin ihn noch nicht gegangen.

→ 4.0

Aufgaben zum Text
(4.0, Seite 8)

1. *Beantworten Sie folgende Fragen!*
   Wovon wollte Galilei den kleinen Andrea überzeugen?
   Auf welche Weise hat er ihm seine Theorie erklärt?
   Welche Schwierigkeiten wollte Frau Sarti, die Mutter Andreas, voraussehen?
   Wie hat Galilei auf die Vorhaltungen von Frau Sarti reagiert?
   Durch welchen Umstand wurde das Gespräch beendet?
   Was ist ein Empfehlungsbrief?

2. *Erklären Sie den Inhalt folgender Sätze!*
   Ich habe das mit dem Kippernikus seinem Drehen verstanden.
   (umgangssprachlich!)
   Frau Sarti ist eingetreten, das Bett zu machen.
   Das Kind plappert alles in der Schule herum.
   Tun Sie mir den einzigen Gefallen und schicken Sie den Mann nicht weg!

3. *Auf welche Beschreibungen treffen die Erklärungen zu?*
   I. Wir haben die versteckte Drohung des Mannes *verstanden*.
   II. Wir haben die Grammatikregeln *begriffen*.
   III. Wir haben das unmögliche Verhalten des Mannes nicht *begriffen*.
   a) rationales Erfassen logischer Schlüsse
   b) intellektuelles, einsichtsvolles Erfassen von Sachverhalten
   c) gefühlsmäßiges Verstehen

   I. Die Frau *macht* Betten.
   II. Der Tischler *macht* Betten.
   a) herstellen, fabrizieren
   b) herrichten, in Ordnung bringen

   I. Ich will an deine Geburtstagswünsche *denken*.
   II. Ich *denke* noch oft an unsere gemeinsam verbrachte Zeit.
   a) im Gedächtnis behalten
   b) sich erinnern

4. *Geben Sie eine zusammenfassende Inhaltsangabe über die Szene!* Gebrauchen Sie keine direkte Rede und möglichst wenig die indirekte Rede!

218

1. Den Jungen ist der Diebstahl mißlungen. (gelingen) – 2. Die Leute hinderten die Behörden bei der Suche nach den Entflohenen. (behilflich) – 3. Der Junge holt den Brief bei Herrn Müller ab. (abgeben) – 4. Das Mädchen faltet die Tischdecke auseinander. (zusammenlegen) – 5. Die Kinder haben im Zimmer Unordnung gemacht. (aufräumen) – 6. Der Vater hat das Licht angemacht. (löschen) – 7. Herr Müller ist ein offenherziger Mensch. (verschlossen) – 8. Die junge Dame holte ihren Geldbeutel aus der Tasche. (stecken) – 9. Wir entfernten uns von den Leuten. (sich nähern) – 10. Heinz haßt diese Stadt. (lieben) – 11. Wir haben gestern unsere Freunde vom Bahnhof abgeholt. (bringen) – 12. Mir ist die Relativitätstheorie unverständlich. (verstehen) – 13. Der Zug fährt durch Linz durch. (halten) – 14. Der Punkt, den du in der Ferne siehst, steht still. (sich bewegen) – 15. Ich bezweifle, daß du deine Prüfung bestehst. (überzeugt) – 16. Der Mann hat das Ergebnis der Sitzung ausgeplaudert. (geheimhalten) – 17. Der junge Mann ist schlecht angezogen. (gut) – 18. Der Zug ist pünktlich in Berlin eingetroffen. (Verspätung)

wissen – kennen **54.3**

Übung: *Setzen Sie die geeigneten Verben ins Prädikat ein!*

1. ..... Sie schon das Neueste? – Nein, ich habe noch keine Zeitung gelesen. – 2. Wir ..... Herrn Seitz als einen ehrlichen Kaufmann. – 3. ..... Sie schon etwas von dem furchtbaren Grubenunglück? – 4. Dort hinten kommt Frau Meier! – Woher ..... du das? Die Frau ist doch noch so weit entfernt. – Ich ..... sie an ihrem komischen Hut. – 5. Was tut Peter jetzt in seiner schwierigen Lage? – Ich glaube, er ..... sich keinen Rat. – 6. Die Mutter zittert um ihren Sohn, seit sie ihn in Gefahr ..... – 7. Wer ist dieser Mann? Ich ..... ihn nicht. – 8. Du mußt ihn .....; die ganze Stadt ..... den Skandal, in den der Mann verwickelt ist. – 9. Ich ..... nichts davon. – 10. Ich ..... auch nichts Sicheres. Ich ..... diese Sache nur vom Hörensagen. – 11. Was machen wir nur? Wir ..... uns keinen Rat mehr. – 12. Dieser Mann ..... keine Rücksicht. – 13. Er ..... sich nur immer seinen eigenen Vorteil zu verschaffen. – 14. Was ich nicht ....., macht mich nicht heiß. – 15. Warum grüßt dich Herr Braun nicht mehr? – Ich ..... es nicht. Seit einiger Zeit will er nichts mehr von mir ..... – 16. Unser Direktor will diese unangenehme Angelegenheit bald erledigt ..... – 17. Nehmen Sie dem ungezogenen Jungen sein schlechtes Ver-

halten nicht übel. Er . . . . . es nicht anders. – 18. Ich . . . . . ihn nicht anders als mit einem schmutzigen Hemd. – 19. Soviel ich . . . . , ... du München gut. – 20. . . . . . du dort ein gutes Hotel? – 21. Ich . . . . . eins. Ich . . . . . den Besitzer sehr gut.

54.4   sagen – mitteilen – erzählen

sagen: jemanden etwas wissen lassen. Allgemeiner Ausdruck für eine kurze mündliche Mitteilung:

> Deine Mutter *sagte* mir, daß sie morgen zu deinem Bruder fahren wolle.

mitteilen: jemanden etwas, schriftlich oder mündlich, wissen lassen. Meist in nüchterner und unpersönlicher Form:

> Die Firma *hat* mir *mitgeteilt*, daß sie die bestellten Sachen an uns abgeschickt hat.

erzählen: jemanden eine Neuigkeit, ein Erlebnis, eine persönliche Angelegenheit, zumeist mündlich, wissen lassen; meist in einer vertrauteren, persönlicheren Form. Es besteht zum Gesprächspartner ein kameradschaftliches oder familiäres Verhältnis:

> Die Mutter *erzählte* ihrem Kind ein Märchen.

Übung: *Setzen Sie die geeigneten Verben ins Prädikat ein!*

1. Frau Sarti . . . . . zu Galilei, daß ihn ein Herr sprechen wolle. – 2. Peter . . . . . mir seine Erlebnisse in Frankreich. – 3. Der Botschafter . . . . . dem Minister, daß seine Regierung an einem Kulturabkommen interessiert sei. – 4. . . . . . uns bitte, was ihr gestern in der Schule gemacht habt. – 5. Leider muß ich Ihnen . . . . ., daß wir Ihren Vorschlag nicht annehmen können. – 6. Können Sie mir . . . . ., wieviel Uhr es ist? – 7. . . . . . . Sie uns bitte schriftlich, wann wir mit Ihrem Besuch rechnen können. – 8. Der Lehrer . . . . . uns einige nette Anekdoten über den großen Dichter. – 9. Karl kann sehr gut Witze . . . . . – 10. . . . . . Sie bitte Ihrem Vater, daß ich ihn morgen aufsuchen werde! – 11. . . . . . nicht solchen Unsinn! Das glaubt dir doch niemand! – 12. Wie uns die Presseagentur . . . . ., ist es gestern zum Abschluß eines Kulturabkommens gekommen. – 13. Was hat dir Ilse über ihre Verlobung . . . . .? – 14. Sie . . . . . mir nichts darüber. – 15. . . . . . . Sie mir bitte, welche Bedingungen Sie für eine Tätigkeit in Ihrer Firma stellen!

→ **5.0**

220

Aufgaben zum Text
(5.0, Seite 11)

1. *Beantworten Sie folgende Fragen!*

Was für Aufgaben hat ein Bahnwärter?

Was ist der Unterschied zwischen einem Bahnübergang, einer Bahn-
überführung und einer Bahnunterführung? Nennen Sie die Vor- und
Nachteile solcher Kreuzungen der Bahnlinie mit einer Straße!

2. *Erklären Sie den Inhalt folgender Sätze!*

Der Zug in der Richtung von Breslau her ist aus der nächstliegenden
Station abgelassen. (Machen Sie zur Erklärung eine Skizze!)

Der Wind hat sich erhoben.

Er trieb leise Wellen den Waldrand hinunter.

Die Sonne goß Ströme von Purpur über den Forst. Die Säulenarkaden
der Kiefernstämme entzündeten sich gleichsam von innen heraus und
glühten wie Eisen.

Plötzlich zerriß die Stille.

Die Geräusche starben nach und nach.

Das Schweigen schlug über dem Waldwinkel zusammen.

3. *Wählen Sie zu den folgenden Verben, die Geräusche nennen, die zutreffende Rolle und beschreiben Sie dann damit einen Sachverhalt!*

schlagen (Telefon, Uhr, Motor, Glocke, Junge)   *[lautet] [klopft]*

tönen (Klavier, Glocke, Klingel, Donner, Stimme)

summen (Vogel, Kuh, Biene, Maschine, Elektromotor)

zwitschern (Kinder, Löwe, Tür, Vogel, Schublade)

klirren (Gläser, Schnee, Fensterscheiben, Schreibmaschine)

tosen (Wind, Wasser, Sturm, menschliche Stimme, Schneelawine)   *[Avalanche]*

keuchen (Schiffsmaschine, Flugzeugmotor, Lokomotive, Automotor)

brausen (Eisentür, Wind, Wasserfall, Feuer)   *[tosst]*

4. *Auf welche Beschreibungen treffen die Erklärungen zu?*

   I. Die Glocke klingt *schrill.*

   II. Die Glocke klingt *dumpf.*

   a) Der Ton ist sehr hell und unangenehm für das Ohr.

   b) Der Ton ist tief, dunkel und klingt nicht nach.

   I. Unser Zug *fährt durch.*

   II. Wir *fahren durch* Frankreich.

III. Wir *fahren durch* Frankreich *durch*.

IV. Das Schiff *durchfährt* das Meer.

    a) eine Strecke zurücklegen; ein Gebiet, ein Land hinter sich bringen;

    b) ohne Halt, ohne Unterbrechung die Fahrt fortsetzen;

    c) ein Gebiet, ein Land liegt auf der Reiseroute, ist aber nicht das Ziel der Reise;

    d) ein Gebiet, ein Land ist das Reiseziel und wird in verschiedenen Richtungen bereist.

  I. Die Geleise *treffen sich* am Horizont.

 II. Die Freunde *treffen sich* an der Straßenecke.

    a) Dem Sachverhalt liegt eine Absicht zugrunde.

    b) Der Sachverhalt beruht auf einer optischen Täuschung.

5. *Geben Sie eine Zusammenfassung des Textes!* Verzichten Sie darauf, den poetischen Gehalt des Textes zu übernehmen! Schreiben Sie einfach und nüchtern!

55.2 Übung: *Nennen Sie den Sachverhalt, der dem beschriebenen Sachverhalt unmittelbar vorausgeht!*

1. Endlich habe ich meine Brille gefunden. – 2. Du hast die Bücher von der Leihbibliothek geholt. – 3. Mein Geld ist gestohlen. – 4. Hans ist jetzt im Gasthaus. – 5. Dort ist das Gepäck der Hotelgäste abgestellt. – 6. Der Lehrer antwortete dem Schüler. – 7. Der Junge ist fort. – 8. Wir machen unsere Schuhe sauber. – 9. Das Mädchen räumt das Zimmer auf. – 10. Mein Vater schließt die Tür. – 11. Er macht das Licht aus. – 12. Die Kinder schlafen. – 13. Hans ist jetzt zu Hause. – 14. Ich erwachte um sieben Uhr. – 15. Der Schüler geht zum Lehrer. – 16. Die Sonne steht im Osten genau über dem Berg. – 17. Der Junge steht hinter mir. – 18. Meine Rechnung ist bezahlt. – 19. Der Zug ist gerade in Hamburg angekommen. – 20. Mein Freund liegt seit heute im Krankenhaus.

55.3 Übung: *„wissen" oder „kennen"?*

1. Ich . . . . . nicht, wo ich bin. – 2. . . . . . . du, daß ich ein neues Auto habe? – 3. Natürlich . . . . . ich das. Ich . . . . . dein Auto gut, denn ich bin schon darin gefahren. – 4. Entschuldige, das habe ich nicht mehr . . . . . – 5. Was der Bauer nicht . . . . ., das ißt er nicht. – 6. Ich . . . . ., daß wir nicht alles

..... können. – 7. Hans ..... in dieser Stadt gut Bescheid. Er .....
jeden Weg. – 8. Wir ..... diese Nachricht aus sicherer Quelle. – 9. Ich
..... die Umstände, unter denen der Unfall passiert ist. – 10. Ich .....
die Schwierigkeiten, die du bei deinem Vorhaben überwinden mußt. –
11. ..... du, was dieses Wort bedeutet? – 12. ..... du diesen Namen?

erfahren – lernen – studieren 55.4

erfahren: von einer Neuigkeit, einem Geschehen, einem Sachverhalt
Kenntnis bekommen (Vorgang):

> Wir haben von deiner Hochzeit aus der Zeitung erfahren.

lernen:

a) sich mit einem bestimmten neuen Wissensstoff beschäftigen, mit dem
Ziel, ihn im Gedächtnis zu behalten (Handlung):

> Ich habe in der Schule Deutsch gelernt.

b) sich um körperliche Geschicklichkeit oder Handfertigkeiten bemühen
(Handlung):

> Meine Schwester lernt tanzen.

studieren: sich intensiv mit einem umfassenden Wissensgebiet beschäftigen,
vor allem an einer Universität, um zu einem Diplom zu gelangen (Handlung):

> Otto studiert zur Zeit Medizin.

Übung: *Setzen Sie die geeigneten Verben ins Prädikat ein!*

1. Ich rate dir, Philologie zu ..... und dabei Französisch und Spanisch
zu ..... – 2. Von wem hast du ....., daß ich Medizin ..... will? –
3. Die Kinder ..... in der Schule lesen und schreiben. – 4. Wie wir durch
den Rundfunk ..... haben, ... jetzt mehr junge Leute Medizin als
früher. – 5. Wer Germanistik ..... will, muß auch Mittelhochdeutsch
..... – 6. Probieren geht über .....

Übung: *Beschreiben Sie mit dem angegebenen Wortmaterial Sachverhalte!* 55.5
S = Sein, H = Handlung, V = Vorgang, R = Rolle

1. [H] erklären, [R] Gelehrter, Student (Pl.), Theorie. – 2. [H] in die Mitte des
Zimmers stellen, [R] Vater, Tisch. – 3. [H] zuschauen, [R] Frau, Spiel der Kinder. – 4. [H] bringen, [R] Kellner, Gast, Essen. – 5. [V] verstehen, [R] Tourist,

Sprache des Landes. – 6. ^V verwechseln, ^R Betrunkener, Geldscheine. –
7. ^H beweisen, ^R Verteidiger, Unschuld des Angeklagten, Gericht. –
8. ^V drehen, ^R Karussell. – 9. ^S überzeugt sein, ^R Gericht, Unschuld des
Angeklagten. – 10. ^H ausrechnen, ^R Finanzbeamter, Steuer. – 11. ^H geheimhalten, ^R Politiker, Konferenzergebnis. – 12. ^V denken, ^R wir, vergangene
Zeit. – 13. ^S verliebt sein, ^R Hans, Inge. – 14. ^S haben, ^R meine Eltern, schöner Garten. – 15. ^S kennen, ^R ich, dein älterer Bruder. – 16. ^H entschließen
(Perf.), ^R Mann, Kauf des Autos. – 17. ^H in die Tasche stecken, ^R Frau,
ihre Schlüssel. – 18. ^V nähern, ^R Zug, Grenze. – 19. ^H stehlen, ^R junger
Mann, Geld, sein Freund. – 20. ^H auseinandersetzen, ^R Lehrer, Probleme
der Politik, Schüler (Pl.). – 21. ^S lieben, ^R Kinder, Eltern. – 22. ^H zum
Bahnhof bringen, ^R wir, unsere Freunde. – 23. ^H ausgeben, ^R Kinder-
gärtnerin, Essen, Kinder. – 24. ^H zur Hand gehen, ^R Assistent, Chef-
ingenieur. – 25. ^H herbeitragen, ^R Arbeiter, Steine. – 26. ^H warten, ^R wir,
unsere Freunde. – 27. ^H danken, ^R ich, Brief, du. – 28. ^H bitten, ^R du, Buch,
ich.

→ 6.0

56.1

Aufgaben zum Text
(6.0, Seite 16)

1. *Beantworten Sie folgende Fragen!*

Was für eine Methode haben Sie beim Sprachenstudium?
a) Wie eignen Sie sich neue Wörter und Ausdrücke an?
b) Wie verarbeiten Sie den Grammatikstoff?
c) Wie lesen Sie Texte?
d) Wie verbinden Sie die Kenntnisse in Ihrer Muttersprache mit den
neuerworbenen Kenntnissen der Fremdsprache?

2. *Erklären Sie den Inhalt der folgenden Sätze!*

Ich warf mich auf das Studium des Englischen.
Die Not ließ mich einen erfolgreichen Weg ausfindig machen.
Ich stahl mir sogar Zeit zum Lernen.
Bei Nacht ist das Gedächtnis gesammelter als bei Tage.
Ich fand Wiederholungen von größtem Nutzen.

3. *Auf welche Beschreibungen treffen folgende Erklärungen zu?*

I. Ich *fand* einen guten Fahrweg durch den Wald.

II. Ich *machte* einen guten Fahrweg durch den Wald *ausfindig*.

   a) durch systematisches, eifriges Suchen
   b) durch Zufall oder durch vorhergehendes Suchen

I. Ich habe meine Gedanken über die politische Lage *niedergeschrieben*.

II. Ich habe die Gedanken, die der Redner äußerte, *aufgeschrieben*.

   a) eigene Gedanken, Erlebnisse, Erfahrungen usw. schriftlich festhalten
   b) etwas im einzelnen schriftlich festhalten

I. Ich kann das Gedicht *aufsagen*.

II. Ich kann das Gedicht *hersagen*.

   a) etwas Auswendiggelerntes ganz mechanisch vortragen
   b) etwas Auswendiggelerntes fehlerlos, aber dilettantenhaft und ohne Kunst vortragen

I. Du hast den Brief *gelesen*.

II. Du hast das Buch *durchgelesen*.

   a) einen längeren Text bis zum Ende lesen
   b) allgemeinerer Ausdruck

I. Wir haben die Nacht auf dem Bahnhof *zugebracht*.

II. Wir haben unsere Ferien in Italien *verbracht*.

   a) auf weniger angenehme, auf mühselige Weise
   b) allgemeinerer Ausdruck

4. *Fassen Sie kurz zusammen, wie Schliemann eine Sprache lernt!*

schon – erst – nur – noch   56.2

schon und *erst* klären die zeitlichen Vorstellungen der Gesprächspartner zu dem mitgeteilten Sachverhalt. Der Sprecher kann dabei den Sachverhalt auf seine eigenen zeitlichen Vorstellungen beziehen wie auch auf die des Gesprächspartners oder dritter Personen. In diesem Sinne drücken *schon* und *erst* Gegensätze aus:

Mein Sohn ist *schon* 21 Jahre alt und nicht *erst* 18 Jahre (wie du oder andere vielleicht denken).

Es ist tatsächlich *schon* 5 Uhr (Ich hatte gedacht, es wäre *erst* 3 Uhr).

Kurt kommt *erst* am Montag (Ich war der Meinung, daß er *schon* früher kommen würde).

schon: Der Sachverhalt ist früher oder schneller eingetreten als erwartet oder vermutet wurde:

Ich habe den Film *schon* gesehen.

erst:

a) Der Sachverhalt ist später oder langsamer eingetreten als erwartet oder vermutet wurde:

Ich sehe mir den Film *erst* morgen an.

b) Der Sachverhalt hat gerade begonnen und man erwartet, daß er länger bestehenbleibt. Man erwartet eine noch höhere Zahlengröße:

Ich bin *erst* vier Wochen hier (und bleibe noch viel länger).

Wir haben *erst* 10 Mark von dir bekommen. (Wir erwarten noch viel mehr.)

nur:

a) Die genannte Zahlengröße ist tatsächlich kleiner, das genannte Maß geringer als vermutet, erwartet oder erwünscht war:

Wir haben *nur* zehn Schüler in der Klasse.

b) Die Zahl ist begrenzt. Es ist keine Fortsetzung zu erwarten:

Ich bleibe *nur* vier Wochen hier (dann reise ich ab).

c) Die genannte Sache erreicht nicht das gewünschte Maß oder enthält nicht das Erwartete:

In dem Buch stehen *nur* Grammatikregeln. (Ich hätte mehr darin erwartet.)

noch:

a) Der Sachverhalt hat sich im Laufe der Zeit nicht geändert:

Müllers wohnen *noch* in Berlin.

b) Der beschriebene Sachverhalt ist in der erwarteten Zeit nicht eingetreten:

Mein Vater ist *noch nicht* nach Hause gekommen.

Wir besitzen *noch kein* Auto.

c) Etwas soll dem bereits Bestehenden hinzugefügt werden:

Du mußt *noch* den Absender auf den Briefumschlag schreiben.

Ich brauche *noch* fünf Mark.

Übung 1: *Setzen Sie die geeigneten Adverbien* (schon, erst nur, noch) *ein!*

1. Ihr Kind ist sehr groß für sein Alter. Ist es wirklich . . . . . vier Jahre alt? – 2. Schiller wurde . . . . . 45 Jahre alt. – 3. Wir wünschen dem Geburtstagskind . . . . . viele glückliche Jahre! – 4. Ich wohne . . . . . seit drei Wochen in dieser Stadt, darum kenne ich sie . . . . . nicht so gut. – 5. Mein Freund blieb . . . . . drei Tage in München, dann mußte er weiterreisen. – 6. Ich bin . . . . . nicht lange hier, ... zwei Tage. – 7. Fritz lernt Spanisch . . . . . seit kurzer Zeit; trotzdem konnte er sich in Spanien . . . . . sehr gut verständigen. – 8. Dieses Buch enthält . . . . . mathematische Formeln. – 9. Der gestrige Vortrag war schwach besucht, es haben sich . . . . . etwa 30 Gäste eingefunden. – 10. Die Zeit vergeht viel zu schnell. Ich bin jetzt . . . . . 35 Jahre alt. – 11. Wie lange bleiben Sie . . . . . hier in Deutschland? – 12. Wir bleiben *nur* so lange, bis wir gründlich Deutsch gelernt haben. – 13. Das arme Kind wurde *nur* zehn Jahre alt; es starb nach einem Unfall. – 14. Meine Eltern wohnen nun *schon* seit 40 Jahren in Köln. – 15. Entschuldige bitte, daß ich nicht früher geschrieben habe. Aber ich erhielt deinen Brief *erst* gestern. – 16. Mein Freund hat *nur* drei Wochen Urlaub, das ist zu kurz für eine so weite Reise. – 17. Wir haben noch viel Zeit. Die Vorstellung beginnt *erst* um 8 Uhr. – 18. Der Gelehrte war *erst* 28 Jahre alt, als er Universitätsprofessor wurde. – 19. Der Junge hat sein Geld *schon* wieder ausgegeben; er kann nicht sparen. – 20. Ich komme sofort. Ich habe meine Arbeit *erst* beendet. – 21. Ich gebe Ihnen das Geld gern; Sie brauchen es mir *nur* zu sagen, wenn Sie es haben wollen.

Übung 2: *Beschreiben Sie mit dem angegebenen Wortmaterial Sachverhalte!* **56.3**

U-t = temporale Umstände (Zeit); U-l = lokale Umstände (Ort); U-k = kausale Umstände (Grund); U-m = modale Umstände (Art und Weise)

1. V ausfindig machen, R wir, ein kürzerer Weg zum Bahnhof, U-t gestern, unser Spaziergang

2. H zum Klavierunterricht gehen, R meine jüngere Schwester, U-t täglich, U-l hier

3. H verbessern, R Lehrer, unsere Arbeiten, U-t heute nachmittag, U-l Lehrerzimmer

4. H niederschreiben (müssen), R die Kinder, ihre Reiseerlebnisse, U-t gestriger Nachmittag, U-l Schule

227

5. ^H wiederholen, ^R Schüler, Gelerntes, ^{U-t} Abend, ^{U-k} morgige Prüfung

6. ^V erheben, ^E Wind, ^{U-t} heute nacht, ^{U-m} plötzlich

7. ^V vorbeifahren, ^R Zug, ^{U-t} wenige Minuten, ^{U-m} dumpfes Getöse, ^{U-l} Bahnhofshotel

8. ^V verschwinden, ^R Flugzeug, ^{U-t} gerade, ^{U-l} Horizont

9. ^V bewegen, ^R Erde, ^{U-l} Sonne, ^{U-m} Kreisbahn

10. ^S verliebt, ^R der junge Mann, ein junges Mädchen, ^{U-t} ein Jahr

11. ^H auseinandersetzen, ^R Professor, seine Theorien, Studenten, ^{U-t} heute vormittag, ^{U-m} ausführlich

12. ^S Ruhe herrschen, ^{U-t} Vorlesung des Professors, ^{U-l} Hörsaal

→ 7.0

57.1

Aufgaben zum Text
(7.0, Seite 18)

1. *Beantworten Sie folgende Fragen!*
   Wie ist, nach Goethes Meinung, das Glück des Ganzen zu erreichen?
   Welche Einstellung hat Goethe seinem Beruf als Schriftsteller, wie er sagte, zugrunde gelegt?

2. *Erklären Sie den Inhalt folgender Sätze!*
   Unsere Unterhaltung wendete sich auf andere Dinge.
   Diese Lehre widerspricht aller Natur, aller Erfahrung und allem Gang der Dinge seit Jahrtausenden.
   Es steht um das Wohl des Ganzen gut.
   Die Anschauungen dieses Mannes haben in einem großen Kreise gewirkt.
   Du hast die Leute zum besten.

3. *Auf welche Beschreibungen treffen die Erklärungen zu?*
   I. Deine Meinung *scheint* mir richtig zu sein.
   II. Deine Meinung *erscheint* mir richtig.
      a) ein vorsichtiges Urteil dem Gesprächspartner gegenüber
      b) der Sachverhalt erscheint dem Sprecher in dieser Weise und bestimmt sein Urteil

   I. Ich *denke,* daß der Mann recht hat.
   II. Ich *dächte,* daß der Mann recht hat.
      a) Der Sprecher äußert seine Meinung, von der er überzeugt ist.

b) Der Sprecher äußert seine Meinung, läßt aber die Möglichkeit offen, daß sein Gesprächspartner anderer Meinung sein könnte.

I. Er möchte *den Gehalt* seiner Persönlichkeit steigern.

II. Er möchte *das Gehalt* seines Personals erhöhen.

a) ..... den Verdienst seiner Angestellten .....

b) ..... den Wert seines Ichs .....

4. *Geben Sie Goethes Äußerungen zu dem Gesprächsthema in Stichworten wieder!*

schon – erst – nur – noch

Übung: *Setzen Sie die geeigneten Adverbien ein!*

1. Bist du mit deiner Arbeit ..... fertig? – Nein, ich bin ..... nicht fertig. – 2. Ich hatte ..... einen Tag Zeit, um die Stadt zu besichtigen, deshalb konnte ich leider nicht alles sehen. – 3. Ich brauche ..... 50 Mark, dann habe ich genug Geld für die Schreibmaschine gespart. – 4. Der Fotoapparat ist sehr günstig zu verkaufen; er kostet ..... 100 Mark. – 5. Sind Sie ..... seit kurzer Zeit in unserer Stadt? – Nein, ich bin ..... fast ein Jahr hier. – 6. Wohnen Sie ..... seit längerer Zeit in der Schillerstraße? – Nein, ich bin ..... vor einer Woche dorthin gezogen. – 7. Haben Sie ..... viel von dieser Gegend hier gesehen? – Nein, ich bin ..... vor zwei Tagen hier angekommen. – 8. Ich glaube, daß ich in dieser Woche keine Zeit mehr habe, sondern ..... in der nächsten. – 9. Er hatte noch einen kleinen Bruder, der ..... drei Jahre alt war. – 10. Der Student konnte ..... vier Sprachen fließend sprechen, aber das genügte ihm ..... nicht. Darum wollte er ..... Russisch lernen. – 11. Wer ..... seine Muttersprache spricht, kann keine fremdsprachigen Bücher lesen. – 12. Der Vertrag ist fertig, es fehlen nur ..... die Unterschriften. – 13. Das Mädchen war nicht ..... schön, sondern auch klug. – 14. Die Arbeit ist ..... nicht zu Ende, sondern sie beginnt ..... – 15. Der Zug aus Leipzig ist ..... nicht angekommen, obwohl er ..... vor zwanzig Minuten hätte ankommen müssen. – 16. Der alte Herr war mit seinen 75 Jahren immer ..... so rüstig wie mit fünfzig. – 17. Nun hast du schon den halben Kuchen gegessen und willst immer ..... mehr. – 18. Der Film läuft ..... in diesem einzigen Kino. – 19. Wir müssen uns beeilen, es ist ..... 9 Uhr. – 20. ..... durch eifriges Üben kann man in einer Fremdsprache Fortschritte machen.

die Meinung, -en: vorläufiges Urteil einer Person über eine Sache. Man kann seine Meinung durch weitere Erfahrung ändern.

Der Reporter fragte die Passanten *über ihre Meinung zur Politik der neuen Regierung.*

die Ansicht, -en: Betrachtungsweise einer Person über eine Sache. Die Person ist von der Richtigkeit ihrer Ansicht überzeugt. Andere brauchen diese Ansicht nicht zu teilen, wenn sie glauben, daß sie nicht genügend bewiesen ist.

Meine Ansicht über den Nutzen der Weltraumforschung deckt sich nicht mit der Ihren.

die Anschauung, -en: grundsätzliche Ansicht über ein umfassendes, meist philosophisches Gebiet *(Weltanschauung).*

Durch die neuen Erkenntnisse der Weltraumforschung werden *die Anschauungen* mancher Naturwissenschaftler widerlegt.

57.4   Bedeutung – Sinn

die Bedeutung: der geistige Inhalt eines Wortes, einer Sache oder einer Handlung. Sie gibt an, wie etwas zu verstehen oder zu beurteilen ist.

Erklären Sie mir *die Bedeutung dieses Wortes!*

Der Redner erklärte *die Bedeutung der Entwicklungshilfe für den Frieden der Welt.*

der Sinn: der geistige Inhalt einer Sache oder einer Handlung. Er gibt den Zweck innerhalb eines größeren Zusammenhangs an.

Der Sinn der Konferenz internationaler Verkehrsexperten ist es, den Tourismus in Europa zu fördern.

Übung: *Setzen Sie die geeigneten Nomen ein!* (Meinung, Ansicht, Anschauung, Bedeutung, Sinn)

1. Ich will Ihnen d- . . . . . dieses Verkehrszeichens erklären. – 2. In einer Diskussion kann jeder seine . . . . . äußern. – 3. D- . . . . . einer Diskussion ist es nicht, den anderen zu überzeugen, sondern nur Gelegenheit zu haben, seine Meinung darzulegen. – 4. Man lernt dabei auch die . . . . .-en anderer kennen. – 5. Man kann jederzeit seine . . . . . ändern, wenn einen die Argumente des Diskussionsgegners überzeugt haben. – 6. Es ist jedoch sehr schwer, d- . . . . . eines Menschen zu ändern, weil diese von der Um-

welt, der Erziehung und der Bildung abhängt. – 7. Sagen Sie mir offen Ihre . . . . . über den neuen Buchhalter unserer Firma. – 8. Meiner . . . . . nach ist er ein sehr tüchtiger Mensch. – 9. Bei uns kann jeder seine . . . . .-en äußern. – 10. Es hat kein- . . . . ., seine Anschauung ändern zu wollen. – 11. Der Bau von Straßen ist für ein Land von großer . . . . . – 12. Wir sind im Hinblick auf die Wirtschaftspolitik anderer . . . . . als Sie.

antworten – entgegnen – erwidern   57.5

antworten: auf eine Frage:
Der Lehrer fragt, und *die Schüler antworten.*

entgegnen: auf eine geäußerte Meinung eine gegenteilige Ansicht äußern:
Auf meine Argumente *konnte er mir nichts entgegnen.*

erwidern: wie *entgegnen,* aber mit stärkerer innerer Beteiligung:
„Du wirst zu Hause bleiben!" *erwiderte der Vater ärgerlich.*

Übung: *Setzen Sie die geeigneten Verben ins Prädikat!*

1. Du sollst mir auf meine Frage . . . . . – 2. . . . . . mir! – 3. Ich will Ihnen auf Ihre Angriffe in aller Ruhe . . . . . – 4. Die Leute konnten mir mit keinen vernünftigen Gründen . . . . . – 5. Ich fragte ihn, aber er wollte nicht . . . . . – 6. Was soll man dem Mann auf seine beleidigenden Beschuldigungen . . . . .? – 7. „Sie sind im Irrtum!" . . . . . er mir heftig. – 8. Ich werde Ihnen gleich auf Ihre, meiner Meinung nach falschen Ansichten . . . . . – 9. Du sollst . . . . ., wenn du gefragt wirst. – 10. Der Redner wußte auf jeden Angriff in der Debatte zu . . . . .

Übung: *Beschreiben Sie mit dem angegebenen Wortmaterial Sachverhalte*   57.6
und drücken Sie dabei die gewünschte subjektive Stellung aus!
sA = subjektiver Ausdruck

1. H ins Büro fahren, R Herr Breuer, U-t jetzt, / sA (Vermutung) wahrscheinlich
2. S fertig, R das Essen, U-t jetzt, / sA (Vermutung) dürfen
3. H helfen, R die Menschen, andere, / sA (Empfehlung) sollen
4. V bessern, R Wetter, U-t morgen, / sA (Zweifel) werden, kaum
5. S unausführbar, R mein Plan, / sA (Vermutung) scheinen
6. S Nachtdienst haben, R Krankenschwester, U-t heute, / sA (Kritik) schon wieder

7. ^H weitererzählen, ^R Junge, unsere Geheimnisse, ^{U-t} jetzt, ^{U-l} überall, / ^{sA} (Gleichgültigkeit) mögen, ruhig

8. ^V verlieren (Perf.), ^R du, dein Geldbeutel, ^{U-t} vorhin, ^{U-l} Straße, / ^{sA} (Befürchtung) doch nicht etwa

trachten nach + Dativ

9. ^H trachten, ^R viele Menschen, ihr eigner Vorteil, ^{U-t} immer, / ^{sA} (Bedauern) leider

10. ^S gut stehen, ^R deine Auslandsgeschäfte, ^{U-t} heutige Zeit, / ^{sA} (Vermutung) müssen

11. ^V regnen, ^{U-t} gestern, der ganze Tag, ^{U-l} hier, / ^{sA} (Vermutung) wahrscheinlich

12. ^H lernen, ^R ihr, ^{U-t} letztes Jahr, ^{U-m} sehr intensiv, / ^{sA} (Vermutung) scheinen

13. ^H nicht zum besten haben, ^R du, dein Freund, ^{U-t} so oft, / ^{sA} (Empfehlung) sollen

14. ^V Prüfung bestehen, ^R mein Bruder, ^{U-t} gestern, ^{U-l} Schule, / ^{sA} (Wunsch) hoffentlich

15. ^V anfangen, ^R das Konzert, ^{U-t} letzter Sonntag, schon um 8 Uhr, / ^{sA} (Vermutung) können

57.7 **Übung:** *Fassen Sie folgenden Bericht als Nachricht ab, ohne selbst dazu Stellung zu nehmen! Die Nachricht darf nur die Sachverhalte nüchtern wiedergeben:*

Erdgas unter der Nordsee

Bohrungen in der Nordsee vor den Küsten Deutschlands machen in jüngster Zeit von sich reden. Gasausbrüche an den Bohrstellen erhärten eine Theorie, nach der Petroleum im Meer entstand. Mit ziemlicher Sicherheit, so behaupten Geochemiker, seien Erdgas und Erdöl tierischen und pflanz-
5 lichen Ursprungs. Vor Jahrmillionen gehörten Nord- und Ostsee zu einem großen Weltmeer. Zahllose Generationen von Wassertieren und -pflanzen seien auf dem Meeresgrund verwest. Dabei hätten sich Fetttröpfchen gebildet, die sich in tieferen, undurchlässigen Gesteinsschichten ansammelten und zu Öl wurden. Unter Einwirkung von Mikroorganismen soll sich über
10 diesen ‚Ölseen‘ Erdgas angesammelt haben, das aus Methan und einem Gemisch anderer Kohlenwasserstoffe (Äthan, Butan, Propan usw.) besteht. Sein Heizwert liegt bei etwa 9000 Kilokalorien pro Kubikmeter. Im Vergleich dazu: Kochgas hat nur 4500 Kilokalorien.

→ 8.0

Aufgaben zum Text
(8.0, Seite 22)

1. *Beantworten Sie die Fragen!*

   Was für ein Mensch war August Knotenbrink? Charakterisieren Sie ihn
   mit Ihren eigenen Worten!

   Welches sind seine Verdienste? Beschreiben Sie sie in positiver Form!

   Was ist unter einem Weltverbesserungsplan zu verstehen? *What is meant by*

   Was ist unter einem Menschheitsbeglückungsplan zu verstehen?

   Was ist ein Leitbild?

2. *Erklären Sie den Inhalt folgender Sätze!*

   Mit August Knotenbrink ist ein großer Mann dahingegangen.

   Knotenbrink hat nicht das Schießpulver erfunden. (Doppelsinn!)

   Es hat ihm nicht gefallen, über andere zu bestimmen.

   Er hat keinen Grenzstein versetzt.

   Er hat nicht von sich reden gemacht.

3. *Auf welche Beschreibungen treffen die Erklärungen zu?*

     I. Ein hilfsbereiter Mann ging mit ihm *dahin.*

    II. Ein hilfsbereiter Mann ging mit ihm *dorthin.*

   III. Er ging mit einem hilfsbereiten Mann *dahin.*

   a) In der Beschreibung des Sachverhalts werden zwei Personen genannt (mit jemandem an einen Ort gehen).

   b) In der Beschreibung des Sachverhalts wird nur eine Person genannt (sterben).

     I. Die Indianer hielten *auf einer hohen Ebene* Kriegsrat.

    II. Die Verhandlungen werden *auf höchster Ebene* geführt.

   III. Die Stadt München liegt *auf einer Hochebene.*

   a) geographischer Ort (Frage: wo?)

   b) politische Rangordnung (Frage: wie?)

     I. Ich *danke* deinem Vater für seine Hilfe.

    II. Ich *verdanke* meine Stellung in dieser Firma deinem Vater.

   III. Du *verdankst* deine unangenehme Lage nur deinem Leichtsinn.

   a) sein Gefühl der Dankbarkeit aussprechen

   b) durch jemanden oder etwas in eine (gute oder schlechte) Lage
   gekommen sein.

4. *Schreiben Sie die Würdigung einer Ihnen bekannten Persönlichkeit aus dem kulturellen oder politischen Leben nieder! Geben Sie dabei eine Charakterisierung seiner Person und seine Verdienste an!*

58.2 Übung: *Nennen Sie den umgekehrten Sachverhalt!*

1. Der Ingenieur hat gestern seine Arbeit aufgenommen. (beenden) – 2. Der Sturm hat sich am Abend gelegt. (sich erheben) – 3. Die Sonne geht hinter dem Berg auf. (untergehen) – 4. Der Mann trat einen Schritt zurück. (vortreten) – 5. Der Punkt am Horizont wurde kleiner. (groß, sich vergrößern) – 6. Das Motorengeräusch wurde immer leiser. (laut) – 7. Deine Methode erschwert unsere Arbeit. (erleichtern) – 8. Die Leistungen des Schülers haben sich wieder verschlechtert. (sich verbessern) – 9. Ich rate Ihnen von der Reise ab. (empfehlen) – 10. Deine Theorie entspricht der Lebenserfahrung. (widersprechen) – 11. Es steht schlecht um das Glück der Menschen. (gut) – 12. Ihr Verhalten schadet der Allgemeinheit. (nützen) – 13. Der Autofahrer hat die Geschwindigkeit seines Wagens vermindert. (steigern) – 14. Der Angeklagte gab den Diebstahl zu. (leugnen) – 15. Die jungen Leute haben mich bei der Arbeit gestört. (in Ruhe lassen) – 16. Die Frau hat mich mit ihrem Gespräch unterhalten. (langweilen)

58.3   Absicht – Bestreben – Plan – Programm

die Absicht, -en: das Motiv, der Beweggrund, der aus einer Handlung nachträglich zu erkennen ist:

   Er ist *mit der Absicht* hierhergekommen, *Deutsch zu lernen.*

das Bestreben: die innere Haltung, die darauf gerichtet ist, ein Ziel zu erreichen:

   Wir haben *das Bestreben, mit allen Menschen in Frieden zu leben.*

der Plan, ⸺e: festgelegte Gedanken zur Verwirklichung einer Absicht:

   Wir haben *den Plan, unser Haus zu verkaufen.*

das Programm, -e: ein Plan, der bis in alle Einzelheiten festgelegt ist:

   Die Regierung hat ihr *neues Programm* veröffentlicht.
   Der Besuch von Paris steht auf *unserem Reiseprogramm.*

Übung: *Setzen Sie die geeigneten Nomen ein!*

1. Ich bin nicht hinter dein- ..... gekommen. – 2. Welche ..... habt ihr für eure nächste Reise gemacht? – 3. Die Regierung hat sich nicht an ihr-

. . . . . gehalten. – 4. Wir alle wollen d- . . . . . der Stadtverwaltung zum Bau einer Untergrundbahn unterstützen. – 5. Kennst du die . . . . ., die er mit seiner Handlungsweise verfolgt? – 6. Unser- . . . . . ist es, den Armen und Kranken zu helfen. – 7. D- . . . . . zum Neubau einer Universität konnte nicht verwirklicht werden. – 8. Was steht auf d- . . . . . der kommenden Veranstaltung? – 9. Mit welchen . . . . . trägt er sich? – Er trägt sich mit Heirats-. . . . . – 10. Hast du die Vase mit . . . . . kaputt gemacht?

58.4 nötig – erforderlich – notwendig

nötig: man braucht das, um einen Zweck zu erreichen:

> Wir haben zu unserer Reise *Geld nötig*.
> Es fehlt uns *am nötigen Geld*.

erforderlich: es ist Voraussetzung, daß man etwas braucht; es ist von der Sache her unerläßlich, daß man etwas braucht:

> Die *für den Bau der Universität erforderlichen Geldmittel* waren nicht zu beschaffen.

notwendig: es ist Voraussetzung, daß etwas so ist, wenn es bestehen oder erreicht werden soll:

> Zum Studium ist *eine Menge Bücher notwendig*.
> Ich muß mir *die notwendigen Bücher* beschaffen.

Übung: *Setzen Sie die geeigneten Wörter ein!*

1. Wenn eine Regierung zurücktritt, ist eine Neuwahl . . . . . – 2. Hans kann nicht studieren, weil sein Vater nicht die zum Studium . . . . . Geldmittel besitzt. – 3. Wir haben es nicht . . . . ., jeden Tag zu arbeiten. – 4. Der Bau der neuen Straße hat sich als . . . . . erwiesen. – 5. Wir haben für die Landwirtschaft dringend Regen . . . . . – 6. Leider kann ich mir nicht mehr den für die Auslandsreise . . . . . Reisepaß besorgen. – 7. Es ist nicht . . . . ., daß du mich nach Hause begleitest. – 8. Hier fehlt noch die . . . . . Unterschrift unter dem Vertrag. – 9. Der Direktor wird alles anordnen, was für die Renovierung des Hauses . . . . . ist. – 10. Wir werden uns für die Reise alles . . . . . besorgen.

Übung: *Stellen Sie mit Hilfe des angegebenen Textgerüsts den Text wieder her! Die Konjunktion und schließt die Beschreibung des Sachverhalts mit der vorhergehenden Beschreibung zusammen. Rollen, die in Klammern stehen, erscheinen in der Beschreibung als* 58.5

Pronomen oder werden nicht mehr erwähnt. Modalverben, die verwendet werden sollen, stehen ebenfalls in Klammern.

In der Jugendherberge

1. S führen zu den Bergwiesen, R zwei Feldwege, U-l von der Bundesstraße, U-m über Höhen und durch Niederungen.
2. V errichten, R eine Jugendherberge, U-l hier
3. H abstellen (können), R die jungen Wanderer, ihr Gepäck, U-l Eingangshalle.

und 4. H sich niederlassen (können) in Sesseln und auf Bänken, R (die Wanderer), U-m Rast.

5. V herrschen, reger Betrieb, U-l Eingangshalle.
6. H umringen, R Jungen und Mädchen, Herbergsvater

und 7. H überschütten, Fragen, R (Jungen und Mädchen), (Herbergsvater).

8. H kommen, Jugendherberge, R eine neue Gruppe, U-t dieser Augenblick.
9. H gehen, Anmeldeschalter, R (die Neuangekommenen)

und 10. H sich anmelden, R (die Neuangekommenen), U-l dort.

11. H gehen, Keller, R (die Neuangekommenen), U-t dann

und 12. H reinigen, R (die Neuangekommenen), Schuhe;

13. H abgeben, R (die Neuangekommenen), ihre Ausweise, U-t danach

und 14. H sich begeben, Schlafsaal, R (die Neuangekommenen), U-m ihr Gepäck.

15. H sich versammeln, R die Jungen und Mädchen, U-l großer Saal, U-t Abend
16. H sich zusammensetzen, R (die Jungen und Mädchen), U-m großer Kreis.
17. H spielen, Lied, R ein Junge, U-m Laute.
18. H mitsingen, R alle.
19. H beginnen, R (die Jungen und Mädchen), ein gemeinsames Spiel.
20. S haben, großer Spaß, R alle (Mädchen und Jungen), Spiel.
21. V erschallen, lautes Lachen, U-t immer wieder.
22. H singen, R die Jungen und Mädchen, U-t zwischen den Spielen.

23. ^V vergehen, Zeit, ^{U-m} Flug

24. ^H singen, ^R die jungen Leute, ein Schlußlied, ^{U-t} später Abend

und 25. ^H gehen, Bett, ^R (die jungen Leute), ^{U-t} dann.

26. ^V einschlafen, schnell, ^R (die jungen Leute), ^{U-m} Müdigkeit.

→ 9.0

Aufgaben zum Text
(9.0, Seite 26)

59.1

1. *Beantworten Sie folgende Fragen!*

Welche Art von Büchern ziehen Sie vor? Gebundene Bücher, paperbacks oder Taschenbücher? Geben Sie eine nähere Begründung!

Welche Themen interessieren Sie? Begründen Sie Ihr Interesse!

Was versteht man unter Themen, die auf die breite Masse ausgerichtet sind?

Was beeinflußt, Ihrer Meinung nach, den Preis eines Buches?

Was sollte der Staat, der ja normalerweise von der Mehrheit der Bevölkerung getragen wird, noch tun, um die Bildung seiner Bürger zu fördern? Was sollte er dagegen unterlassen?

Welches Interesse könnte jemand haben, den Wunsch nach Bildung bei den Menschen zu ignorieren?

Was verstehen Sie unter Bildung?

2. *Erklären Sie den Inhalt folgender Sätze!*

Dieses Buch wurde von den Lesern lebhaft begrüßt.

Unsere Vermutungen haben sich bewahrheitet.

Reklame soll bei den Käufern neue Wünsche wachrufen.

Die neue Mode hat sich auch in Europa durchgesetzt.

Qualität und Preis stehen in umgekehrtem Verhältnis zueinander.

Man soll die Leistungen der Verleger nicht unterschätzen.

3. *Auf welche Beschreibungen treffen die Erklärungen zu?*

I. Der Mann hat eine schwere Arbeit *geleistet.*

II. Der Mann hat eine schwere Arbeit *verrichtet.*

   a) Bewundernde Feststellung.

   b) Einfache Feststellung; für die Arbeit bestand ein Auftrag.

I. Die Frau *warf* dem Mann Unehrlichkeit *vor.*

II. Die Frau *hielt* dem Mann seine Unehrlichkeit *vor.*

   a) Jemanden wegen eines begangenen Fehlers oder wegen seiner Haltung tadeln und ihm dies deutlich erklären.

b) Jemanden wegen etwas tadeln und ihm sagen, daß man ein anderes Verhalten von ihm erwartet hätte.

I. Wir hatten *anfangs* gutes Wetter.

II. Wir hatten *von Anfang an* gutes Wetter.

III. Wir hatten *zu Anfang* gutes Wetter.
 a) Das Wetter war dauernd gut.
 b) Das Wetter war nur am Anfang gut, dann nicht mehr.

59.2 Übung: *Beschreiben Sie den gleichen Sachverhalt mit anderen grammatischen Mitteln!*

1. Mein Vater besitzt eine Konservenfabrik. (haben) – 2. Der junge Mann ging dem Mädchen bis zur Schule nach. (folgen) – 3. Geld ist für uns unwichtig. (Rolle) – 4. Ich bin der Überzeugung, daß du im Recht bist. (überzeugt) – 5. Mit der Entdeckung Galileis hat ein neues Zeitalter begonnen. (anbrechen) – 6. Dein Freund ist immer sehr gut gekleidet. (anziehen) – 7. Der Bahnwärter traf alle Vorbereitungen für den Nachtdienst. (vorbereiten) – 8. Langsam kam der Zug näher. (sich nähern) – 9. Wir verbrachten die Ferien mit Schwimmen und Wandern. (zubringen) – 10. Deine Theorie ist entgegen aller Erfahrung. (widersprechen) – 11. Gestern wurde hier der Bürgermeister dieses Ortes bestattet. (Grab) – 12. Der gute Mensch hatte nie das Bestreben, andere zu unterdrücken. (gefallen) – 13. Wir hatten nie Zeit und Gelegenheit, eine Fremdsprache zu lernen. (dazu kommen) – 14. Deine Ansichten über die Politiker haben sich als wahr herausgestellt. (sich bewahrheiten) – 15. Die Reklame soll bei den Käufern neue Wünsche erwecken. (wachrufen) – 16. Man machte mir zum Vorwurf, daß ich nicht meine Pflicht erfüllt hätte. (vorwerfen)

59.3   Bildung – Ausbildung – Fortbildung

die Bildung: das positive Ergebnis der Erziehung im Elternhaus und in der Schule; das Wissen, das sich jemand auf kulturellem Gebiet angeeignet hat (Adjektiv: gebildet):
 Der junge Mann *hat eine gute Bildung.*
die Ausbildung: das Lehren oder Aneignen von Wissensstoff und praktischen Fertigkeiten:
 Ihr seid noch *in der Ausbildung.*

die Fortbildung: das Lehren von Wissensstoff und praktischen Fertigkeiten nach einer abgeschlossenen Ausbildung, um den Lernenden in seinem Wissen und seinen Fähigkeiten zu vervollkommnen und ihn auf den neuesten Stand der (technischen) Entwicklung zu bringen.

Übung: *Setzen Sie das geeignete Nomen ein!*

1. Die Ingenieure müssen sehr viel für ihre . . . . . tun. – 2. Wir suchen eine junge Dame mit sehr guter Schul-. . . . . – 3. Die . . . . . in der Maschinenfabrik dauert zwei Jahre. – 4. Diese Soldaten befinden sich noch in der . . . . . – 5. Die Eltern müssen sehr viel für die . . . . . ihres Sohnes bezahlen, bis er selbst etwas verdient. – 6. Hat der Mann denn keine . . . . . gehabt? Er stellt sich immer so ungeschickt an. – 7. Theater- und Konzertbesuche tragen sehr viel zur . . . . . eines Menschen bei. – 8. Gutes Benehmen ist ein Zeichen von . . . . .

Recht – Befugnis   59.4

das Recht: der natürliche (vom Gesetz garantierte) Anspruch jedes Menschen auf ein menschenwürdiges Dasein, auf freie Entfaltung seiner Persönlichkeit:

> Die Eltern haben *das Recht, ihre Kinder nach ihrem Willen zu erziehen.*

die Befugnis, -se: die Macht, die eine Person durch ihr Amt oder durch ihre Stellung erhalten hat, bestimmte Handlungen zu tun:

> Ein Polizeibeamter hat ohne richterlichen Auftrag *keine Befugnis, eine Wohnung zu betreten.*

Übung: *Setzen Sie die geeigneten Nomen ein!*

1. Jeder hat d- . . . . . auf freie Entfaltung seiner Persönlichkeit, soweit er nicht die . . . . . anderer verletzt. (Aus dem Grundgesetz) – 2. Der Lehrer hat vom Schulleiter d- . . . . . erhalten, die Zimmer der Schüler zu kontrollieren. – 3. Von wem haben Sie d- . . . . ., das Fabrikgelände zu betreten? – 4. Woher nehmen Sie sich d- . . . . ., meine Briefe zu öffnen? – 5. Ich kann Ihnen die Dokumente nicht zeigen. Ich habe kein- . . . . . dazu. – 6. Was . . . . . ist, muß . . . . . bleiben. (Redensart)

Übung: *Interpretieren Sie den folgenden Artikel 5 aus dem Grundgesetz*   59.5
der Bundesrepublik Deutschland!

Artikel 5

(1) Jeder hat das Recht, seine Meinung in Wort, Schrift und Bild frei zu äußern und zu verbreiten und sich aus allgemein zugänglichen Quellen ungehindert zu unterrichten. Die Pressefreiheit und die Freiheit der Berichterstattung durch Rundfunk und Film werden gewährleistet. Eine Zensur findet nicht statt.

(2) Diese Rechte finden ihre Schranken in den Vorschriften der allgemeinen Gesetze, den gesetzlichen Bestimmungen zum Schutze der Jugend und in dem Recht der persönlichen Ehre.

(3) Kunst und Wissenschaft, Forschung und Lehre sind frei. Die Freiheit der Lehre entbindet nicht von der Treue zur Verfassung.

Übung:

1. Wodurch werden die im Paragraphen 1 garantierten Grundrechte beschränkt? Nehmen Sie dazu Stellung!
2. Was verstehen Sie unter dem Begriff ‚Schutz der Jugend‘?
3. Was verstehen Sie unter dem Begriff ‚das Recht der persönlichen Ehre‘?
4. Was besagt der Satz ‚Eine Zensur findet nicht statt‘? Welche Arten von Zensur kennen Sie?

→ 10.0

60.1

Aufgaben zum Text

(10.0, Seite 34)

1. *Beantworten Sie folgende Fragen!*

Welchen Unterschied macht der Verfasser des Textes zwischen dem Begriff ‚Muße‘ und den Begriffen ‚Freizeit‘, ‚Urlaub‘ usw.?

Welchen Zweck erkennen Sie in den arbeitsrechtlichen Regelungen der Arbeitspause und des Urlaubs?

Wie sollte man den Urlaub verbringen, um die von Ihnen genannten Zwecke zu erreichen?

Wie verbringen Sie in Wirklichkeit Ihren Urlaub?

2. *Erklären Sie den Inhalt folgender Sätze!*

Muße ist mit der äußeren Tatsache des bloßen Zeithabens keineswegs schon gegeben.

240

Die Festlichkeit gehört zum Kern dessen, was wir Muße nennen.

Die Arbeitspause ist eingekettet in den zeitlichen Ablauf des Arbeitstages.

Die Pause ist um der Arbeit willen da.

Übung: *Beschreiben Sie die Sachverhalte mit anderen sprachlichen Mitteln!* 60.2

1. Der junge Mann hat sein Herz an ein Bauernmädchen verloren. (sich verlieben) – 2. Gestern haben wir auf der Straße deinen Freund getroffen. (begegnen) – 3. Unauffällig ging der Polizist dem Verdächtigen nach. (folgen) – 4. Der Lehrer erklärte mir die Schwierigkeiten eines Studiums im Ausland. (auseinandersetzen) – 5. Der Junge bemühte sich, dem Mädchen den kürzesten Weg zum Bahnhof zu erklären. (suchen) – 6. Der Wissenschaftler hat etwas Wichtiges entdeckt. (Entdeckung) – 7. Schliemann fand eine Methode heraus, wie man eine Sprache leichter lernen kann. (ausfindig machen) – 8. Der Junge hat mich angeführt, indem er mir eine leere Zigarettenschachtel gab statt eine volle. (zum besten haben) – 9. Gestern wurde August Knotenbrink beerdigt. (zu Grabe tragen) – 10. Ich war gestern im Büro sehr beschäftigt. (zu tun haben) – 11. Meine Vermutungen haben sich als richtig herausgestellt. (sich bewahrheiten) – 12. Das große Angebot der Kaufhäuser weckt beim Publikum viele Wünsche. (wachrufen)

geben

60.3

Handlung:

1. etwas aus einer Hand in die andere gelangen lassen; jemandem etwas hinreichen, damit er es ergreift:

   Der Junge *gab dem Mädchen seinen Ball.*

2. im Sinne von *spenden;* freigebig überlassen:

   Er hat *dem Roten Kreuz eine größere Geldsumme gegeben.*

3. im Sinne von *veranstalten:*

   Frau Meier *gibt* morgen *eine Party.*

4. im Sinne von *sich verhalten;* eine Eigenschaft oder eine Haltung zeigen, die nicht wahr ist, um eine bestimmte Wirkung auf andere zu erreichen:

   Der Mann *gibt sich hilfsbereit,* ist es aber nicht.

Vorgang:

5. im Sinne von *langsam nachlassen* und *aufhören:*

   Das Fieber hat *sich* nach der ärztlichen Behandlung *gegeben.*

Sein:

6. *vorhanden sein* (eine Person oder Sache):
   Hier *gibt es* zwei Theater.
7. *wirklich existieren:*
   Den Dr. Faust *hat es gegeben.*

Übung: *In welchem Sinne wird in den folgenden Sätzen das Verb „geben" gebraucht?*

1. Morgen gibt der Minister einen Empfang. – 2. Wenn du die Tablette nimmst, geben sich die Schmerzen. – 3. Frau Meier brauchen Sie nicht zu bitten. Sie gibt nicht gern. – 4. Wie viele Cafés gibt es hier in dieser Straße? – 5. Hast du dem Bettler etwas gegeben? – 6. Nein, ich gebe niemals etwas. – 7. Gib mir bitte das Buch! – 8. In früherer Zeit hat es in Europa viele Bären gegeben. – 9. Gib dich wenigstens freundlich, wenn du es auch nicht bist! – 10. Wer gern gibt, gibt doppelt. (Redensart)

60.4   denken – nachdenken – überlegen

denken: ein ‚inneres Gespräch' führen; sich einen bestimmten Gedanken durch den Kopf gehen lassen (Handlung):
> Diese junge Dame möchte ich kennenlernen, *dachte* der junge Mann.

nachdenken: sich bemühen, über einen Sachverhalt oder ein Problem klarzuwerden; sich in Gedanken gründlich mit einem Sachverhalt beschäftigen (Handlung):
> Lassen Sie mich *nachdenken,* wann wir uns das letzte Mal gesehen haben!

überlegen: sich in Gedanken mit einem Plan oder Vorhaben beschäftigen, um zu einem Entschluß zu kommen (Handlung):
> Ich muß mir noch *überlegen,* ob ich dieses Haus kaufe.

60.5   denken – glauben

denken: fähig sein, etwas durch seine Vernunft zu erkennen und über etwas vernünftig zu urteilen (Handlung):
> Die jungen Leute sollten lernen, kritisch zu *denken.*

242

glauben: einen nicht erwiesenen Sachverhalt für wahr hinnehmen: *Glaubst* du, was dir dieser Mann erzählt hat?

Übung: *Setzen Sie das geeignete Verb ins Prädikat ein!*

1. Willst du mit uns in die Ferien fahren? – Ich werde mir das noch . . . . . – 2. Was ist das doch für eine schöne Landschaft, ... der Wanderer. – 3. . . . . . . du alles, was dir die Leute erzählen? – 4. Das Kind kann noch nicht logisch . . . . . – 5. Was macht der Mann dort? – Er . . . . ., was er tun soll. – 6. Hast du dir schon . . . . ., wohin du im Sommer fahren willst? – 7. Der Mensch . . . . ., Gott lenkt. (Sprichwort) – 8. Wer's . . . . ., wird selig. (Sprichwort) – 9. Der Schüler . . . . . angestrengt, konnte aber die Lösung der Aufgabe nicht finden. – 10. Habt ihr schon einmal über eure Zukunft . . . . .?

Übung: *Stellen Sie mit Hilfe des angegebenen Textgerüsts den Text wieder her!* **60.6**

E = Prädikatsergänzung

Die Liebe

1. V sich verlieben, R ein junger Mann, ein Mädchen.
2. S kennen, E sehen, R (junger Mann, Mädchen), U-m jedoch, nur.
3. H überlegen, R (junger Mann), wie er sie kennenlernen könnte.
4. S haben E ein merkwürdiger Plan, R (junger Mann), U-t ein Tag.
5. H entwenden (wollen), R (junger Mann), ihr Geldbeutel, U-l Tasche,
6. H fallen lassen (wollen) E Boden, R (junger Mann, Geldbeutel)

und 7. H wiedergeben (wollen), R (junger Mann, Mädchen, Geldbeutel).

8. H nehmen (wollen) E Anlaß, R (junger Mann), das, U-t dann, U-m um mit ihr in ein Gespräch zu kommen.
9. V ertappen, R ein Schutzmann, (junger Mann), U-t sein Vorhaben.
10. V helfen, R keine Ausrede, (junger Mann).
11. V verhaften, R der junge Mann

und 12. V bringen E Wache, R (junger Mann).

13. V aufwachen, R (junger Mann), U-t dieser Moment.
14. S sein E böser Traum, R alles.

→ 11.0

Aufgaben zum Text

(11.0, Seite 36)

1. *Beantworten Sie die Fragen!*

   Was versteht man allgemein unter einem ‚reifen Menschen'? Charakterisieren Sie ihn, und vergleichen Sie ihn mit einem jungen Menschen! Welches sind die Unterschiede zwischen einem jungen Menschen und einem jugendlichen Menschen?
   Wie wird der Idealismus und die Begeisterungsfähigkeit der Jugend häufig ausgenutzt? Welche Gefahren können darin liegen?
   Stimmen Sie mit der Meinung Albert Schweitzers überein? Nennen Sie die Gründe oder die Gegengründe!
   Was versteht man unter einem Naturgesetz?

2. *Erklären Sie den Inhalt folgender Sätze!*

   Diese Überzeugung hat mich wie ein treuer Begleiter auf meinem Weg begleitet.
   Er eiferte für die Gerechtigkeit.
   Um besser durch die Fährnisse und Stürme des Lebens zu schiffen, hat er sein Boot erleichtert.
   Ihm wehte eine das Herz beklemmende Wehmut entgegen.

3. *Auf welche Beschreibungen treffen die Erklärungen zu?*

   I. Ich *verstehe* den Ausländer.
   II. Ich *verstehe* unter einem Ausländer einen Menschen, der eine andere Nationalität besitzt als ich.
      a) Mir ist die Sprache des Ausländers bekannt.
      b) Das ist meine Vorstellung von einem Ausländer.
      c) Ich begreife die Mentalität des Ausländers.

   I. Ich habe mich dagegen gewehrt, Beamter zu werden.
   II. Er hat sich gegen die Beschuldigungen der Leute gewehrt.
      a) sich verteidigen
      b) sich sträuben, nicht einverstanden sein

   I. Wir haben einen interessanten Film zu sehen bekommen.
   II. Mein Freund hat uns einen interessanten Film gezeigt.
   III. Uns wurde ein interessanter Film gezeigt.

a) Mitteilungsperspektive ist ‚ein interessanter Film‘.
b) Mitteilungsperspektive ist ‚wir‘.
c) Mitteilungsperspektive ist ‚mein Freund‘.

I. die Vernunft

II. die Vernünftigkeit
   a) die Fähigkeit, sein Wissen sinnvoll zu gebrauchen
   b) die Fähigkeit, sein Handeln so einzurichten, wie es die Zweck-
      mäßigkeit verlangt

I. Dieser Ring ist mir zu teuer, als daß ich ihn kaufen könnte.

II. Dieser Ring ist mir zu teuer, als daß ich ihn verkaufen könnte.
   a) Der Ring hat einen hohen persönlichen Wert (z. B. als Erinne-
      rungsstück).
   b) Der Ring hat einen zu hohen Preis.

I. Ich glaube den Worten dieses Mannes.

II. Ich glaube an die Worte dieses Mannes.
   a) Ich halte das, was dieser Mann gesagt hat, für wahr.
   b) Ich vertraue auf das, was dieser Mann gesagt hat.

I. Er hat deine Erklärungen angehört.

II. Er hat deine Erklärungen mitangehört.
   a) Die Erklärungen waren für jemand anderen bestimmt.
   b) Die Erklärungen galten ihm; sie waren nur für ihn bestimmt.

4. *Beschreiben Sie, welche Haltung sich Albert Schweitzer auch bei älte-*
ren Menschen wünscht!

Übung: *Nennen Sie den umgekehrten Sachverhalt!*   61.2

1. Die Öffentlichkeit lehnte die neuen Maßnahmen der Regierung ab.
(begrüßen) – 2. Die Bücher werden jetzt immer billiger. (teuer) – 3. Der
Staat ist um die Bildung der Bevölkerung bemüht. (vernachlässigen) –
4. Wir haben die Fähigkeiten des jungen Sportlers überschätzt. (unterschätzen) – 5. Ich bin in Eile. (Zeit haben) – 6. Ich habe heute abend zu
tun. (frei) – 7. Du hast mich allein nach Hause gehen lassen. (begleiten) –
8. Der Junge ließ sich die Schläge gefallen. (sich wehren) – 9. Nach diesem Schicksalsschlag bewahrte die Frau ihre Einstellung zum Leben.
(preisgeben) – 10. Seine Jugenderinnerungen sind ihm gleichgültig.
(teuer) – 11. Ich habe dein Geheimnis gehütet. (preisgeben) – 12. Ein

Auto ist für das Prestige eines Menschen unentbehrlich. (entbehrlich) –
13. Wir haben uns gegen seine Anordnungen gewehrt. (sich unterwerfen) –
14. Es fällt mir schwer, von hier fortzugehen. (leicht)

61.3   **mit- + Verb**

1. begleiten

mitgehen: jemanden auf einem Weg begleiten, der von einem Ort wegführt:

> Peter geht morgen ins Theater. *Ich gehe mit.*

mitkommen: jemanden auf einem Weg begleiten, der zu einem bestimmten Ort führt:

> Hans kommt morgen zu uns. *Kurt kommt auch mit.*

mitbringen: etwas bei sich tragen oder jemanden als Begleiter haben, wenn man an einen Ort geht:

> Morgen komme ich zu dir. *Ich bringe meine Bücher mit.*

mitnehmen: etwas bei sich tragen oder jemanden als Begleiter haben, wenn man einen Ort verläßt:

> Ich mache morgen eine Wanderung. *Ich nehme auch meine Schwester mit.*

Übung: *Setzen Sie die geeigneten Verben ins Prädikat ein!*

1. Die Schüler verließen die Klasse und . . . . . ihre Bücher. – 2. Darf ich
. . . . ., wenn du morgen zum Sportplatz gehst? – 3. Hans ist hier. Er hat
auch seine Schwester . . . . . – 4. Zu dumm! Jetzt regnet es, und ich habe
vergessen, den Regenschirm . . . . . – 5. Wenn Papa nach Hause kommt,
wird er euch etwas . . . . ., Kinder. – 6. Darf ich Fritz auf den Spaziergang . . . . .? – 7. Ja, meinetwegen! Er darf mit dir . . . . . – 8. Warte einen
Moment! Ich . . . . . Ich muß auch zur Post. – 9. Es ist verboten,
Hunde . . . . . – 10. Willst du nicht deinen Fotoapparat . . . . ., wenn du
auf den Berg steigst?

61.4 **2. beteiligen**

mitspielen: sich an einem Gemeinschaftsspiel beteiligen:

> Komm, Hans! *Spiel mit uns mit!*

mithören: etwas mit anderen zusammen anhören:

> Sprecht leise, *damit keiner etwas mithört!*

mitsprechen: zusammen mit anderen im Chor sprechen:
Die Kinder *sollen das Gebet mitsprechen.*

mitmachen: sich an einer gemeinschaftlichen Sache beteiligen:
Wir wollten Theater spielen, *aber Hans wollte nicht mitmachen.*

Übung: *Setzen Sie die geeigneten Verben ins Prädikat ein!*

1. Zum Skat gehören drei. Wir beide suchen noch einen, der . . . . . –
2. Zur Verbesserung eurer Aussprache müßt ihr die Sätze . . . . .! – 3. Seien
Sie vorsichtig, wenn Sie mit diesem Apparat telefonieren. Man kann
nämlich . . . . . – 4. Die Kinder lassen den Jungen beim Fußball nicht . . . . .
– 5. Ihr könnt unbesorgt sprechen. Hier kann niemand . . . . . – 6. Wir
haben für morgen einen Ausflug geplant. . . . . . du den Ausflug . . .?

3. helfen   61.5

mitarbeiten: jemandem bei der Arbeit helfen, jemanden unterstützen:
Der neue Angestellte arbeitet gut mit.

4. die Gefühle eines anderen verstehen

mitfühlen: an der Not, an dem Leid eines anderen innerlich teil-
nehmen:
Kannst du die Not der Armen mitfühlen?

mitempfinden: das traurige oder aufregende Ereignis, das einen anderen betroffen hat, in gleicher Weise empfinden:
Ich empfinde die Trauer über den Tod ihres Kindes mit.

Übung: *Setzen Sie die geeigneten Verben ins Prädikat ein!*

1. Wir alle . . . . . das Glück, das du mit deiner Heirat gefunden hast. –
2. Mein Freund hat an dem Plan zur Verbesserung der sozialen Verhältnisse in dieser Stadt . . . . . – 3. Niemand kann die Sorgen, die sich die
Frau um ihren Sohn gemacht hat, ... – 4. Ich kann deine Angst, die du
bei dem Sturm auf hoher See gehabt hast, gut . . . . . – 5. Ich . . . . . den
Schmerz, der dich durch den Tod deines besten Freundes getroffen hat. –
6. Wir suchen jemanden, der an unserem Projekt . . . . . will.

61.6 **Übung:** *Stellen Sie mit Hilfe des angegebenen Textgerüsts den Text wieder her!*

Galilei und Andrea

1. ᔆ sein ᴱ Studierstube, ᴿ Galilei, ᵁ⁻ᵐ Andrea.

2. ᴴ erklären, ᴿ (Galilei), der Junge, die Bewegung der Erde um die Sonne, ᵁ⁻ᵗ gerade.

3. ᴴ zeigen, ᴿ (Galilei, Andrea), wie sich die Erde um die Sonne dreht, ᵁ⁻ᵐ Beispiel.

4. ᴴ stellen ᴱ Mitte des Zimmers, ᴿ (Galilei), der Waschständer.

5. ᔆ darstellen (sollen), ᴿ der Waschständer, die Sonne.

6. ᴴ stellen ᴱ rechts davon, ᴿ (Galilei), ein Stuhl, auf den sich Andrea setzen mußte.

7. ᔆ darstellen (sollen), ᴿ der Stuhl, die Erde.

8. ᴴ tragen ᴱ die linke Seite, ᴿ Galilei, Andrea, ᵁ⁻ˡ um den Waschständer herum, ᵁ⁻ᵐ mitsamt dem Stuhl.

9. ⱽ einleuchten, ᴿ auch Andrea, wie die Positionen der Sonne am Himmel zu verstehen sind, ᵁ⁻ᵐ mit dieser Demonstration.

61.7 **Übung:** *Machen Sie aus dem folgenden Text eine kleine Geschichte! Suchen Sie auch einen geeigneten Titel!*

Einem Volksschullehrer in einem Dorf bei Aschaffenburg waren zwei Hasen gestohlen worden. (Gemeint sind hier ‚Stallhasen‘, auch ‚Kaninchen‘ genannt.) Als die Polizei den Dieb nicht ermitteln konnte, ließ er seine Schüler einen Aufsatz schreiben. Thema: Unser Mittagessen am Sonntag. Zwei Schüler schrieben daraufhin über den ausgezeichneten Hasenbraten vom letzten Sonntag. Die Diebe wurden schnell gefaßt.

→ **12.0**

Aufgaben zum Text
(12.0, Seite 39)

1. *Beantworten Sie die Fragen!*

Wie wurde Goethe auf dem im Text beschriebenen Bild dargestellt? Wie wurde Beethoven dargestellt? Vergleichen Sie die beiden Männer in ihrem Verhalten!

2. *Erklären Sie den Inhalt folgender Sätze!*

Jeder Gegenstand (in dem Vorraum) sprach mich bedeutsamer an als sonst.

Die kaiserlichen Hoheiten würdigten ihn keines Blickes.

Er lümmelte sich durch die feinen Leute hindurch.

Ein Gedanke zuckte mir durch den Sinn.

Anklopfen und Eintreten waren eins.

3. *Auf welche Beschreibungen treffen die Erklärungen zu?*

   I. Die Tür war angelehnt.

  II. Die Tür war unverschlossen.

 III. Die Tür war offen.

 IV. Die Tür stand offen.

   a) Die Tür war im Schloß, aber nicht mit dem Schlüssel zugeschlossen.

   b) Die Tür war nicht im Schloß, aber nur so weit geöffnet, daß sie den Türrahmen berührte.

   c) Die Tür war so weit geöffnet, daß man durch die Tür sehen konnte.

   I. Er ging auf das Zimmer zu.

  II. Er ging zum Bahnhof.

 III. Er ging auf seinen Onkel zu.

 IV. Er ging zu seinem Onkel.

   a) Es ist das Ziel gemeint.

   b) Es ist die Richtung gemeint.

   c) Es ist der Ort gemeint.

   I. Er hat seinen Schmuck versteckt.

  II. Er hat seinen Schmuck verborgen.

   a) etwas an einen geheimen Ort bringen

   b) etwas den Blicken anderer entziehen

4. *Machen Sie eine Kurzfassung von den im Text erzählten Ereignissen!*

die Angewohnheit, -en: ein unbewußtes Verhalten, das man mit der Zeit angenommen hat und das anderen, meistens unangenehm, auffällt:

Paul hat die (unangenehme) Angewohnheit, während des Essens zu rauchen.

die Gewohnheit, -en: ein Verhalten, das einem selbstverständlich geworden ist (das einem ‚in Fleisch und Blut‘ übergegangen ist). Die Art der Gewohnheit wird meistens mit einem Infinitivattribut beschrieben:

Es ist unsere Gewohnheit, nach dem Essen ein Stündchen zu schlafen.

62.3   **pflegen – sich angewöhnen – sich abgewöhnen – sich gewöhnen**

pflegen + Infinitiv mit ‚zu‘: eine Gewohnheit, eine Angewohnheit haben:

Wir pflegen nach dem Essen ein Stündchen zu schlafen.

sich angewöhnen: eine Angewohnheit, eine Gewohnheit annehmen:

Karl hat sich mit siebzehn Jahren das Rauchen angewöhnt.

sich abgewöhnen: eine Angewohnheit ablegen:

Es ist für viele Menschen unmöglich, sich das Rauchen wieder abzugewöhnen.

sich gewöhnen: mit einer bisher fremden, unbekannten Person oder Sache oder Situation langsam vertraut werden, so daß man sie nicht mehr merkwürdig oder lästig findet:

Wir haben uns an unsere neue Lehrerin gewöhnt.
Ich kann mich nicht an das Frühaufstehen gewöhnen.

Übung 1: *Setzen Sie die geeigneten Wörter ein!*

1. Mein Freund hat die . . . ., beim Essen zu schmatzen. (Angewohnheit, Gewohnheit) – 2. Das Essen mit einer Suppe zu beginnen, ist eine weitverbreitete . . . . . (Angewohnheit, Gewohnheit) – 3. Sie müssen es sich zur . . . . . machen, jeden Tag etwas spazierenzugehen. (Angewohnheit, Gewohnheit) – 4. Der Junge kann nicht von der . . . . . lassen, die Türen zuzuknallen. (Angewohnheit, Gewohnheit) – 5. Mit der Zeit haben wir uns an das Klima . . . . . (angewöhnt, abgewöhnt, gewöhnt) – 6. Du mußt dir endlich . . . . ., die Türen leise zu schließen. (angewöhnen, abgewöhnen, gewöhnen) – 7. Sie rauchen nicht mehr? Wann haben Sie sich das Rauchen

.....? (angewöhnt, abgewöhnt, gewöhnt) – 8. Seid ihr an schwere Arbeit
.....? (angewöhnt, abgewöhnt, gewöhnt)

Übung 2: *Gebrauchen Sie zum Ausdruck folgender Mitteilungen das Verb*
‚pflegen‘!

1. Mein Vetter hat die Gewohnheit, sich morgens kalt zu duschen. –
2. Die Bauernkinder sind gewohnt, vor dem Essen zu beten. – 3. Ich bin
gewohnt, nachts zu arbeiten. – 4. In unserem Lande haben die Leute die
Gewohnheit, jemandem bei der Begrüßung die Hand zu geben. – 5. Es
gibt Länder, wo man beim Betreten eines Raumes in der Regel die Kopfbedeckung nicht abnimmt. – 6. Wir machen im allgemeinen keine über-
flüssigen Komplimente.

Sympathie – Vorliebe – Lust – Neigung – Bereitwilligkeit   62.4

die Sympathie, -en: die von einem spontanen Gefühl bestimmte Zuneigung zu einer Person:
> *Der Schauspieler gewann sogleich große Sympathien beim Publikum.*
> *Wir haben eine große Sympathie für ihn.*

die Vorliebe: der Wunsch, ständig eine Sache anderen vorzuziehen:
> *Inge trägt mit Vorliebe blaue Kleider.*
> *Ich habe eine Vorliebe für moderne Musik.*

die Lust: der augenblickliche, momentane Wunsch, etwas zu tun:
> *Heute habe ich Lust, zum Tanzen zu gehen.*
> *Willst du mitkommen? – Nein, ich habe heute keine Lust.*

die Neigung, -en: der vom Wesen, vom Charakter bestimmte Hang zu
einem Tun; die in der Natur eines Menschen liegende Tendenz, etwas Bestimmtes zu tun:
> *Der Junge zeigt starke künstlerische Neigungen.*

die Bereitwilligkeit: die vom eignen Wunsch getragene Bereitschaft, etwas
zu tun, was von anderen vorgeschlagen oder bestimmt wurde:
> *Der Mann half uns mit großer Bereitwilligkeit bei jeder Arbeit.*

Übung: *Setzen Sie die geeigneten Nomen ein!*

1. Hast du heute ....., mit uns zum Schwimmen zu gehen? – 2. Bringen
Sie mir Tee und keinen Kaffee! Ich habe eine große ..... für Tee. –

3. Durch deine Unhöflichkeit hast du alle . . . . . bei den Leuten verloren. – 4. Ich sagte dem Mädchen, es solle meine Schuhe putzen, aber es zeigte keine . . . . ., das zu tun. – 5. Du bist jetzt reich genug, du kannst jetzt ganz nach deinen . . . . . leben. – 6. Habt ihr nicht . . . . ., mit mir ins Kino zu gehen? – 7. Ihr sprecht mit großer . . . . . von dem jungen Mann. – 8. Ich gehe mit . . . . . ins Theater. – 9. Wir haben bei dem Mann keine . . . . . entdecken können, uns bei unserem Vorhaben zu unterstützen. – 10. Das junge Mädchen zeigte große . . . . . zum Schauspielberuf.

62.5   **Zwang – Notwendigkeit – Erfordernis – Verpflichtung**

der Zwang: der von außen kommende Einfluß auf ein bestimmtes Verhalten; diesem Einfluß kann man sich nicht entziehen:

> *Die Politiker mußten ihre unpopuläre Entscheidung unter dem Zwang der Verhältnisse treffen.*

die Notwendigkeit: die von dem Umständen bestimmte Bedingung, die man nicht umgehen kann.

> *Der Bürgermeister hat die Notwendigkeit erkannt, die Straße verbreitern zu lassen.*

das Erfordernis, -se: das von der Sache her bestimmte Gebot:

> *Es ist ein Erfordernis der Menschlichkeit, für den Frieden zu arbeiten.*

die Verpflichtung, -en: die Aufgabe, die man übernommen hat und daher erfüllen muß:

> *Wir haben die Verpflichtung, hilfsbedürftigen Menschen zu helfen;* denn wir erwarten im umgekehrten Falle das gleiche von den anderen.

Übung: *Setzen Sie die geeigneten Nomen ein!*

1. Nachdem die Gefahr vorüber ist, besteht keine . . . . . mehr, die Leute zu warnen. – 2. Du hast als Zeuge die . . . . ., die Wahrheit zu sagen. – 3. Man kann den Mann für sein Tun nicht verantwortlich machen. Er stand nämlich unter einem hypnotischen . . . . . – 4. Für die Wahrung der Ordnung ist es ein . . . . ., daß alle die Gesetze befolgen. – 5. Sie haben als Politiker die . . . . ., nicht nur für Ihre Partei, sondern für das ganze Volk zu arbeiten. – 6. Die Regierung mußte unter dem . . . . . der öffentlichen Meinung zurücktreten.

Übung: *Folgende Schlagzeilen aus Zeitungen nennen Sachverhalte.* 62.6
Beschreiben Sie diese Sachverhalte, indem Sie die Schlagzeilen in Sätze umformen!

1. In den nächsten Tagen weiterhin anhaltendes Frostwetter – 2. Kritik am neuen Handelsabkommen – 3. Französischer Staatsbesuch in der Bundesrepublik – 4. Unwetter an der Nordseeküste – 5. Flüchtiger Betrüger gefaßt – 6. Verkehrschaos auf der Autobahn – 7. Protestdemonstration gegen die jüngsten Regierungsmaßnahmen – 8. Streik der Taxifahrer in Köln – 9. Sturz der Aktienkurse an der Börse – 10. Nichts Neues von der Genfer Abrüstungskonferenz – 11. Justizminister zurückgetreten – 12. Regierungsumbildung in Italien – 13. Denkt an die hungernden Vögel im Winter! – 14. Neue Hilfe an Entwicklungsländer – 15. Eröffnung der Frankfurter Buchmesse – 16. Verleihung des Friedensnobelpreises an den amerikanischen Negerführer Martin Luther King.

→ 13.0

Aufgaben zum Text

(13.0, Seite 46)

63.1

1. *Erklären Sie die Inhalte folgender Sätze!*

Ich stand schaudernd unter den Nachtgestalten, wie zwischen Leichensteinen.

Kalt wehte mich die Luft an, wie ein Geist.

Die Finsternis waltete über mich.

Das Herz hob sich mir unter dem Busen.

2. *Auf welche Beschreibungen treffen die Erklärungen zu?*

    I. Ich erstieg den Berg.

   II. Ich stieg auf den Berg.

      a) Man denkt bei dieser Mitteilung an die Beschwernisse des Weges und vor allem an die Ankunft auf dem Gipfel des Berges.

      b) Allgemeinerer Ausdruck; aus der Mitteilung geht nicht hervor, ob man den Gipfel des Berges erreichen wollte und ob man ihn erreicht hat.

I. Du irrst, wenn du glaubst, daß du im Recht bist.

II. Du irrst dich im Datum.

III. Du irrst dich in der Person. Er war es nicht.
    a) Du täuschst dich . . . . .
    b) Du bist falscher Meinung . . . . .
    c) Du machst einen Denkfehler . . . . .

I. Da hob sich das Herz mir unter dem Busen.

II. Nach dieser Aufregung spürte er das Herz in seiner Brust.

III. Sie trug ein Kleid, das den oberen Teil ihres Busens frei ließ.

IV. Ihre Brüste zeichneten sich deutlich unter ihrem Sommerkleid ab.
    a) Gemeint ist der vordere Teil des Oberkörpers (allgemeiner Ausdruck).
    b) Gemeint ist der hervortretende Teil des weiblichen Oberkörpers (konkrete Bezeichnung; wird auch im Hinblick auf den erotischen Reiz verwendet).
    c) wie a) poetischer Ausdruck
    d) wie b) der Ausdruck wird im Hinblick auf den erotischen Reiz verwendet

I. Ich fühlte, daß ich ein Paradies vor mir hatte.

II. Ich empfand, daß ich ein Paradies vor mir hatte.
    a) ein mehr oberflächliches Gefühl wahrnehmen
    b) ein tiefergehendes Gefühl wahrnehmen

3. *Beschreiben Sie einen eindrucksvollen Sonnenaufgang oder einen Sonnenuntergang, den Sie erlebt haben!*

63.2   annehmen – vermuten – sich einbilden

annehmen: etwas für sehr wahrscheinlich oder möglich halten:
    Ich nehme an, daß der Käufer diese Bedingungen akzeptieren wird.

vermuten: aus bestimmten äußeren Anzeichen auf einen Sachverhalt schließen. Es ist aber noch nicht sicher, ob der Sachverhalt tatsächlich zutrifft:
    Du hast richtig vermutet. Heinz und Inge haben geheiratet.

sich einbilden: ohne Grund einen unzutreffenden Sachverhalt für wahr halten:
    Peter bildet sich ein, er wäre der beste Sportler unserer Schule.

Übung: *Setzen Sie die geeigneten Verben ins Prädikat!*

1. Ich möchte . . . . ., daß sich unsere Reisepläne bald verwirklichen lassen. – 2. Die Politiker sollen doch nicht . . . . ., daß ihre Meinungen die einzig richtigen seien. – 3. . . . . . Sie nicht, daß Sie überall beliebt sind? – 4. Ich . . . . ., daß Sie die Aktien verkauft hätten, wenn Sie vorher von der Baisse an der Börse gehört hätten. – 5. Wo ist jetzt Herr Müller? Wir . . . . ., daß er auf einer Konferenz ist. – 6. Ich weiß es nicht sicher, ich . . . . nur, daß eure Eltern mit der Reise einverstanden waren.

hin – her 63.3

Der Gebrauch der Richtungsadverbien *hin* und *her* regelt sich wie folgt:

1. vom Standpunkt des Sprechers aus bezeichnet:
   hin die Richtung von der Position des Sprechers weg:
   Hans geht jetzt h i n aus.

   her die Richtung auf den Sprecher zu:
   Hans kommt jetzt h e r ein.

2. Ist nur eine Beziehung zwischen Subjekt und dem Geschehen festzustellen, steht nur das Adverb **hin.** Der Sprecher bleibt in diesen Sätzen außer Betracht.
   H a n s setzt sich h i n.
   S i e sang ein Lied vor sich h i n.

3. Soll die Beziehung des Subjekts zu einer anderen im Satz genannten Person oder Sache ausgedrückt werden, steht nur das Adverb **her.** Auch bei diesen Sätzen bleibt der Sprecher außer Betracht.
   H a n s läuft hinter dem Ball h e r.

Übung: *Setzen Sie das geeignete Adverb ein!*

1. Wo kommst du jetzt . . . . .? – 2. Das Kind ist -gefallen. – 3. Setzen Sie sich . . . . .! – 4. Setzen Sie sich zu mir . . . . .! – 5. Der Demonstrationszug bewegt sich zum Regierungsgebäude . . . . . – 6. Polizisten gehen neben dem Demonstrationszug . . . . . – 7. Die Räuber fallen über die Reisenden . . . . . – 8. Wo fahrt ihr am Sonntag . . . . .? – 9. Das Mädchen hat seine ganzen Spielsachen -geschenkt. – 10. Bringen Sie bitte ihre Bücher . . . . .! – 11. Der Junge hat die alte Frau über die Straße -übergebracht. – 12. Das Mädchen zieht einen Handwagen hinter sich . . . . .

Übung: *Ordnen Sie die Sätze nach den folgenden Inhalten!*

Die Sätze beschreiben
a) einen Wandel, eine Änderung,
b) ein Aufbrauchen, ein Zuendegehen,
c) ein Weggeben, ein Fortgeben,
d) ein Hinzufügen, ein Ausstatten,
e) ein Zubringen der Zeit,
f) ein Irren,
g) ein Hindern, ein Abhalten,
h) einen negativen Sachverhalt.

1. Wir verachten Menschen, die keine Zivilcourage haben. – 2. Im Laufe der Jahre hat sich sein Gesicht verändert. – 3. Ich habe mein Auto verkauft. – 4. Hans hat sein Geld verausgabt. – 5. Der Lehrer verbessert die Fehler der Schüler. – 6. Frau Müller hat mir das Haus verboten. – 7. Der Arzt hat dem Verletzten den Arm verbunden. – 8. Ich verbitte mir deine Frechheiten! – 9. Im letzten Monat haben wir viel Wasser verbraucht. – 10. Was für eine Medizin hat dir der Arzt verschrieben? – 11. Der Ring wurde nachträglich vergoldet. – 12. Das Wort ist falsch. Du hast dich hier verschrieben. – 13. Die Kinder haben sich im Wald verlaufen. – 14. Die Protestdemonstration ist vorüber. Die Menschenmengen haben sich inzwischen verlaufen. – 15. Der Bauer hat seinen Hof verpachtet. – 16. Hast du deine Briefe verbrannt? – 17. Die Blumen verblühen schnell. – 18. Bei großer Hitze verdampft das Wasser. – 19. Die Demonstranten haben die Straße verbarrikadiert. – 20. Der Mann hat sein Geld versteckt. – 21. Die Stadtverwaltung hat die Parkanlagen verschönert. – 22. Der Dieb wurde zu zwei Monaten Gefängnis verurteilt. – 23. Ich muß den nächsten Zug nehmen. Ich habe den Frühzug verschlafen. – 24. Die beiden Freunde haben sich wegen eines Mädchens verfeindet. – 25. Herr Ober! Sie haben sich hier verrechnet. – 26. Die Fenster sind neu verglast worden.

63.5 Übung 1: *Lesen Sie den folgenden Text und vergegenwärtigen Sie sich die beschriebenen Sachverhalte!*

Illusionen

Das neue Verwaltungsgebäude des Wellis-Konzerns hat die Form einer hochgestellten Streichholzschachtel, breit von vorn, schmal von der Seite, in der Mitte von der Verglasung des Treppenhauses gespalten, hinter der sich die entblößten Geländer in ausladenden Serpentinen aufwärts schrauben. Figuren steigen und sinken in der bläulichen Flüssigkeit der Neonbeleuchtung, deutlich sichtbar und doch entrückt in ein Reich mit eigenem Licht, eigener Atmosphäre, gleichförmigem Klima und ewiger Windstille. Während die Straßenpassanten im Herbstwind die Mäntel enger um die fröstelnden Glieder ziehen, tragen die Damen im Innern dünne Nylonblusen, die ihre blassen Arme freigeben, der Wechsel der Jahreszeiten betrifft sie nicht, kein Hauch bewegt ihr in gefälligen Ornamenten erstarrtes Haar. Waagerecht verlaufende Bänder aus Glas bezeichnen jedes der dreiundzwanzig Stockwerke. Die Fenster können bei Bedarf einzeln oder reihenweise durch Hebeldruck gekippt werden. In den unteren Reihen spiegeln sich je nach dem Neigungsgrad Straßenverkehr oder Fassadenausschnitte der gegenüberliegenden Geschäftshäuser. In den Scheiben der oberen Stockwerke spiegeln sich Himmel, Wolkentreiben, Flugzeuge, kurvende Taubenschwärme und Nacht.

Ruth Rehmann

Übung 2: *Beschreiben Sie ein Gebäude und das Leben, das Sie darin von der Straße aus beobachten können!*

→ **14.0**

Aufgaben zum Text

(14.0, Seite 48)

64.1

1. *Beantworten Sie die Fragen!*

   Wozu dient Klebstoff?

   Wozu gebraucht man Parfüm?

   Was ist ein Werkstoff?

   Was ist Rohstoff? Nennen Sie Rohstoffe!

2. *Erklären Sie den Inhalt folgender Sätze!*

   Der Klebstoff sah sehr vertrauenswürdig aus.

   Viele Frauen bedienten sich dieses Parfüms.

   Man sah von der Verarbeitung dieses Materials ab.

   Unsere Reise begann vielversprechend.

   Die Reise verlief abwechslungsreich.

257

3. *Welche Nomen passen zu den genannten Verben? Beschreiben Sie mit den passenden Nomen und dem angegebenen Verb einen Sachverhalt!*

duften (Benzin, Fisch, Rose, Holz)
riechen (Blume, Leder, Fleisch, Alkohol)
stinken (Seife, Petroleum, Geld, Parfüm)
glitzern (Glas, Augen, Sterne, Brillanten)
schneiden (Nadel, Schere, Messer, Zange)
hämmern (Stoff, Holz, Glas, Metall, Teppich)
bohren (Holz, Wasser, Erdboden, Luft)
schweißen (Metall, Holz, Körper, Papier)
pressen (Papier, Stoff, Luft, Fleisch)
walzen (Holz, Glas, Straße, Metall, Fett, Teig)
bröckeln (Stein, Kohle, Mauer, Felsen, Stoff)
schmoren (Papier, Gummi, Wasser, Fleisch)
schwanken (Berg, Schiff, Wald, Baum, Temperatur, Fahne)

Es fischelt

unregelmäßig Blitz

4. *Auf welche Beschreibungen treffen die Erklärungen zu?*

   I. Die Frau *bediente* die Gäste.
  II. Die Frau *bediente* sich vieler Fremdwörter.
III. Die Frau *bediente* sich reichlich.
    a) benutzen, gebrauchen
    b) (beim Essen) zugreifen, etwas Angebotenes nehmen
    c) einen Dienst leisten (besonders in Restaurants, in Cafés)

   I. Es *kommt* auf das Wetter *an*, ob wir morgen einen Ausflug machen.
  II. Ihr neuer Roman ist bei den Lesern gut *angekommen*.
III. Dein Paket ist gestern gut bei uns *angekommen*.
    a) abhängen von etwas
    b) aufgenommen werden
    c) ein Ziel erreichen

   I. Der Junge hat die Lösung der Rechenaufgabe von seinem Freund *abgesehen*.
  II. Der Lehrer hat von einer Bestrafung des Schülers *abgesehen*.
III. Die Schwierigkeiten, die sich uns noch entgegenstellen werden, sind nicht *abzusehen*.
    a) vorher erkennen
    b) abschreiben, kopieren
    c) verzichten auf etwas

I. Der Verkauf des Hauses *kommt nicht in Frage.*

II. Die Landung auf dem Mond ist nur noch *eine Frage der Zeit.*

III. Es *ist keine Frage,* daß die Weltraumforschung große Fortschritte gemacht hat.

IV. Es *steht außer Frage,* daß die internationale Zusammenarbeit auf dem Gebiete der Wissenschaft auch dem Frieden dienen kann.

     a) . . . . . besteht kein Zweifel . . . . .

     b) . . . . . ist ganz gewiß . . . . .

     c) . . . . . kann nicht in Betracht gezogen werden . . . . .

     d) . . . . . in der Zukunft abzusehen . . . . .

5. *Geben Sie den Inhalt des Textes in knapper Form wieder und erklären Sie sodann, wie Sie diese Geschichte verstehen!*

Übung: *Suchen Sie aus jeder Nomenreihe den übergeordneten Begriff heraus und ordnen Sie das übrige nach Art und Größe des bezeichneten Gegenstands! Streichen Sie die nicht zu dem übergeordneten Begriff gehörende Nomen!*   **64.2**

1. die Tasse, die Kanne, die Tonne, das Gefäß, der Becher, das Wasserglas, der Fingerhut, der Sack, der Napf, die Schüssel, der Teller, die Untertasse, die Tüte

2. der Bach, der Strom, das Gewässer, der Teich, der See, die See, der Fluß, der Kanal, der Graben, die Pfütze

3. die Straße, die Gasse, der Verkehrsweg, der Pfad, der Weg, die Landstraße, die Autobahn, die Skipiste, die Rodelbahn, die Eisenbahnlinie, die Luftlinie, die Milchstraße

4. der Kaffee, der Wein, der Fruchtsaft, das Getränk, der Tee, die Milch, das Bier, das Wasser, der Essig, das Speiseöl, die Schokolade, der Kakao

5. der Busch, der Strauch, der Baum, der Stammbaum, die Pflanze, die Blume, die Blüte

Doppelte Zeitformen einiger Verben   64.3

bewegen (o – o):   Er *bewog* mich, Musik zu studieren.
                      Er *bewegte* seine Finger. *trans., regelmässig*

bleichen (i – i):   Die Wäsche *blich* in der Sonne.
                      Die Waschfrau *bleichte* die Wäsche in der Sonne.

erschrecken (a – o):   Das Kind *erschrak* vor dem Hund.
                      Der Hund *erschreckte* das Kind. *der Hund macht etwas*
                      trans., regelmässig

259

hängen (i – a):	Mein Mantel *hing* an einem Haken. Ich *hängte* meinen Mantel an einen Haken. *┤ regelmä...*
saugen (o – o):	Er *sog* den Saft aus der Frucht. Sie *saugte* den Staub vom Teppich.
schaffen (u – a):	Der Künstler *schuf* ein Kunstwerk. Der alte Mann *schaffte* den ganzen Tag. Der Student *schaffte* seine Prüfung.
schleifen (i – i):	Ich *schliff* das Messer. *scharf machen* Das Kind *schleifte* das Tuch über den Boden.
schwellen (o – o):	Vor Zorn *schwoll* ihm die Stirnader. Der steife Wind *schwellte* die Segel.
schwören (o – o):	Der Zeuge *schwor* einen Meineid. Mein Kollege *schwörte* auf seinen neuen Wagen.
senden (a – a):	Meine Freunde *sandten* mir einen Gruß aus dem Urlaub. Radio München *sendete* ein Musikprogramm.
wenden (a – a):	Sie *wandte* ihren Blick auf ihn. Der Herr *wendete* seinen Wagen vor dem Haus.
wiegen (o – o):	Die Verkäuferin *wog* die Butter. Die junge Mutter *wiegte* ihr Kind in den Armen.

Übung: *Setzen Sie die folgenden Sätze ins Präteritum und ins Perfekt!*

1. Die Waldarbeiter schleifen die Bäume über die Straße. – 2. Die Kinder erschrecken immer vor dem Mann mit dem langen Bart. – 3. Das Fernsehen sendet täglich Nachrichten. – 4. Das Mädchen nimmt den Staubsauger und saugt den staubigen Teppich. – 5. Wir wenden uns jetzt an den Direktor. – 6. Der Komponist schafft an einem neuen Werk. – 7. Die Fahnen hängen an den Masten, die man letzte Woche aufgestellt hat. – 8. Der Mann saugt mit aller Kraft das Gift aus der Wunde, die ihm die Schlange beigebracht hat. – 9. Hans schwört auf die Treue seines Freundes. – 10. Wieviel wiegt das Fleisch? Es wiegt 3 kg. – 11. Der alte Scherenschleifer schleift alle unsere Messer. – 12. Peter hat Zahnschmerzen. Seine Backe schwillt immer mehr. – 13. Am Waschtag bleichen die Frauen ihre Wäsche auf dem Rasen. – 14. Die Mutter wiegt ihr Kind in den Schlaf. – 15. Ich hänge das Bild über das Sofa. – 16. Der starke Wind schwellt die

Segel der Boote, die mit großer Fahrt über das Wasser gleiten. – 17. Der alte Mann schafft schon seit vielen Jahren in dieser Fabrik. – 18. Die Frau bewegt ihren Kopf hin und her, wenn sie dem Tischtennisspiel zuschaut. – 19. Der Direktor sendet ein Telegramm an die Konferenzteilnehmer. – 20. Ich bewege ihn, dir einen Kredit zu geben. – 21. Der Zeuge schwört bei Gericht, daß er die reine Wahrheit gesagt hat. – 22. Der Schneider wendet meinen alten Anzug. – 23. Durch eine Behandlung mit Wasserstoffsuperoxyd bleichen deine Haare sehr schnell. – 24. Immer wenn die Kinder hier vorbeigehen, erschreckt sie unser Hund.

er-

64.4

Übung: *Stellen Sie fest, ob die Sätze folgende Inhalte ausdrücken:*
  a) *der Beginn eines Geschehens (inchoativ)*
  b) *das Ende und der Zweck eines Geschehens (resultativ)*

1. Der Ingenieur hat eine neue Maschine erfunden. – 2. Beim Frisör erfahre ich manche Neuigkeiten. – 3. Diese Fabrik erzeugt Fernsehgeräte. – 4. Wir erhoffen uns von der Reise viele neue Eindrücke. – 5. Unser Nachbar hat ein neues Grundstück erworben. – 6. Morgen muß ich noch einige Arbeiten erledigen. – 7. Habt ihr schon euren Lebensmittelvorrat ergänzt? – 8. Wir haben den Berg erstiegen. – 9. Das arme Tier ist im Fluß ertrunken. – 10. Der Sportler erzielte bei dem gestrigen Wettkampf eine hohe Punktzahl. – 11. Vorhin ist bei uns ein Detektiv erschienen und wollte von uns Informationen erhalten. – 12. Ich habe im Laufe der letzten Wochen eine Menge Geld erarbeitet. – 13. Können Sie die Nummer des Autobusses erkennen? – 14. Unsere Fußballmannschaft hat auf fremdem Platz einen Sieg errungen. – 15. Hast du dich während des letzten Urlaubs gut erholt? – 16. Wann erscheint Ihr neues Buch? – 17. Wie viele Sprachen haben Sie erlernt? – 18. Im Kinderzimmer erschallt lautes Lachen.

Übung 1: *Lesen Sie den folgenden Text Satz für Satz sorgfältig und kontrollieren Sie an einem Reißverschluß die beschriebenen Sachverhalte!*

64.5

Der Reißverschluß

Die beiden Hauptbestandteile eines Reißverschlusses sind die Zahnketten, die an einem Streifen aus Stoff befestigt sind, und der Schieber, der den

Öffnungs- bzw. Schließvorgang besorgt. Die Zahnkette besteht meist aus
5   Metallzähnen, die auf ihrer Oberseite kleine buckelartige Erhöhungen und
auf ihrer Unterseite entsprechend geformte Vertiefungen tragen. Der
Buckel des unteren Zahnes paßt dabei genau in die Vertiefungen des
darüberliegenden Zahnes. Die beiden Zahnketten, die in geöffnetem Zustand einander gegenüberliegen, sind gegeneinander versetzt. Um den
10   Verschluß zu schließen, müssen nur die beiden Zahnketten so aufeinander
zugeführt werden, daß sich jeweils die beiden gegenüberliegenden Zähne
ineinander verzahnen können. Diese Arbeit besorgt der Schieber, der oben
durch ein keilförmiges Metallstück in zwei auseinanderlaufende Kanäle
geteilt ist; diese Kanäle werden im unteren Teil des Schiebers zusammen-
15   geführt. Die Ausbildung des Schiebers führt die beiden Zahnketten genau
in dem Winkel aufeinander zu, der notwendig ist, um die buckelartigen
Erhöhungen in die Vertiefungen des gegenüberliegenden Zahnes zu schie-
ben. An den beiden Enden des Reißverschlusses sind Endstücke angebracht,
die ein Herausrutschen des Schiebers verhindern. Bei teilbaren Verschlüssen
20   ist das untere Endstück so ausgebildet, daß eine Zahnkette aus dem Schieber herausgleiten kann, während die andere Zahnkette den Schieber fest-
hält.

Übung 2: *Beschreiben Sie das Aussehen eines Füllfederhalters und den
Füllvorgang beim Erneuern des Tintenvorrats!*

*Beschreiben Sie das Aussehen eines Kugelschreibers, seine Wir-
kungsweise beim Schreiben und das Auswechseln einer Schreib-
mine!*

→ 15.0

65.1

Aufgaben zum Text

(15.0, Seite 50)

1. *Beantworten Sie die Fragen!*
Warum fühlte sich Jens Redluff jetzt sicher?
Welches Gefühl empfand er, als er wieder unter die Menschen kam?
Welche Umstände trugen dazu bei, daß sich sein Glück wendete?

2. *Erklären Sie den Inhalt folgender Sätze!*
Es tat ihm wohl, wenn sie ihn streiften.
Im Weitergehen nestelte er an seiner Krawatte.
Ihm war wie nach Sekt.

262

Dunkelglänzende Wagen sangen über den blanken Asphalt.
Er gehörte wieder dazu, er hatte den Schritt der vielen.
Von irgendwoher flutete Lautsprechermusik.
Und zu allem dröhnte eine geölte Stimme.
„Sagen Sie uns Ihren werten Namen", schmalzte die Stimme unwiderstehlich weiter.

3. *Auf welche Beschreibungen treffen die Erklärungen zu?*

   I. Die alten Frauen *schwatzen* den ganzen Tag.
  II. Die Schüler *unterhalten sich* über den letzten Film.
 III. Sie *sprechen über* die kommenden Prüfungen.
    a) ein zwangloses Gespräch über zufällig gefundenes Thema
    b) ein Gespräch über ein ernsthaftes Thema
    c) ein wortreiches Gespräch über ein gleichgültiges Thema

   I. Die Zeitungsverkäufer *riefen* die Abendausgaben *aus.*
  II. Im Jahre 1918 wurde in Deutschland die Republik *ausgerufen.*
 III. „Um Himmels willen!" *rief* die Frau erschrocken *aus.*
    a) verkünden
    b) laut zum Kauf anbieten
    c) etwas aus einem spontanen Gefühl heraus laut rufen

   I. Die Versammlung *löste* sich *auf.*
  II. Die Polizei *löste* die Versammlung *auf.*
 III. Zucker *löst* sich im Wasser *auf.*
 IV. Der Chemiker *löste* die Substanz in einer Flüssigkeit *auf.*
    a) eine Handlung
    b) ein Vorgang

   I. Er *kam* auf mich *zu.*
  II. Er *kam zu* mir.
    a) Es ist das Ziel gemeint.
    b) Es ist die Richtung gemeint.

4. *Fassen Sie die im Text beschriebenen Ereignisse kurz zusammen!*

Übung: *Nennen Sie den Sachverhalt, der dem beschriebenen Sach-*   **65.2**
verhalt unmittelbar folgt!

1. Wir haben ein Buch gekauft. – 2. Wir stellen den Tisch in die Mitte des Zimmers. – 3. Peter setzt sich auf den Stuhl. – 4. Wir bringen die Stühle ins Freie. – 5. Jetzt fährt der Zug ab. – 6. Ich verbessere jetzt meinen

Aufsatz. – 7. Der Kaufmann zahlt seine Steuern. – 8. Wir brechen jetzt mit unserem Wagen nach Wien auf. – 9. Ich lasse den Wagen auftanken. – 10. Der Verkehrspolizist hielt den Wagen an. – 11. Der Fuchs drang in den Hühnerstall ein. – 12. Er biß alle Hühner tot. – 13. Die Sonne geht auf. – 14. Ich klebe die Marke auf den Brief. – 15. Wir haben ein neues Haus gekauft. – 16. Der Schutzmann faßte den Verdächtigen am Arm. – 17. Ich stelle mich hinter die Frau in die Reihe.

65.3 Übung: *Nennen Sie den Sachverhalt, der dem beschriebenen Sachverhalt unmittelbar vorausgeht!*

1. Du kannst das Gedicht auswendig. – 2. Das Essen ist fertig. – 3. Fritz sitzt auf dem Soziussitz. – 4. Der Sträfling ist aus dem Gefängnis entwichen. – 5. Er hat seine Gefängniskleidung abgelegt. – 6. Die Leute schliefen wieder. – 7. Der Bergsteiger steht jetzt auf dem Gipfel des Berges. – 8. Herr Müller hat jetzt ein neues Haus. – 9. Die Leute befinden sich auf der Flucht. – 10. Das Mädchen hat den jungen Mann untergehakt.

65.4 be-

Verben mit der Vorsilbe *be-* drücken im allgemeinen aus, daß sich das genannte Geschehen auf die ganze als Rollenobjekt auftretende Sache erstreckt.

Fritz bemalt das Blatt. (vgl. Fritz malt auf das Blatt.)

Übung: *Vergleichen Sie die Inhalte folgender Sätze!*

1. Der Bauer arbeitet auf dem Acker. – Der Bauer bearbeitet den Acker. – 2. Auf dem Grundstück wurde gebaut. – Das Grundstück wurde bebaut. – 3. Der Mann dient bei einem reichen Herrn. – Der Kellner bedient einen Herrn. – 4. Auf dieser Straße wird viel gefahren. – Diese Straße wird viel befahren. – 5. Der Junge gießt Wasser auf die Straße. – Der Gärtner begießt die Blumen. – 6. Kurt grüßt seinen Lehrer. – Kurt begrüßt seinen Freund. – 7. Der König herrscht über sein Land. – Der König beherrscht das Land. – 8. Die Leute laden Säcke auf den Wagen. – Die Leute beladen den Wagen mit Säcken. – 9. In der Nacht leuchtet der Mond. – Der Mond beleuchtet in der Nacht die schneebedeckten Berge. – 10. Der Hund riecht an dem Fleisch. – Der Hund beriecht das Fleisch. – 11. Wir wollen über unsere Pläne reden. – Wir wollen unsere Pläne bereden. – 12. Sie dürfen nicht auf den Rasen treten. – Es ist verboten, den Rasen zu betreten.

Handlung: sich an einen Ort begeben, ankommen, eintreffen:
Peter ist gestern zu uns *zu Besuch gekommen.*

Vorgang: 1. gebracht werden, transportiert werden:
Peter ist mit einer Lungenentzündung *ins Krankenhaus gekommen.*
Heute ist *ein Brief für dich gekommen.*

2. sich nähern, herankommen:
Vom Westen her *kommt ein Gewitter.*

3. zum Vorschein kommen, auftauchen:
Mir *kam* plötzlich *ein Gedanke.*

4. geschehen, sich ereignen:
Meistens *kommt es anders,* als man denkt.

5. auf etwas treffen:
Wie bist du *auf diesen absurden Gedanken gekommen?*

6. in eine Lage geraten:
Der Kaufmann ist *in Schwierigkeiten gekommen.*

7. einen Ort erreichen, an einen Ort gelangen:
Wir sind auf unserer Reise *nach Hamburg gekommen.*

8. etwas erlangen:
Der Mann ist unverhofft *zu Geld gekommen.*

9. aus etwas herauskommen, von etwas wegkommen:
Wir sind den ganzen Tag nicht *aus dem Haus gekommen.*

10. etwas verlieren:
Ich bin ganz *außer Atem gekommen.*
Er ist *um sein ganzes Vermögen gekommen.*

Sein: 1. die Reihenfolge für Ort und Zeit:
Nach dem Sonntag kommt der Montag.
Vor Frankfurt kommt noch Darmstadt.

2. Wert oder Bedeutung:
Wie *teuer kommt* das Zimmer im Monat?

3. stammen von, herrühren von:
Deine Erkältung *kommt von den nassen Füßen,* die du gestern gehabt hast.

Übung: *In welchem Sinne wird in den folgenden Sätzen das Verb „kommen" gebraucht?*

1. Der Wagen kommt langsam wieder in Bewegung. – 2. Der Mann kommt für drei Wochen ins Gefängnis. – 3. Mit deiner Faulheit kommst du im Leben zu nichts. – 4. Der Kaufmann ist um sein ganzes Vermögen gekommen. – 5. Dem Mädchen sind Tränen in die Augen gekommen. – 6. Wie seid ihr auf den fabelhaften Gedanken gekommen, morgen einen Ausflug zu machen? – 7. Jede böse Tat kommt einmal an den Tag. – 8. Wie heißen Sie nur? Ich kann nicht auf Ihren Namen kommen. – 9. Wie konnte es zu diesem schweren Unfall kommen? – 10. Die Polizei ist hinter die Verbrechen dieses Mannes gekommen. – 11. Heinz ist letztes Jahr aufs Gymnasium gekommen. – 12. Ein Kilo Äpfel kommt auf eine Mark fünfzig. – 13. Die Familie ist in eine verzweifelte Lage gekommen. – 14. Du darfst dem Lehrer nicht mit solchen Frechheiten kommen. – 15. Das Geschenk kommt mir von Herzen. – 16. Wann kommt dein Freund zu uns? – 17. Nach der nächsten Station kommt Köln. – 18. Im Februar sind die ersten Schneeglöckchen gekommen. – 19. Wie bist du zu deiner Verletzung gekommen? – 20. Jetzt kann kommen, was will; ich lasse mich nicht aus der Ruhe bringen.

65.6 Übung: *Stellen Sie mit Hilfe des angegebenen Textgerüsts den Text wieder her!* (^{R}:) = *Beschreibung eines Sachverhalts als Rolle innerhalb der Beschreibung eines anderen Sachverhalts; „–" = direkte Rede.*

1. ^{V} stehlen, ^{R} ein junger Bär, $^{U-l}$ ein Zoo

2. ^{H} verhören, ^{R} Polizeikommissar, Tierwärter, $^{A-l}$ Polizeirevier

3. ^{H} aussagen, ^{R} Tierwärter

(^{R}:) ^{H} beobachten, ^{R} (Tierwärter), zwei Jungen, die sich in verdächtiger Weise benommen haben

4. ^{H} fragen, ^{R} Kommissar

(^{R}:) ^{S} aussehen ^{E} wie, ^{R} die Jungen

5. ^{H} antworten, ^{R} Wärter

(„^{R}":) ^{S} tragen, ^{R} (die Jungen), blaue Hosen und gelbe Hemden
und ^{S} etwa 10–12 Jahre alt, ^{R} (die Jungen)

6. ^{H} lesen (können), ^{R} man, der Diebstahl, $^{U-t}$ folgender Tag, $^{U-l}$ Zeitung

7. ^{V} aufrufen, ^{R} die Bevölkerung, Mithilfe, $^{U-l}$ Zeitungsartikel

8. ^H bemühen, ^R die Bevölkerung, diese Angelegenheit

und   9. ^H ausschauen, ^R (die Bevölkerung), die beschriebenen Übel-
täter, ^{U-m} eifrig

doch   10. ^H feststellen (müssen), ^R (die Bevölkerung)
(^R:)   ^S tragen, ^R alle Jungen in dem fraglichen Alter, blaue Hosen
und gelbe Hemden

11. ^S gehören (können), ^R jeder von ihnen, die Diebe

12. ^S bleiben (müssen) ^E ohne Erfolg, ^R die Bemühungen der hilf-
reichen Bevölkerung, ^{U-k} daher

Übung 1: *Geben Sie in Stichworten die in dem Text beschriebenen Vor-*   **65.7**
teile des Postscheckdienstes wieder!

Zweck und Nutzen des Postscheckdienstes

Der Postscheckdienst ist in Deutschland vor mehr als 50 Jahren ein-
geführt worden mit dem Ziel, den bargeldlosen Zahlungsausgleich zu fördern und den Zahlungsverkehr zu vereinfachen, insbesondere ihn zu ver-
billigen und zu beschleunigen. Er ist diesen Aufgaben allezeit, selbst in
Wirtschaftskrisen, gerecht geworden.   5
Den Benutzern bietet der Postscheckdienst zahlreiche Vorteile und Be-
quemlichkeiten:
Der Postscheckteilnehmer braucht keine größeren Beträge in Bargeld
bereitzuhalten und erleidet daher keine Verluste durch Diebstahl, Feuer
oder Unterschlagung oder beim Zählen, Verpacken und Versenden von   10
Geld. Es entsteht kein Schaden durch Falschgeld. Die Wege zur Post und
Gänge zur Beschaffung von Barmitteln fallen weg.
Der Postscheckteilnehmer weist vom Schreibtisch aus seine Zahlungen durch
Ausfüllen von Formblättern (Überweisungen und Schecks) an. Über den
Guthabenstand und die Bewegungen auf dem Konto wird er laufend   15
durch Kontoauszug unterrichtet.

Übung 2: *Machen Sie eine Disposition in Stichworten über folgende The-*
men und stellen Sie danach einen Text her, dessen Inhalt
prägnant zum Ausdruck kommt!

1. Vorteile der öffentlichen Verkehrsmittel in den Großstädten.
2. Vorteile einer Schiffsreise gegenüber einer Flugreise.
3. Vorteile von Fremdsprachenkenntnissen im privaten und im öffentlichen Leben.   → **16.0**

Aufgaben zum Text

(16.0, Seite 55)

1. *Beantworten Sie die Fragen!*

Was verstehen Sie unter ‚Zivilcourage‘?
Was findet der Autor des Textes an dem Verhalten der Polizeibeamten
bemerkenswert?
Wie beurteilen Sie das Verhalten der Polizeibeamten?

2. *Erklären Sie den Inhalt folgender Sätze!*

Die Beamten haben einen Befehl liberal ausgelegt.
Die Polizisten drückten ein Auge zu.
Die Leute wollten wieder einmal päpstlicher sein als der Papst.
Sie bestanden auf genauer Durchführung des Befehls.
Befehl ist Befehl.

3. *Auf welche Beschreibungen treffen die Erklärungen zu?*

   I. Der Lehrer *lobte* den Schüler.
  II. Der Meister *lobte* die Arbeit seines Lehrlings.
 III. Der Bürgermeister *würdigte* die Leistungen des Verstorbenen.
     a) jemandes Arbeit öffentlich nennen und Gutes darüber aussagen
     b) jemanden wegen seiner Arbeit durch anerkennende Worte be-
        glückwünschen und ihn damit zu weiterer Arbeit ermuntern
     c) anerkennende Worte über jemandes Arbeit äußern

   I. Der Buchhändler hat die neuen Bücher im Schaufenster *ausgelegt.*
  II. Wie sollen die neuen Gesetze *ausgelegt* werden?
 III. Ich kann Ihnen den fehlenden Geldbetrag *auslegen.*
     a) zum Anschauen hinlegen
     b) für einen anderen etwas bezahlen, weil dieser im Augenblick
        kein Geld bei sich hat
     c) den Sinn (subjektiv) deuten; etwas interpretieren

   I. Der Roman *handelt* von der unglücklichen Liebe zweier junger
     Menschen.
  II. Bei diesem Roman *handelt* es sich um das Erstlingswerk einer jun-
     gen Autorin.
 III. Es wird viel geredet, aber nicht *gehandelt.*

IV. Die Firma *handelt* mit Spirituosen.

V. Der Mann hat feste Vorstellungen von dem Vertrag. Man kann nicht mit ihm *handeln*.

    a) kaufen und verkaufen
    b) tätig sein, aktiv sein
    c) Bedingungen oder Preise diskutieren, besprechen
    d) ein Thema haben
    e) seinem Charakter, seinem Wesen nach so sein

I. In der letzten Woche ist nur ein einziger Unfall *vorgekommen*.

II. Bei dem gestrigen Verkehrschaos hat es eine Reihe von Unfällen *gegeben*.

III. Auf dem Nachbarbahnhof ist gestern ein Unglück *geschehen*.

    a) etwas unerwartet Ungewöhnliches tritt ein
    b) innerhalb eines Zeitraums tritt an einem Ort ein- oder mehrmals ein bestimmtes Ereignis ein
    c) innerhalb eines Zeitraums tritt an einem Ort einmal oder nur vereinzelt ein seltenes, ungewöhnliches, meist ungutes Ereignis ein

4. *Beschreiben Sie ein Erlebnis, bei dem jemand Zivilcourage bewies oder bei dem Sie mehr Zivilcourage erwartet hätten!*

Übung: *Beschreiben Sie die Sachverhalte mit anderen sprachlichen Mitteln!*   **66.2**

1. Daß dir Peter auf deinen Brief noch nicht geantwortet hat, bedeutet nichts. (besagen) – 2. Feierabend bedeutet nicht nur Freisein von der Arbeit, sondern auch innere Festlichkeit. (meinen) – 3. Was bedeutet ein ‚reifer Mensch‘? (verstehen) – 4. Man darf seine Überzeugung nicht so leicht aufgeben. (preisgeben) – 5. Nächstes Jahr reisen wir nach Jugoslawien. (Reise) – 6. Die Grenzbeamten erkundigten sich nach unserem Reiseziel. (fragen) – 7. Neulich ist aus dem Gefängnis ein Gefangener ausgebrochen. (entweichen) – 8. Die Leute hielten mich für einen Arzt. (vermuten) – 9. Der Schutzmann hielt an der Straßenkreuzung den Verkehr an. (stoppen) – 10. Das Kind ist nicht ängstlich, wenn ihm ein Hund begegnet. (Angst) – 11. Der Fuchs hatte keinen Hunger. (hungrig) – 12. Der Lehrer war nachsichtig und gab mir trotz des Fehlers noch eine sehr gute Note. (Auge) – 13. Im letzten Jahr haben viele tausend Menschen im Straßenverkehr den Tod gefunden. (umkommen)

gehen

Handlung: 1. sich zu Fuß fortbewegen:
Fährst du ins Büro? – Nein, *ich gehe.*

2. weggehen:
Fräulein Meier arbeitet nicht mehr in unserer Firma. *Sie ist letzte Woche gegangen.*

3. sich an einen Ort, zu einem Ziel begeben:
Nächstes Jahr gehe ich nach Amerika.

Vorgang: 1. funktionieren, in Bewegung sein:
Steht deine Uhr? – *Nein, sie geht.*

2. abfahren:
Der nächste Zug geht um 5.35 Uhr.

3. eindringen, berühren:
Die moderne Musik geht mir auf die Nerven.

Übung: *In welchem Sinne wird in den folgenden Sätzen das Verb „gehen" gebraucht?*

1. Geht leise ins Haus! Die Kinder schlafen schon. – 2. Ich habe eine Mark (in den Zigarettenautomaten) eingeworfen. Aber das Ding geht nicht. – 3. Die Trauerrede, die gestern anläßlich des Hinscheidens unseres Seniorchefs gehalten wurde, ging allen Zuhörern zu Herzen. – 4. Wann geht die nächste Maschine nach Tokio? – 5. Ich gehe am ersten (dieses Monats). Ich habe eine neue Stelle gefunden. – 6. Geht ihr sonntags auch ins Kino? – 7. Dieser Bus geht nach Oberammergau. Wir müssen den anderen nehmen. – 8. Ich möchte mich verabschieden, denn ich muß jetzt gehen. – 9. Während meine Frau einkaufen geht, gehe ich spazieren. – 10. Geht das Barometer?

66.4   Gesetz – Verordnung – Befehl

das Gesetz, -e: eine vom Staat herausgegebene und vom Parlament sanktionierte Vorschrift, die in schriftlicher Form herausgegeben wird und die jeder beachten muß:

In der letzten Woche hat das Parlament ein neues Gesetz verabschiedet.

die Verordnung- en: eine von einer Behörde, von einer höheren Instanz schriftlich herausgegebene Vorschrift, die die Ausführung und Anwendung eines Gesetzes regelt. Verordnungen sind reine Verwaltungsakte.

Das Parken in dieser Straße ist auf Grund einer Verordnung der Stadtverwaltung vom 25. 5. 1961 verboten.

der Befehl, -e: ein mündlich oder schriftlich gegebener Auftrag, der von einem Vorgesetzten oder einer höheren Instanz kommt:

Ein Soldat muß die Befehle seines Offiziers befolgen.

Übung: *Setzen Sie die geeigneten Nomen ein!*

1. Die Zollbeamten müssen auf Grund ein- . . . . . die Pässe aller Ein- und Ausreisenden kontrollieren. – 2. Die Verfassung garantiert, daß alle Menschen vor d- . . . . . gleich sind. – 3. Die Vorlage ein- neu- . . . . . wurde von den Abgeordneten fast aller Fraktionen des Bundestages unterstützt. – 4. Wer gab den Polizeibeamten d- . . . . ., das Haus zu durchsuchen? – 5. Eine Hausdurchsuchung darf nur auf . . . . . eines Staatsanwaltes durchgeführt werden. – 6. Kennen Sie schon d- neu- Polizei-, die den Straßenverkehr in unserer Stadt regelt? – 7. Halten Sie es für möglich, daß ein Befehl gegen d- . . . . . verstößt? – 8. Wer garantiert uns, daß eine Verordnung nicht d- . . . . . zuwiderläuft? – 9. Helfen ist ein . . . . . der Menschlichkeit. – 10. Polizeibeamte bezeichnet man als das Auge d- . . . . .

Übung: *Stellen Sie mit Hilfe des angegebenen Textgerüstes den Text wieder her! ! = Aufforderung (Imperativ); sA = subjektiver Ausdruck*   **66.5**

Eine unangenehme Überraschung

1. H sich einrichten E neu, R ein Ehepaar, U-l ein hübsches Haus am Stadtrand.

2. H zusammentragen, R (das Ehepaar), viele Gegenstände von erlesenem Geschmack, eine Menge Schmuck und viele andere wertvolle Dinge, U-l (Haus)

3. V erhalten, R die Leute, ein Briefumschlag, U-t ein Tag, U-m Post

4. V finden, R (die Leute), zwei Theaterkarten und einen Zettel, U-l (Briefumschlag)

5. H lesen, R (die beiden Leute), U-l Zettel

("R!")   H raten, R Sie (= die beiden Leute)
(R:)   S von wem, R die Karten

6. ^V kommen ^E nicht darauf, ^R die beiden

und 7. ^H gehen ^E Theater, ^R (die beiden Eheleute)

8. ^H sich zerbrechen ^E Kopf, ^R (die beiden Eheleute), ^{U-t} immer noch, Heimweg nach Mitternacht

(^R:) ^H bereiten ^E Freude, ^R wer, (die Leute), ^{sA} wohl, können

aber 9. ^V entdecken, ^R (die Leute), ^{U-l} zu Hause

(^R:) ^V ausrauben, ^R ihr Haus, ^{U-m} vollkommen

10. ^S liegen ^E Flur, ^R ein Zettel

11. ^H lesen, ^R (die beiden Eheleute), ^{U-l} (Zettel)

(^R:) ^S wissen, ^R sie (= die beiden Leute), es (= der Sachverhalt), ^{U-t} jetzt, ^{sA} wohl

66.6 Übung: *Lesen Sie den folgenden Text und interpretieren Sie ihn! Was sagt dieser Text aus?*

Die Stachelschweine

Eine Gesellschaft Stachelschweine drängte sich an einem kalten Wintertage recht nahe zusammen, um durch die gegenseitige Wärme sich vor dem Erfrieren zu schützen. Jedoch empfanden sie die gegenseitigen Stacheln; welches sie dann wieder voneinander entfernte. Wann nun das Bedürfnis

5 der Erwärmung sie wieder zusammenbrachte, wiederholte sich jenes zweite Übel, so daß sie zwischen beiden Leiden hin- und hergeworfen wurden. Bis sie eine mäßige Entfernung voneinander herausgefunden hatten, in der sie es am besten aushalten konnten. – Und diese Entfernung nannten sie Höflichkeit und feine Sitte.

Arthur Schopenhauer

Arthur Schopenhauer, deutscher Philosoph, geb. 1788 in Danzig, gest. 1860.

→ 17.0

Aufgaben zum Text

(17.0, Seite 58)

1. *Beantworten Sie die Fragen!*

Welche Probleme hatte der Autor bei seiner Tätigkeit als Schöffe?
Welche Aufgaben hat, Ihrer Meinung nach, ein Schöffe?
Auf welche Weise arbeitet der Richter mit den Schöffen zusammen?

2. *Erklären Sie die Inhalte folgender Sätze!*

Damals war ich noch ein anständiger Mensch mit eigenem Herd.

Der Frack war natürlich unmöglich, aber irgend etwas Feierliches mußte es doch sein.

Wenigstens für die zweite Sitzung ließ sich dem abhelfen.

Es muß ein Amtsrichter von zufriedener Gemütsart gewesen sein.

3. *Auf welche Beschreibungen treffen die Erklärungen zu?*

   I. Wie ist es dir *ergangen?*

  II. Was hast du *erlebt?*

 III. Was ist dir *passiert?*

    a) Frage nach einem einmaligen Ereignis, das den Befragten unmittelbar betroffen hat

    b) Frage nach dem Schicksal des Befragten

    c) Frage nach Ereignissen, die der Befragte beobachtet hat, in die er aber selbst nicht verwickelt sein mußte

   I. Er *erschien* vor Gericht.

  II. Er *kam* vor Gericht.

 III. Er *kam* ins Gericht.

 IV. Noch während der Gerichtsverhandlung *erschien* das totgeglaubte Opfer des Angeklagten.

    a) Er betrat das Gerichtsgebäude. Das Gerichtsgebäude war das Ziel seines Weges. (Handlung)

    b) Ihm wurde der Prozeß gemacht. (Vorgang)

    c) Er kam wider Erwarten, unvermutet. (Handlung)

    d) Er kam auf Grund einer Aufforderung oder freiwillig. (Handlung)

   I. Er *ging* in das Haus, das Zimmer, den Raum, den Garten *hinein.*

  II. Er *betrat* das Haus, das Zimmer, den Raum.

 III. Er *ging* in das Haus, das Zimmer, den Raum, den Garten.

    a) Der Sprecher beobachtet die Handlung des Subjekts.

    b) Der Sprecher bemerkt das Ziel der Handlung.

    c) Der Sprecher bemerkt das Ziel der Handlung als Schauplatz neuer Ereignisse.

   I. Der junge Mann *sah* sich nach dem Mädchen *um.*

  II. Der junge Mann *sah* sich nach einer neuen Stellung *um.*

III. Er sollte sich in der Welt *umsehen*.

    a) beobachten und Erfahrungen sammeln
    b) seine Blickrichtung ändern, um jemanden (etwas) zu sehen
    c) jemanden (etwas) suchen, um es zu bekommen

  I. Ich weiß nicht, was mit meinem Wagen los ist. Er will nicht anspringen. – Warten Sie, *dem läßt sich schnell abhelfen*.

 II. Die Gäste möchten noch eine Flasche Wein. – *Dem kann sofort abgeholfen werden*.

    a) einen Mangel, einen Übelstand beseitigen
    b) einen Wunsch, ein Bedürfnis befriedigen

4. *Beschreiben Sie die Geschehnisse so, wie sie der Amtsrichter beobachtet haben könnte!*

67.2   **ent-**

Übung: *Welche Inhalte werden in den folgenden Sätzen von den Verben genannt? Das Verb nennt*

    a) *das gegenteilige Geschehen als das einfache Verb*
    b) *eine Trennung von etwas*
    c) *ein negatives Geschehen*
    d) *einen Beginn, den Anfang eines Geschehens oder Seins.*

1. Die Diebe sind über eine Mauer entkommen. – 2. Die Jungen haben den jungen Bären entführt. – 3. Unter den Arbeitern ist eine Unruhe entstanden. – 4. Ich habe mich entschlossen, hier zu bleiben. – 5. Drei Gefangene sind aus dem Gefängnis entwichen. – 6. Ein Gefangener wurde von einem Polizisten in seinem Versteck entdeckt. – 7. Wir wollen uns von hier entfernen. – 8. In diesem Moment entzündet sich das Feuer. – 9. Plötzlich erblickte der Polizist den entflohenen Dieb. – 10. Wir haben in den letzten Jahren vieles entbehrt. – 11. Die politische Lage hat sich Gott sei Dank wieder entspannt. – 12. Wir sind von der Regierung enttäuscht worden. – 13. Heute früh entgleiste ein Güterzug. – 14. Hast du dich bei dem alten Herrn entschuldigt? – 15. Der Beamte wurde aus seinem Amt entlassen. – 16. Die Versicherung wird Sie entschädigen. – 17. Mir ist Ihr Name entfallen. – 18. Haben Sie das Geld der Kasse entnommen?

Übung: *Welche Inhalte werden in den folgenden Sätzen von den Verben genannt? Das Verb nennt*

a) *in kleine (winzige) Teile machen* (Handlung)

b) *sich in kleine (winzige) Bestandteile auflösen* (Vorgang), *(von Flüssigem) auseinanderlaufen, in die Breite laufen* (Vorgang)

1. Ich habe den Brief zerrissen. – 2. Das Dorf ist im Krieg durch Bomben zerstört worden. – 3. Die Ruinen zerfallen im Laufe der Zeit immer mehr. – 4. Das Mädchen hat die kostbare Vase zerbrochen. – 5. Glas zerbricht leicht. – 6. Die Säure hat das Metall zerfressen. – 7. Wenn wir Eis essen, lassen wir es auf der Zunge zergehen. – 8. Der Monteur will den ganzen Motor zerlegen. – 9. Sieh nur, wie die Seifenblasen zerplatzen. – 10. Die Frau könnte vor Wut das ganze Porzellan zerschlagen. – 11. Tun Sie das Glas nicht zu schnell ins heiße Wasser. Es zerspringt sonst. – 12. Warum hast du nicht aufgepaßt. Jetzt habt ihr alle Eier in der Tüte zerdrückt.

nehmen   **67.4**

Handlung: 1. ergreifen, anfassen:
Nehmen Sie zum Unterschreiben einen Füller und keinen Bleistift!

2. annehmen, akzeptieren, nicht zurückweisen:
Er nahm das Geschenk, das wir ihm angeboten hatten.

3. an sich nehmen, nicht liegen lassen:
Der Junge nahm noch ein Stück Kuchen.

4. wegnehmen, stehlen, rauben:
Wer hat mein Buch genommen?

5. überwinden, gewinnen:
Das Pferd nahm das Hindernis ohne große Schwierigkeiten.

6. beanspruchen, ausnutzen:
In diesem Jahr nehme ich meinen Urlaub im Juli.

7. einnehmen, sich einverleiben, essen, trinken:
Nehmen Sie täglich eine Tablette nach dem Essen.

8. ergreifen und an den näher bezeichneten Ort oder in die näher bezeichnete Position bringen:
Die Mutter nahm ihr Kind auf den Schoß.

9. auffassen, betrachten als etwas:
Ich nehme deinen guten Willen für die Tat.

Sein: brauchen, nötig haben, beanspruchen:
Diese schwierige Arbeit nimmt Zeit.

Übung: *In welchem Sinne wird in den folgenden Sätzen das Verb „nehmen" gebraucht?*

1. Ich nehme den Zug um 18.25 Uhr. – 2. Du mußt den Füller in die rechte Hand nehmen. – 3. Nehmen Sie Zucker in den Kaffee? – 4. Nimm das Leben nicht so schwer! – 5. Der Vater nahm den Jungen an die Hand und ging mit ihm über die Straße. – 6. Man nehme etwas Milch und rühre es in den Teig, dann . . . . . – 7. Ich nehme den Mann nicht für voll. (= für geistig reif) – 8. Die Kellner nehmen Trinkgeld. – 9. Nehmen Sie schon das Geld! Es ist Ihr Trinkgeld. – 10. Der Feind hat die Festung genommen. – 11. Er nahm seine Tasche unter den Arm und ging. – 12. Er ist vom Stamme Nimm. (umgangssprachlich für: Er ist einer, der nimmt, was er bekommen kann.) – 13. Nimm deine Sachen und geh!

67.5 Übung: *Schildern Sie die Herstellung von Kartoffelpuffern so, wie Sie es tun würden, wenn Sie das Rezept einem Freund erklärten! (Probieren Sie das Rezept mal aus!)*

Kartoffelpuffer

Zutaten: 1 kg rohe Kartoffeln, 1 Ei, 25 g Mehl, 1/2 Teelöffel Salz, Pfeffer, Muskat, Schnittlauch oder Petersilie, nach Wunsch auch 1 geriebene Zwiebel, reichlich Schmalz oder Öl zum Backen.

Die rohen geschälten Kartoffeln werden abgewaschen und abgetrocknet,
5 rasch gerieben und, damit sie nicht dunkel werden, mit Ei und Mehl gebunden. Man würzt sparsam mit den angegebenen Gewürzen. In einer gußeisernen Pfanne wird Schmalz, Pflanzenfett oder Öl – aber keine Margarine – stark erhitzt, der Teig eßlöffelweise hineingegeben und schnell zu kleinen Pfannkuchen ausgebreitet.
10 Das Fett muß ständig rauchend heiß und reichlich bemessen sein, sonst saugen sich die Puffer voll, bräunen schlecht und werden schwer verdaulich. Man nimmt die fertigen Puffer mit einer Gabel heraus, läßt sie gut abtropfen und trägt sie sofort auf. Sie dürfen nicht aufeinandergelegt werden und auch nicht lange stehen, sonst werden sie weich und
15 zäh. In Oberfranken ißt man Apfelmus und eingemachte Preiselbeeren dazu.

Jonny Behm

Übung 3: *Schreiben Sie selbst ein Rezept von einer Ihnen bekannten Speise oder einem Mixgetränk!*

→ 18.0

Aufgaben zum Text

(18.0, Seite 65)

1. *Beantworten Sie die Fragen!*

   Welchen Unterschied empfinden Sie als Zuschauer, wenn Sie in einem vollbesetzten und wenn Sie in einem fast leeren Kino sitzen?
   Welchen Unterschied empfinden Sie als Zuschauer in einem Theater und einem Kino?

2. *Erklären Sie den Inhalt folgender Sätze?*

   Ihn beschlich das bedrängende Gefühl des Unbehagens.
   Der Film teilt sich nur der Masse mit.
   Der Film hat sich nicht geändert, aber ein anderes Publikum hat anderen Bezug genommen.
   Du hast deinen Beruf verfehlt.

3. *Auf welche Beschreibungen treffen die Erklärungen zu?*

   I. Der Film *läuft.*
   II. Der Film *läuft ab.*
      a) Es ist die Bewegung allein gemeint.
      b) Es ist das Ende der Bewegung gemeint.
      c) Es ist die Bewegung von ihrem Beginn bis zu ihrem Ende gemeint.

   I. Das Drama *spielte* sich in der Nacht *ab.*
   II. Mein Freund *spielte* eine Schallplatte *ab.*
   III. Diese Schallplatte ist vollkommen *abgespielt.*
      a) ablaufen lassen
      b) sich ereignen
      c) abgenutzt, verbraucht

   I. Er *teilte* mir eine traurige Nachricht *mit.*
   II. Der Film *teilt* sich nur der Masse *mit.*
      a) informieren
      b) beeindrucken, beeinflussen

4. *Geben Sie die Inhaltsangabe eines Films, der Sie besonders beeindruckt hat!*

68.2 Übung: *Nennen Sie den umgekehrten Sachverhalt!*

1. Die Versammlungsteilnehmer beachteten den Minister, als er am Schluß der Kundgebung den Saal verließ. (keines Blickes würdigen) – 2. Die Polizisten hielten die Passanten auf. (vorübergehen lassen) – 3. Es fiel mir schwer, dir die Wahrheit zu sagen. (leicht) – 4. Peter zeigte allen seinen Freunden sein Zeugnis. (verbergen) – 5. Der Motorradfahrer lädt sein Gepäck vom Roller ab. (aufladen) – 6. Fritz wurde von Peter nach Hause gebracht. (abholen) – 7. Der Fuchs hatte den Mut, den Jagdhund anzugreifen. (Angst) – 8. Gestern sind die Bauern früh schlafen gegangen. (aufstehen) – 9. Das Gewicht des neuen Materials blieb konstant. (schwanken) – 10. Den Gefangenen mißglückte die Flucht. (glücken) – 11. In den letzten zehn Jahren hat die Bevölkerungszahl dieser Stadt abgenommen. (zunehmen) – 12. Diese Arbeit fällt dem Mädchen leicht. (Mühe machen) – 13. Die Behörden haben die Verantwortung für den Unfall abgelehnt. (übernehmen) – 14. Der Richter verließ den Gerichtssaal. (betreten) – 15. Wir haben die unangenehmen Ereignisse vergessen. (sich erinnern) – 16. Das Fernsehprogramm ist gleichgeblieben. (sich ändern) – 17. Kurt hat den richtigen Beruf gefunden. (verfehlen)

68.3 Übung: *Welche Sachverhalte (Handlungen) können die genannten Rollen verwirklichen? Nennen Sie so viele Sachverhalte wie möglich!*

> *Beispiel:* Wärter . . . . . Tiere
>
> Der Wärter füttert die Tiere.
> Der Wärter paßt auf die Tiere auf.
> Der Wärter bringt die Tiere in den Stall.
> Der Wärter spricht mit den Tieren.
> Der Wärter schlägt die Tiere.
> Der Wärter beruhigt die Tiere.
> Der Wärter ärgert die Tiere.
> Der Wärter pflegt die Tiere.
> usw.

1. Dieb . . . . . Auto – 2. Jungen . . . . . Schaukästen der Kinos – 3. Schüler . . . . . Roman – 4. Jäger . . . . . Fuchs – 5. Mechaniker . . . . . Personenwagen – 6. Reisende . . . . . Gepäck – 7. Arzt . . . . . Patient – 8. Junge . . . . . Schuhe – 9. Mädchen . . . . . Speisesaal – 10. Köchin . . . . . Geschirr –

278

11. Kinder ..... Lied – 12. junger Mann ..... Mädchen – 13. Schriftsteller ..... Buch – 14. Vater ..... seine Familie – 15. Reporter .....
Politiker – 16. Gärtner ..... Baum – 17. Fritz ..... Peter – 18. Grenz-
polizei ..... Pässe – 19. Frau ..... Fenster – 20. Kinder ..... Kleider –
21. Leute ..... Film – 22. Museumsbesucher ..... Kunstwerk – 23. Hund
..... Fuchs – 24. Hund ..... Haus – 25. Zeitungsverkäufer .....
Abendausgaben der Zeitungen – 26. Frau ..... Blumenstrauß – 27. Richter ..... Angeklagter – 28. Publikum ..... Film.

Übung: *Welche Sachverhalte (Handlungen und Vorgänge) können die ge-*   **68.4**
nannten Rollen verwirklichen? Nennen Sie so viele Sachverhalte
wie möglich!

> *Beispiel: Dieb*
>
> Der Dieb flieht.
> Der Dieb wird gefaßt.
> Der Dieb läuft weg.
> Der Dieb wird verhaftet.
> Der Dieb wird entdeckt.
> usw.

1. Auto – 2. Zeit – 3. Glocke – 4. Zug – 5. Wind – 6. mein Wunsch –
7. Sonne – 8. Licht – 9. Befehl – 10. Film – 11. Kunstwerk – 12. Briefmarke.

Übung: *Welche Modifikationen der Sachverhalte sind möglich?*   **68.5**

> *Beispiel:* Der Junge spricht *laut.*
> Der Junge spricht *leise.*
> Der Junge spricht *deutlich.*
> Der Junge spricht *undeutlich.*
> Der Junge spricht *schnell.*
> Der Junge spricht *langsam.*
> Der Junge spricht *englisch.*

1. Ich will dir die Geschichte *mit allen Einzelheiten* erzählen. – 2. Wir
haben euer Haus *schnell* gefunden. – 3. Der Kaufmann ging *zufrieden*
nach Hause. – 4. Der Beamte hat die Verordnung *genau* durchgelesen. –
5. Wir konnten das Haus auf dem Berg *deutlich* sehen. – 6. Der Mann
verließ *in aller Ruhe* das Haus. – 7. Der neue Angestellte sieht *sehr ver-*

trauenswürdig aus. – 8. Warum schauen Sie mich *so böse* an? – 9. Der Fuchs erhob sich *langsam* aus dem Gebüsch. – 10. Der Student ging *aufgeregt* zur Prüfung. – 11. Ich halte den Unterricht für *nützlich*. – 12. Findest du das Buch *interessant?*

68.6 Übung: *Stellen Sie mit Hilfe des Textgerüsts den ursprünglichen Text wieder her!*

Wir lassen einen Drachen steigen

1. H anfertigen, R mein Bruder und ich, ein großer Drachen, U-t gestern

2. V wehen E ein tüchtiger Wind

3. V steigen (lassen), R wir (= mein Bruder und ich), Drachen, U-m da

4. H fassen, R Karl, Drachen

und 5. H tragen, R ich, die Leine und der Schwanz

6. H preisen, R jeder Junge, (Drachen), U-k seine Größe

(Attr.) H sehen, R (jeder Junge), Drachen

denn 7. S messen E fast anderthalb Meter, R (Drachen)

8. V anlangen E Hügel, R wir, U-t schließlich

9. H festhalten, R ich, Drachen

10. H lösen, R mein Bruder, die Leine

und 11. H vorlaufen, R (mein Bruder), U-m ein ordentliches Stück

12. H loslassen, R ich, Drachen

und 13. V schießen E Höhe, R (Drachen), U-m rasende Geschwindigkeit

aber 14. V zausen und reißen, R der Wind, U-l (Drachen)

und 15. V herabstoßen E die Erde, R (Drachen), U-t bald darauf, U-m wieder

(U-m:) so daß V zerbrechen (irr.), R (Drachen), U-m fast

aber 16. S zerreißen, R nur das Papier, U-m ein bißchen

17. V aufsteigen (lassen), R wir, (Drachen), U-m zweites Mal

18. S dastehen E ruhig, R (Drachen), U-t bald

und 19. V grüßen E aus luftiger Höhe, R (Drachen), wir

(!) 20. S haben E welch wunderbare Aussicht, R (Drachen)

21. ^{V} schauen (können) ^{E} weit über Flüsse und Seen, über Hügel
und Täler, ^{R} (Drachen)

Übung: *Setzen Sie die fehlenden Satzzeichen und Konjunktionen ein!*   **68.7**
Satzzeichen sind Lesezeichen für den Intonationsverlauf.

Der kluge Richter

Ein reicher Mann hatte eine größere Geldsumme welche in ein Tuch eingenäht war aus Unvorsichtigkeit verlor er machte ..... seinen Verlust
bekannt ..... bot wie das üblich ist dem ehrlichen Finder eine Belohnung
..... von hundert Talern an da kam bald ein guter und ehrlicher Mann
dahergegangen dein Geld habe ich gefunden dies wird es wohl sein so   5
nimm dein Eigentum zurück so sprach er mit dem heiteren Blick eines
ehrlichen Mannes und eines guten Gewissens ..... das war schön der andere machte auch ein fröhliches Gesicht ..... nur weil er sein verloren
geglaubtes Geld wiederhatte er zählte das Geld ..... dachte unterdessen
geschwind nach wie er den Finder um seine versprochene Belohnung brin-   10
gen könnte guter Freund sprach er hierauf es waren eigentlich achthundert Taler in dem Tuch eingenäht ich finde ..... nur siebenhundert
Taler Sie werden ..... wohl eine Naht aufgetrennt ..... Ihre hundert
Taler Belohnung schon herausgenommen haben das haben Sie recht gemacht ich danke Ihnen das war nicht schön der ehrliche Finder dem es   15
weniger um die hundert Taler als um seine Unbescholtenheit zu tun war
versicherte er habe das Päckchen so gefunden wie er es bringe am Ende
kam die Sache vor den Richter beide standen auch hier noch zu ihrer
Behauptung der eine daß er achthundert Taler eingenäht hätte der andere daß er das Päckchen nicht beschädigt hätte da war guter Rat teuer   20
..... der kluge Richter der die Ehrlichkeit des einen und die schlechte
Gesinnung des anderen schon im voraus erkannte griff die Sache so an
er ließ sich von jedem die Bestätigung geben daß seine Aussage auch un-
bedingt wahr sei ..... entschied dann wenn der eine von euch achthundert Taler verloren der andere ..... nur siebenhundert Taler gefun-   25
den hat so kann das gefundene Geld nicht das sein das verloren worden
ist du ehrlicher Freund nimmst also das Geld welches du gefunden hast
wieder zurück ..... behältst es in guter Verwahrung bis der kommt
welcher nur siebenhundert Taler verloren hat du ..... armer Verlierer
mußt dich gedulden bis der kommt der deine achthundert Taler findet so   30
sprach der Richter ..... dabei blieb es.

→ **19.0**

Aufgaben zum Text

(19.0, Seite 69)

1. *Beantworten Sie die folgenden Fragen!*

   Welchen Gewinn bringt das Fernsehen dem einzelnen? (Information, Bildung)

   Welche Gefahren birgt das Fernsehen? (Beeinflussung, Gesundheit, Verlust der eigenen Initiative)

   Welchen Unterschied empfinden Sie als Zuschauer, wenn Sie eine Fernsehsendung verfolgen und wenn Sie sich einen Film im Kino ansehen?

2. *Erklären Sie den Inhalt folgender Sätze!*

   Vor zehn Jahren war der Fall noch ganz klar.
   Er war sowieso schon unten durch.
   Dem ist nicht mehr zu helfen.
   Jetzt hatten die Snobs Oberwasser.
   Die ganze Arbeit ist für die Katz'.

3. *Auf welche Beschreibungen treffen die Erklärungen zu?*

   I. Gestern ist mir Herr Müller *über den Weg gelaufen.* (umgangssprachlich)

   II. Gerade ist eine Katze *über den Weg gelaufen.*

   III. Dem Bau eines neuen Schulhauses *steht* nichts mehr *im Wege.*

   IV. Seit einiger Zeit *geht* mir Hans *aus dem Wege.*
       a) von einer Seite des Weges auf die andere laufen
       b) jemandem zufällig, unerwartet begegnen
       c) jemanden meiden
       d) hindern, behindern

   I. Er *gab zu,* daß er es nicht verstanden hatte.

   II. Er durfte nicht *zugeben,* daß die Kinder über die Straße laufen.
       a) erlauben, gestatten
       b) einräumen, zubilligen

   I. Der Vater des Schülers *unterhielt sich* mit dem Lehrer.

   II. Er *sprach* mit dem Lehrer.

   III. Er *redete* mit dem Lehrer.
       a) ein Gespräch über ein ernsthaftes Thema

b) ein zwangloses Gespräch

c) ein längeres, ernsthaftes Gespräch, bei dem der Gesprächspartner auch zu einer Änderung seiner Meinung bewegt werden soll!

I. Er *lieferte* uns Zeitschriften.

II. Er *brachte* uns Zeitschriften.

III. Er *stellte* uns Zeitschriften *zu*.

    a) allgemeiner Ausdruck

    b) nach einem Kauf

    c) durch die Post

I. Es gibt *an die* zehn Millionen Fernsehgeräte.

II. Es gibt *ungefähr* zehn Millionen Fernsehgeräte.

    a) bis zu zehn Millionen, nicht mehr

    b) um die zehn Millionen; es kann etwas mehr oder auch etwas weniger sein

4. *Geben Sie eine Zusammenfassung über den Inhalt des Textes, ohne die umgangssprachlichen Ausdrücke zu benutzen!*

machen 69.2

Handlung: 1. herstellen, verfertigen:

    Die Fa. Schmidt & Co. *macht Möbel.*

    Frau Schmidt *macht* in der Küche *Kaffee.*

   2. etwas beginnen:

    Die Wanderer *machen sich* jetzt *auf den Weg.*

    Wir *machen uns* morgen *an die Arbeit.*

   3. sich anderen gegenüber verhalten:

    Du hast *mir Schwierigkeiten gemacht.*

   4. jemanden in einen Gemütszustand versetzen:

    Ihr *habt mir* wirklich *Angst gemacht.*

   5. jemanden in eine bestimmte Lage bringen:

    Wer hat ihn *zum Gefangenen gemacht?*

   6. jemanden oder etwas verändern:

    Er *will* eine Künstlerin *aus ihr machen.*

    Warum *machst* du immer *aus Spaß Ernst?*

   7. eine Sache bearbeiten und sie dadurch in einen bestimmten Zustand versetzen:

    Das Mädchen *macht das Zimmer.*

8. eine bestimmte, mit der Prädikatsergänzung genannte Bewegung machen:
   a) einfache Bewegung: Der junge Mann *machte eine Verbeugung.*
   b) Fortbewegung: Ich *mache* jetzt *einen Spaziergang.*
   c) Beendigung einer Bewegung: Die Wanderer wollen jetzt *Rast machen.*
9. etwas akustisch Wahrnehmbares hervorbringen:
   a) nichtsprachliches: Die Kinder *machen Krach.*
   b) sprachliches: Der Zuhörer *machte eine Bemerkung.*
10. eine Person oder eine Sache so behandeln oder mit ihr so verfahren, daß das mit der Prädikatsergänzung genannte Sein erreicht wird:
    Das Mädchen hat seine Freundinnen miteinander *bekannt gemacht.*
    Die Frau hat das Zimmer *sauber gemacht.*

Vorgang: 11. sich (günstig) entwickeln:
Seit der Junge die Schule gewechselt hat, *macht er sich.*
er hat Erfolg!

Übung: *In welchem Sinne wird in den folgenden Sätzen das Verb „machen" gebraucht?*

1. Du hast deinen Eltern wirklich Kummer gemacht. – 2. In unserer Gegend macht man den Wein aus Äpfeln. – 3. Inge muß sich jeden Morgen eine halbe Stunde lang die Haare machen. – 4. Währenddessen macht ihre Mutter das Frühstück. – 5. Möchten Sie mir bitte ein wenig Platz machen? – 6. Nach einer Stunde Fahrt machte die Autokolonne halt. – 7. Machen Sie mir die Freude und gehen Sie mit mir spazieren! – 8. Ich mache nicht gerne allein Spaziergänge. – 9. Darf ich Sie darauf aufmerksam machen, daß es hier verboten ist, in der Nacht Lärm zu machen! – 10. Der Fabrikant machte seinen Sohn zum Direktor des Zweigwerkes. – 11. In diesem Jahr macht sich der Handel mit Übersee. – 12. Hans hat Inge glücklich gemacht. – 13. Du hast deine Arbeit glücklich gemacht. – 14. Wie willst du deine Fehler gutmachen? – 15. Ich bemühe mich, meine Arbeit gut zu machen. – 16. Der Mann ging in den Keller, um Holz zu machen. – 17. Die Gäste machen uns viel Arbeit. – 18. Heutzutage findet man nur schwer jemanden, der einem die Arbeit macht. – 19. Man muß es doch wohl als Unsinn betrachten, wenn man aus einem Sportler einen Künstler machen will. – 20. Machen Sie keinen Unsinn und bleiben Sie zu Hause!

1. **liegen:** etwas befindet sich in horizontaler Lage:
   Das Papier *liegt auf dem Tisch.*
   stehen: etwas befindet sich in vertikaler Lage:
   Das Buch *steht im Bücherschrank.*

2. **stehen:** etwas befindet sich in der richtigen Lage ohne Rücksicht darauf,
   ob der Gegenstand mehr lang als hoch ist oder nicht. Der Gegenstand
   ruht auf der dafür vorgesehenen Fläche (Standfläche) oder auf Füßen:
   Die Schüssel *steht auf dem Tisch.*
   Das Bett *steht neben der Tür.*

   liegen: Der Gegenstand befindet sich nicht an dem für ihn vorgesehenen Platz, gleichgültig, ob er sich in seiner normalen Position befindet
   oder nicht:

   ~~Der Teller liegt am Boden.~~ *Der Teller liegt auf dem Boden.*

Übung: *Setzen Sie die geeigneten Verben ins Prädikat ein!*

1. Die Tischdecke *liegt* auf dem Tisch. – 2. Wo *stehen* meine Schuhe? –
3. Wem gehört die Zigarettenschachtel, die dort auf dem Tisch *liegt* ?
4. Wenn Sie den Tisch decken, *legen* Sie bitte das Besteck neben die Teller!
– 5. Vorhin *stand* mein Fahrrad am Haus. – 6. Jetzt ist es umgefallen und
liegt am Boden. – 7. Ich habe vorhin die Vase auf den Tisch *gestellt;* jetzt
liegt sie zerbrochen am Boden. – 8. Was machen wir mit dieser riesigen
Vase? – Wir *stellen* sie auf die Terrasse. Es ist eine Bodenvase. Eine solche
Vase kann man nicht auf den Tisch *stellen.* – 9. Hier ist ein Brief für Sie.
Ich *lege* ihn auf Ihren Schreibtisch. – 10. Hier *liegt* ein Buch auf dem
Stuhl. Ich *lege* es zurück in den Bücherschrank. – 11. Wo ist der Stapel
Hefte, den ich hierher *gelegt* habe? – 12. Nach dem gestrigen Sturm *liegen*
viele Bäume und Telegrafenmaste auf der Straße. – 13. *Stellen* Sie Ihren
Koffer hierhin, später können Sie ihn auf den Schrank *legen.* 14. Wem
gehören die Körbe, die dort *stehen?* Einer ist umgefallen und *liegt* neben
dem Stuhl. – 15. Wohin sollen wir den Teppich *legen,* der hier zusammen-
gerollt in der Ecke *steht.* ?

Übung: *Stellen Sie mit Hilfe des Textgerüsts den ursprünglichen Text*   **69.4**
wieder her!

Briefe an den Schneider

1. ᴴ schreiben, ᴿ Gerhart Hauptmann, sein Berliner Schneider,
   ᵁ⁻ᵗ sein Aufenthalt auf Hiddensee

und

(R:)

2. H bitten, R (Hauptmann), (Schneider)

H machen E fertig, R (Schneider), zwei bestellte Anzüge, U-t bis zu einem bestimmten Termin, U-m Anprobe

3. H nicht antworten, R der biedere Handwerksmeister (= Schneider)

4. S glauben, R Hauptmann

(R:)

V verlorengehen, R der Brief

5. H schreiben, R (Hauptmann), U-m ein zweites Mal und noch ein drittes Mal

(U-t:) als

H von sich hören lassen, R der Schneider, U-t immer noch nicht

6. H gehen E Werkstatt des Schneidermeisters, R (Hauptmann), U-m zornig, U-t Rückreise

7. H schlagen E Tisch, R (Hauptmann)

und

8. S wissen (wollen), R (Hauptmann)

(R:)

H beantworten, R man, seine wiederholten Anfragen, U-m nicht einmal, U-k weshalb?

9. H senken E Kopf, R der Schneider, U-m verlegen

10. H sagen, R (Schneider)

("R":)

H schreiben, R Sie (= Hauptmann), ich (= Schneider), U-t je öfter, U-m um so besser

H sammeln, R andere Leute, Briefmarken

und

H sammeln, R ich (= Schneider), Ihre Briefe

S bereit, R alles, U-m Anprobe

aber (!)

H sehen, R Sie (= Hauptmann)

V verdienen, R ich, U-m weit mehr als, an Ihren Briefen, an den beiden Anzügen

69.5 Übung: *Machen Sie von dem folgenden Text eine Zusammenfassung! Sie dürfen dabei keine direkte Rede verwenden!*

Ein Dummer zahlt die Zeche

Ein Schelm kam einmal in ein Wirtshaus und forderte ein Glas Wein. Als die Wirtstochter es ihm brachte, sagte er: „Ach, das ist ja Weißwein. – Ich hätte lieber Rotwein. Kannst du ihn mir nicht umtauschen?" – „Gewiß, gerne", sagte das Mädchen und brachte es.

5 Als er nun getrunken hatte, stand er auf und wollte fortgehen, ohne zu bezahlen. Das Mädchen aber hielt ihn auf mit den Worten: „Verzeiht, Herr, Ihr habt wohl vergessen zu bezahlen?"

„Wieso?" fragte der Mann erstaunt. „Was habe ich denn zu bezahlen?"
„Ihr habt doch ein Glas Rotwein getrunken", sagte das Mädchen, worauf
der Bursche erwiderte:
„Dafür habe ich doch das Glas Weißwein zurückgegeben."
„Ja", sagte sie, „das habt Ihr ja aber auch nicht bezahlt!"
„Nein", sagte der Schelm, "ich habe es ja auch nicht getrunken."
„Ach ja", sagte das Mädchen kleinlaut, „dann entschuldigt bitte!" und
ließ den Gast gehen.

10

15

P. Brockhaus

→ 20.0

Aufgaben zum Text

(20.0, Seite 73)

70.1

1. *Beantworten Sie folgende Fragen!*

   Wie würden Sie den im Text beschriebenen jungen Mann charakterisieren?

   Welche positiven und welche negativen Eigenschaften könnten Sie ihm zuschreiben?

   Wie steht dieser junge Mann zur Welt der Erwachsenen?

2. *Erklären Sie den Inhalt der folgenden Sätze!*

   Er kann 17 oder 18 Jahre alt sein.
   Wer will das heute schon sagen?
   Er gibt sich salopp.
   Er bringt es fertig, auf dem steifen Stuhl bequem zu kauern.
   Die Augen blicken unbestimmt.
   Die Augen fassen nicht zu mit ihrem Blick.

3. *Auf welche Beschreibungen treffen die Erklärungen zu?*

   I. mein *neuer* Freund

   II. mein *alter* Freund

   III. mein *junger* Freund

   a) Der Sprecher ist schon lange Zeit mit ihm befreundet.
   b) Der Sprecher ist erst seit sehr kurzer Zeit mit ihm befreundet.
   c) Der Sprecher ist bedeutend älter als die genannte befreundete Person.

287

I. Wie *stellst* du dir unseren neuen Direktor *vor?*

II. Hast du dich schon unserem neuen Direktor *vorgestellt?*

    a) sich bekannt machen mit jemandem

    b) sich ein Bild von jemandem machen, den man noch nicht kennengelernt hat.

4. *Beschreiben Sie nach einem Bild eine unbekannte Person und versuchen Sie, nach ihrem Aussehen auf sein Wesen zu schließen!*

70.2   **tun**

Handlung: 1. handeln, schaffen, arbeiten:
           Wir *haben unsere Arbeit getan.*

           2. jemandem etwas (Negatives oder Positives) zufügen:
           Wir haben dem Tier *nichts Böses getan.*

           3. sich verstellen, sich gebaren:
           Er *tut* immer *freundlich*, ist es aber nicht.

           4. Ersatz für ein schon genanntes Verb:
           Ich freue mich, daß ihr mich besucht habt. Hoffentlich *tut* ihr *das* bald wieder.

Handlung 5. etwas bewirken, auf etwas eine Wirkung haben:
oder   Ich will *etwas* in Ihrer Sache *tun.*
Vorgang: Seine Unfreundlichkeit *tut nichts zur Sache.*

           6. gut oder schlecht beeinflussen:
           Du *tust mir* mit deinen Vorwürfen *weh.*
           Das *tut mir* wirklich *leid.*

Übung: *In welchem Sinne wird in den folgenden Sätzen das Verb „tun" gebraucht?*

1. Die Frühjahrssonne tut uns gut. – 2. Haben Sie keine Angst. Der Hund tut Ihnen nichts. – 3. Tu nicht so, als wüßtest du alles. – 4. Was habe ich dir getan, daß du so ein böses Gesicht machst? – 5. Wenn ihr auf diesen Berg steigt, tut ihr das auf eigene Gefahr. – 6. Tu etwas für deine Gesundheit! – 7. Heute hatten wir alle Hände voll zu tun. – 8. Habe ich dir Unrecht getan? – 9. Der Mann weiß nichts von der Sache. Er tut nur so. – 10. Was du nicht willst, daß man dir tu', das füg auch keinem andern zu! (Sprichwort) – 11. Du hast gelogen, das darfst du nicht wieder tun. – 12. Eine Kur in Bad Reichenhall wird Ihnen guttun.

Übung: *Welche Adjektive können folgende Nomen charakterisieren?*

Adjektive: breit, dick, dünn, eng, geräumig, groß, hoch, klein, korpulent, kurz, lang, mächtig, schmächtig, schlank, schmal, weit.

1. Mann, Frau	6. Zimmer	11. Straße
2. Hand	7. Tür	12. Platz
3. Anzug	8. Fenster	13. Berg
4. Tasche	9. Tisch	14. Baum
5. Haus	10. Schrank	15. Ball

Übung: *Stellen Sie mit Hilfe des Textgerüsts den ursprünglichen Text* **70.4** *wieder her!*

Zu schnell gefahren

1. ^V fahren ^E menschenleere Hauptstraße, ^R ein Auto, ^{U-t} früher Morgen, ^{U-m} hohe Geschwindigkeit

2. ^H anhalten, ^R ein Schutzmann, Wagen

(Attr.)   ^H tun ^E Dienst, ^R (Schutzmann), ^{U-t} gerade

und   3. ^H sagen, ^R (Schutzmann)

(„^R“:)   ^H überschreiten, ^R Sie (= Autofahrer), zulässige Geschwindigkeit

„–“   ^H bezahlen (müssen), ^R Sie (= Autofahrer), Strafe

„–?“   ^H nicht lesen, ^R Sie (= Autofahrer), Verkehrsschild, ^{sA} denn

„–“   ^H fahren (dürfen) ^E nur 40 km in der Stunde, ^R Sie (= Autofahrer) ^{U-l} hier

„–“   ^H fahren ^E mindestens 80 km, ^R Sie (= Autofahrer), ^{sA} aber

4. ^H erwidern, ^R Fahrer, ^{U-m} schlagfertig

(„^R?“)   ^H (fahren) ^E 80 km in der Stunde, (^R ich = Fahrer)

„–“   ^S unmöglich, ^R das

„–“   ^S unterwegs, ^R ich (= Fahrer), ^{U-t} erst eine halbe Stunde, ^{sA} doch

5. ^H sich entschuldigen, ^R Schutzmann, ^{U-m} verblüffen

6. ^H legen ^E Mütze, ^R (Schutzmann), Hand

und   7. ^H weiterfahren lassen, ^R (Schutzmann), Fahrer.

Übung: *Stellen Sie mit Hilfe des Textgerüsts den ursprünglichen Text* **70.5** *wieder her!*

Diebe flüchteten vor dem Spiegelbild

1. ^V schlagen ^E Flucht, ^R bisher unbekannte Einbrecher, ^{U-t} in der Nacht zum Dienstag, ^{U-l} unsere Stadt, ^{U-k} ihr eignes Spiegelbild

2. ^H stehlen, ^R die Täter, 50 Mark, ^{U-t} zuerst, ^{U-l} Ladenkasse eines Lebensmittelgeschäfts

und
3. ^H aufbrechen, ^R (Täter), Kiosk, ^{U-l} Nähe des Bahnhofs, ^{U-t} dann

(Attr.)
    ^V finden, ^R (Täter), kein Geld, ^{U-l} (dort)

4. ^H einsteigen ^E ein Textilgeschäft, ^R (Täter), ^{U-t} schließlich, ^{U-m} von hinten

5. ^H sich zu schaffen machen, ^R (Täter), ^{U-l} Kasse

aber
6. ^H ergreifen ^E Flucht, ^R (Täter), ^{U-t} plötzlich, ^{U-m} panikartig

7. ^H abgeben ^E vier Schüsse, ^R einer der Diebe, ^{U-l} ein großer Wandspiegel

8. ^H entkommen, ^R (Diebe), ^{U-t} dann, ^{U-l} ein zertrümmertes Fenster

9. ^S stehen ^E vor einem Rätsel, ^R Polizei, ^{U-t} zunächst

(^{U-t}:) bis
(^R:)
„–"
    ^H erklären, ^R die Geschäftsinhaber, (Polizei)
    ^V knistern und rumoren, ^{U-l} das alte Haus
    ^S zum Fürchten, ^{U-t} manchmal, ^{sA} gerade

10. ^H schlußfolgern, ^R Polizei

(^R:)
(Attr.)
    ^V aufschrecken, ^R ein Geräusch, die Unbekannten
    ^S angehören, ^R (Unbekannte), eine reisende Diebesgruppe

11. ^S halten für ^E ein Hausbewohner, ^R einer (= Unbekannter), sein Spiegelbild, ^{U-k} die Lichtreflexe von der Straße, ^{sA} vermutlich

12. ^H schießen und fliehen, ^R (Unbekannte), (Spiegelbild), ^{U-m} wild

13. ^S liegen ^E Fußboden, ^R Spiegel, ^{U-m} tausend Trümmer.

70.6 Übung: *Lesen Sie die folgende Theaterkritik laut! Machen Sie sich im Text Zeichen für den Satzton, den Satzgliedton und den Unterscheidungston!*

Die Physiker

Beifall für Dürrenmatts neues Stück

Zu einem Theaterereignis von europäischem Rang gestaltete sich am Mittwochabend die Uraufführung von Friedrich Dürrenmatts neuestem Stück „Die Physiker" im ausverkauften Züricher Schauspielhaus. Der Schweizer Autor, Ensemble und Regisseur wurden vom begeisterten Publikum mit starkem Beifall gefeiert und immer wieder vor den Vorhang gerufen. Der 5
Andrang der internationalen Presse und Intendanten war so groß, daß die Uraufführung an zwei anderen Abenden „wiederholt" werden mußte. Schauplatz der Handlung des neuen Stückes ist ein Irrenhaus. Träger der Handlung sind drei Physiker: dem einen, Möbius, erscheint König Salomon, der zweite hält sich für Einstein, der dritte für Newton. „Einstein" 10
und „Newton" haben schon je eine Krankenschwester umgebracht. Als eine dritte Krankenschwester Möbius ihre Liebe bekennt, seine Freilassung erkämpft, wird auch er zum Mörder.
Im zweiten Akt kommt die überraschende Enthüllung: Möbius ist gar nicht verrückt. Er sucht Zuflucht im Irrenhaus, damit seine epochalen 15
Erfindungen der Welt nicht Unheil bringen können. Die geliebte Krankenschwester hat er „umbringen müssen", damit er nicht in Versuchung gerät, in die gefährliche Unfreiheit der Welt zurückzukehren. Auch „Newton" und „Einstein" spielen nur den Verrückten, um Möbius für den westlichen Geheimdienst bzw. für die Gegenseite zu gewinnen. Die Morde an 20
den Krankenschwestern waren nötig, weil sie den Agenten auf die Schliche gekommen waren.
Zum grausigen Ende bekennt die leitende Ärztin, daß sie alles durchschaut und Möbius' Aufzeichnungen fotokopiert hat. Sie hat einen weltumspandenden Trust gegründet, der die Erkenntnisse ihrer Patienten auswertet. 25
Sie ist zur mächtigsten und gefährlichsten Person der Welt geworden. Das Opfer der Physiker war umsonst.
Obwohl Dürrenmatt von einer bühnenwirksamen Geschichte ausgeht und nicht so sehr von der Idee, kommt in seiner Komödie die ganze Problematik der modernen physikalischen Forschung und ihrer von ihren Urhebern 30
nicht gewollten verhängnisvollen Auswirkungen auf die Menschheit zum Ausdruck. In der Ärztin spiegelt sich die anonyme Macht, gegen die die Menschheit trotz der Einsicht auf die drohende Gefahr nicht aufzukommen vermag.
Unter der Regie von Kurt Horwitz und im Bühnenbild von Theo Otto 35
spielten Therese Giehse die Ärztin, Brechts Tochter Hanne Hiob die Ge-

liebte von Möbius, Gustav Knuth den Newton, Theo Lingen den Einstein, während Möbius von Hans-Christian Blech gegeben wurde.

Übung: *Schreiben Sie eine Theater- oder Filmkritik! Diese Kritik soll enthalten: 1. Namen des Autors, des Regisseurs, die Namen der wichtigsten Schauspieler mit den Rollen, die sie spielen; 2. Inhalt des Stückes; 3. Wirkung auf die Zuschauer und 4. Würdigung des Stückes und der Aufführung.*

→ 21.0

71.1

Aufgaben zum Text

(21.0, Seite 78)

1. *Beantworten Sie die Fragen!*

Welche Meinungen vertreten die in der Szene auftretenden Personen zu den genannten Problemen? 1. Möbius, 2. ‚Newton‘, 3. ‚Einstein‘?
Wie stehen Sie zu dem hier diskutierten Problem?

2. *Erklären Sie den Inhalt folgender Sätze!*

Wir dürfen uns nicht von Meinungen bestimmen lassen.
Wir dürfen uns keinen Denkfehler leisten.
Sie laufen Gefahr, von der Partei gelenkt zu werden.
Man muß Risiken eingehen.
Auf der Universität winkte Ruhm, in der Industrie Geld.
Ich ließ meine akademische Karriere fahren.
Ich ließ die Industrie fallen.
Ich überließ meine Familie ihrem Schicksal.

3. *Auf welche Beschreibungen treffen die Erklärungen zu?*

    I. Wir *gehen* bei unserer Arbeit systematisch *vor*.
   II. Weißt du, was in den letzten Jahren in der Welt *vorgegangen* ist?
  III. Die Polizei *geht* gegen die Demonstranten *vor*.
        a) Handlung
        b) Vorgang

    I. Bei der Prüfung habe ich mir einen schweren Fehler *geleistet*.
   II. Nach dem Examen *leiste* ich mir eine längere Ferienreise.

III. Ein intelligenter und fleißiger Schüler *leistet* in dieser Schule viel.
   a) schaffen, erreichen
   b) sich erlauben
   c) machen, ausführen

 I. Er will uns die Freiheit *bewahren*.
 II. Er will uns vor Unheil *bewahren*.
III. Er will uns unser Geld *aufbewahren*.
   a) eine Gefahr usw. fernhalten
   b) anvertrautes Gut aufheben, hüten
   c) erhalten

 I. Er *geht* kein Risiko *ein*.
 II. Er *geht* auf keine Bedingung *ein*.
   a) sich einlassen, erwägen
   b) wagen, riskieren

4. *Machen Sie eine Inhaltsangabe des Textes in Stichworten!* 71.2

lassen

Handlung: 1. die Möglichkeit geben, einen Raum zu verlassen oder zu betreten oder sich mit einer Sache zu beschäftigen:
Ich werde euch *aus dem Haus lassen*.

2. verzichten, aufgeben, nicht tun:
Peter kann *das Rauchen* nicht *lassen*.

3. einen Sachverhalt nicht ändern:
Wir *lassen* dich bei deiner Meinung.

4. nicht wegnehmen, abgeben:
Laßt mir das Bild als Andenken an euch.

5. an einem Ort aufbewahrt halten:
Ich *lasse* meinen Regenschirm *zu Hause*.

Vorgang: 6. verlieren, einbüßen:
Der Forscher hat *sein Leben* auf einer Expedition *gelassen*.

Übung: *In welchem Sinne wird in den folgenden Sätzen das Verb „lassen" gebraucht?*

1. Lassen Sie niemanden an die neue Maschine! – 2. Wir wollen alles beim alten lassen. – 3. Heute gehen wir spazieren und lassen unseren Wagen

in der Garage. – 4. Laßt mich bitte jetzt in Ruhe! – 5. Wollen die Bauern heute die Pferde nicht aus dem Stall lassen? – 6. Lassen Sie Ihren Hund nicht den ganzen Tag im Haus! – 7. Ich würde einen Hund jeden Tag längere Zeit ins Freie lassen. – 8. Lassen Sie mir meine Ansicht, und ich lasse Ihnen die Ihre! – 9. Der Verletzte hat bei dem Unfall viel Blut lassen müssen. – 10. Laßt es gut sein! Ihr braucht euch nicht dauernd zu entschuldigen. – 11. Du bist ein unmöglicher Mensch! Du kannst die Leute nicht in Frieden lassen! – 12. Ich lasse Ihnen dieses Buch für 8 Mark. – 13. Laß mich bitte ins Haus! – 14. Die Banditen nahmen der Frau den ganzen Schmuck, ließen ihr aber das Geld. – 15. Sie ließen alle am Leben. – 16. Keiner brauchte sein Leben zu lassen. – 17. Lassen Sie das! Ich kann das nicht leiden. – 18. Die Katze läßt das Mausen nicht. (Sprichwort)

71.3 **Übung:** *Was besagen folgende Aussprüche? Nennen Sie Situationen, auf die diese Aussprüche zutreffen!*

1. Viele leben zu sehr in der Vergangenheit. Die Vergangenheit muß ein Sprungbrett sein, kein Ruhebett.
2. Was man nicht aufgibt, hat man nie verloren. (Schiller)
3. Die besten Weltverbesserer sind die, die bei sich selbst anfangen.
4. Was dein Feind nicht wissen soll, das sage deinem Freund nicht. (Schopenhauer)
5. Wer immer beschäftigt ist, hat keine Zeit zu grübeln.
6. Alle guten Dinge sind billig, alle schlechten aber teuer.
7. Ein Mensch ohne Fehler muß stinklangweilig sein. Glücklicherweise gibt es diese Sorte nur auf Grabsteinen.
8. Es ist fast unmöglich, die Fackel der Wahrheit durch ein Gedränge zu tragen, ohne jemandem den Bart zu versengen. (Lichtenberg)
9. Tue, was du kannst, mit dem, was du hast, und dem, was du bist.
10. Denken kostet nichts, kann aber viel einbringen.

71.4 **Übung:** *Stellen Sie mit Hilfe des Textgerüsts den ursprünglichen Text wieder her!*

Der Vertrag

1. S alte Bekannte, R Meier und Schmidt
2. V arbeitslos, R beide (= Meier und Schmidt)

3. ^S nicht untätig, ^R Meier
(^{U-t}:) während ^V sich durchhungern, ^R Schmidt, ^{U-t} diese schwere Zeit seiner Arbeitslosigkeit

4. ^H mieten, ^R (Meier), kleiner Wagen, ^{Ap} (Meier)

und 5. ^H verkaufen, ^R (Meier), Würstchen, ^{U-l} Eingang einer großen Bank

6. ^H vorbeikommen, ^R Schmidt, ^{U-t} ein Tag
(^{U-t}:) ^V gehen ^E glänzend, ^R Geschäft, ^{U-l} Meier, ^{U-t} um die Frühstückszeit

und 7. ^H sehen, ^R (Schmidt), ^{U-m} Neid
(^R:) 8. ^S zu tun haben, ^E alle Hände voll, ^R Meier

9. ^H ansprechen, ^R (Schmidt), (Meier)
„–" ^S gehen ^E gut, ^R du (= Meier), ^{sA} ja
(^{U-m}:) „–" ^H sehen, ^R ich (= Schmidt)
„–" ^H nicht behaupten (können), ^R ich (= Schmidt), das, ^{Ap} ich (= Schmidt), ^{sA} leider
„–!" ^H sagen, ^R du (= Meier), ^{sA} einmal
(„^R?") ^H nicht leihen (können), ^R du (= Meier), fünf Mark, ich (= Schmidt)

10. ^H antworten, ^R Meier
(„^R":) lieber Schmidt ^S leid tun, ^R das, ich (= Meier)
„–" aber ^H nicht (tun) dürfen, ^R ich (= Meier)
^H abschließen ^E Vertrag, ^R ich (= Meier), die Bank hier, ^{sA} nämlich
^H nicht verkaufen (dürfen), ^R Bank, Würstchen
und ^H geben (dürfen) ^E kein Kredit, ^R ich (= Meier).

Übung: *Stellen Sie mit Hilfe des Textgerüsts den ursprünglichen Text* **71.5**
wieder her!

Die Vernehmung

1. ^H vernehmen (haben zu), ^R (ein junger Referendar), ein echter Berliner, ^{U-t} einmal
(^{U-t}:) während ^V ausbilden, ^R ein junger Referendar, ^{U-l} Berliner Stadtgericht

2. ^V heftig, ^R der Mann

und 3. ^H reizen, ^R (Mann), Referendar, ^{U-m} so
(^{U-m}:) daß ^H aufspringen, ^R dieser (= Referendar)

und   ^H zurufen, ^R (Referendar), Mann

(„^R":) Herr!   ^H sich mäßigen, ^R Sie (= Mann)

„–" oder   ^H hinauswerfen, ^R ich (= Referendar), Sie (= Mann)

             4. ^H klopfen ^E Schulter, ^R Richter, Referendar, ^{U-m} freundschaftlich

(Attr.)   ^S dabei, ^R (Richter)

und   5. ^H sagen, ^R (Richter)

(„^R":)   Junger Freund ^S meine Sache, ^R hinauswerfen

             6. ^H fortfahren ^E Vernehmung, ^R Referendar

             7. ^S dauern ^E nicht lange

             8. ^H donnern, ^R (Referendar), ^{U-t} neue Dreistigkeit des Berliners ^{U-t} da

(„^R":) Herr!   ^H sich mäßigen, ^R Sie (= Mann)

„–" oder   ^H hinauswerfen lassen, ^R ich (= Referendar), Sie (= Mann) ^{U-m} Herr Richter.

71.6   **Übung 1:** *Lesen Sie den Text mehrmals laut! Achten Sie auf die richtige Satzintonation!*

Ostfriesische Inseln

Norderney ist leicht und bequem zu erreichen. Wenn die Eilzüge aus Hannover oder aus dem Rheinland in Norddeich ankommen, braucht der Reisende vom Bahnsteig bis zur Mole nur hundert Schritte zurückzulegen. Eines der weißen Schiffe der Frisia-Linie liegt schon bereit und
5 fährt, wenn alle Umsteigenden an Bord sind, gleich ab. Das Fahrwasser nach Norderney ist bei Flut und Ebbe offen, und so können die Schiffe täglich zur gleichen Minute verkehren. Sie erreichen Norderney in einer knappen Stunde. Die Überfahrt selbst ist schon ein Genuß. Höher und heller als im Binnenland ist der Himmel. Glanz überstrahlt das Meer.
10 Silbermöwen begleiten das Schiff. Wie leicht gleiten die Vögel in der Luft dahin, wie geschmeidig schießen sie herab und fangen die zugeworfenen Brocken auf! Das Schiff steuert zunächst nach Nordwesten, so daß zur Linken die Insel Juist zu erkennen ist, und fährt dann in einigem Abstand an der Westküste Norderneys hin. Die Badehalle und die Villen am West-
15 strand, die Marienhöhe und die Strandpromenade werden sichtbar. Dann wendet sich der Dampfer und ist nun so nahe, daß die Segelbuhne, die Strandkörbe, die Badenden und Flanierenden immer deutlicher greifbar werden, und nach einer nochmaligen Wendung öffnet sich die Hafeneinfahrt.

Übung 2: *Beschreiben Sie die Beobachtungen, die Sie einmal auf einer Reise oder auf einem Weg durch die Stadt zu einer bestimmten Stunde gemacht haben!*

→ **22.**0

Aufgaben zum Text
(22.0, Seite 81)

72.1

1. *Beantworten Sie die Fragen!*
   Was für einen Eindruck macht das im Text beschriebene Mädchen?
   Wie steht Ihrer Meinung nach das Mädchen zur Welt der Erwachsenen?

2. *Erklären Sie den Inhalt folgender Sätze!*
   Das Mädchen sitzt gespannt auf dem Stuhl.
   Das Gesicht ist sehr angestrengt.
   Das Gesicht lebt von den Augen.
   Die Traurigkeit in ihrem Gesicht macht betroffen.
   Ihre Stimme sagt einem nichts.
   Es ist ihr persönlicher Stil, traurig zu sein.

3. *Auf welche Beschreibungen treffen die Erklärungen zu?*

     I. Viele Wörter werden auf der ersten Silbe *betont*.
    II. Das Mädchen hat seine Augenbrauen mit einem Stift *betont*.
   III. Er *betonte*, daß er in seiner Grammatikarbeit keine Fehler gemacht hat.
    IV. Der Politiker *betonte* seine Friedensliebe.
       a) mit einer Äußerung hervorheben, bekräftigen
       b) durch den Ton, mit der Stimme hervorheben
       c) seine Meinung, seine Ansicht unterstreichen
       d) etwas optisch verstärken, hervorheben

     I. Er hat mir das Buch *geliehen*.
    II. Ich habe mir das Buch *geliehen*.
   III. Ich habe mir das Buch von ihm *ausgeliehen*.
       a) etwas zum vorübergehenden Gebrauch geben lassen
       b) etwas zum vorübergehenden Gebrauch aus dem privaten Besitz eines anderen geben lassen
       c) jemandem etwas zum vorübergehenden Gebrauch geben und die Rückgabe dieser Sache erwarten

297

I. Ihr Gesichtsausdruck *sagt* mir viel.
II. Er redet viel, *sagt* aber nichts.
III. Wenn der alte Mann schimpft, hat das nichts zu *sagen*.
IV. Du hast hier nichts zu *sagen*.
V. Es ist nicht zu *sagen*, was er mir für Schwierigkeiten macht.
  a) bedeuten, wichtig sein
  b) unglaublich sein
  c) befehlen, anordnen
  d) einen bemerkenswerten Inhalt haben
  e) einen bestimmten Sachverhalt ausdrücken, etwas erkennen lassen

I. Aus ihrer Stimme *spricht* Distanz.
II. Dein Erfolg *spricht* für dich.
III. Wir haben beim Direktor für dich *gesprochen*.
  a) jemanden empfehlen, Günstiges über jemanden sagen
  b) erkennen können, bemerken
  c) günstige Rückschlüsse zulassen, in einem günstigen Licht erscheinen

4. *Charakterisieren Sie einen guten Menschen, einen schlechten Menschen, einen sympathischen und einen unsympathischen Menschen!*

72.2   **halten**

Geschehen: 1. (mit den Händen) festhalten:
      Sie *hält* die Tasse mit zwei Fingern am Henkel.
   2. bewahren:
      Das Flugzeug *hält* Kurs nach Westen.
   3. ausführen, erfüllen:
      Ich *habe* mein Versprechen *gehalten*.
   4. veranstalten, durchführen:
      Mein Vater *hält* jetzt seinen Mittagsschlaf.
   5. über etwas auf eigene Kosten verfügen, etwas haben, etwas besitzen, etwas regelmäßig bekommen:
      Frau Müller *hält sich* einen großen Hund.
   6. in einem bestimmten Zustand, in einer bestimmten Lage bewahren:
      Du *hältst* das Glas *schief*.

7. zurückhalten:
   Mich *hält* nichts mehr in dieser Stadt.
8. schätzen, meinen:
   Ich *halte* seine Behauptung *für* eine Lüge.
9. achthaben, achtgeben:
   Peter *hält* seine Kleidung *in Ordnung*.
10. eine Bewegung beenden:
    Der Zug *hält* nicht auf dieser Station.

Sein: 11. behaupten, konstant bleiben:
         Das Wetter *wird sich* noch bis morgen *halten*.
     12. in einem Zustand bleiben, fest bleiben:
         Dein neuer Anzug *hat* aber nicht lange *gehalten*.
     13. übereinstimmen, treu sein:
         Mein Bruder *hält* immer *zu* mir.

Übung: *In welchem Sinne wird in den folgenden Sätzen das Verb „halten" gebraucht?*

1. Halten Sie mich bitte nicht für so dumm, daß ich das tue. – 2. Ich halte Sie nicht hier. Sie können getrost gehen. – 3. Was halten Sie von diesem Mann? – 4. Der rechte hintere Reifen an meinem Wagen hält die Luft nicht. – 5. Wir halten uns schon seit vielen Jahren eine Zeitung. – 6. Halten Sie bitte meinen Regenschirm! – 7. Warum hast du nicht Wort gehalten? – 8. Im Kühlschrank halten sich die Lebensmittel länger. – 9. Halten Sie im Straßenverkehr Abstand! – 10. Ihr müßt mehr auf eure Kleidung halten. – 11. Ich kann mir leider kein Auto halten. Es ist zu teuer für mich. – 12. Ich halte nicht viel von deinem Freund. – 13. Wir halten unser Geschäft am Samstag offen. – 14. Was halten Sie von unserer Politik? – 15. Ich glaube nicht, daß die Koalition hält.

Übung: *Was besagen folgende Aussprüche? Nennen Sie Situationen, auf die diese Aussprüche zutreffen!*   **72.3**

1. Ein junger Mensch muß bestimmte Fehler machen, um zu wissen, was falsch ist. Es ist besser, von Fehlern zu lernen, als überhaupt nichts.
2. Schwierigkeiten sind wie Regenwolken: Von fern sehen sie schwarz aus, aus der Nähe nur grau.
3. Sobald uns ein Dummkopf lobt, ist er in unseren Augen gar nicht mehr so dumm.

4. Gelegenheit macht Diebe.

5. Gelegenheit macht nicht allein Diebe, sie macht auch tüchtige Leute.

6. Höflichkeit ist wie ein Luftkissen: Wenn auch nichts drin ist, es erleichtert das Leben doch. (Schopenhauer)

7. Wer nie etwas falsch macht, tut wahrscheinlich wenig.

8. Ein langweiliger Kerl ist jemand, der soviel über sich redet, daß man nicht dazu kommt, über sich zu sprechen.

9. Wer sich lange bedenkt, wählt nicht immer das beste. (Goethe)

10. Glück ist meistens nur ein Sammelname für Tüchtigkeit, Verstand, Fleiß und Ausdauer.

72.4 Übung: *Stellen Sie mit Hilfe des Textgerüsts den ursprünglichen Text wieder her!* (Attr.) = Beschreibung eines Sachverhalts als Attribut.

Die fünf Schneidergesellen

	1. ^H ziehen ^E Welt, ^R fünf Schneidergesellen
und	2. ^H beschließen, ^R (die fünf Schneidergesellen)
(^R:)	^S zusammenstehen, ^R (die fünf Schneidergesellen), ^{U-t} Freud und Leid, immer, ^{U-m} tapfer
und (^R:)	^H im Stiche lassen, ^R keiner, der andere
	3. ^V kommen ^E Gedanke, ^R der eine
(Attr.)	^H nachzählen, ^R (der eine)
(^R:)	^S beisammen, ^R sie alle, ^{U-t} auch noch
(^{U-t}:) als	^H wandern, ^R (die fünf Schneidergesellen), ^{U-m} so miteinander
	4. ^H zählen, ^R (der eine), ^{U-m} „eins, zwei, drei, vier"
und	5. ^V vergessen, ^R (der eine), sich selber
	6. ^H stehen bleiben, ^R (der eine), ^{U-m} sehr erschrecken
und	7. ^H sagen, ^R (der eine), „Liebe Brüder!"
(„^R"?)	^S nicht fünf, ^R wir (= die fünf Schneidergesellen), ^{U-t} da
(^{U-t}:) als	^H ausziehen ^E diese Wanderschaft, ^R wir (= die fünf Schneidergesellen)
	8. ^H sagen, ^R alle, „Jawohl"
	9. ^H sagen, ^R der erste, ^{U-m} so
(„^R":) und	^S nur vier, ^R wir (= die fünf Schneidergesellen), ^{U-t} jetzt

(„?")	^V lassen ^E wo?, ^R wir (= die fünf Schneidergesellen), der fünfte
	10. ^H zählen, ^R alle
und (^{U-k}:) da	11. ^V kommen ^E nur bis vier, ^R alle (= die Schneidergesellen) ^H machen ^E wie der erste, ^R (die Schneidergesellen), (das Zählen), ^{U-m} ebenso
	12. ^H setzen, ^R (Schneidergesellen), ^{U-l} Straßenrand, ^{U-m} ganz verzweifeln
und (^R:) (^R:)	13. ^H anfangen, ^R (Schneidergesellen) ^H nachdenken, ^R (Schneidergesellen) ^S wo, ^R der fünfte, ^{sA} denn
aber (Attr.) (^{U-m}:) so daß	14. ^S feucht, ^{U-l} da ^S sitzen, ^R (Schneidergesellen), ^{U-l} (da) ^V sinken ^E Erde, ^R (Schneidergesellen), ^{U-m} Hosenboden
(^{U-k}:)	15. ^H aufstehen, ^R (Schneidergesellen), ^{U-t} eine Weile ^H setzen, ^R (Schneidergesellen), ^{U-l} das Trockene, ^{U-m} mehr
	16. ^H rufen, ^R der erste, „Halt!"
und	17. ^H zeigen, ^R (der erste), die Spuren der fünf Hinterteile im Sand
(^{„R"}:) und	18. ^H grübeln, ^R (der erste) ^S sitzen, ^R fünf, ^{U-l} hier, ^{U-t} jetzt ^S nur vier, ^R wir (= Schneidergesellen), ^{U-m} doch
	19. ^V ankommen ^E ein Gruseln, ^R alle (= Schneidergesellen), ^{U-k} dieses Wunder
(^{„R"}:) (Attr.)	20. ^H sagen, ^R der zweite ^S unter uns, ^R einer ^H sich machen (können) ^E unsichtbar, ^R (einer)
(^{„R"}:)	21. ^H sagen, ^R der dritte ^S Teufel (Vermutung), ^R das (= der fünfte)
	22. ^H sagen, ^R der vierte, „Bleib da, wer mag."
	23. ^H sagen, ^R der fünfte, „Lebt wohl, Brüder!"
und	24. ^H davonlaufen, ^R alle, ^{U-l} eine andere Richtung.

72.5 **Übung 1:** *Lesen Sie den folgenden Text und vergleichen Sie die darin beschriebenen Sachverhalte mit dem Bild auf Tafel 3!*

Madonna im Rosenhag

Maria erscheint (auf dem Bild) als jugendliche Himmelskönigin inmitten einer dichten, teppichartigen Frühlingswiese, auf einer Kissenrolle mehr hockend als sitzend, den nackten Jesusknaben auf ihrem Schoß. Elf Engelkinder – musizierend die einen, anbetend die anderen, dem Jesusknaben
5 Früchte darreichend die dritten – umgeben blütengleich die Gruppe von Mutter und Kind. Eine mit Rasen bewachsene Steinbank und die in frischer Blüte stehende Rosenhecke begrenzen den lieblichen, einem ‚Paradiesgärtlein' ähnlichen Bezirk und leiten den Blick zugleich sanft in den Hintergrund. Der Bildgrund öffnet sich über niedrigem Horizont als
10 Himmel – jedoch nicht als das blaue oder von Wolken verhangene Himmelszelt unserer irdischen Welt, sondern sonnengleich leuchtend, von Strahlen erfüllt, als der ‚Himmel' jenseits menschlichen Begreifens. Wie um dieses noch zu betonen, raffen zwei Engel links und rechts oben einen kostbaren, von goldenen Ornamenten durchwirkten Vorhang zur Seite,
15 um so den Blick auf die Taube des Heiligen Geistes und Gottvater in der Engelsglorie freizugeben, der segnend über der Gruppe von Mutter und Kind schwebt.

Die verzaubernde Kraft des Bildes, angelegt ebenso im Gegensatz von Garten und Goldgrund wie in der Erscheinung Gottvaters, wird durch
20 die Kontraste im Figurenmaßstab nicht unwesentlich gesteigert. Maria erscheint geradezu ‚monumental'; die Engel dagegen sind fast puppenhaft klein: Selbst der neugeborene göttliche Knabe übertrifft sie bei weitem an Größe.

Manfred Wundram

Übung 2: *Beschreiben Sie das Bild ‚Madonna im Rosenhag' mit Ihren eigenen Worten!*

Übung 3: *Beschreiben Sie weitere Bilder nach folgenden Gesichtspunkten:*

1. Was stellt das Bild dar? (Landschaft, Interieur, Stilleben, Porträt usw.)
2. Welche Personen oder Dinge sind auf dem Bild zu erkennen? (Reihenfolge: Mitte, links, ganz links, rechts, ganz rechts, vorn, ganz vorn, hinten, ganz hinten)

3. Wie verhalten sich die Personen? (die Personen untereinander, die Personen zu den Dingen)
4. Welche Darstellungsweise hat der Künstler gewählt? Wie sieht der Künstler das Motiv? (Perspektive, Farbe, Hell, Dunkel usw.)
5. Welche Aussage können Sie an dem Bild erkennen? Was will der Künstler ausdrücken?

→ 23.0

Aufgaben zum Text

(23.0, Seite 84)

1. *Beantworten Sie die Fragen!*

   Von was für einer Landschaft spricht der Verfasser des Textes?
   Beschreiben Sie sie mit Ihren eigenen Worten!
   Welche Entwicklung erkennt der Autor, und was für Gefühle gibt er uns zu erkennen? Beschreiben Sie die Ursachen, die ihm diese Gefühle eingeben!

2. *Erklären Sie den Inhalt folgender Sätze!*

   Der Anblick der Landschaft ist dem Auge ein Labsal.
   Das Gift frißt den Arbeitern an den Lungen.
   Die Glocken läuten mit jeder Stunde ihren eigenen Tod ein.

3. *Auf welche Beschreibungen treffen die Erklärungen zu?*

   I. Er *verharrte* in einer tiefen Traurigkeit.
   II. Er *blieb* bei seiner Behauptung.
   III. Er *bestand* auf sein Recht.
      a) die Überzeugung oder die Aussage nicht ändern
      b) nicht von einer Sache abgehen und andere zwingen, diese anzuerkennen
      c) an etwas festhalten, etwas nicht aufgeben

   I. Der Zug *hält.*
   II. Der Zug *hält an.*
   III. Der Fahrer *hält* mit seinem Wagen an der Straßenkreuzung.
   IV. Der Polizist *hält* den Wagen an der Straßenkreuzung *an.*
      a) aus der Bewegung zum Stehen kommen (Vorgang)
      b) ein Fahrzeug, das man führt, zum Stehen bringen (Handlung)

c) aus der Bewegung plötzlich zum Stehen kommen (Vorgang)

d) ein Fahrzeug durch indirekte Einwirkung von außen zum Stehen bringen (Handlung)

   I. Der Mann ist *beschäftigt*.

  II. Der Mann *beschäftigt* sich.

III. Der Mann ist mit der Lösung eines interessanten Problems *beschäftigt*.

    a) über eine Sache längere Zeit nachdenken

    b) mit einer Tätigkeit (Liebhaberei) die Zeit verbringen

    c) zu tun haben, tätig sein, Arbeit haben

4. *Nennen Sie das Tier, das die mit den Verben beschriebenen Laute hervorbringt!*

wiehern (Löwe, Zebra, Pferd, Esel, Rind)
blöken (Hirsch, Schaf, Schwein, Hund)
trillern (Krähe, Uhu, Adler, Lerche, Kanarienvogel)
bellen (Hund, Zebra, Bär, Pelikan)
grunzen (Kamel, Schaf, Antilope, Schwein)
schreien (Esel, Krähe, Adler, Hahn)
krähen (Hahn, Fink, Kanarienvogel, Katze)

5. *Folgende Nomen sind die Gattungsnamen von Tieren. Nennen Sie die Namen der männlichen Tiere, der weiblichen Tiere und der Jungtiere!*

1. das Pferd, 2. das Rind, 3. das Schwein, 4. der Hund, 5. die Katze, 6. der Esel, 7. das Huhn, 8. das Wildschwein, 9. der Hase, 10. der Hirsch, 11. das Reh.

Folgende Nomen nennen kastrierte Tiere. Zu welcher Tiergattung gehören sie?

der Hammel, der Kapaun, der Wallach, der Ochse

Was ist ein Maultier, ein Maulesel, ein Muli?

6. *Geben Sie die Beschreibung einer Gebirgslandschaft, einer Mittelgebirgslandschaft, einer Küstenlandschaft und einer Industrielandschaft! Wo finden Sie diese Landschaftsformen in Deutschland?*

73.2   **stehen**

Sein: 1. sich in aufrechter Haltung, Lage befinden:
               Entlang der Landstraße *stehen* schöne, alte Kastanienbäume.

           2. in eine Richtung zeigen, ausgerichtet sein:
               Der Uhrzeiger *steht* auf 5 Uhr.

3. kleiden, zu jemandem passen:
Die Perlenkette *steht* Ihnen.

4. zur Folge haben:
Auf Diebstahl *steht* Gefängnis.

5. sich befinden:
Meine Ersparnisse *stehen* auf einem gesonderten Konto

liegen 73.3

Sein: 1. sich in liegender Position befinden, ausgestreckt sein:
Peter *liegt* seit gestern krank *im Bett.*

2. sich befinden:
In unserer Stadt *liegt* eine Garnison.

3. lasten, belasten:
Die Arbeit, die noch zu erledigen ist, *liegt mir* schwer *auf der Seele.*

4. begründet sein:
Es *liegt an dir,* wie du dein Leben gestaltest.

5. wichtig sein:
An dem alten Haus, das ich geerbt habe, *liegt mir* nicht *viel.*

6. geeignet sein, zu jemandem passen:
Die Arbeit, die ich jetzt tun muß, *liegt mir nicht.*

Übung: *In welchem Sinne werden in den folgenden Sätzen die Verben „stehen" und „liegen" gebraucht?*

1. An wem hat es gelegen, daß uns unser Plan mißglückt ist? – 2. Unser Grundstück liegt am Stadtrand. – 3. Habt ihr schon ein Haus darauf stehen? – 4. Den Eltern liegt das Glück ihrer Kinder am Herzen. – 5. Dem jungen Mann steht der Bart überhaupt nicht. – 6. Woran liegt es, daß viele jungen Leute nicht wissen, was ihnen steht? – 7. Dem Schauspieler liegen tragische Rollen. – 8. Das Barometer steht seit heute früh auf ‚Veränderlich'. – 9. Das Vermögen von Herrn Schulze liegt in Aktien auf der Bank. – 10. Nach der Präposition ‚für' steht das Nomen im Akkusativ. – 11. Es gibt viele Wörter, die nicht im Wörterbuch stehen. – 12. Ich kann nicht lesen, was an der Tafel steht. – 13. Das liegt natürlich daran, daß ich keine Brille aufhabe. – 14. Mir liegt die kommende Prüfung schwer auf dem Magen. – 15. Woran liegt das? Angst haben steht dir gar nicht.

73.4 Übung: *Was besagen folgende Aussprüche? Nennen Sie Situationen, auf die diese Aussprüche zutreffen!*

1. Zu früh ist ebenso unpünktlich wie zu spät.
2. In jedem Menschen ist etwas von allen Menschen. (Lichtenberg)
3. Ich habe gefunden, daß die sogenannten schlechten Leute gewinnen, wenn man sie genau kennenlernt, und daß die guten verlieren. (Lessing)
4. Schmeichler leben stets auf Kosten derer, die sich geschmeichelt fühlen.
5. Die Kraft der Großen ist in der Vollkommenheit der Kleinen begründet.
6. Der ist ein armer Mensch, der nicht scherzen kann; ärmer aber noch ist der, der nichts als scherzen kann.
7. Alte Frauen gibt es nicht. Es gibt höchstens Frauen, die schon etwas länger jung sind als andere.
8. Ausbildung verhindert Einbildung.
9. Man braucht weniger Zeit, um etwas richtig zu machen, als um darzulegen, warum man es falsch gemacht hat.
10. Sparsamkeit ist eine herrliche Tugend, besonders bei Vätern.

73.5 Übung: *Stellen Sie mit Hilfe des Textgerüsts den ursprünglichen Text wieder her!*

Der Kobold in der Mühle

1. ^S wohnen ^E eine Mühle, ^R ein häßlicher Kobold, ^{U-t} einmal
2. ^H sich nicht zeigen, ^R (der Kobold), ^{U-t} Tag

aber   3. ^H ärgern, ^R (Kobold), Müller, ^{U-t} nachts
4. ^H machen ^E Lärm, ^R (Kobold)
5. ^H poltern, ^R (Kobold)
6. ^H aufschneiden, ^R (Kobold), Kornsäcke

und   7. ^H schütten ^E Mehl, ^R (Kobold), Sand
8. ^V hören, ^R die Leute in der Nachbarschaft, die bösen Streiche des Kobolds

und   9. ^H bringen ^E Mahlen, ^R immer weniger Bauern, ihr Korn, Müller

306

(U-t:)

(U-m:) wie

(U-k:)
und

(„R":)

aber („–?")
(„–")

(„R!")
(„–")
und

aber
(„R":)

(Attr.)

(R:)

(U-t:) als

10. H helfen (können), R niemand, der arme Müller

11. H klopfen E Tür des Müllers, R jemand, U-t ein Abend
V regnen, U-l draußen, U-m heftig

12. S ein Bärenführer mit einem dressierten Bären,
V treffen (können), R man, (die Bärenführer), U-t oft, U-l
Jahrmärkte

13. H bitten, R Bärenführer, Quartier für die Nacht, Müller,
S schon spät
H nicht weiterwandern (können), R (Bärenführer)

14. H sagen, R Müller, Bärentreiber
H hereinkommen (können), R du (= Bärentreiber), U-l
Zimmer
H machen E was?, R wir, Bär
S nicht bleiben (können) E Wohnung, R Bär, U-l hier, sA
doch

15. H sagen, R Bärentreiber
S schlafen lassen, R (du), (Bär), U-l Mühle
S gutes Tier, R (Bär)
S bleiben E ruhig (Vermutung), R (Bär)

16. H erzählen, R Müller, Kobold, U-t nun

17. H meinen, R Bärenführer
H nichts tun (Vermutung), R Kobold, mein Bär, sA bestimmt

18. H bringen E Mahlraum, R (Müller und Bärenführer), Bär,
U-m also
S stehen E (Mahlraum), R Kornsäcke

19. V erwachen, R die Männer, U-k furchtbarer Lärm in der
Mühle U-t mitten in der Nacht

20. V hören, R (die Männer), Poltern, Brummen und Schreien

21. S keinen Mut haben, R (die Männer), sA aber
H nachsehen, R (die Männer)

22. S mäuschenstill, R alles, U-t plötzlich, wieder

23. S schlafen, R das Tier, U-m ganz friedlich, U-l Mühle
H holen (wollen), R der Fremde, sein Bär, U-t nächster
Morgen

24. H danken, R (der Fremde), Müller

307

und	25.	^H fortziehen, ^R (der Fremde)

und   25.   ^H fortziehen, ^R (der Fremde)

26. ^V hören, ^R der Müller, nichts mehr von dem Kobold, ^U-t ein ganzes Jahr lang

27. ^S sitzen ^E seine Stube, ^R Müller, ^U-t ein Abend, Arbeit

(^U-t:) als   ^V öffnen, ^R Tür, ^U-m plötzlich

und   28. ^H hereinstecken, ^R Kobold, sein häßlicher Kopf, ^U-m vorsichtig

29. ^V erschrecken, ^R Müller, ^U-m furchtbar, ^U-t zuerst

aber   30. ^H fragen, ^R Kobold, ^U-m ganz ängstlich

(„^R?")

He, Müller!   ^S leben ^E noch, ^R die große, schwarze Katze

(Attr.)   ^S schlafen, ^R (Katze), ^U-l deine Mühle, ^U-t vor einem Jahr

31. ^H antworten, ^R Müller, „Ja, Kobold", ^U-m schnell

(„^R":)   ^S leben ^E noch, ^R die (Katze)

und „–"   ^S haben, ^R (Katze), sieben Junge.

32. ^H verschwinden ^E Nimmerwiedersehen, ^R Kobold, ^U-m eilig, ^U-t da.

Bemerkung:

Kobold ist im alten Volksglauben ein Hausgeist, der wohl Glück bringt, aber auch die Hausbewohner erschreckt und ihnen Streiche spielt. Wenn er beleidigt wird oder sein Opfer nicht bekommt, rächt er sich.

73.6   **Übung:** *Zeichnen Sie Intonationszeichen ein und lesen Sie den Text laut! Machen Sie die Leseübung so lange, bis Sie den Text flüssig und sinnrichtig lesen können!*

Der hilflose Knabe

Herr K. sprach über die Unart, erlittenes Unrecht stillschweigend in sich hineinzufressen, und erzählte folgende Geschichte: „Einen vor sich hinweinenden Jungen fragte ein Vorübergehender nach dem Grund seines Kummers. ‚Ich hatte zwei Groschen für das Kino beisammen', sagte der
5   Knabe, ‚da kam ein Junge und riß mir einen aus der Hand', und er zeigte auf einen Jungen, der in einiger Entfernung zu sehen war. ‚Hast du denn nicht um Hilfe geschrien?' fragte der Mann. ‚Doch', sagte der Junge, und schluchzte ein wenig stärker. ‚Hat dich niemand gehört?' fragte ihn der Mann weiter, ihn liebevoll streichelnd. ‚Nein', schluchzte

der Junge. ‚Kannst du denn nicht lauter schreien?‘ fragte der Mann. ¹⁰
‚Nein‘, sagte der Junge und blickte ihn mit neuer Hoffnung an. Denn der
Mann lächelte. ‚Dann gib auch den her‘, sagte er, nahm ihm den letzten
Groschen aus der Hand und ging unbekümmert weiter.“   Bertolt Brecht

→ **24.0**

Aufgaben zum Text

(24.0, Seite 89)

74.1

1. *Erklären Sie den Inhalt folgender Sätze!*

Herr Müller hat in der Fabrik eine Abteilung unter sich.
gez. (gezeichnet) Dr. E. Gal, i. A. (im Auftrag) Blöker
Sie werden von einem unwiderstehlichen Reisedrang ergriffen.
Das sieht dumm aus.
Das sieht nach nichts aus.
Um ihre Nasen weht der Wind der weiten Welt.
Jetzt ist es so weit mit ihm gekommen, daß er auch nicht mehr unter-
schreiben kann.
Sie wird wohl dahin zu bringen sein, daß sie meine Briefe unterschreibt.
Das macht Eindruck.

2. *Auf welche Beschreibungen treffen die Erklärungen zu?*

   I. Peter ist gestern *verreist*.

  II. Peter will morgen nach Berlin *reisen*.

 III. Peter will *eine Reise* nach Frankreich *machen*.

 IV. Peter *geht* morgen *auf Reisen*.

  V. Peter ist im letzten Jahr viel *gereist*.

    a) zu seinem Vergnügen, um seine Bildung zu erweitern, reisen

    b) sich aus einem bestimmten Grund an einen anderen weit ent-
       fernten Ort begeben

    c) eine Reise beginnen, die längere Zeit dauert und deren Route
       und Ziel nicht unbedingt festliegen

    d) sein Haus verlassen und sich über eine weitere Entfernung und
       für eine längere Zeit an einen anderen Ort begeben und dort
       einige Zeit bleiben

    e) längere Zeit zu seinem Vergnügen unterwegs sein; das Reiseziel
       steht fest und wird auch genannt

I. Er wurde von einem Fieber *ergriffen*.

II. Er hat Fieber *bekommen*.
   a) der Vorgang ist plötzlich und heftig eingetreten
   b) der Vorgang ist nicht ganz unerwartet eingetreten

I. Der junge Mann *zog* in die Ferne.

II. Es *zog* den jungen Mann in die Ferne.
   a) Handlung
   b) Vorgang

I. Ich habe gestern einen Brief *bekommen*.

II. Frau Müller hat gestern ein Kind *gekriegt*.

III. Habt ihr von den Bonbons einige *abbekommen*?

IV. Können wir einige Bonbons *abkriegen*?
   a) erhalten, empfangen
   b) erhalten, empfangen (umgangssprachlich)
   c) als Anteil erhalten
   d) als Anteil erhalten (umgangssprachlich)

I. Über uns *flog* ein Flugzeug.

II. Über uns *schwebte* ein Ballon.
   a) sich ohne Kraftanstrengung in der Luft halten oder sich in der
      Luft fortbewegen
   b) sich mit Flügeln oder durch einen Motor in der Luft fortbewegen

I. Ich habe mit Herrn Braun *gesprochen*.

II. Ich habe Herrn Braun *gesprochen*.

III. Ich habe von Herrn Braun *gesprochen*.

IV. Ich habe über Herrn Braun *gesprochen*.
   a) Herr Braun war der Gesprächspartner
   b) Herr Braun war Thema meines Gesprächs
   c) das Gespräch mit Herrn Braun erfolgte in einer ganz bestimm-
      ten Absicht
   d) der Name von Herrn Braun wurde im Verlaufe des Gesprächs
      erwähnt; der Inhalt des Gesprächs hängt ursächlich mit Herrn
      Braun zusammen

I. Ich habe Herrn Braun auf der Straße *getroffen*.

II. Ich habe Herrn Braun in seinem Haus *angetroffen*.

III. Ich habe mich mit Herrn Braun im Café *getroffen.*
  a) jemanden an dem Ort, an dem man ihn erwartet, finden
  b) jemanden am verabredeten Ort finden
  c) jemandem begegnen

 I. Die Mutter hat ihr Kind zur Schule *gebracht.*
II. Der Lehrer hat den Schüler zum Sprechen *gebracht.*
  a) jemanden so beeinflussen, daß er etwas tut
  b) jemanden an einen Platz begleiten und ihn dort zurücklassen

3. *Schreiben Sie einen Brief an eine Firma, bei der Sie sich um eine freie Stelle bewerben wollen! Fügen Sie Ihrem Bewerbungsbrief auch einen Lebenslauf bei!*

Übung: *Beschreiben Sie den gleichen Sachverhalt mit anderen grammatischen Mitteln!* **74.2**

1. Der reiche Mann hat um seine Existenz kämpfen müssen, bevor er Erfolg hatte. (ringen) – 2. Wir werden uns gegen das Unrecht zur Wehr setzen. (sich wehren) – 3. Ich war der festen Überzeugung, daß die neue Regierung ihre Wahlversprechen halten würde. (überzeugt) – 4. Der Wunsch der Wähler ist nicht in Erfüllung gegangen. (sich erfüllen) – 5. Als ich das Zimmer betrat, beachtete mich der Mann nicht. (keines Blickes würdigen) – 6. Ich bemerkte eine Mißstimmung unter den Leuten. (wahrnehmen) – 7. Auf diesem Bild ist eine historische Szene dargestellt. (sehen) – 8. Die Jungen wollten am frühen Morgen abreisen. (aufbrechen) – 9. Die Mädchen benutzten gern dieses Parfüm. (sich bedienen) – 10. Bei ausländischen Touristen ist die Polizei oft nachsichtig. (ein Auge zudrücken) – 11. Als ich die Nachricht hörte, kam ein unangenehmes Gefühl über mich. (beschleichen) – 12. Du bist bei allen Leuten unbeliebt. (unten durch) – 13. Herr Meier leitet seit einem Jahr eine Abteilung in einem Warenhaus. (unter sich haben) – 14. Richard hat mich schließlich überredet, seine Arbeit zu tun. (dahin bringen)

Übung: *Was besagen folgende Aussprüche? Nennen Sie Situationen, auf die diese Aussprüche zutreffen!* **74.3**

1. Wer lügen will, muß ein gutes Gedächtnis haben.
2. Wenn einer schlecht fährt, schiebt er die Schuld aufs Pflaster.

3. Es geht mit unseren Urteilen wie mit unseren Uhren: Keine geht mit der anderen vollkommen gleich, und doch glaubt jeder der seinigen. (Gellert)

4. Gut gesagt ist gut; aber gut getan ist besser.

5. Von allem Kapital bringen Kenntnisse die meisten Zinsen.

6. Menschen, die stets größeren Einkommen nachjagen, ohne sich je die Zeit zu gönnen, davon zu genießen, sind wie Hungrige, die fortwährend kochen, aber nicht zu Tisch gehen.

7. Wer im Glashaus sitzt, soll nicht mit Steinen werfen.

8. Hohe Ämter sind wie Bergesgipfel: Nur Adler und Kriechtiere kommen hinauf.

9. Auf hundert gute Anfänger kommt nur ein guter ‚Beendiger'.

10. Bei Pannen ist das fünfte Rad am Wagen das wichtigste.

74.4 **Übung:** *Stellen Sie mit Hilfe des Textgerüsts den ursprünglichen Text wieder her!* ([Ap] = Personenangabe; irr. = irrealer Sachverhalt)

Der Mantel

1. [H] wandern [E] von einer Stadt zur andern, [R] die jungen Handwerker, [U-t] früher, [U-m] zu Fuß

([U-k]:)   [H] suchen, [R] (Handwerker), Arbeit, [Ap] (Handwerker)

und   [V] kennenlernen, [R] (Handwerker), Welt

2. [H] entlanggehen [E] staubige Landstraße, [R] ein Schlosser, [U-t] sonniger Sommermorgen, [U-m] so

3. [H] tragen, [R] (Schlosser), außer seinen anderen Sachen ein schwerer Wintermantel

4. [V] brennen [E] Himmel, [R] Sonne, [U-m] heiß

und   5. [V] schwitzen, [R] Schlosser, [U-m] tüchtig

(irr.)   6. [H] liegen lassen [E] Weg, [R] (Schlosser), sein Mantel, [U-m] am liebsten

aber   7. [S] wissen, [R] (Schlosser), [U-m] genau

([R]:)   [S] brauchen, [R] (Schlosser), (Mantel), [U-t] Winter

8. [V] treffen, [R] (Schlosser), ein junger Zimmermann

(Attr.)   [H] gehen [E] leicht und fröhlich, [R] (der junge Zimmermann)

und   [H] pfeifen, [R] (der junge Zimmermann), ein Liedchen

denn   [S] nicht zu tragen haben, [R] (Zimmermann), ein schwerer Mantel

312

(U-t:) als   H dahinwandern, R (Schlosser), U-m so

9. H weitergehen E zusammen, R die beiden, U-t nun

(U-k:)   H suchen (wollen), R (die beiden), Arbeit, U-l dieselbe Stadt

10. H essen, R (die beiden), U-t mittags, U-l ein Gasthaus an der Straße

und   11. V sehen E gute Gelegenheit, R Schlosser, U-l hier

(Attr.)   V loswerden, R (Schlosser), Mantel, U-t endlich

12. H sagen, R (Schlosser)

(R:)   S kein Geld, R (Schlosser)

(U-t:) als   H bezahlen (sollen), R (Schlosser und Zimmermann), Essen

und   13. H bitten, R (Schlosser), Zimmermann

(R:)   H leihen, R (Zimmermann), zwei Mark, (Schlosser)

14. H nicht geben (wollen), R Zimmermann, das Geld, (Schlosser)

denn   15. S fürchten, R (Zimmermann)

(R:)   V nicht wiederbekommen, R (Zimmermann), (das Geld)

aber   16. H sagen, R Schlosser

(„R":)   V haben (können) E Pfand, R du (= Zimmermann), mein Mantel

17. S zufrieden, R Zimmermann, (Vorschlag des Schlossers)

18. H bezahlen, R (Zimmermann), Essen, AP sein Kamerad

und   19. H nehmen, R (Zimmermann), Mantel, U-t nun

20. S sehr heiß, U-t noch immer

(U-t:)   H wandern E nächste Stadt, R (die beiden)

aber   21. H vorwärtsschreiten E leicht und frei, R der Schlosser, U-t jetzt

(U-t:)   V schwitzen, R Zimmermann, U-m der schwere Mantel

aber   22. H nicht klagen, R (Zimmermann)

denn   23. S hoffen, R Zimmermann

(R:)   V bekommen, R (Zimmermann), ein billiger Mantel, U-t nun

24. V erreichen E Stadt, R die zwei jungen Männer, U-t erst am Abend

(Attr.)		V finden (wollen), R (die zwei Männer), Arbeit, U-l (Stadt)
und	25.	H verabschieden, R (die zwei Männer)
	26.	H ziehen E Tasche, R Schlosser, zwei Mark, U-t Abschied
	27.	H geben, R (Schlosser), (zwei Mark), sein Kamerad
und	28.	H danken, R (Schlosser), (Kamerad)
(R:)		H tragen, R (Zimmermann), Mantel, U-m so freundlich
	29.	S machen E langes Gesicht, R der arme Zimmermann
(Attr.)		H sich plagen, R (Zimmermann), Mantel, U-t der ganze heiße Tag
aber	30.	S nichts anderes übrigbleiben, R (Zimmermann)
(R:)		H zurückgeben, R (Zimmermann), Mantel.

74.5 Übung: *Erläutern Sie folgenden Paragraphen aus der Straßenverkehrsordnung und geben Sie eine Situationsbeschreibung für die zu dem Paragraphen aufgeführten Beispiele!*

Grundregel

für das Verhalten im Straßenverkehr

§ 1 der StVO (Straßenverkehrsordnung):

Jeder Teilnehmer am öffentlichen Straßenverkehr hat sich so zu verhalten, daß kein anderer gefährdet, geschädigt oder mehr, als nach den Umständen unvermeidbar, behindert oder belästigt wird.

Diese Grundregel ist oberstes Gesetz für das Verhalten im Straßenverkehr und darf niemals außer acht gelassen werden!

Darum:

Kraftfahrer, fahre vorsichtig und gib Obacht!
Das Leben, das du rettest,
kann dein eignes sein!

Beispiele zum § 1:

a) Gefährdung durch

menschliche Fehler:	**technische Fehler:**
Nichtbeachtung der Verkehrszeichen!	Mangelhafte Bremsen!
	Ausgeschlagene Lenkung!
Erzwingen der Vorfahrt!	Schlechte Bereifung!

menschliche Fehler:

Rücksichtsloses Fahren an Haltestellen!
Rücksichtsloses Fahren an Fußgängerüberwegen!
Übermüdung am Lenkrad!
Alkoholgenuß vor und während der Fahrt!
Zu schnelles Fahren!
Falsches Überholen!
Zu spätes Abblenden!

technische Fehler:

Vorschriftswidrige Beleuchtung!
Falsch eingesetzte Biluxbirne!
Einäugigkeit!
(es brennt nur ein Scheinwerfer)
Überkreuzbrennen der Scheinwerfer!
(ein Scheinwerfer aufgeblendet, ein Scheinwerfer abgeblendet)
Schlecht verstaute Ladung!
Unzureichende Kenntlichmachung der herausragenden Ladung!

b) Schädigung durch

Rücksichtloses Fahren durch Pfützen!
Anfahren anderer Verkehrsteilnehmer!
Öffnen der Wagentür beim Aussteigen, ohne auf folgende Fahrzeuge zu achten!

Auffahren auf das Fahrzeug des Vordermannes!
Schneiden beim Einbiegen!
Schneiden beim Überholen!
Herabfallende Ladung!

c) Behinderung durch

Falsches Parken!
(Einklemmen anderer Fahrzeuge)
(Parken an Haltestellen)
(Parken vor Ein- und Ausfahrten)
Überholen mit zu geringer Geschwindigkeitsdifferenz!

Wenden auf belebter Straße!
Beheben von Pannen auf Straßenmitte!
Nichteinordnen an Kreuzungen!
Fahren auf Straßenbahnschienen!
Fahren auf Fahrbahnmitte!
Zu breite oder zu lange Ladung!

d) Belästigung durch

Schlagen der Wagentüren bei Nacht!
Aufbrechen unter großem Lärm!

Starke Rauchentwicklung!
(Dieselqualm)
Unnötig lautes Signalgeben!

315

menschliche Fehler:	technische Fehler:
Blendung von hinten!	Starke Auspuffgeräusche!
(Dichtes Hinterherfahren mit	Lautes Motorengeräusch!
aufgeblendeten Scheinwerfern	(Aufheulen der Motoren)
bei Dunkelheit)	
Dichtes Heranfahren an Gehwege!	
(Erschrecken!)	
Überraschendes Vorbeisausen!	
(Erschrecken!)	

Übung: *Geben Sie die Beschreibung eines ‚idealen' Verkehrsteilnehmers!*

    1. Fußgänger
    2. Kraftfahrer
    Geben Sie die Beschreibung eines schlechten, rücksichtslosen Kraft-
    fahrers! → 25.0

75.1

Aufgaben zum Text
(25.0, Seite 93)

1. *Beantworten Sie die Fragen!*
    Was versteht man unter einem ‚süßen Leben'?
    Was versteht man unter einem spartanischen Leben?

2. *Erklären Sie den Inhalt folgender Sätze!*
    Er treibt sein Volk auf die Barrikaden.
    Der Begriff „Reichtum" hat in einem Wohlfahrtsstaat seinen Zauber
    verloren.
    Bei diesen Erwägungen sind wir in materiellen Maßstäben befangen.
    Er lebt mit sich in Harmonie.

3. *Auf welche Beschreibungen treffen die Erklärungen zu?*
    I. Er *erklärt* ihn zum Sieger.
    II. Er *erklärt* ihr seine Liebe.
    III. Er *erklärt* ihm die Wörter.
    IV. Er *erklärt* ihn für schuldig.
        a) gestehen, eröffnen
        b) die Bedeutung sagen
        c) jemandem durch einen offiziellen Akt eine bestimmte Eigen-
        schaft oder einen bestimmten Status zuerkennen

I. Wir *finden* das Haus schön.

II. Wir *finden* das Haus schnell.

III. Wie *findest* du dieses Bild?
   a) gefallen
   b) beurteilen, halten für
   c) entdecken

I. Der Kaufmann hat im letzten Jahr viel *verkauft*.

II. Er hat im letzten Jahr viel *umgesetzt*.

III. Er hat seine Pläne in die Wirklichkeit *umgesetzt*.

IV. Der Gärtner hat im Frühjahr die Pflanzen *umgesetzt*.
   a) verwirklichen, ausführen
   b) an einen anderen Platz setzen (pflanzen)
   c) Waren gegen Geld eintauschen
   d) der statistisch festzustellende Warendurchgang eines Geschäftes in einer bestimmten Zeit

I. Er *hält* ihn für einen klugen Menschen.

II. Er *sieht* ihn für einen klugen Menschen *an*.

III. Er *beurteilt* ihn als einen klugen Menschen.
   a) nach reiflicher Überlegung und auf Grund langer Erfahrung von jemandem eine bestimmte Meinung oder Überzeugung haben
   b) von jemandem eine bestimmte Meinung oder Überzeugung haben
   c) von jemandem vorläufig eine bestimmte Meinung oder Überzeugung haben

4. *Geben Sie nach Art des vorliegenden Textes Definitionen für einen der folgenden Begriffe!*
Was ist Verschwendung (Geiz, Neugier, Interesse, Liebhaberei usw.)?

Übung: *Nennen Sie den umgekehrten Sachverhalt!*   75.2

1. Wir haben das Auto letzte Woche abgeschafft. (anschaffen) – 2. Das gestrige Fernsehprogramm war langweilig. (unterhaltsam) – 3. Hast du das Radio angeschaltet? (abschalten) – 4. Die beiden Hüte sind gleich. (verschieden) – 5. Ich gebe zu, daß du recht hast. (abstreiten) – 6. Wirst du auf dein Recht bestehen? (verzichten) – 7. Hast du abgelehnt, an dem neuen Projekt mitzuarbeiten? (bereit erklären) – 8. Hier steigen immer viele Leute aus der Straßenbahn. – 9. Der Verkehrspolizist ließ

die Autos weiterfahren. (anhalten) – 10. Es ist erlaubt, den Rasen zu betreten. (verbieten) – 11. Mir ist entgangen, daß der Mann ärgerlich war. (auffallen) – 12. Mein Freund bleibt hier. (fortfahren, fortgehen) – 13. Er ist hier. (fort) – 14. Diese Leute leben in Saus und Braus. (spartanisch) – 15. Wir haben in der Spielbank Geld gewonnen. (verlieren)

75.3 Übung: *Was besagen folgende Aussprüche? Nennen Sie Situationen, auf die diese Aussprüche zutreffen!*

1. Am unnachsichtigsten mit unseren Fehlern sind wir – bei anderen.
2. Das Rad, das am lautesten quietscht, bekommt das Öl.
3. Zwei Menschen, die durch dasselbe Fenster sehen, sehen ganz Verschiedenes: der eine die Sterne, der andere den Morast.
4. Zwei Arten gibt es, um sich das Nachdenken zu ersparen: Alles glauben oder alles bezweifeln.
5. Es gibt Menschen, die sich auch innerlich nach der Mode kleiden. (Auerbach)
6. Eine laute Zunge verbirgt oft einen leeren Kopf.
7. Dreizehn Muskeln muß man bewegen, um die Stirn zu runzeln, aber nur zwei, um zu lächeln.
8. Studieren lehrt die Regeln, Erfahrung lehrt die Ausnahmen.
9. Die ‚öffentliche Meinung‘ ist eine alte Frau: Laß sie klatschen!
10. Die Menschen sind gut, nur die Leute sind schlecht.

75.4 Übung: *Stellen Sie mit Hilfe des Textgerüsts den ursprünglichen Text wieder her!*

Ein Löwe springt aus der Straßenbahn

          1. ^{V} passieren ^{E} etwas, $^{U-t}$ neulich, $^{U-l}$ Hamburg

(Attr.) ^{V} ausgehen ^{E} schlimm (können), $^{U-m}$ leicht

aber   2. ^{V} ausgehen ^{E} gut

          3. ^{H} entspringen, ^{R} der Löwe Nero, ein zum Glück schon ziemlich altes Tier, $^{U-l}$ Transportwagen eines kleinen Zirkus

          4. ^{H} laufen ^{E} von Straße zu Straße, ^{R} Löwe

          5. ^{V} geraten ^{E} der verkehrsreiche Stephansplatz, ^{R} Löwe, $^{U-t}$ schließlich

und

6. ^{V} bekommen ^{E} eine panische Angst, ^{R} (Löwe), $^{U\text{-}t}$ hier

7. ^{H} rennen ^{E} über die Fahrbahn, ^{R} (Löwe)

8. ^{H} aufschreien, ^{R} die Fußgänger, $^{U\text{-}m}$ laut

9. ^{V} bremsen, ^{R} die Autos

10. ^{H} springen ^{E} vordere Plattform einer Straßenbahn, ^{R} Löwe

und
11. ^{H} abspringen, ^{R} Nero, $^{U\text{-}m}$ wieder

($^{U\text{-}t}$:) als ^{H} treten ^{E} auf die Glocke, ^{R} Fahrer, $^{U\text{-}k}$ Schreck

und
12. ^{H} springen ^{E} das Auto eines älteren Herrn, ^{R} (Nero), $^{U\text{-}m}$ direkt

13. ^{V} zerspringen, ^{R} Windschutzscheibe, $^{U\text{-}m}$ heftiger Stoß

14. ^{V} fallen, ^{R} Brille, $^{U\text{-}l}$ Nase, ^{AP} Herr

ja, und
15. ^{S} zu Ende, ^{R} der erste Teil dieser Geschichte

16. ^{V} wieder einfangen, ^{R} Löwe, $^{U\text{-}t}$ kurz darauf, ^{sA} nämlich

17. ^{H} versprechen, ^{R} Zirkus

(^{R}:) ^{H} ersetzen ^{R} (Zirkus), Schaden

und
18. ^{H} weiterfahren, ^{R} Herr

($^{U\text{-}k}$:) ^{H} suchen, ^{R} (Herr), Reparaturwerkstätte

19. ^{H} überfahren, ^{R} (Herr), eine Verkehrsampel, $^{U\text{-}t}$ dabei

(Attr.) ^{S} zeigen ^{E} rotes Licht, ^{R} (Verkehrsampel), $^{U\text{-}t}$ gerade

20. ^{V} stoppen, ^{R} Polizeiauto, sein Wagen

und
21. ^{H} aufnehmen, ^{R} man, seine Personalien

22. ^{H} zeigen, ^{R} Beamter, zerbrochene Windschutzscheibe, $^{U\text{-}t}$ dann

23. ^{H} fragen, ^{R} (Beamter)

(„–?“) ^{V} passieren, $^{U\text{-}m}$ wie?, ^{sA} denn
„–?“ ^{S} Unfall

24. ^{H} sagen, ^{R} Herr, „Nein, nein“

„–“ ^{V} einschlagen, ^{R} (Windschutzscheibe), $^{U\text{-}t}$ vorhin, $^{U\text{-}l}$ Stephansplatz

„–“ ^{H} springen, ^{E} Wagen, ^{R} ein Löwe, $^{U\text{-}l}$ da, ^{AP} (Herr), ^{sA} nämlich

25. ^{H} nicken und sagen, ^{R} Polizeibeamter

(„^{R}“:) Aha! ^{S} geben, ^{R} so viele Löwen, $^{U\text{-}l}$ Stephansplatz
„–?“ aber ^{H} kommen ^{E} woher?, ^{R} Löwe, $^{U\text{-}m}$ so plötzlich, ^{sA} denn

26. H erklären, R Herr

(„R") H springen E mein Wagen, R (Löwe), U-l aus der Straßenbahn

„–" V sich vorstellen (können), R Sie (= Polizeibeamter)

(„R":) S aufgeregt, R ich (= Herr), U-t noch, U-m sehr

„–" und V übersehen, R ich (= Herr), Verkehrszeichen

„Hm, hm" 27. H nicken, R Beamter

28. H sich beugen E Wagen, R (Beamter), U-t dann

und 29. H riechen E hinein, R (Beamter)

„Ach so!" 30. H sagen, R Herr, U-m lachen

(„R":) V glauben, R Sie (= Polizeibeamter), sA wohl

(R:) „–" S (betrunken), R ich (= Herr)

„–" Nein H trinken, R ich (= Herr), gar nichts

31. H meinen, R Beamter

(„R":) aber H machen lassen (wollen) E eine Blutprobe, R wir (= Polizei) sA doch mal

32. H fahren E Blutprobe, R sie (= Beamter und Herr)

doch 33. V nicht feststellen (können), R man, Alkohol, U-l Blut

34. S nötig, R viele Telefongespräche, U-t noch, U-m immerhin

(U-t:) bis V glauben, R Beamte, U-m wirklich

(R:) H erzählen, R Herr, (Beamte)

35. H verlassen (können), R (Herr), Polizeiwache, U-t nun endlich

36. H sagen, R Polizeibeamter

(„R":) Ja, H (wünschen), R (wir), gute Fahrt, U-t dann also

„–" und H entschuldigen, R (Herr)

(R:) „–" H aufhalten, R wir (= Beamte), Sie (= Herr), U-t so lange

37. H sagen, R Herr

(„R":) S (geben), R nichts zu entschuldigen

irr. „–" H fahren E Irrenanstalt, R ich (= Herr), Sie (= Beamter), U-t zuerst einmal

(U-k:) irr. S Polizeibeamter, R ich (= Herr)

und irr. H erzählen, R Sie (= Beamter), das (= diese Sache), ich (= Herr)

320

Übung 1: *Nehmen Sie Stellung zu folgendem Leserbrief, den eine Zeitung*   **75.5**
abgedruckt hat. Verfassen Sie eine Gegendarstellung zu den
geäußerten Meinungen!

Werbeslogans oder die Freude an der Sprache

Die Süddeutsche Zeitung veröffentlichte am 18. 1. im Feuilleton einen Ab-
schnitt aus Iring Fetschers Kommentar „Bedenkliches über die Werbung",
der am 9. 1. vom Hessischen Rundfunk gesendet worden war.
Iring Fetscher macht u. a. die Werbung für die „systematische Zerstörung
und Entwertung der Sprache" verantwortlich, und er scheut sich nicht, als   5
Beispiel die Mittel der Machtpolitik mit der Wirtschaftswerbung über
einen Kamm zu scheren: Die Schlagwörter der (politischen) Propaganda
wie „Räder müssen rollen für den Sieg!" werden mit Werbeslogans wie
„Mach mal Pause!" auf einen Nenner gebracht. Nun hinkt schon der
Vergleich insofern, weil – laut Fachlexika – die Propaganda weltanschau-   10
liche, politische, religiöse und kulturelle Lehren verbreitet, während die
Wirtschaftswerbung Waren und Dienstleistungen verkauft.
Aber die erwähnten Beispiele gehen ohnehin am Kern der Sache vorbei,
denn die „Entwertung" der Sprache ist niemals ein speziell werbliches
Phänomen gewesen. Heute wie schon immer setzt sich die Sprache bis zu   15
einem bestimmten Grade aus einer Vielzahl fester Wortverbindungen
(Redewendungen usw.) zusammen, die sich als „Mittel der Annäherung"
jedoch stets bewährt haben. Was gibt es da nicht alles! Sinnsprüche, Volks-
weisheiten, Metaphern, Ausrufe, geflügelte Worte, Kampfrufe, Kalender-
sprüche, Phrasen usw., eine schier erdrückende Fülle von Beispielen, die   20
sich in jedem Zitatenbuch nachschlagen läßt. Diese „mechanisierte"
Sprache hat sich in vielen Lebensbereichen, vor allem in der Verwaltung,
in der Justiz, im Militär usw. behauptet, stärker, als man es der Werbung je unterstellen könnte. Somit steht eindeutig fest, daß die formelhaft
anmutenden Ausdrücke keine ausschließlich werbliche Errungenschaft   25
sind.
Viele sprachlich gutgelungene Slogans (Beispiele: „Die weiche Welle",
„Eine runde Sache", „Harte Männer") sind buchstäblich volkstümlich geworden, im allgemeinen Sprachgut aufgegangen. Gerade die Alltagssprache profitierte von den Werbeslogans, weil sie es sind, die oft erst   30
Formulierungen mit Geist und Witz ermöglichen ... und (meist unbemerkt!) die Freude an der Sprache erhöhen. Andererseits liegt die
Popularität mancher Slogans in einer anderen als der ursprünglichen

Verwendungsweise begründet; ein Beweis dafür, daß die Sprache Werbe-
35 slogans assimiliert und nicht umgekehrt. Iring Fetscher überschätzt die
suggestive Wirkung des Slogans, wenn er annimmt, die einzelnen Wörter
würden derart an Eigenleben und Bedeutungsfülle einbüßen, daß sie
grundsätzlich nur noch Werbeappelle assoziierten. Der Vorwurf, „die
Werbung nimmt uns Stück um Stück die eigene Sprache", überzeugt
40 nicht.
Eine Institution für Sprachpflege kann die Werbung nicht sein, denn sie
muß in erster Linie verkaufen – der Unternehmer gibt nur in dieser
Absicht sein Geld aus. Dennoch wird der unparteiische Beobachter feststellen müssen, daß die Werbung – im ganzen gesehen – unsere Sprache
45 mehr erhalten und entwickeln geholfen hat als manches Schulbuch. Wer
es einmal erlebt, wie Werbetexter (also Fachleute für das gesprochene und
geschriebene Wort) um einzelne Wörter tagelang ringen, sie aufs Papier
zu retten versuchen, dem wird mit einem Male klar, wie sehr es bei den
werblichen Aussagen darauf ankommt, den Verbraucher zu begeistern, zu
50 überzeugen, zu gewinnen.

Klaus A., München, . . . -straße 4

Übung 2: *Verfassen Sie einen Leserbrief, in dem Sie zu einem in der
Zeitung veröffentlichten Artikel Stellung nehmen!*

Übung 3: *Schreiben Sie Ihre Gedanken darüber nieder, welche Aufgaben
‚Leserbriefe' in der Öffentlichkeit zu erfüllen haben!*

Übung 4: *Sammeln Sie Werbeslogans und versuchen Sie zu erläutern,
was diese Werbeslogans ‚bedeuten'!*

Quellennachweis

AUBURTIN, Victor, Zur Reform der Schöffengerichte, aus *Von der Seite gesehen,* Langen-Müller (Seite 58/59)

BENDER, Hans, Ein Bär wurde gestohlen, aus *Kindergeschichten aus aller Welt,* Hamburg 1966, Agentur des Rauhen Hauses (Seite 1)

BEHM, Jonny, Kartoffelpuffer, aus *Der Fürtreffliche Kartoffelkoch,* München 1960, Ernst Heimeran Verlag, Seite 86 (Seite 276)

BRECHT, Bertolt, aus *Leben des Galilei,* Berlin 1955, Spectaculum, Suhrkamp Verlag, Seite 77/78 (leicht geändert) (Seite 8/9)

Der hilflose Knabe, aus *Geschichten vom Herrn Keuner,* Prosa 2, Frankfurt 1965, Suhrkamp Verlag, Seite 171 (Seite 308/9)

CAROSSA, Hans, Die beinah tödliche Dosis, aus *Der Tag des jungen Arztes,* Wiesbaden 1955, Insel Verlag, Seite 55 (Seite 39/40)

DÜRRENMATT, Friedrich, aus *Die Physiker,* Frankfurt/Main 1964, Spectaculum, Suhrkamp Verlag, Seite 140/141 (Seite 78/79)

ECKERMANN, Johann Peter, Das Glück des Einzelnen und das Wohl des Ganzen, Berlin 1905, J. P. Eckermanns Nachlaß (Seite 18/19)

GEBHARDT, Gusti, Porträt des Jungen Nick, aus *Jugend, die sich selbst zerstört,* München 1963, *gehört – gelesen,* 10. Jahrgang, Heft 6, Verlag Lambert Müller, Seite 607 (Seite 73/74)

Porträt der Schülerin Dorit, ebenda Seite 616 (Seite 81/82)

GERLACH, Richard, Ostfriesische Inseln, aus *Saison auf Norderney,* Hamburg 1957, Merian, 10. Jahrgang, Heft 3, Hoffmann & Campe Verlag, Seite 21 (Seite 296)

HAUPTMANN, Gerhart, Ein Zug fährt durch, aus *Bahnwärter Thiel,* Frankfurt/ Main–Berlin, Propyläen-Verlag, Verlag Ullstein GmbH (Seite 11/12)

HOLTHAUS, Hellmut, Nachruf auf einen großen Mann, aus *Wie man durchs Leben kommt,* Frankfurt 1963, Verlag Joseph Knecht, Seite 53 (Seite 22/23)

Nach Diktat verreist, aus *Lebt schneller, Zeitgenossen,* Frankfurt 1959, Verlag Joseph Knecht, Seite 15 (Seite 89/90)

JOHANN, Ernst, Film und Publikum, aus *Kleine Geschichte des Films,* Frankfurt 1959, Ullstein-Buch Nr. 245, Ullstein-Taschenbücher-Verlag, Seite 168 (Seite 65/66)

KOCH, Thilo, Zivilcourage und Menschlichkeit, aus *Zwischen Grunewald und Brandenburger Tor,* München 1956, Albert Langen-Georg Müller Verlag, Seite 49 (Seite 55/56)

KUSENBERG, Kurt, Nihilit, aus *Die Sonnenblumen,* Hamburg 1951, Rowohlt Verlag (Seite 48/49)

MALECHA, Herbert, Die Probe, Hamburg 1956, Marion von Schroeder-Verlag, *Die 16 besten Kurzgeschichten* aus dem Preisausschreiben der Wochenzeitung ‚Die Zeit' (Seite 50/51)

PIEPER, Josef, Muße und Mußelosigkeit, aus *Muße und Kult,* München 1948, Kösel Verlag (S. 34)

PLANK, Max, Sinn und Grenzen der exakten Wissenschaft, aus *Vorträge und Erinnerungen,* Stuttgart 1949, S. Hirzel Verlag, Seite 379 (Seite 43)

REHMANN, Ruth, aus *Illusionen,* Roman, Frankfurt/M. 1959, Suhrkamp Verlag, Seite 7 (Seite 256)

ROTH, Joseph, Zwischen Merseburg und Frankleben, aus *Der Merseburger Zauberspruch,* enthalten in Joseph-Roth-Werke, Band 3, Köln 1956, Verlag Kiepenheuer & Witsch, Seite 422 (Seite 84/85)

SEITZ, Helmut, Verschämte Fernseher, München 1964, Glosse aus der *Süddeutschen Zeitung,* Nr. 236, Süddeutscher Verlag GmbH. München (S. 69/70)

SCHLIEMANN, Heinrich, Über das Sprachenlernen, Wiesbaden 1955, hrsg. von Sophie Schliemann, 8. Auflage, Verlag F. A. Brockhaus (Seite 16)

SCHOPENHAUER, Arthur, Die Stachelschweine, *Parerga II,* § 400 (Seite 272)

SCHWEITZER, Albert, Menschliche Reife, aus *Aus meiner Kindheit und Jugendzeit,* München 1924, C. H. Beck'sche Verlagsbuchhandlung, Seite 59 (Seite 36)

VOGGENREITER, Heinrich (Hrsg.), In einer Jugendherberge, aus *Jugend in Freiheit und Verantwortung,* Bad Godesberg 1961, Voggenreiter Verlag, Seite 322 (Seite 3/4).

WUNDRAM, Manfred, Madonna im Rosenhag, Stuttgart 1965, aus *Werkmonographien zur Bildenden Kunst,* Philipp Reclam jun., Seite 3/4 (Seite 302)

ZWEIG, Stefan, Der 16. Januar, aus *Sternstunden der Menschheit,* (1943), Copyright 1950 by S. Fischer Verlag GmbH. Frankfurt am Main, Seite 68 (Seite 169/70)

Reißverschluß, aus *Wie funktioniert das?,* Mannheim 1963, Bibliographisches Institut, Seite 512 (Seite 261/2)

Beifall für Dürrenmatts neues Stück (Die Physiker), München 1964, Feuilleton der *Süddeutschen Zeitung,* Süddeutscher Verlag (Seite 291)

Werbeslogans oder die Freude an der Sprache, Leserbrief aus der *Süddeutschen Zeitung,* München 1966 (Seite 321/22)

Was ist Reichtum?, Streiflicht der *Süddeutschen Zeitung* v. 3. 10. 1963, Süddeutscher Verlag GmbH. München (Seite 95/96)

Paperbacks, 1964, aus *Die Barke,* Heft 3 (Seite 26/27)

Index

Seitenzahlen kursiv

Bildnachweis

Tafel 1:   Meister Bertram: Grabower Altar, Die Erschaffung der Tiere, 1379 (Hamburger Kunsthalle)

Tafel 2:   Oberrheinischer Meister um 1410: Das Paradiesgärtlein (Städelsches Kunstinstitut, Frankfurt; phot. Blauel)

Tafel 3:   Stefan Lochner. Die Muttergottes in der Rosenlaube, vermutlich um 1430 (Wallraf-Richartz-Museum, Köln)

Tafel 4:   Caspar David Friedrich: Kreidefelsen auf Rügen, um 1820 (Stiftung Oskar Reinhart, Winterthur)

Tafel 5:   Philipp Otto Runge: Hülsenbecksche Kinder, 1805/06 (Hamburger Kunsthalle)

Tafel 6:   Adolf v. Menzel: Schwester des Künstlers im Wohnzimmer, 1847 (Bayer. Staatsgemäldesammlungen, München)

Tafel 7:   Wilhelm Leibl: Die drei Frauen in der Kirche, 1878/81 (Hamburger Kunsthalle)

Tafel 8:   Oskar Kokoschka: Salzburg, 1950 (Neue Pinakothek, München, phot. Blauel). Reproduktionsbewilligung erfolgt durch Roman Norbert Ketterer, Campione d'ITALIA.

1

2

3

4

◁ 6

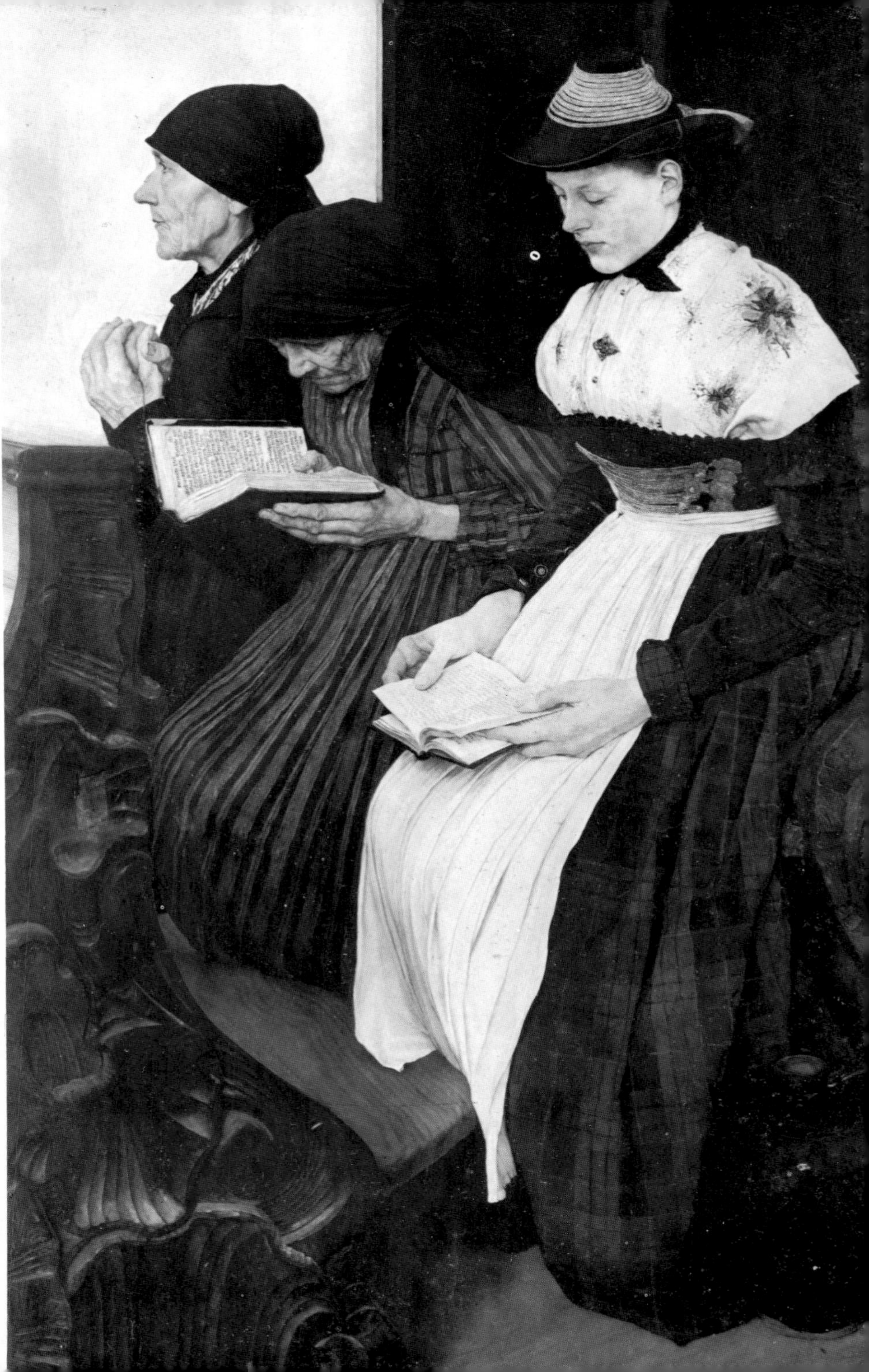

7

8